大学入試

小論文の完全ネタ本 改訂版

〔社会科学系〕編

神崎史彦 著

文英堂

著者からのメッセージ

私は大学や予備校で小論文の講座を受け持つかたわら，全国の高校で小論文に関する講演を行っており，これまでに延べ５万人以上の学生に小論文の大切さを伝えてきました。その時，講演の最後に必ず伝えていることがあります。それは，次の２点に注意して訓練を続ければ，小論文を書く力は必ずや身に付くということです。

説得力のある小論文を書くためには，

① 書くための技術を身に付ける必要がある。

② 小論文入試に出そうな事実・知識・情報(いわゆるネタ)を蓄える必要がある。

このうち，②のネタ集めの手助けをするのが本書です。本書では効率的にネタ集めができるように，大学入試に頻出のテーマを厳選し，それに関連したキーワードも併せてわかりやすく解説しました。その時，そのテーマに関して押さえておくべきポイントを簡潔にまとめることで，詳細過ぎたり，マニアックな解説にならないように配慮しました。なぜなら，あるテーマに関する小論文を書く時に押さえるべきポイントはシンプルであり，以下の４点に限られているからです。

① 一般的な意味・定義は何か(定義の把握)

② どういう問題点があるか，もしくはなぜ必要なのか(問題点・必要性)

③ 問題，もしくは必要となる背景は何か(問題点や必要性に潜む背景)

④ 今後，問題点をどう解決すべきか，どう継続すべきか(対応策・解決策)

つまり，新聞や資料集に示されている詳細な情報や知識をすべて丸暗記する必要はなく，上の４つのポイントさえ押さえて極めれば，よい小論文を書くことができるのです。

私は，大学入試小論文を本気で学習しようと決意した受験生に対して，どうすればその意にそえるかを真剣に考えました。そうした末に書きあげたのが本書で，安易で浅はかな受験テクニックを排除し，磨けば必ず光る基本的な論述ポイントをできる限り整理して記そうと心掛けました。そのことに関して，伝えたいことがあります。

- 参考書を読むだけでは，小論文を書く力は上達しない。
- ネタを記憶するだけではなく，自分なりの意見とその理由を持て。

与えられたテーマに対して小論文を書く時，押さえなければならないポイントはそれほど多くありません。しかし，参考書を読んでポイントや知識を暗記したからといって，その内容をそのまま答案にしても，高い評価は得られません。採点者が答案で注目しているのは，受験生がどれだけ知識を持っているかではなく，知識をもとにして自分なりにどれだけ深く考えているかという点です。ただ参考書を書き写しただけの答案には諸君が独自に考えた部分が見られず，高い評価を与えることができないのです。こう考えると，「参考書を読むだけで小論文がうまくなる」といううたい文句は幻想であり，あり得ないことがわかるでしょう。

模範となるものを見て，考え方ややり方を理解するのは最も大切なことですが，その考え方ややり方を自分で使えるようにならなければ意味がありません。つまり，入試に対応できる小論文を書くためには，確かな知識や情報を頭に入れたうえで自分なりの意見や理由を組み立てる必要があるのです。この作業を何度も繰り返し，その成果を積み重ねることで，ようやく独自性のある文章が書けるようになるのです。失敗しても，投げ出したくなっても，負けずに最後まで頑張る人だけしか大学入試小論文の達人にはなれません。

最後に，本書が小論文学習に必要なネタを学ぶための1冊として，また，他の参考書とともに持ち歩く1冊として役立つ存在になることを心から願っています。そして，本書を手にしてくれたあなた，私と一緒に小論文マスターになりましょう。心から応援します。

カンザキ メソッド代表
神﨑　史彦

もくじ

2 法　律

3 政　治

4 社会保障・福祉

5 環境

6 情報・メディア

7 国際関係

8 経済・経営

本書の構成と使い方

本書の紙面構成は，以下のような流れである。

キーワード解説

タイトルになっているキーワードの解説は，以下のようにまとめてある。

① **定義**…各テーマの一般的な意味・定義とは何か。

② **問題点**(もしくは**必要性**)…各テーマには，現状においてどういう問題点があるのか，もしくはなぜ必要なのか。

③ **問題点の背景**(もしくは**必要性の背景**)…どういった背景からその問題が起こるのか，もしくは求められるのか。

④ **対応策・解決策**…今後，どう問題を解決または継続すべきか。

各テーマの定義づけや解説を，現在(＝**問題点・必要性**)，過去(＝**背景**)，未来(＝**解決策・方向性**)という時間を軸として行っている。記述はなるべく中立性を保つ配慮をしたが，テーマによっては否定的あるいは肯定的のいずれかの立場で述べてある。

なお，すべてのキーワードに**★マーク**(三ツ星が最高)の数で学部別の出題頻度を示してある。まずは，★が多いテーマから学習することをお勧めする。

関連キーワード

タイトルキーワード以外にぜひ押さえておきたい**関連用語**を厳選して示してある。これらも併せて理解しておくのが効率的な学習法だ。

答案例

キーワード解説をもとに，スタンダードなテーマ型小論文の模範回答を示してある。

より受験を意識した学習法

❶ 過去問の分析を行い，学習テーマを絞り込む

志望校の過去問を手に入れ，**どのようなテーマが出題されてきたか**を知ることが不可欠だ。そのために見るべきポイントは，次の２点である。

- **どのようなジャンルのテーマが出題されているか。**
  「日本社会の特性」「法律」「政治」「社会保障・福祉」「環境」「情報・メディア」「国際」「経済・経営」のいずれにあたるのかを見分ける。
- **出題されたテーマに偏りがあるか，ないか。**

❷ 必要なテーマに重点的に取り組む

志望校で出題されているテーマのジャンルが偏っている，もしくは毎年同じようなテーマであれば，それに該当する章に重点的に取り組もう。一方，ジャンルが広範囲に及んでいる場合は，各章において出題頻度マーク（★マーク）の多いキーワードから重点的に取り組もう。

❸ 頭の中で小論文の筋道を描きながら記憶する

本書の解説では，「このテーマはこういう定義であり（**事実**），こういう問題点もしくは必要性が生じる（**意見**）。それにはこうした背景（**理由**）がある。ゆえに，今後はこのようにすべきだ（**意見の再提示**）」という流れで示してあるので，その筋道を頭の中で描きながら記憶してほしい。

❹ 実際に小論文を書いて，自分なりに思考を深める

頭の中に入れた知識をもとに，実際に小論文を書いてみよう。その時，テーマに関する**調べ学習**をさらに行ったり，具体例を盛り込んだり，本書とは違う切り口を探ったりする作業を並行して行うと，さらに**独自性のある答案**に仕上がる。本書で示されている回答例を超えるような答案を目指してほしい。目標を高く設定すればするほど，小論文の質は上がっていくものである。

1 日本社会の特性

社会科学とは，人間社会に潜む問題を探る学問である。特に，現代の日本社会の実情を学問対象とすることが多く，小論文のテーマとして数多く出題される。ここでは，社会科学系の学部すべてに共通して出題される高頻度の10テーマを厳選し，解説する。どれも社会科学系の学部を志望する者として知っておくべきことばかりであるから，確実に自分のものにしてほしい。

取り扱うテーマ

- 日本人の特徴
- 日本語の乱れ
- 高齢化
- 少子化
- 労働観
- 非正規雇用者
- 女性の社会進出
- 格差社会
- 学ぶことの意義
- 若者の特性

日本人の特徴

出題頻度 → 法・政 経済 商・経営 社・福祉 国際・学際 ★★★

定義

日本人の特徴については，これまで多くの学者によって「日本人論」として示されてきているが，文化人類学者の杉本良夫とロス=マオアはそれらをもとに，**日本人の特徴(日本人像)**を以下のように指摘している。

① **自我(p.16参照)の形成が弱く，個が確立していない。**
② **集団志向的(p.16参照)であり，所属する集団に献身する。**
③ **調和を重視するので，社会の安定度や団結度が高い。**

必要性

日本人の特徴を捉えることは，**日本人の国民性**のほか，**文化や思考の特性**などの理解につながる。一例として，海外メディアが報じた「東日本大震災における日本人の冷静な行動」について取り上げる。

そこでは，大震災に遭遇していながらも個人的な感情を抑制し，秩序を重んじた行動を取る日本人の姿が驚嘆の目をもって報じられているが，そのような日本人の行動を理解するには，和辻哲郎が『風土』(p.17参照)で指摘している**「日本人の忍従的態度」**という捉え方が参考になる。氏によると，日本には地震や台風といった特有の自然現象があるゆえ，日本人はこうした暴威に対して耐え忍ぶという態度を取るのだと解釈することができるのだという。日本人の特徴を理解することは，このように日本人の行動原理を解明する足掛かりになるのである。

必要性の背景

このような日本人の特徴が生まれた一因として，日本の基層文化(p.17参照)の中に古くから伝わる**神道(p.17参照)の思想**があることが指摘されている。

神道の考え方は，自然界のあらゆるものに霊が宿り，その霊は目に見える世界に影響を与えているという捉え方がもとになっているのだが，こうした**自然を畏敬する態度**は，時として自然の猛威に対しても耐え忍ぶ行為として現れる。また，集落ごとに祖先を氏神（うじがみ）として祭っており，集落内の者を氏子（うじこ）(神が守る範囲に住む人)として扱う。そして，神の庇護のもとに生活するためには共同体の一員として振る舞うことが求められるが，こうした規制は**一方では異質な存在を排除する**という行動を生む。その結果，集団志向や調和(秩序)の遵守という意識が生まれるとされる。

対応策・解決策

日本人論の展開は日本人特有の思想や文化の理解に役立つ一方で，**個人の特性を捉えるには不十分である**という指摘もある。また，多くの日本人論は統計学的な検討が不十分であったり，実証の面で不備があるなどとして，信憑（しんぴょう）性に欠けるという批判もある。つまり，日本人論で掲げる「典型的な日本人像」の多くは日本人の多様性を考慮したものではなく，その指摘が個人には必ずしも当てはまらないというものである。

こうした「日本人の特徴」を示すことは，日本に属する個人像を捉える際に先入観を与えることにもなりかねない。個人の特性を適切に捉えるためには，ステレオタイプ(p.17参照)な見解に留まることなく，**個々人の生まれ育った環境や遍歴**といった要素がその人の自我の形成に大きな影響を与えることも踏まえる必要がある。

小論文にする時のポイント

入試では，日本人の特性に関して述べた課題文を読ませたうえで，日本人の特徴を挙げさせたり，それらが現代の日本人にも当てはまるかどうかを検討させたりするという課題が比較的よく出題される。その時，特徴の羅列や事例検討だけに終始せず，**そうした特徴が生まれた社会的背景**にまで踏み込んで論じられるとよいだろう。

過去の入試問題例

例 「日本人＝集団主義」説は，欧米人の「個人主義」と対照的なイメージを投影したに過ぎず，「オリエンタリズム」の一形態であるが，日本人自身が「日本人＝集団主義」説を唱えたために，ハウリングのように誰もが確信をもって「集団主義的な日本人」を口にするようになったと述べた文章を読み，国民性や民族性，国民文化や民族文化について，日本あるいは日本以外の国や地域を具体的な例として取り上げながら，あなたの考えを記述せよ。

（宇都宮大・国際学部）

例 日本人の生活世界である「世間」の中で生きてゆくために必要なことについて述べた課題文を読み，「欧米の個人の観念」と「世間」のズレについて，あなたがこれまで経験したことや見聞したことの中から実例を挙げて述べよ。

（立教大・経済学部）

例 日本人が「集団主義者」か「個人主義者」かについての調査結果を示した文章を読み，筆者の見解を要約し，それに対してあなたの意見を述べよ。

（北九州市立大・法学部）

関連キーワード

☑自　我

一般的には，「私」「自分」を指す。哲学用語としては，意識・行動・意思を遂行し，感情などの心的状態を帯びさせるなど，心的な活動をさせる主体として扱われる。

自我は，たとえ体験や経験が変化しても基本的に同一性を保ちながら，外界や他者から「私」を区別して意識させる。一方，心理用語としては，意識や行動の主体のことを指す。

一般的に，日本人は自我の形成が弱いと評される。その理由は，日本人はその場の状況や雰囲気を考えながらの行動が多く，個人の主義や主張を必ずしも貫かないからだといわれている。

☑集団志向的

一般に，日本人は個人よりも社会全体の利益を求める傾向（集団志向）が強いといわれる。つまり，社会的な調和を重視する傾向が強いので，結果的に社会全体が強く結ばれ，安定する。また，構成員同士の対立や摩擦を避けようとすることが多い。

日本人に多く見られる，曖昧な表現や妥協でことを収めたり，話し合いによる解決を良しとする態度は，こうした集団志向的な思考や行動から生まれたといわれている。

☑『風土』

和辻哲郎が1935年に著した文化論である。氏はこの中で地域の気候などの風土によって，その土地で生活する人間の思想や文化が決まると論じている。日本が属する東アジアはモンスーン型と分類され，そこで生活する人々は自然の恩恵に対して受容的な態度を取る一方で，暴威に対しては忍従的態度を取ると示されている。

☑『菊と刀』

ルース=ベネディクトが1946年に刊行した日本文化論。氏は第二次世界大戦中に米国戦時情報局に入り，敵国である日本を研究した。『菊と刀』の中では，西欧の罪の文化(倫理基準を内面に持つ文化)に対して，日本は恥の文化(倫理基準を世間や外部に持つ文化)であると指摘した。しかしこの指摘に対しては，西洋と東洋という二元論で日本を捉えたものであり，日本の歴史が反映されていないという批判もある。

☑日本の基層文化

基層文化とは，民族の文化の根底にある伝承的な生活文化のことを指す。例えば，日本には古くから複数の神の存在(八百万(やおよろず)の神)を認める考え方が基層文化としてあるが，これは仏教・儒教・キリスト教などといったさまざまな宗教や思想の共存を認めるゆえんとなっている。また，宇宙に存在する一切の物に神の発現を認める捉え方は，神に収穫の無事を祈る年中行事として表れている。他には，縄文時代以降の木の文化，弥生時代以降の稲作農耕文化などもその表れである。

☑神　道

古くから信仰されてきた日本固有の宗教をいう。多数の神々の存在を許容する宗教(多神教)の一つである。

祖先や自然を神と崇めてきた民間の信仰が理論化されて成立したといわれている。

☑ステレオタイプ

ありふれたやり方や決まり切った型，あるいは画一的な捉え方のことをいう。つまり，考え方や表現が型にはまり，新鮮味がない状態のことである。印刷の時に用いられたステロ版(鉛版)がその語源といわれている。ステロ版は同じ鋳型から多数打ち出されるため，判を押したように同じであるところから名付けられたのであろう。

日本人に関するステレオタイプとしては**「集団主義的」「本音と建前」「恥の文化」「手先が器用」「道徳意識が高い」「男性は仕事中心，女性は献身的」**などが挙げられる。ステレオタイプは科学的な根拠なしに用いられることが多く，**先入観や偏見を生む原因**となっている面もある。

☑「社会」と「世間」

「社会」とは，共存して生きるための集団のことを指すのに対して，「世間」は時空を共有するものすべて，つまり**社会だけでなく社会を形成する人々をも含む**言葉である。

歴史学者の阿部謹也は『「世間」とは何か』という著書の中で，人は，西欧では尊厳を持った個人が集まった**「社会」**の中で生きているが，日本では個人の意思によって作られたものではない所与(他から与えられたもの)の**「世間」**という枠組みに依存して生きていると指摘した。具体的な例として，日本人の「皆と合わせる」といった行動は世間に依存した結果であること，世間の中では長幼の序によって競争が排除されていること，贈与と互酬という原理があることなどを挙げている。

☑日本のガラパゴス化

ガラパゴス(諸島)は，東太平洋にある島々のことである。この地域は大陸と隔絶されているため，固有種の生物が多く生息している。それを比喩的に用い，日本という限られた市場においては日本人が求める方向でのみ技術やサービスが進化したため，**世界標準からはかけ離れた状況**になっているということを指したのが「日本のガラパゴス化」という言葉である。携帯電話・デジタルテレビ放送・カーナビゲーションシステム・非接触ICカードの規格などが具体的な例として挙げられる。

そのような状況を生む理由として，**日本の規制や規格が独特であること**に加え，そうした規格を日本の消費者が容認または求めているからだとしている。そのほかには，**集団志向的な日本人の民族性**が原因しているという指摘もある。そして，こうした状況を打開するためには，さまざまな面でのグローバル化(p.294参照)の推進が必要だと主張する人もいる。

答案例

問題 日本人論によって「一般的な日本人像」を示すことについて，あなたの考えを述べよ。**600字以内**

模範回答 一般的な日本人像としては「集団主義的」「恥の文化」「道徳意識が高い」などがある。こうした見方で日本人という集団を捉えることは，日本人の国民性や日本文化の特性を理解し，行動原理を解明する足掛かりになる。

(以上，第1段落)

かつて「日本人は未曽有の災害に見舞われても個人的感情を抑制し，秩序を重んじた行動を取る」と海外メディアが報じたが，こうした行動を理解するには，和辻哲郎が指摘した「日本人の忍従的態度」という捉え方が参考になる。つまり，日本には地震や台風が多いなどの特有の風土があるため，日本人はこうした暴威に耐え忍ぶ態度を取るのだと解釈できるのである。また，自然界の万物に霊が宿るという神道思想に根ざした自然を畏敬する態度は，時として自然の猛威に対しても耐え忍ぶ行為として表れる。このように，一般的な日本人像を根拠に，日本人特有の思想や文化を理解することができる。

(以上，第2段落)

一方で，個人の特性を捉えるには不十分であるという指摘もある。一般的な日本人像の多くは日本人の多様性を考慮したものではなく，必ずしもすべての個人に当てはまらないという。日本人個々の特性を適切に捉えるためには，ステレオタイプの見解だけでなく，生まれ育った環境や遍歴なども自我の形成に影響を与えることを踏まえる必要があると考える。

(以上，第3段落)

解説 第1段落：意見の提示…一般的な日本人像の例を挙げ，それらをもとにした見方は日本人の国民性や文化，行動原理の理解につながるという利点を述べている。

第2段落：理由説明…日本人の性向に関する海外メディアの反応を例にとり，一般的な日本人像を根拠にすることにより，日本人特有の思想や文化の理解がしやすくなることを説明している。

第3段落：意見の再提示…一般的な日本人像は日本人全体の特性を捉えるには都合よいが，個々人の特性を捉えるための考慮がなされたものではないということを指摘している。

日本語の乱れ

出題頻度→ 社・福祉 国際・学際 ★★★ 法・政 経済 商・経営 ★★

定義

そもそも使用している日本語が乱れているか否かを判断するには，規範的な日本語の存在が必要である。それにあたるものとして，書き言葉に重きを置く標準語・共通語(p.22参照)や，文部科学省や文化庁による国語施策が用いられるのが一般的である。そして，これらの規範からはずれた言葉遣いを否定的に捉える人たちは「日本語が乱れている」と指摘するが，中立的に捉えれば「日本語の揺れ」や「日本語の変化」などと表現できる。

問題点

日本語の揺れや変化に対して，賛否両論の主張が展開されている。例えば，「正しい日本語」を他人とのコミュニケーションの道具として捉えれば，相手に不快感や誤解を与えないようにするためにそれらを適切に運用することが欠かせない。すなわち，「正しい日本語」は他人との人間関係をつくるうえでの必須条件であり，積極的に規範となる言葉を用いるべきだと主張するので，日本語の揺れ(変化)に対しては否定的になる。また，なかには自らの日本語が正しいものであると捉える人もおり，そうした人は乱れた日本語(もしくはその使用者)に対して拒否反応を示すこともある。

一方，言葉の乱れを容認してもよいと捉える立場の人もいる。家族・友人・地域などの共同体など，言語は用いられる環境によって変化する。つまり，言語は変化することが必然であり，それを「乱れ」と捉えるのは主観的な判断にすぎない。むしろ，時代に即していない規範となる言葉にこそ問題があると主張する人も存在する。

問題点の背景

戦前，国家を挙げて標準語を整備する機運が高まったが，戦後は国による標準語政策が行われなくなった。むしろ，思想や良心の自由が保障されるようになったこともあって，国が標準語や共通語を強制的に定めることに対して否定的な立場を取る人も出現した。こうして，「正しい日本語」という概念を個々人の感覚や慣習をもとに捉えるようになった。

また，**使いやすい方向へ日々変化するという言語の特性**も影響している。例えば「見れる」「着れる」などの**ら抜き言葉**(p.22参照)，「ケータイ」「コンビニ」などといった短縮言葉は，言葉の伝達を効率的に行おうとして，単純化や省略などがなされた結果だと捉えることもできる。

対応策・解決策

まず，ある言葉の変化が一般化した時点で，国語施策の再検討を行い，必要なら規範を修正することが必要であろう。一方で，言葉の遣い手もその時どきでの標準語や共通語を理解したうえで，**時や場合で言葉を使い分ける必要がある。**

友人同士や私的空間で揺れた日本語を用いるのは，構成員の承諾があれば問題はないだろうが，ビジネスや自分よりも上の世代との対話において使用するのは，適切なコミュニケーションを取るうえで支障をきたすことが多い。こうした場合には，当然のことながら標準語や共通語を用いるように心掛けるべきである。つまり，**誰に対してその日本語を用いるのか**という視点をつねに持ちつつ，日本語の変化に対応していくことが必要だ。

小論文にする時のポイント

入試では，日本語の乱れをおもなテーマとし，よりよい日本語にしていくための方策を問う出題が多い。まずは，「日本語が乱れている」という見方は，日本語が変化していくことを否定的に捉えた立場であることを念頭に置く必要がある。こうした捉え方には賛否両論があるだろうから，自分の立場を明確にするだけでなく，**予想される反論に対する答えまで用意しておきたい**ものだ。決して「日本語は乱れているから，美しい日本語を守ろう」といった**常識的な主張で終わらないようにしたい。**

過去の入試問題例

例 読書離れ・活字離れは，大きな社会問題としてクローズアップされるようになっている。読書離れが「日本語の乱れ」や「考える力の減退」を引き起こす，といった議論もみられる。読書離れについて，あなたの意見を述べよ。

（流通経済大・経済学部，社会学部，法学部，流通情報学部）

例 NHK 教育テレビ「日本語であそぼ」では，小さい子供たちに古今の有名な日本語の文章〈かなり長いものも短いものも〉を丸暗記させている。小さいうちに暗記によって国語力を高めようという試みをどう考えるか。長所や短所があると思われるなら，具体的な例も挙げて考察せよ。（昭和女子大・人間社会学部）

例 ファミリーレストランなどのサービス業関連のお店でよく使われる，「コーヒーのほうをお持ちしました」「一万円からお預かりいたします」などの，従来の日本語の基準からいうと問題があると感じられる表現について，個人としては「おかしい，へんな日本語だ」と感じる人が非常に多いにもかかわらず，社会全体としてみるとよく用いられているのはなぜだと思うか述べよ。

（龍谷大・社会学部）

関連キーワード

☑ 標準語と共通語

標準語とは，国内の公的生活において規範となる言語のことをいう。一方，**共通語**とは，国内で地域や階級に関係なく通用する言語のことを指す。どちらも東京近辺で使われている語が基盤となっている。両者の大きな違いは，**規範性を持つか否か**である。

なお，1949年に国立国語研究所が行った調査の報告書では，標準語を「何らかの方法で国として制定された規範的な言語」としたうえで，日本ではいまだにそれが存在しないので共通語という言葉を用いたとしている。

☑ ら抜き言葉

「見れる」「食べれる」「寝れる」など，文法的な活用では必要な**「ら」を抜いて使っている動詞**のことをいう。

上一段活用動詞(「見る」など)，下一段活用動詞(「食べる」など)，カ行変格活用動詞(「来る」など)に可能の意味合いを添える時は，本来なら助動詞「られる」を用いるべきところである。しかし，誤って「れる」を使用し，「ら」が脱落したように見える。

☑ 敬語の揺れ

敬語の揺れを指摘する人も多い。「入れさせていただく」など，本来であれば他人の許可を得て実施するという意味で用いるはずの「～させていただく」を，単なる謙譲語「いたす」の代わりに用いることに否定的な見解を示す人もいる。多くの場合，本来の文法から外れた使用のしかたが議論の対象となっている。

☑ さ入れ言葉

「読まさせていただく」「休まさせていただく」など，文法的には不要な「さ」を入れて使っている表現のことをいう。

五段活用動詞（「読む」など）に使役の助動詞が接続する時は，本来「せる」を用いるべきところに「させる」を用いている。「さ」を入れることで敬語として誤用されることが多い。

☑ 若者言葉

青少年が特徴的に用い，他の世代はあまり用いない言葉のことをいう。例えば，「超○○」「マジ○○」といった強意を示すもの，「…ていうか」「なんか」といった場つなぎの言葉，「うざい」「やばい」といった俗語や侮蔑表現を起源としたもの，「一応○○」「○○とか」などといったぼかし表現などがその代表例である。

若者以外の人がこうした言葉に対して拒否感を覚える理由としては，誤用していることに対する批判，語源に対する批判，使用すると品格が問われかねないという懸念などが挙げられる。

☑ 美しい日本語

文化庁の「国語に関する世論調査（2008年実施）」によると，日本国民の多くは思いやりのある言葉や挨拶など，他人を尊重するために使われる言葉を美しい日本語として捉えているという結果となった。こうした言葉を評価するのは，多くの国民が共有することによって他人を敬うことの大切さが広まり，ひいてはこうした思想が言葉の乱れを防ぐことにつながると考えるからではないか。つまり，「美しい日本語」と礼節とを結びつけようとする風潮があることがうかがえる。

一方，表現内容だけでなく，文字の形や響きの美しさなど，さまざまな側面から日本語の美しさを捉えるべきだと主張する人もいる。例えば，漢字・カタカナ・ひらがなという3つの文字を巧みに使い分けた日本独特の文字文化は，日本語の美しさの一つであるという指摘はその例である。

答案例

問題 日本語の乱れについて，あなたの考えを述べよ。**600字以内**

模範回答 日本語が乱れているか否かを判断するには，規範的な日本語の存在が必要である。規範からはずれた言葉遣いを否定的に捉えた時，「日本語が乱れている」と指摘できるのであろう。私は言葉が変化することには反対しないが，言葉の使用方法が乱れることは容認できない。「誰のために日本語を用いるのか」という視点を持って，日本語の乱れに対応していくことが必要だ。

(以上，第1段落)

確かに，言葉の乱れを容認してもよいと考える立場の人もいる。そうした人は，言葉は使いやすい方向へ変化するという特性があり，言語は変化するものだと主張する。しかし，言語を他人とのコミュニケーションの道具として捉えた場合，こうした立場では支障をきたす。相手に不快感や誤解を与えないためには，「正しい日本語」を適切に使うことが必須条件なのである。 (以上，第2段落)

今後，言語の遣い手はその時どきでの標準語や共通語を理解したうえで，使用場面に即して適宜言葉を使い分ける必要がある。友人同士や私的空間でなら，揺れた日本語を用いても皆の承諾があれば問題ないだろう。しかし，ビジネス上や自分よりも上の世代の人との対話において使用するのは，適切な関係を築くうえで支障をきたすだろう。そうした場合には標準語や共通語を用いるべきである。

(以上，第3段落)

解説 第1段落：意見の提示…日本語の乱れについて，言葉の変化自体には反対しないが，言葉の使用方法まで乱れることに対しては異議を唱えるという主張を述べている。

第2段落：理由説明…言葉の乱れを肯定する立場に譲歩しつつ，コミュニケーションの道具としては，正しい日本語の使用が欠かせないことを示し，理由説明としている。

第3段落：意見の再提示…今後は，その時どきでの標準語や共通語を理解したうえで，時や場合に応じて言葉を使い分ける必要があると述べている。

高齢化

出題頻度→ 法・政 経済 商・経営 社・福祉 国際・学際 ★★★

定義

高齢化とは，**全人口に対する高齢者の比率**(高齢化率，老年人口比；p.28参照)が相対的に高くなることをいう。一般的には，高齢化率が7％超で**高齢化社会**，14％超で**高齢社会**，21％超は**超高齢社会**と区分している。現在の日本では高齢化率が28％前後であるが，推計によると2050年ごろには40％近くになると見込まれている。

問題点

高齢化に伴う最も大きな問題点は，**高齢者を支えるために必要なさまざまな負担が増加する**ことにある。具体的には，健康保険や年金保険などの高齢者福祉に関する経済的負担のほか，身内の介護をする際の物心両面の負担などであるが，それらが特に**現役世代に過度にかかる**ところに問題がある。さらに，こうした負担は現役世代の家計を圧迫することになるが，それが子どもを産もうとする時の支障となる場合もあり，結果的に少子化(p.33参照)につながりかねない。つまり，若年を中心とする特定の世代に負担がかかり過ぎると，高齢者を支えるための制度そのものだけでなく，家族機能までもが維持できなくなり，ひいては**将来の人口構成にまで歪みを生じてしまう**のである。

また，高齢化は**経済が衰退する要因**となるという指摘もある。高齢者を支えるための支出によって現役世代の収入が減少すると，消費行動が停滞する。それに加え，少子化によって日本の労働者人口が減少するため，生産活動が円滑に行えなくなるというのである。

一方で，**高齢者中心の政治が行われやすくなる危険性**を憂慮する人もいる。高齢化率が高くなると，高齢者に有利な政策を掲げる候補者が当選しやすくなることが予想できるからである。今後，さらなる高齢化率の上昇が予想されており，若年層に不利な政策が推し進められる恐れがある。

問題点の背景

わが国で高齢化が進んでいることの背景には，おもに次の２点がある。一つは**高齢者の死亡率が下がっていること**，もう一つは**若年層の人口が減っていること**である。前者のおもな原因は，**衛生状態や医療技術が向上していること**にある。特に，高齢者の最大の死因であった生活習慣病(p.30参照)による死亡率が減少したことによって，平均寿命が延びたといわれている。

また，後者のおもな原因は，女性の社会進出の機会が格段に増え，それに伴う形で**女性の晩婚化と晩産化**(p.36参照)**が顕著になったこと**にある。そのことによって女性が子どもを産む機会が減少し，出生率の低下が少子化につながる図式が定着してきた。

対応策・解決策

現状の高齢者福祉制度をそのまま維持しつつ，日本経済を衰退させないようにすることは至難の業といわざるを得ない。よって，将来を見据えた高齢者福祉制度の改善が必要である。具体的には，一つは**世代間の人口比を正すこと**，もう一つは，**たとえゆがんだ人口比のままでも耐えうるだけの対策を構築すること**である。

このうち前者は，おもに少子化対策や労働環境の改善を講じることである。具体的には，**少子化対策**であれば保育施設の増設や育児休業制度の拡充など，仕事と家庭を両立させたい男女への支援を通して，子育てしやすい環境を整えることが挙げられる。**労働環境の改善**については，収入の低い非正規雇用者の正規雇用化など，子どもを産みやすい環境にするために世帯収入を増やすことなどが考えられる。

また後者は，おもに医療や年金など，現状の高齢者福祉制度を維持するための対策のほか，家族や地域住民が高齢者を支えられる方策を考えることが挙げられる。具体的には，**高齢者福祉制度の維持策**としては，増税や健康保険料・年金保険料の増額などで現役世代に一定の負担を強いる一方で，高齢者の医療費の個人負担額を増やしたり，年金の減額や支給開始年齢の引き上げなども考えなければならないだろう。また，定年制の見直しや定年退職後の労働機会を増やすなど，高齢者が自らの力で収入を得られるように支援することなども考えられる。さらに，所得や財産がある高齢者よりも生活困難な状況にある高齢者を優先して支援する方策をとり入れることもあり得よう。さらに，**家族が高齢者を支える方策**に関しては，例えば介護休業，介護休暇の制度がある。取得には条件があるが，高齢の家族の介護をする場合に仕事を休むことのできる制度である。また，**地域住民が高齢者を支える方策**としては介護ボランティア制度があり，導入する自治体が増えてきている。

小論文にする時のポイント

高齢化に関する出題は，高齢者支援のあり方，世代間の共生，公的医療保険制度(p.158参照)，公的年金制度(p.164参照)，高齢者介護(p.170参照)など，**高齢化を「問題」として捉えてその対策について論じさせる**設問が大半である。

高齢化に関する課題に対する回答の際，「高齢者を大切にしよう」「高齢者を守るべきだ」などと，高齢者側を一方的に擁護するような意見を論じるのは好ましくない。それだと，将来における**現役世代への過大な負担を踏まえているとは読み取れず**，表面的な主張であるといわざるを得ない。また，高齢者を一方的に擁護することは，いわゆる逆差別的な視点を持っているという印象を与えかねない。**偏った立場からの論述はできるかぎり避け**，高齢者を支えなければならない現役世代側からの視点も加えておきたい。

過去の入試問題例

例　我が国の高齢化の原因と特徴について述べた資料，日本の総人口の推移と年齢3区分別人口の推移を読み取り，75歳以上の後期高齢者が急速に増加することによって生じる高齢者福祉の問題をあげ，具体的に説明するとともに，どのような政策的対応をすればよいか，あなたの考えを述べよ。

（金沢大・人間社会学域）

例 現代社会において共生社会の実現は重要な課題である。戦後の社会や生活様式の変化を概観したうえで，子どもから高齢者まで幅広い世代の共生をはかるためには，どのような観点からまちづくりを進めていくべきか，あなたの考えを述べよ。
（山梨大・教育人間科学部）

例 国勢調査における総人口およびその増減率の推移，および国勢調査における性別・年齢別の人口構成の推移を読み，高齢化率とは何かを説明せよ。また，この高齢化率から，何が分かるのか。
（京都産業大・経済学部）

関連キーワード

☑ 高齢者

国連の世界保健機関（WHO）が定めた分類によると，65歳以上の人を**高齢者**と呼ぶ。さらに，65～74歳までを**前期高齢者**，75歳以上を**後期高齢者**と細分している。

☑ 年齢区分

日本では統計上，15歳未満を**年少人口**，15～64歳を**生産年齢人口（現役世代）**，65歳以上を**老年人口**のように年齢別に区分けして，年ごとの人口推移を示している。

現状では，全人口に対する老年人口比（高齢化率）が28.1％，年少人口比が12.2％となっている（2018年現在）。将来の人口推移の予測によると，前者が上昇する一方で後者が減少し，2050年には老年人口比が40％弱，年少人口比が10％程度となるといわれている。

☑ 平均余命

ある年齢に達した人が，平均してあと**何年生きられるか**を示したものをいう。特に，0歳のときの平均余命を**平均寿命**ともいう。

日本では厚生労働省が毎年「簡易生命表」として公表している。日本人の男性の平均寿命は81.25歳，女性の平均寿命は87.32歳（いずれも2018年統計）であり，戦後直後から現在までほぼ毎年平均寿命が延びている。なお，1947（昭和22）年における日本人の平均寿命は，男性が50.06歳，女性が53.96歳であった。

☑ 高齢社会対策基本法

高齢社会対策を進めるため，1995年に制定された法律。この法律に示された基本理念に基づいた対策の指針として，政府は**高齢社会対策大綱**を作成している。この指針には，高齢者の健康づくりの推進，保健・医療・福祉サービスの充実，高齢者の社会参加活動の促進，高齢者に配慮した街づくりなどの方針が示されている。

☑産業分類

さまざまな産業を，同じような業種のもの同士に選り分けて分類することをいう。最も大まかな分類は，イギリス出身の経済学者であるコーリン=クラークによる分類で，自然界から直接富を得る産業(農林水産業，鉱工業など)を**第一次産業**，第一次産業によって得た原材料を加工する産業(製造業，建設業など)を**第二次産業**，製品やサービスを分配する産業(小売業，サービス業など)を**第三次産業**と呼び，今日でもこの分類が広く利用されている。

なお，クラークは経済が発展するにつれて，第一次産業から第二次産業，さらには第三次産業へと就業人口の比率および国民総所得に占める生産額の比率がシフトしていくという法則を示した(**ペティ=クラークの法則**)。

☑現役世代の実質的な収入減

国民は所得税・都道府県税・市町村税などの直接税のほか，健康保険料や年金保険料などを負担しなければならない。これらの税率や負担額が増えると，支払い後に残る額が減り，各家庭で自由に使える金額(**可処分所得**)が実質的に減ることになる。

一方，消費税などの間接税についても同様で，税率が上がると徴収される税額も増えるので，可処分所得の減少につながる。

☑公営保険

日本では**公営保険**(健康保険・後期高齢者医療制度・介護保険など)という仕組みがある。加入者が保険料を支払う代わりに，医療や介護が必要になった時には**低い自己負担**で受診や介護サービスを受けることができる。実際に要した診療費や介護費との差額は，加入者の保険料と国や地方自治体の負担金などで賄われる。

☑高齢者にかかる医療費・介護費

厚生労働省によると，2017年における医療費は国民一人当たり平均34.0万円であるが，65歳以上の平均は73.8万円，75歳以上の平均は92.2万円となった。また，2018年における介護保険受給者一人当たりの費用の平均は17.1万円である。厚生労働省の「健康日本21」は，平均寿命と健康寿命の差の縮小を目指している。

☑ 生活習慣病

その人自身の生活習慣に発症原因があると考えられている疾患の総称である。従来は「成人病」と呼ばれていた。なかでもがん・心臓病(心疾患)・脳卒中(脳血管疾患)は三大生活習慣病と呼ばれる。これらの疾患は，脂質・塩分・アルコール・糖分の取り過ぎといった食習慣の乱れのほかに，運動不足や喫煙などによって起こるといわれている。

現在，生活習慣病関連の医療費は医療費全体の3割以上を占めており，医療財政を圧迫する要因となっている。末永く健康に生き，かつ医療財政を破綻させないようにするためには，生活習慣を改めて生活習慣病を予防する対策を講じる必要がある。その際に欠かせないのは予防医学の観点であり，鍵は疾病予防と健康維持である。望ましい食生活や適度な運動，禁煙など，生活習慣病の要因となる行為を行わないことが肝心である。

☑ 日本の雇用慣行

日本における，おもに正規社員の雇用に関する習慣のことをいう。具体的には，終身雇用(新卒者が企業に就職したら，定年まで同じ企業で雇われ続けること)，年功序列(企業に長く勤めるほど，年齢が増すに従って地位や賃金が上がる仕組み)，企業別組合(その企業の従業員だけで組織する労働組合)のことを三大雇用慣行と呼んでいる。

なお，定年退職制度(定年)とは一定の年齢になると労働者が退職しなければならない制度のことである。

☑ 高齢者雇用安定法

高齢者の安定した雇用を確保するための環境整備などを定めた法律をいう。日本では定年退職制度という雇用慣行があるが，定年退職後に働きたくとも再就職先を見つけることが難しい現実がある。これが高齢者の就労意欲の妨げになっており，その対策としてこの法律が定められた。

具体的には，事業主(企業)は定年齢を引き上げること，定年に達しても継続して雇用する制度を導入すること，定年制度を廃止することのいずれかを行わなくてはならないと定めている。

☑ 孤立死

孤独死(一人暮らしの人が自宅において誰にも看取られずに死亡すること)のうち，社会的孤立のために住居内で死後他人に気付かれず遺体がそのままとなったケースのことを指す。高齢者の孤立死がニュースなどで話題となることもあり，社会問題として取り扱われる。ふだんから隣近所との付き合いもないなど，社会的に孤立していて誰にも助けを求められなかったことが一因といわれている。

こうした死を回避するために，自治会などの地域コミュニティに参加すること，訪問介護やボランティア団体による見回り訪問を受け入れること，コンピューターネットワークを活用した安否確認システムの活用など，さまざまな対策が必要である。

☑ 高齢者の健康づくり

高齢になればなるほど，加齢に伴う運動機能の衰えや，老衰に伴う記憶力の減退などのリスクが高くなる。また，体力や免疫力の低下により，疾患が慢性化しやすくなる。長くなった人生を有意義に過ごすためには，心身に障害がなく，健康で自立的に生活できるようにしなければならない。

衰えや疾患を未然に防ぐためには，生活習慣を改善し，肥満や喫煙などといった健康を妨げる危険因子を減らすことが欠かせない。また，高齢者の医療費や介護費を増大させないようにして現役世代の負担を軽減するためにも，高齢者の健康を保つ努力は欠かせない。そのためには高齢者自身の体力づくり，例えば，寝たきり防止，疾病や認知症予防のための適度な運動の推進，生活習慣の改善などが重要となってくる。

こうした取り組みは健康寿命（健康で活動できる期間）を延ばし，結果として高齢者の生活の質（QOL）を高めることにもつながる。

☑ 介護休暇

介護のために，単発で数日取得できる休暇。1人の要介護者につき1年に5日，複数いる場合は10日まで取得することができる。

☑ 介護休業

介護のために，ある程度まとまった期間取る休業。上限は93日で，最高3回に分けて取得することができる。

☑ 介護支援ボランティア制度

地方自治体が介護支援に関わるボランティア活動を行った高齢者（原則65歳以上）に対し，実績に応じて換金可能なポイントを付与する制度。高齢者の社会参加や生きがいづくり，健康づくりなどを目的としている。同制度を導入した自治体は2007年には2団体であったが，毎年増加している。

答案例

問題 日本の高齢化によって起こる問題点について，あなたの意見を述べよ。

600字以内

模範回答 日本は高齢化率が25%を超える超高齢社会であり，将来的には40%程度になるといわれるなど，高齢化はさらに進むと予想される。今後，医療・年金・介護など，高齢者を支えるための負担が増加する恐れがある。これが最大の問題点といえる。（以上，第1段落）

これらの負担は，現役世代の収入を実質的に減らすだけでなく，介護による時間的拘束が生まれるなど，現役世代の負担が過度になる。それに伴って，高齢者を支えるための制度や家族機能の維持，さらには彼ら自身の生活が困難になるという重大な問題を引き起こす可能性もある。一方で，高齢化は日本経済の衰退の要因にもなる。現役世代の収入が減少すると，経済活動が停滞する。それに加え，少子化による労働者人口の減少で生産活動が円滑に行えなくなる。このように，高齢化は現役世代だけでなく，日本経済にも打撃を与える恐れがある。もはや現状の高齢者福祉制度を維持しつつ，日本経済を衰退させないようにするのは困難である。（以上，第2段落）

今後は世代間の人口比を正す対策と，歪んだ人口比でも耐えうる対策をともに講じる必要がある。前者では保育施設や育児休暇の拡充などの少子化対策であり，後者では現役世代への負担増だけでなく，高齢者医療費の個人負担増，年金の減額や支給開始年齢の引き上げなども視野に入れる必要がある。（以上，第3段落）

解説 第1段落：意見の提示…今後の高齢化のさらなる進展により，高齢者を支えるのに必要な負担が増加する問題点を指摘している。

第2段落：理由説明…もはや現状のままの高齢者福祉制度を継続することは困難であること，そしてさらなる日本経済への悪影響が懸念されることを述べ，制度改定の必要性の根拠としている。

第3段落：意見の再提示…今後は，人口比を正すための対策や歪んだ人口比のもとでも耐えられる制度作りとして，少子化対策や高齢者にも負担を強いる政策が必要であると述べて締めくくっている。

少子化

出題頻度→ 法・政 経済 商・経営 社・福祉 国際・学際 ★★★

定義

全人口に対して年少人口(15歳未満の人口)の比率が低くなることを指す。現在の日本では年少人口率が12%前後であり，推計によると2065年には10%程度にまで減少するといわれている。

問題点

おもな問題点としては，①行政サービスへの影響，②経済への影響，③社会への影響が挙げられる。

①は，税や社会保障に関する負担が増加することによって起こる。今後は高齢者の割合に比して現役世代の割合が小さくなるため，現役世代に過度の税負担がかかる恐れがある。さらに，限られた税収では，現行のサービス水準を保てなくなる。特に，高齢化に伴う出費増により，社会保障関係への影響が深刻になることが予想される。

②は，労働人口の減少によって起こる。国の生産力を支える生産年齢人口(p.28参照)が減少すると経済活動が低迷し，経済成長が鈍化または停滞する恐れがある。また，年金減額などによって生活費や医療費が不足する高齢者が増えると，貯蓄を取り崩すことになる。銀行などの金融機関は国民の預金を資金として運用して収入を得ているが，預金額が減ると資金が得られずに積極的な投資ができなくなる。こうして金融経済(p.351参照)に悪影響を与える恐れがある。

③は，家族や社会の形態が変化することによって起こる。少子化が進むと，親の過干渉や過保護が増える一方で，同世代・異世代を含む子どもたちの交流機会が減少する。子どもは多くの人と出会いながら自他の存在を認めていくものだが，これらはこうした社会性の育成を妨げる要因となる。

このように，少子化はいろいろな面でこれからの日本を支える世代の弱体化を引き起こす恐れのある深刻な問題といえる。

問題点の背景

おもな原因は，晩婚化や未婚化による**晩産化や未(無)産化**(p.36参照)といわれている。その背景には，女性の社会進出の影響や若年層の人生設計の困難さがある。

女性の社会進出は，高学歴化によって高度で専門的な能力を備える女性が増えたことが大きな要因である。一方，「男は仕事，女は家庭」といった性別役割分担の意識も依然としてあり，その結果として男性は長時間労働を行い，子育てを女性に依存する家庭も多い。つまり，女性に出産・育児の負担が集中することになる。こうした負担感から，女性が仕事と結婚(出産・育児)の選択を迫られた場合に仕事を選ぶことが多く，結果的に未婚化や晩婚化につながる。**未婚化**は子どもを産む機会自体を奪い，未(無)産化を引き起こし，**晩婚化**の場合は出産の時期が遅れる(晩産化)ことで，出産できるチャンスが減少する。

一方，**若年層の人生設計の困難さ**は，不景気やそれに伴う雇用状況の悪化が大きな要因となって生じる。日本のほとんどの企業は新卒採用(学校を卒業して間もない人を新規採用の対象とする採用のしかた)を主体とした採用を行っているが，昨今の経済状況の悪化の影響で採用自体を控える傾向にある。特に，採用数の調整がしやすい新卒採用の数を減らす企業が多いことから，こうして生まれた未就職者はアルバイト・パート・契約社員・派遣社員などの**非正規雇用者**(p.45参照)として働かざるを得ない。収入が低くなりがちな非正規社員は，子育て費用をはじめとして生活費を確保することが難しくなる。

また，正規雇用者であっても収入が安定せず，給与が思うように上がらない人もいる。これまでのような年功序列ではなく，実績の良し悪しによって報酬を決める(成果主義)企業も増えているからである。こうした状況では，将来にわたっての収入の見通しが予測しにくく，**人生設計や家族計画が立てづらくなる**。その結果，子どもをもうけることを先送りしたり断念したりするケースが多くなる。

対応策・解決策

少子化対策の主たるものは，**子育てのしやすい環境づくり**と**若年層への雇用対策**である。

子育てのしやすい環境づくりについては，育児休業制度の整備，看護休暇制度(怪我や病気をした子どもの世話をするための休暇)の促進，保育所の充実といった子育て支援策を進めている。2019年10月からは，幼稚園，保育所等の利用料が無償になった。また，育児の過度な負担によって子育てと仕事の両立が難しい状況の女性が生じることが結果的に晩産化・晩婚化・未婚化を生むという指摘があることから，**男性が子育てに参加しやすい環境をつくる必要**がある。例えば，男性の育児休業制度の利用推進や，イクメン(子育てを率先して行う男性)を増やすプロジェクトを推進することなどが行われている。

若年層への雇用対策では，非正規雇用者の正規雇用化が主体となろう。具体的には，カウンセリングや職業訓練の実施，新卒採用偏重からの脱却を企業に呼びかけることが考えられる。一方で，非正規雇用者が多くなるのは正規雇用が硬直化していることが原因なのだから，**労働市場の流動化**(p.38参照)が必要だと主張する人もいる。

小論文にする時のポイント

よくある出題のパターンは，①**少子化によって起こる諸問題**について尋ねるもの，②**少子化の現状やその対策**について問うもの，③**高齢化を踏まえた社会保障のあり方**について問うもの，④**少子化対策の必要性の賛否**を問うものである。

①と②については少子化が発生する仕組みや対策を押さえておけば，回答は難しくない。ただし，既存の少子化対策を示すだけでなく，独自性のある策を提案できればなおよいだろう。③については高齢化についての問題点(p.25参照)を押さえた論述にしたい。④は「少子化は問題とはいえないから，対策を講じる必要はない」という立場で論じることには無理があるので，あくまで少子化は「問題」であり，解決しなければならないという立場で論じる方が賢明であろう。

過去の入試問題例

例 抜本的な少子化対策の見直しについて述べた新聞記事，および，育児支援の鍵は母親の育児負担の軽減であると述べた新聞記事を参考に，少子化対策の望ましいあり方についてあなたの考えを述べよ。 (岩手県立大・社会福祉学部)

例 少子化対策を積極的に推進するべきだという考え方に対して，少子化対策に反対する考え方もある。少子化対策積極推進派の立場に立つか，少子化対策反対派の立場に立つか，結論，論拠や論理，対立する説への批判，問題そのものの性質について，論じよ。 (東洋大・社会学部)

例 わが国では，近年，少子化が進行しており，これは企業経営にとっても重大な問題である。少子化の原因，少子化をくい止める方策，少子化が企業や経済や社会に与える影響について，あなたはどのように考えるか。あなたの考えを述べよ。 (追手門学院大・経営学部)

例 女性の社会進出と少子高齢化社会について，あなたの考えるところを述べよ。 (愛知工業大・経営学部)

関連キーワード

☑ 合計特殊出生率

一人の女性が生涯を通して産む子どもの平均人数を示す数値をいう。

ある国の男女比が1：1であり，すべての女性が出産できる年齢まで生きたと仮定した場合，合計特殊出生率が2(人)であれば，現状の人口が保たれる(実際にはすべての女性が出産できるわけではないことを加味して，日本では2.07程度が目安とされている。これを人口置換水準と呼ぶ)。

日本においては，1947年には4.54(人)であったが，2018年には1.42(人)となっており，人口が減少する傾向にあることが顕著である。

☑ 晩産化と未産化

以前と比較して女性の出産年齢が上昇しつつある状態を晩産化という。女性の第1子出生時の平均年齢は，1975年が25.7歳であったのに対し，2016年は30.7歳になっており，晩産化の傾向がはっきりと読み取れる。出産年齢が高くなるほど妊娠率が低下したり，流産の確率が上昇したりするといわれている。最近では，不妊治療を受けるケースが増えてきている。

一方，出産適齢期であっても出産しない人が増える状態を未(無)産化という。2010年の厚生労働省の「出生に関する統計」によると，30歳の時点で出産未経験の女性の割合は，1959年生まれの女性が26.1%(約4人に1人)であるのに対して，1979年生まれの女性は53.9%(約2人に1人)で，未(無)産化の割合が増えていることが明らかである。

☑ 特定不妊治療費助成制度

不妊治療に要する費用の一部を助成する制度をいう。婚姻している夫婦に対して，体外受精や顕微授精など保険適用外で医療費が高額になる治療を受ける場合が助成の対象となる。ただし，女性の年齢が43歳未満である場合に限られている。

☑ 少子化対策基本法

2003年に公布された，少子化対策を推進するために定めた法律をいう。この法律をもとに，2004年に少子化社会対策大綱という基本施策の方針が定められた。

具体的には，若者の自立支援(就労支援・子どもの学びの支援など)，仕事と家庭の両立支援(育児休業制度の定着と取得推進，看護休暇制度の定着，男性の子育て参加推進，妊娠・出産しても働き続けられる職場環境の整備など)，子育て支援などが実施計画の中に定められている。また，2015年には子ども・子育てビジョン(新たな少子化社会対策大綱)が改定され，子育て家庭への支援(子ども手当の創設，高校授業料の実質無償化など)と保育サービスの基盤整備(待機児童の解消のための保育・放課後対策など)を実施するとした。

☑ 幼児教育・保育の無償化

2019年10月から，3～5歳児クラスの幼稚園，保育所，認定こども園の利用料が無償になった。また，0～2歳児クラスの子どもについては，住民税非課税世帯は無償になった。

☑ 次世代育成支援対策推進法

次世代を担う子どもたちが健やかに成長できるような環境を整えるために定めた法律をいう。2005年から10年間の時限立法(実施期間が決まっている法律のこと)であったが，2014年の改正によりさらに10年延長された。

地方自治体や事業主は，次世代を育成するための行動計画を立て，取り組みを行うこととなっている。例えば，育児休業の取得率の下限を定めること，育児のための短時間勤務制度を導入することなどが挙げられる。

☑ 育児・介護休業法

育児や介護に関する休業を保障することを定めた法律をいう。1992年に施行された育児休業法は，1995年に介護休業制度を盛り込む形で改正され，その後何度も改正されて充実してきている。現在は，原則的な育児休業期間は「１歳まで」であるが，保育園等に入所できない等の事情がある場合には「１歳６か月まで」の延長と「２歳まで」の再延長が認められている。また，男性労働者の育児休業取得も奨励されており，両親がともに育児休業する制度(パパ・ママ育休プラス)なども利用できるようになっている。

なお，厚生労働省によると，2018年における女性の育児休業取得率は82.2%，男性は6.16%であった。

☑ 労働市場の流動化

新規に雇用される機会や転職できる機会を増やし，企業間で労働者が流動的に移動しやすい状態にすることをいう。具体的な方法として，生産性の低い正規社員を解雇しやすくすること，生産性の高い正規社員に高い報酬を与えること，人手が余っている業種から不足している業種へ労働力を移転しやすくすることなどが考えられる。

一般的に，労働市場の流動化によって労働需要や雇用機会が増えるといわれている。なぜなら，企業側は不要な人材を積極的に手放そうとする一方で，必要な人材を採用しようとするからである。一方，労働者側は自らの能力に見合った雇用先や報酬を得るように行動するので，適職に就くことができるとともに能力にあった報酬が得られやすいといわれている。

☑ 諸外国の少子化対策

他の先進国でも少子化が問題視されており，さまざまな対策を講じている。例えば，経済的支援が充実しているのはフランスである。フランスでは，子どもが２人以上の家庭に家族手当が支給されるだけでなく，子どもが３人以上の家庭に対する家族手当の増額，鉄道運賃や文化施設の割引，高校までの学費無料(公立に限る)，長期間の育児休業(子どもが３歳になるまで)などが行われている。

一方，ノルウェーやスウェーデンでは仕事と家庭の両立支援策が積極的にとられている。父親に育児休暇を取得する義務を負わせる制度(パパ・クォータ制度)をはじめとした，育児休業中の生活安定・所得保障制度などが代表例である。

答案例

問題 日本の少子化問題の原因と解決策について，あなたの意見を述べよ。

600字以内

模範回答 日本では年々年少人口率が低下しており，少子化傾向は今後も続くと予測される。少子化による最大の問題は現役世代の負担が大きくなることである。

(以上，第1段落)

この問題は，高齢化に伴う医療・年金・高齢者福祉に関する費用の増加によって生じる。現役世代の減少に伴って税収も減少するが，必要な費用を増税で賄おうとすると現役世代の負担は大きくなるばかりである。しかし，現行のままの負担では財源不足のためにサービス水準を保てなくなるのも明らかである。

(以上，第2段落)

この背景には，晩婚化による晩産化があるといわれている。高学歴化によって高度で専門的な能力を備える女性が増え，女性のキャリア志向が高まっていることに起因する。また，女性に出産・育児の負担が集中することもあって，女性が仕事と結婚の選択を迫られた時に仕事を選ぶことが多く，晩婚になりやすい。晩婚化の場合は出産時期が遅れ，出産できるチャンスが減少する。(以上，第3段落)

こうした問題を解消するためには，子育てのしやすい環境づくりが不可欠だ。育児休業制度の整備，看護休暇制度の促進，保育所の充実といった子育て支援をさらに推進するだけでなく，男性が子育てに参加しやすい環境をつくることも欠かせない。例えば，スウェーデンのように男性の育児休暇を義務付けるなど，男性に対しても育児への関与を促す取り組みを進めることが大切だ。

(以上，第4段落)

解説 第1段落：意見の提示…少子化における最大の問題点は，現役世代への負担が増えることであると述べている。

第2～3段落：理由説明…少子化によって現役世代になぜ負担が増えるのか，その理由を説明している。また，少子化が起こる背景には女性の社会進出による晩婚化があることを指摘している。

第4段落：意見の再提示…第3段落の内容を受け，問題解決のためには子育てをしやすい環境づくりが必要であることを述べている。それとともに，男性の育児参加を促すべきだとまとめている。

労働観

出題頻度 → 法・政 経済 商・経営 社・福祉 国際・学際 ★★

定義

労働観とは，労働に対する考え方や意識のことをいう。言い換えれば，人々にとって労働とは何か，なぜ働くのかといった，**労働の本質や意義のことである**。労働観の定義は，大きく見ると，**自己のためと他者のため**という2つの側面に分けることができる。

必要性

労働は自己実現(p.42参照)のために必要である。労働を通して，我々は多くのものを得ることができる。まずは，賃金や報酬といった**金銭的要素**である。金銭は人間が日々の生活をするためにも，さらにはより豊かな生活をするために必要な趣味や嗜好(しこう)を満たすためにも欠かせない。また，サービスや商品を提供する労働の過程においては，**精神的な充足感や技能を得る**ことができる。労働のなかで我々は工夫や努力を重ね，自らの能力を試すことのほか，同僚や上司，顧客からの反応や，指摘を受ける。これらの過程を通して達成感や満足感を得る一方で，技術や職能も得ることができ，結果として**自らが望む自己像に近づいていく**のである。

必要性の背景

労働観が自己中心的な視点で捉えられてきたのは，経済的豊かさを追い求めてきた戦後の日本社会の傾向であるといえる。戦後，経済的に厳しい環境に置かれた日本では，経済発展を望む機運が高まった。その結果，**高度経済成長期**(p.50参照)を経て**大量生産・大量消費の社会構造**を築きあげ，経済発展を遂げた。それとともに，多くの国民が経済的な豊かさを享受し，いわゆる**総中流時代**(p.63参照)を迎えた。そんななか，精神的な豊かさを得るために自分のやりたいことができる生活を求める傾向が見られるようになった。労働についてもこの流れに沿って，**自己の生活を豊かにする手**

段として位置づけられてきたといえよう。

対応策・解決策

労働は豊かさを享受するための手段であるという側面は理解されるものの，社会への貢献という側面は重視されない傾向がある。今後は，**労働は他人のために行うものでもある**という捉え方も必要になるだろう。

労働には，社会や他人に対して商品やサービスを提供するという役割もある以上，我々は労働を通して社会や他人に貢献し，その見返りとして報酬(金銭や精神的な充足)を得るという考え方が必要である。つまり，労働は自己実現のために必要であるとともに，社会や他人への貢献のためにも欠かせないのである。さらに，**自らの労働は自分の生活はもちろんのこと，社会をも豊かにするための手段であると**捉える必要があるといえる。

小論文にする時のポイント

入試では，「何のために働くのか」「働くことの意味」といった労働の本質を問うものが多く出題される。また，「労働から何が得られるのか」といった労働の作用や，ワーク・ライフ・バランス(p.42参照)についても問われることがある。これらに対しては，「労働によって達成感や満足感を得ることができる」などの**自己中心的なもの**と，「労働によって他者に貢献することができる」などの**社会や他人への貢献**という2つの視点から論じておきたい。

過去の入試問題例

例 何のために働くのか：労働の意義について　(京都先端科学大・経営学部)

例 あなた自身が「働くこと」について，考えるところをまとめよ。
(ノートルダム清心女子大・文学部)

例 資料1～6をすべて用いて，「仕事と生活の調和」の現状と課題について論述せよ。ただし，論述に当たっては，次の3点に必ず言及すること。
①「仕事と生活の調和」が必要とされる社会背景。

②「仕事と生活の調和」の現状。
③「仕事と生活の調和」を実現するために取り組むべき課題。

(福岡県立大・人間社会学部)

関連キーワード

☑ 自己実現

自己の内面にある欲求や可能性を，社会生活において実現して生きることをいう。アメリカの心理学者マズローは「健全な人間は，人生において目標を定め，絶えず成長するものだ」と仮定し，人間の欲求を5段階の階層に分け，理論化した。**自己実現はそのうちの最も高度な欲求**として捉えている。

自己実現欲求は物質的欲求が満たされた後に現れるとされる。豊かな社会であれば，自己実現欲求は自然に生まれ，それが**すべての行動の動機になる**としている。

☑ ワーク・ライフ・バランス

直訳すると「仕事と生活の調和」という意味。働きながら充実した私生活を営めるように，**職場や社会の環境を整備する**ことを指す。ダイバーシティ(diversity：性別・年齢などを問わず，さまざまな人材を受け入れること)とともに論じられることが多い。

現在，次世代育成支援対策推進法(p.37参照)により，**短時間勤務やフレックス勤務**(始業および終業の時刻を労働者が決められる変形労働時間制の一種)，さらには**育児休業制度の拡充**が進められている。その一方で，**有給休暇の消化率の向上，男性の育児休業取得率の引き上げ**なども奨励している。

☑ 仕事中毒(ワーカホリック)

私生活の多くの時間を労働に費やし，家庭や自身の健康を犠牲にしている状況のことをいう。原因は，**日本人の規範意識**にあるという指摘がある。

日本では「自分のことよりも仕事を優先するべきだ」という意識が根強くあり，**休暇を取ることや家庭生活を優先することに罪悪感を覚える人が多い**。その結果，仕事に傾倒するのである。この状態は，過労死を引き起こす原因として，また，女性の出産率の低下の一因として問題視されている。

☑ 過労死と過労自殺

労働の強制や長時間残業といった過度の労働が原因で突然亡くなることを**過労死**という。過重労働による精神的・肉体的な負担が，脳や心臓の疾患を引き起こし，死に至らしめる。

同様に，長時間労働などによって精神疾患を引き起こし，それが原因で自殺することを**過労自殺**という。

厚生労働省では，過労死および過労自殺を労働災害(労災)として認定する場合がある。

☑働き方改革

2019年4月に働き方改革に関する法律の適用が開始された。これにより，**残業時間の上限**が定められ，また**有給休暇の取得義務**も明言された。このほか働き方改革には**正規雇用と非正規雇用の格差の是正**や**高齢者の雇用の促進**なども盛り込まれている。働き方改革が推進される背景には，将来的に深刻な労働力不足に陥るという予想がある。そこで将来の働き手を増やすこと，出生率を上げること(長時間労働のピークは30〜40代であり，子どもを産み育てる世代である)，生産性の向上を目的として進められている。

☑裁量労働制

労働時間を**実労働時間ではなく一定の時間とみなす制度**。労働時間と成果・業績が必ずしも連動しない職種において適用される。契約で定めた時間分を労働時間とみなして賃金を払う形態で，労働者は仕事の進め方を自分で決められるというメリットがある。一方で，実労働時間がみなし労働時間よりも長くなるなどの問題も出てきている。

☑国際労働機関(ILO)

労働条件の国際的規制や**国際的な労働者保護**を通して社会正義を実現し，世界平和に貢献することを目的とする国際的な機関である。第一次世界大戦の後に結ばれたベルサイユ条約に基づき，1919年に設立された。

国際労働機関は，労働条件の保障・労働時間・有給休暇・団結権の擁護・男女雇用機会均等・強制労働や児童労働の撲滅など，労働者保護に関する数多くの条約を制定し，多数の国が批准している。日本は常任理事国であるが，複数の条約，特に労働時間や雇用形態に関わる条約は批准していない。

☑ワークシェアリング

少ない仕事でも，できるだけ多くの労働者に分け与えることで，それぞれに賃金を確保させようとする試みのことをいう。

多くは，不況時などに従業員の解雇を防ぐための措置として用いられる。不況による失業率の上昇を抑える働きや，主婦や就労希望の高齢者に労働機会を与える機能も持っている。

答案例

問題 人は何のために働くと思うか，あなたの意見を述べよ。**600字以内**

模範回答 労働観は個々の価値観や労働に対する捉え方で異なり，一義的なものではない。一般的には自己実現のために働くと捉えるだろうが，私は他人のために働く面もあると考える。　(以上，第1段落)

確かに労働は，日々の生活のほか，豊かな生活に必要な趣味や嗜好のために必要な金銭を得る手段として欠かせない。一方で，サービスや商品を提供する労働の過程において，精神的な充足感や技能も得られる。この行為を通して，自らが望む自己像に近づいていくのである。　(以上，第2段落)

このように労働は，社会や他人に対して商品やサービスを提供するという役割を担っているのであるが，その行為を通して我々は工夫や努力を重ね，自らの能力を試して，サービスや商品にさらなる付加価値を与える。つまり，社会や他人に貢献しつつ，その見返りとして金銭や喜びという報酬を得ているわけである。　(以上，第3段落)

これからは，労働を自分の生活とともに社会をも豊かにする手段だと捉える必要があると思う。そのためにはキャリア教育が欠かせない。例えば，コミュニケーション能力や将来設計能力の育成など，自己の能力を高める訓練を行うとともに，社会の一員として労働しているという職業観を醸成することも必要だ。　(以上，第4段落)

解説

第１段落：意見の提示…労働観は人によって捉え方が異なることを前提にしつつ，他人のために働く面もあるという自らの考えを明らかにしている。

第２～３段落：理由説明…労働は自己のために行うという立場に理解を示しながらも，労働を通して社会や他人に貢献する役割を担うことの重要性を説明している。

第４段落：意見の再提示…今後，労働を社会や他人に対して貢献するものだと捉えることができるようになるためには，キャリア教育が必要であると述べている。

非正規雇用者

出題頻度 → 法・政 経済 商・経営 社・福祉 国際・学際 ★★★

定義

非正規雇用者とは，雇用契約(p.47参照)の期間が限られている労働者のことをいい，その形態としてはアルバイト・パートタイマー・契約社員・派遣社員(p.48参照)などがある。

わが国の非正規雇用者の数は約2200万人にのぼり，労働者全体の約38%を占めている(総務省統計局「労働力調査」2020年)。実に，労働者の3人に1人以上が非正規雇用者なのである。性別では，男性は全体の2割程度，女性は5割以上が非正規雇用である。

なお，対義語は正規雇用者で，こちらはフルタイムで働く，期間に定めのない雇用契約(一般的に定年まで働ける)の労働者を指す。

問題点

主として，①非正規雇用者自身に対して，②企業に対して，③国や地方公共団体に対して，それぞれ問題が生じる。

①については，非正規雇用者に対して生活の困窮を強いる点である。正規雇用者と比べて，非正規雇用者の賃金は低めに抑えられる。また，退職金やボーナスの支給もないのが普通である。しかも，昇進や昇給の可能性も低く，将来的な収入の見通しも立てにくい。こうした状況では，家庭を築いたり子どもを持ったりすることが難しくなる。場合によっては，ワーキングプア(p.64参照)になる恐れもある。さらには，企業の経営が悪化した場合，解雇や契約止め(契約期間満了時に後続の契約を行わないこと)のしやすさから，正規雇用者よりも整理の対象となりやすい。

②については，非正規雇用者が増えると労働市場の流動化(p.38参照)が起こりやすく，良質な人材が確保しにくい点が問題である。非正規雇用者に企業への忠誠心を求めるのは難しく，結果として仕事に対する責任感や向上意欲が欠け，技術やノウハウが蓄積されにくくなる。

③については，**税収が減る**ことが問題となる。所得税などの直接税は収入が低いほど税負担額が低くなるので，**低収入の非正規雇用者が増加すると全体の税収が低くなる**。累進課税制度(p.49参照)もあるが，景気が冷え込むと高所得者数も減少し，全体の税収が減少することになる。

問題点の背景

戦後，高度経済成長(p.50参照)に伴い，企業は生産の規模を拡大してきた。そのため多くの労働者が求められ，労働者が不足する事態に陥ることもしばしばあった(**売り手市場**；p.351参照)。その結果，企業側は終身雇用制を武器に労働者を囲い込む一方で，農閑期の農業従事者や主婦を非正規雇用者として活用し，労働力を確保した。しかし，バブル崩壊(p.351参照)後の平成不況を機に，業績が悪化する企業が増えた。企業は事業を存続するために規模を縮小するとともに，コストを削減する必要に迫られた。

その具体策として人件費を削減する目的で正規社員の採用を控えるとともに，安い賃金で，かつ社会保険や昇給・ボーナスといった面でも**コストを削減できる非正規雇用者を採用する**ようになった。さらに，非正規雇用者は契約止めできるゆえに**労働力を調整しやすい**というメリットもあるため，多くの企業で広く活用されてきたのである。

対応策・解決策

非正規雇用者を正規雇用者にすることが最も直接的かつ有効な手段となると思われる。国では，ハローワーク(p.50参照)や職業訓練などによる就労支援だけでなく，派遣労働者や契約社員を正社員に転換した企業に奨励金を支払うなどの制度を取り入れて，**非正規雇用の正規雇用化**を後押ししている。また，ワークシェアリング(p.43参照)を導入して正規雇用者の採用枠を増やすことなども考えられるのではないか。

今後は，**雇用を新規に生み出すための取り組み**も必要となる。例えば介護や福祉など，今後需要が増えると思われる産業を活性化して労働力の需要を喚起し，そうした分野への就労を促す試み(職業訓練と就職斡旋)を積極的に行うことが求められる。企業内や産業内で余っている労働力を，不足している企業や産業に再配分する仕組みを整えることも欠かせない。

小論文にする時のポイント

入試では，「雇用形態別の収入格差に関する問題」などのような正規雇用者と非正規雇用者の比較をさせる出題だけでなく，「フリーターやニートについて」といった若年層の非正規雇用者に絞り込んだ出題もなされる。こうした時，「非正規雇用者は都合のよい時間に働けるから，非正規雇用を推進すべきだ」といった肯定する方向ではなく，問題視する方向で論じる方が賢明である。

さらに，字数が許すならば，非正規雇用者側の問題点だけではなく，企業や国側に生じる問題点についても述べるなど，広い視野から考察していることをアピールしておきたい。

過去の入試問題例

例　若者のニート化を防ぐにはどのような対策が考えられるか。ニート本人および家庭における対策に分けて答えよ。　（椙山女学園大・現代マネジメント学部）

例　図1「性別，雇用形態別の平均年収と生涯賃金」，図2「非正規雇用者の推移」を読み，図を分析し，あなたの考えを述べよ。　（日本大・法学部）

例　あなたは「非正規雇用」についてどのように考えるか，また，あなた自身の進路に関して，大学4年間の中でこの問題にどのように対処していくつもりか，述べよ。　（名古屋学院大・経済学部，商学部）

例　フリーターについて述べた文章と，雇用に関する図を読み，経済構造が転換したことによって，なぜフリーターが増加しているのか，答えよ。　（佐賀大・経済学部）

関連キーワード

☑雇用契約

人を雇う，または人に雇われるということに関しての必要事項を内容とする契約のことをいう。被用者（労働者）が使用者（企業）のために労働に従事する義務を負い，使用者は被用者に報酬を支払う義務を負う。賃金・労働時間・休日・休暇などの取り決めに際しては，労働基準法や最低賃金法が適用される。また，仕事が原因で怪我や病気になった場合，**労働災害補償保険法**が適用される。

期間の定めがある雇用契約を**有期雇用契約**といい，一般に非正規雇用者の雇用契約はこれに当たる。一方，**無期雇用契約**は，おもに正規雇用者との雇用契約のことである。

☑アルバイトとパートタイマー

一般に，アルバイトは短時間・短期間の労働者，パートタイマーは(アルバイトと比べて)長期間・長時間の労働者と捉えられているが，**労働法では厳密な区別はない**。いずれも正規雇用者よりも一日の労働時間が短い，または労働日数が少ない非正規雇用者のことを指す。

どちらも一定条件を満たせば社会保険(厚生年金や健康保険など)に加入する義務が生じるが，履行されていない場合も多い。

☑フリーター(フリーランスアルバイター，フリーアルバイター)

定職に就かず，アルバイト・パートタイマーなどの**正規雇用社員以外の就労形態で生計を立てている人**のことをいう。なお厚生労働省では，「15〜34歳の男性又は未婚の女性(学生を除く)で，パート・アルバイトして働く者又はこれを希望する者」をフリーターと定義している。

フリーターになった原因は「将来の見通しを持たずに中退・修了・退職した」「自らの技術・技能・才能で身を立てる職業を志向してフリーターになった」「正規雇用を志向しつつフリーターになった」など，多種多様である。一般的に，フリーターの年収は正規雇用社員よりも低い。そのため，**フリーターの増加によって税収入が減少する**など，社会的悪影響が広がることも懸念されている。

☑契約社員

一般に，企業側と**有期の雇用契約**を結んだ常勤社員のことを指す。正規社員と同様に，長時間労働を求められることが多い。定年後も企業で働く嘱託社員も契約社員に含まれる。

正規雇用社員の場合は他社との二重契約は禁止されているが，契約社員は他の会社でも働ける。労働者と企業側双方が合意すれば契約を更新できるが，**企業側が更新を拒否すれば契約期間の満了とともに雇用関係は終了する**。

☑派遣社員

労働者派遣事業を行う企業(他の企業に労働者を派遣する企業。いわゆる派遣会社のこと)から派遣されて雇用されている社員のことをいう。派遣期間は原則として1年，最長でも3年である。期間を超えて派遣社員に業務を継続させる場合は，その派遣労働者を直接雇用しなければならない。

なお，医療・建設・警備・港湾に関する業務を行う企業には労働者を派遣できない。

☑ニート neet (not in education, employment or training)

15歳から34歳の人のうち，教育や職業訓練も受けず，職業にも就かない人のことを若年無業者という。若年無業者は，いま仕事を探している求職型，就職を希望しているが実際に仕事を探していない非求職型，就職自体を希望していない非就職型に分類されるが，このうちの非求職型と非就職型に分類されている人をニートと呼ぶ。

ニートになった原因は「健康上の理由」「就職先が見つからない，決まらない」「労働の他にやりたいことが見つかった」などがある。これらの人たちの中には，読む・書く・話す能力に苦手意識を持つ人，自信や意欲を喪失している人，社会集団での関係が築けない人，職場や学校でのいじめにあった人，ひきこもっている人，精神的な不調を抱える人など，さまざまな境遇に置かれている場合が多い。また，ニートに該当しない中高年無業者の増加も問題になっている。

☑直接税と間接税

税を支払う人(納税義務者)が直接納付先(国や地方自治体)に納める税金を直接税という。所得税(所得に対して課される国税)，住民税(所得に対して課される都道府県税や市町村税)などが代表的な直接税である。

一方，納税義務者と，税金を実際に負担する者(担税者)が異なる税金を間接税という。消費税や酒税，たばこ税などが該当する。

☑累進課税制度

高額所得者ほどより高い税率が課される課税方式のことをいう。

高額所得者から税を多く取り，低所得者の税負担を軽くする一方で，高額所得者の富を国民全体に配分する機能(所得の再配分機能)を持つ。また，所得の格差を是正する効果も併せ持つ。さらには，ビルトインスタビライザー効果(好況時には所得が増えるので自動的に増税となり，不況時には所得が減るので自動的に減税になる機能)もある。

☑高度経済成長

第二次世界大戦後，資本主義諸国が実施した成長持続政策によって急速な経済成長を遂げた状態のことをいう。日本では1955年を起点として，1970年代初頭まで経済成長を遂げた。国策により技術開発や重化学工業への投資が推進され，積極的な設備投資が行われた。企業側は外国の技術を吸収し，規模を拡大していった。こうして関連産業の生産も拡大し，設備投資をさらに行うといった循環が生まれた。

一方，外国の技術のもと，電化製品・加工食品・石油製品などの生産能力も高まったことから，国内の消費活動や雇用も増大し，そのことでさらなる設備投資と発展を促した。こうして大量生産・大量消費の経済システムが構築されていった。

しかし，目覚ましい経済成長の裏では，公害問題や環境破壊，地価や住宅価格の高騰，労働者の都心部流入による人口集中など，生活環境が悪化する事態も生んだ。

☑ハローワーク(公共職業安定所)

職業紹介や職業指導(職業に就こうとする人に，職業を選択する際の支援などをすること)，失業給付(労働者が失業した時に雇用保険から支給される手当のこと)などに関する事務を無料で行う国の機関。

☑ジョブカフェ

それぞれの都道府県が所管する若年者(15〜34歳)の能力向上や就職促進を目的に，職場体験や職業紹介などの雇用に関連したサービスを提供する場所のことをいう。若年者就業支援センターともいう。

本施設ではワンストップサービス(仕事に関する情報提供，適職診断，キャリアカウンセリング，セミナー，職業体験，職業紹介などのサービスを1か所で受けられる仕組み)が特徴である。

☑地域若者サポートステーション(サポステ)

働くことに悩みを抱える若年者(15〜39歳)に対し，キャリアコンサルタントなどによる専門的な相談，コミュニケーション訓練，就労体験など，就労に向けた支援を行う場所のことをいう。厚生労働省からの委託を受けたNPO法人，株式会社などが運営している。

答案例

問題 非正規雇用に関わる問題について，あなたの考えを述べよ。**600字以内**

模範回答 非正規雇用の最大の問題点は，非正規雇用者の生活が不安定になりがちなことである。その原因は，正規雇用者と比べて賃金が低いことにある。

(以上，第1段落)

確かに，業績が悪化する企業にとって，低賃金かつ労働力が調整しやすい非正規雇用者を積極的に採用したくなる理由は理解できる。しかし，彼らには退職金やボーナスの支給がなく，昇進や昇給の可能性も低い。また，将来どれくらい収入が得られるのかの見通しも立てにくい。さらには，企業の経営が悪化した場合，解雇や契約止めのしやすさから，正規社員よりも整理の対象となりやすい。こうした状況では人生設計が立たず，家庭を築いたり子どもを持ったりすることが難しい。場合によっては，ワーキングプアになる恐れもある大きな問題なのだ。

(以上，第2段落)

こうした問題の対策としては，非正規雇用者を正規雇用者にすることが最も直接的かつ有効な手段となるだろう。そのためにはワークシェアリングを導入して，正規雇用者の採用枠を増やすことなども考えられる。一方で，雇用を新規に生み出す取り組みや，労働力の再配分も必要となる。つまり，発展が予測される産業を活性化してより一層の労働力の需要を喚起するとともに，労働力が余っている分野からそうした分野への転職を促すのである。 (以上，第3段落)

解説 第1段落：意見の提示…非正規雇用に関する最も大きな問題点は，非正規雇用者の生活が不安定になりがちなことであると述べている。

第2段落：理由説明…企業側の立場に理解を示しつつも，非正規雇用者側の窮状を強く訴えている。

第3段落：意見の再提示…第2段落の内容を踏まえ，正規雇用の枠を広げるための対策をとるべきだと述べ，文章を締めくくっている。

女性の社会進出

出題頻度 → 法･政 経済 商･経営 社･福祉 国際･学際 ★★★

定義

女性の社会進出とは，家庭に縛られがちだった女性を男性が占有してきた社会に進出できるようにする動きのことを指す。昨今では女性の高学歴化や非婚化・晩婚化などの影響もあり，働く女性が増加してきている。労働者全体における女性の割合は，1975年の37％程度から，2019年には47％程度にまで上昇している。

問題点

女性の社会進出に伴う問題点としては，出産や育児後の職場復帰や再就職が困難であるため，女性のワーク・ライフ・バランス(p.42参照)を崩す一因となっていることである。

出産や育児後の職場復帰が難しいのは，女性が出産・育児・介護で仕事を離れている間に企業や職場の状況が刻々と変化することに起因する。女性を復帰させようとする場合，復帰までの人件費や復帰に向けた研修などの費用を企業が負担しなければならない。出産による休暇など，職場を離れる期間が比較的短ければこうした負担は少なくてすむが，育児や介護の期間が長期間にわたると負担が大きくなる。こうした場合に企業は，円滑に業務を継続させるためにその女性の復帰を待つよりも，むしろその女性に代わる人材を充てるほうが得策と判断する。こうして女性が復帰したくとも肝心のポストが消失し，結果的に女性の職場復帰を妨げることになっている。

同一職場への復帰がかなわない場合はほかの企業・職場への再就職ということになるが，その場合も離職後に十分な能力(スキル)を蓄えられなかった人は再就職は難しい。その結果，再就職できたとしても，高度な能力を求められることが比較的少ないパートタイムやアルバイトでの労働になることが多い。

問題点の背景

育児や介護にかかる負担が女性に偏っている現状が背景にある。日本人には「男は仕事，女は家庭」という意識がまだまだ根強くある。こうした意識は高度経済成長期(p.50参照)に広く一般に浸透したといわれている。この時期には企業の終身雇用制(p.30参照)が推し進められたため，男性の雇用が安定するとともに，経済成長によって所得も増加した。こうして，既婚女性が家事・育児・介護に専念するようになり，専業主婦となる女性が増えた。その結果，1970年ごろには男性は仕事に専念し，女性は家庭を守るという**性別役割分担**が定着していったのである。

しかし，その後は産業構造が第二次産業中心から第三次産業中心へと変化し，女性が働ける仕事が増えた。また，洗濯機や掃除機などの家電製品が普及したことによって，家事も簡便化した。こうした背景もあって女性は社会進出しやすくなったが，一方で女性には出産・育児・介護の負担が依然としてつきまとう。そんな時，仕事と家事の両立という選択肢は選びにくく，**仕事と家事のいずれか一方を選択せざるを得ない**のである。

対応策・解決策

産前・産後の休業(労働基準法による)や**育児・介護休業**(育児・介護休業法による，p.38参照)が保障されるべきなのはいうまでもない。問題は働き続けることを望む女性のキャリアが育児・介護によって中断することにあるため，その対策を講じる必要がある。例えば，短時間勤務や在宅勤務を推進する一方で，フレックスタイム・時差出勤制度・託児施設の設置・介護サービスの活用など，**育児や介護をしながら働ける環境を整えること**が望まれる。

一方で，育児や介護への男性の積極的な参加を実現する必要がある。そのためにも，男性の育児・介護休業取得率を高めるなどして，**女性の労働観を尊重した社会を実現するための環境づくり**も必要となる。

小論文にする時のポイント

入試では，課題文やデータによって女性の労働実態を把握・分析させたうえで，女性の社会進出の方法を論じさせる出題が多い。その際，「女性が社会に出られないのは家事を担わない男性のせいだから，男性も育児に参加すべきだ」「女性の社会進出ができないのは法律による罰則がないのが原因だから，厳罰化せよ」などのように，**一方的に男性や国家の責任にするような主張は避けたい。**

この問題を適切に論じるためには，まず女性が専業主婦化した歴史的背景を理解する必要がある。そして，女性の立場だけでなく，女性を雇う企業側の立場も考慮したうえで主張を展開してほしい。

一方で，**すべての女性が社会復帰を望んでいるわけではない**ことも理解しておきたい。なかには育児・介護などの家事労働に専念することを望む女性もいる。この状態は自然発生的なものであるから，女性の社会進出については賛同するが，その推進活動まで行うのは過剰であるという立場の人もいる。逆に，これはジェンダー(p.56参照)によるものであるから，こうした状況を排除し，推進活動を積極的にすべきだとの立場の人もいる。いずれにせよ，「**女性の社会進出への支援は人生設計の選択肢を増やす**」という位置づけで論じるとよいだろう。

過去の入試問題例

例 日本における女性の労働実態について述べた英文と図を読み，著者の考察に対して，あなたの考えを論じよ。 （筑波大・社会・国際学群）

例 日本国内に常住する女性の年齢階層別労働力率に関する表を読み，表のデータを比較して，女性の働き方の変化の特徴を3つ指摘し，それぞれについて考えられる変化の理由を簡潔に述べよ。 （青山学院大・総合文化政策学部）

例 ワーク・ライフ・バランスの問題についての図表を読み，女性のワーク・ライフ・バランスの希望と現実について「女性：既婚有業」「女性：独身有業」「専業主婦」の特徴を読み取り，その意味，背景について考察せよ。また，職場環境やワーク・ライフ・バランスの実現度と仕事への意欲の関係を読み取り，その意味，企業経営への示唆を考察せよ。 （京都大・経済学部）

関連キーワード

☑ 女子差別撤廃条約

正式名は，女子に対するあらゆる形態の差別の撤廃に関する条約という。

男女の完全な平等を達成するために，女子の差別を撤廃することを定めた条約である。1979年に国連総会で採択され，日本は1985年に批准した。批准する際には国内の法律を整備する必要があることから，勤労婦人福祉法を男女雇用機会均等法に改正・改題したり，国籍法を改正して父系血統主義（子の国籍は父の国籍とする）から父母両系血統主義（子の国籍は父または母の国籍とする）に変更したりした。

なお，個人通報制度（女子差別を受けた場合に国連の女子差別撤廃委員会に通報する仕組み）を定めた選択議定書があるが，日本は批准していない。その理由は，最高裁判所で判決が下っても，不服であれば国連に訴えることができる仕組みとなっており，日本の司法制度が軽んじられる恐れがあると考えられるためである。

☑ 女性参政権

参政権とは，政治に参加する権利のことである。代表例として，選挙において投票する権利（選挙権）や選挙の候補者になる権利（被選挙権）がある。

女性参政権とは，女性が政治に参加する権利のことをいう。世界で初めて女性の選挙権が認められたのはアメリカ合衆国のワイオミング州（1869年）で，被選挙権を含む参政権が認められたのはオーストラリアの南オーストラリア州（1894年）である。日本では第二次大戦後，日本国憲法制定の時に女性に参政権が与えられた（1945年）。

☑ 男女雇用機会均等法

雇用の分野において，男女の雇用機会や待遇を均等にすることを定めた法律で，女子差別撤廃条約を批准する目的で定められた。正式名は，「雇用の分野における男女の均等な機会及び待遇の確保等に関する法律」という。あくまでも女性差別をなくすことを目指しており，男性差別を規制するものではない。

本法律は1999年に改正され，募集・採用，配置・昇進，教育訓練，福利厚生，定年・退職・解雇について男女差を設けることが禁止された。例えば，男性のみもしくは女性のみの求人募集，男女別の採用枠の設定，「保母」「看護婦」「スチュワーデス」など性別を特定する職種名で募集することは禁止されている（現在の名称はそれぞれ「保育士」「看護師」「客室乗務員」)。

☑男女共同参画社会

男女がともに社会に参画する機会が得られ，平等に利益を受け取り，ともに責任を負う社会のことをいう。

実現に向けた具体的な行動として，「男は仕事，女は家庭」といった性別役割分担意識を解消するための啓蒙活動や，女性自身の意識や行動の改革，ワーク・ライフ・バランスの推進とともに，ポジティブアクション(何らかの男女差がある企業が積極的にその差を解消するための取り組み)を推進すること，女性に対する暴力の防止対策や被害者支援などがある。身近なところでは，学校教育における**家庭科の男女必修化**がある。

日本では男女共同参画社会を確立するため，**男女共同参画社会基本法**を定めた(1999年)。

☑フェミニズム

性差別による搾取や抑圧をなくし，**女性の権利を主張すること**，また，その運動や思想のことをいう。

フェミニズムという概念が誕生したのは18世紀である。フランス人権宣言(1789年)によって示された権利が女性には与えられず，抗議運動が起こったことが起源といわれている。

☑ジェンダーとセックス

ジェンダーとは，**社会的・文化的・歴史的に作られた性差**のことをいう。例えば「男らしさ」「女らしさ」「家事は女性の仕事である」といったものが挙げられる。こうした性差は恣意的に築かれ，次世代に刷りこまれながら，徐々にその社会に定着していくという傾向がある。

一方，**セックス**とは，**生物学的な性差**のことをいう。人間の場合なら，染色体XXを持つのは女性であり，染色体XYを持つのは男性である。

☑女性の社会進出と労働力過剰

女性が社会進出すると賃金水準が低下するという主張がある。全体の仕事量や売上量が変わらないと仮定すれば，男性だけだった労働力市場に新たに女性が進出することで，今までよりも労働力が過剰となり，需給のバランスから賃金は低下しがちだからである。

☑セクシャルハラスメント

相手の意思に反して，**不愉快にさせたり，不安な状態に追いこんだりする性的な言動や振る舞い**のことをいう。セクシャルハラスメントか否かは被害者の主観によって判断される。また，セクシャルハラスメントは男性から女性への性的な差別行為とされてきたが，

2007年の男女雇用機会均等法改正法の施行によって，**男性か女性かにかかわらず性的な差別行為一般**をいうようになった。

セクシャルハラスメントは対価型と環境型に分類されている。**対価型**とは，職場や学校などにおける立場や階級の上下関係と自身の権限を利用して，下位にある者に対して性的な言動や行為を行う(強要する)場合をいう。一方，**環境型**とは，女性(または男性)として働きづらい環境を作る場合のことで，この場合の環境とは，**待遇・言葉・視線・性的働きかけ**などが当てはまる。

セクシャルハラスメントは多くの場合，職場の権力(パワー)を利用した嫌がらせになることが多く，**パワーハラスメント**と呼ばれることもある。

☑ ドメスティックバイオレンス (DV)

配偶者や恋人など，**親密な関係にある(あった)者からふるわれる暴力行為**のことをいう。

日本では2001年にDV防止法が施行されたが，保護命令(加害者に被害者への接近を禁止する命令，被害者の住居から加害者を退去させる命令，加害者が子どもに接近することを禁止する命令)の対象になるのは**配偶者からの身体に対する暴力**に限られる。つまり，精神的な暴力や配偶者以外(パートナー，親子，兄弟，姉妹など)は対象とならず，法の不備が指摘されている。ただし，婚姻届を出していなくても事実上婚姻関係と同様の事情にある(あった)者は配偶者と同様に扱われる。

☑ 女性活躍推進法

2016年に施行され，2019年5月に改正された**女性が社会で活躍しやすい環境をつくる**ことを目的とした法律。正式名称は，女性の職業生活における活躍の推進に関する法律。10年間の時限立法(実施期間が決まっている法律)である。

これにより従業員101名以上の企業については女性が活躍しやすい職場づくりの行動計画を策定することが，301名以上の企業についてはその実績の公表が義務付けられた。行動計画には「営業職で働く女性の比率を4割以上にする」「男女の勤続年数の差を5年以下にする」など，数値目標を掲げるとともに，計画期間，取り組み内容，取り組みの実施時期を盛り込むことが求められている。厚生労働省のウェブサイトでデータベース化され，取り組みを調べることができるようになっている。

答案例

問題 女性の社会進出における問題点について，あなたの考えを述べよ。

600字以内

模範回答 出産や育児後の職場復帰が困難なため，女性のワーク・ライフ・バランスが崩れる。このことが，女性の社会進出における最大の問題点であると考える。 (以上，第1段落)

女性を復帰させるためにはポストを確保しておく必要があるが，それには企業側に大きな負担がかかる。そのため当人の復帰を待つよりも，代わりの人材を充てるほうが得策と判断されれば，その人のポストは消失する。 (以上，第2段落)

こうしたことが発生する背景には，「男は仕事，女は家庭」という性別役割分担意識の存在と産業構造の変化がある。産業構造が第三次産業へシフトしたことにより，女性が働ける仕事が増えた。一方では，女性に出産・育児・介護を担うことを求める意識は依然存在することから，仕事と家事の両立という選択肢は選びにくく，結果として社会復帰が難しくなる。これは子育てをしながら社会進出をしたい女性にとっては非常に重大な問題である。 (以上，第3段落)

このような問題は，働き続けることを望む女性のキャリアが出産や育児などで中断されることによって起こる。したがって，出産・育児や介護をしながら働ける環境を整えることを最優先すべきだ。例えば，短時間勤務や在宅勤務を推進する一方で，フレックスタイム・時差出勤制度・託児施設の設置・介護サービスの活用などが考えられる。 (以上，第4段落)

解説

第1段落：意見の提示…出産・育児後の職場復帰の難しさが，女性の社会進出における最も大きな問題点であることを述べている。

第2段落：理由説明①…女性の職場復帰が妨げられる事情を説明している。

第3段落：理由説明②…こうした問題が発生する背景に，性別役割分担意識の存在と産業構造の変化があることを指摘している。

第4段落：意見の再提示…女性のキャリアを中断させないような取り組みが必要であることを，具体例を挙げて論じている。

格差社会

出題頻度 → 経済 商・経営 ★★★ 法・政 社・福祉 国際・学際 ★★

定義

広く一般に，人々の間で格差が生まれている社会のことをいうが，特に**経済的な格差が現れた社会**を指すことが多い。格差が進むと，社会の中にある富が富裕層に集まり，庶民が貧しくなって貧困層となる一方で，**中流意識**(p.63参照)を持つ中間層が減少する傾向が見られる。

当初所得(税が引かれる前の収入)における**ジニ係数**(p.63参照)は，1996年には0.441だったが，2017年には0.559へと拡大した。この数値の上昇は，**国民の間で所得の格差が拡大している**ことを示している。

問題点

格差社会を肯定的に捉える人がいるのも事実である。彼らは，資産が得られるのは努力や才能を有するからであり，格差が生じるのは当然であると考える。しかし，問題は貧困層が生まれることにある。貧困層の広がりは，①**社会の不安定化**，②**経済活動の衰退**，③**格差の固定化と再生産**を生むことになるからである。

①は**生活費の確保の難しさ**に起因する。貧困層に陥ると生活費が不足したり無収入となったりするケースもあり，生活必需品を得ることや，医療費にも支障をきたす。こうして彼らは生命を維持するのに精一杯にならざるを得ない。労働によって収入を得られればよいのだが，最悪の場合には窃盗・強盗などの犯罪に走ることさえある。借金をしても収入不足によって返済できなくなり，多重債務に苦しむ。その結果，ホームレスとなる人や将来を悲観して自殺する人さえ出てくるなど，**社会不安が増大する**。

②は市場の**流通通貨量**(p.352参照)**が減少する**ことによって起こる。所得が低い貧困層が増えると,財やサービスの消費量が減少する。生産者(企業)は商品を提供しても購入してもらえず，価格を下げて販売しようとする。こうした動きが続くと**デフレーション**(p.349参照)となり，市場経済

が縮小する。場合によってはデフレスパイラル(p.352参照)を引き起こし，経済活動が衰退する恐れがある。

③は貧困層が教育機会に恵まれにくいことが要因となる。所得が高い家庭の子どもは多くの教育費を通塾などに使うことができ，高い学歴・地位・収入を得やすい。こうして収入が高くなった人たちはさらにその子どもに教育機会を与えていく流れが繰り返される。一方，貧困層は教育機会を得ることが難しい。収入の多くは生活費に費やされ，教育費を捻出できない。進学を望んでも，労働しながら家計を支えなければならないケースもあるなど，学ぶための時間を確保することも困難となり，高学歴を得る機会が減少する。その結果として低収入となると，その子どもへの教育費が捻出できず，同様の繰り返しが起こる。こうして教育の面でも格差が生じるとともに，その格差が固定化されやすいのである。

問題点の背景

格差社会が生まれやすい背景としては，おもに①企業が求める人材の変化，②経済状況の変化，③学歴と所得との関連性という3つの要素がある。

①は労働力の需要と供給のアンバランスにある。例えば，製造業では高い品質の製品を送り出すために，高い技能を持った労働者を多数抱える必要があった。しかし現在では，省人化を目的として製造工程の機械化を進める企業が増え，管理さえできれば，高い技術力を持たない労働者に作業させても，一定の品質が保てるようになったのである。そのうえ，非正規雇用者にそれらの作業をさせれば人件費圧縮につながる。こうして，少数の管理者だけを正規雇用として雇い，実際の作業を行う労働力は非正規雇用で賄う企業が増えた結果，所得の面でも格差が生じやすい構造になったのである。

正規雇用社員は企業に守られ，地位や収入を得ることができる一方で，単純労働の中心となる非正規雇用者は賃金が安いうえ，身分も不安定である。さらに企業によっては，例えば製造業ならば単純労働者を人件費の安い海外に求めることのほか，ファクトリーオートメーション(生産工程の自動化)を進めたりしている。こうなると，日本国内で単純労働者を求める必要がなくなる。その結果，フリーターやワーキングプア(p.64参照)といった低収入や職に就けない人々が生まれ，正規雇用社員との間には大きな収入格差が生じる。

②は日本国内のデフレーションが原因といわれている。デフレーションになると物価が下落し，貨幣の価値が上昇する。富裕層は資産を多く持っており，デフレーションになれば何もしなくても持っている資産の価値が上がり，実質的にさらなる富を得ることになる。一方，デフレーションは物価を下げるが，企業の生産活動を弱め，収益を減らし，結果として労働者の賃金も下げる。つまり，貧困層の生活の厳しさは変わらないのである。こうして富裕層はさらに裕福に，貧困層はさらに苦しい生活となる。

③は日本が基本的に学歴社会であることに原因がある。日本では，学歴が高いほど高い所得が得やすいといわれてきた。高学歴ほど就職に有利で，高い地位に就きやすい傾向があったからである。昨今ではこうした時代は終結したという見方もないことはないが，この認識や仕組み自体が完全に消失しているわけではない。すると，例えば入学試験などにおける成績が高い人ほど結果的に高い地位や収入を得やすく，そうでない人との間に格差が生じてしまう。

対応策・解決策

格差はデフレーションと労働力の需要と供給のアンバランスによって生じるので，是正策もこの２点をどう解消するのかを優先的に考えて立てるべきである。

日本では，後者に対する策として，再チャレンジしやすい社会をつくる試みを行っている。具体的には，職業訓練による技能向上，均等待遇(雇用形態にかかわらず同等の賃金を支払う)，正規雇用での雇用機会の創出，高等教育の無償化などである。しかし，デフレーションの局面においては，多くの人が少ない労働力需要を奪い合う結果となり，根本的な解決とは言いにくい。また，それらを行うためには政府や企業側に新たな費用負担がかかることも問題である。

また，上記２点とは異なる方策として，所得税に累進課税制度(p.49参照)

を採用している。日本では所得の再配分が一定の効果を得ているが(再配分後のジニ係数は，1996年が0.361，2017年が0.372といずれも減少)，これ以上所得に対する累進課税を強めても格差を是正することは難しいだろう。それというのも富裕層がデフレーションになる前から持つ資産に課税できるわけではなく，あくまで当該年度の所得に税がかかるという仕組みだからである。デフレーションになると富裕層の当該年度の所得も減少することになるので，**再分配機能も低下する**ことは避けられない。

結局のところ，デフレーションを克服することが根本的な対策になるのだが，**金融政策・財政政策**(p.353参照)**を行っていても解消するのが困難**なのが現状である。

小論文にする時のポイント

入試では，①**格差そのものの是非**について問うもの，②**格差発生の原因**を問うもの，③**格差の是正方法**について問うものの3つに分かれる。

①の場合，賛否のいずれの立場で論じてもよいが，「富は才能によって生まれるもので，これを否定すべきではない。よって，格差を肯定する」「社会的に立場の弱い貧困層をこれ以上生んではならない。ゆえに，格差を否定する」など，**極論を展開することは避けたい**。前者の場合は貧困層の立場を無視する記述をしないこと，後者の場合は社会主義思想に傾くような記述を避けることなど，バランスを保った論述を心がけたい。②や③の場合では，格差発生は**デフレーションという経済的な側面**や，**労働力の需要と供給のアンバランスという経営的な側面**と密接にかかわることを理解しておきたい。

過去の入試問題例

例 格差に関する文章を読み，「効率性」と「公平性」の観点から，格差をどこまで認めるかについて，あなたの考えを述べよ。 (福島大・人文社会学群)

例 労働者における格差の拡大を解消するために，あなたは政府・経営者・労働者それぞれがどのような取り組み・努力をすべきであると考えるか，述べよ。
（横浜市立大・国際総合科学部）

例 所得格差が教育格差につながっている現状をふまえ，公教育の再生と教育への十分な公的支出の必要性を唱えた新聞記事を読み，あなたの意見を述べよ。
（明治学院大・法学部）

例 日本の教育格差是正案について述べた文章を読み，著者の考えに関するあなたの意見を述べよ。
（甲南大・法学部，経済学部，経営学部）

関連キーワード

☑中流意識（総中流時代）

国民の多くが，**自分は中流階級だと考える意識**のことをいう。背景には，経済成長によって，国民が物質的な豊かさを得たことがあるといわれている。

日本では1970年代までに中流意識が形成されたが，昨今では年収が299万円以下の層，および1500万円以上の層が増加していて，中間層は減少している現実がある。

☑ジニ係数

社会において，**所得の分配の度合いがどれだけ不平等であるかを測る指標**のことをいう。イタリアの統計学者コッラド=ジニによるもの。

係数の範囲は0から1であり，0に近づくほど格差は小さく，1に近づくほど格差が大きい。0.4を超えると，暴動などの社会騒乱が多発しやすい。一般に，累進課税制度（p.49参照）などによって所得の再配分がなされると，ジニ係数は小さくなる。

☑貧困率

社会において，**貧困層に分類される人がどれだけいるかを示す指標**のことをいう。経済協力開発機構（OECD）は，**相対的貧困率**という指標で表している。これは，**等価可処分所得**（世帯の可処分所得を世帯員数の平方根で割った値）が全国民の等価可処分所得の中央値の半分に満たない国民の割合である。日本では1997年は14.6％，2016年は15.7％と15％前後で推移している。この数字は，先進国のなかでアメリカについで高いものであり，所得拡差の大きさを表している。特に，高齢者世帯や一人親世帯が貧困世帯に多く分布している。

☑ワーキングプア

仕事に就いているものの，低賃金のため，生活保護の水準以下の収入しか得られない人々のことをいう。全労働者のうち年収200万円以下の人は1098万人，割合にして21.8％(2018年)にもなっている。

このような現状の背景には，企業の人件費削減の流れがあるといわれている。企業は人件費が高くなりがちな正規雇用を削減する一方で，安い賃金の非正規雇用を増やしたり，海外進出によってさらに安い労働力を確保したりした。このことは，国内の労働者の立場からすると，雇用先は減り，かつ低賃金で身分が不安定な非正規雇用でしか仕事に就くことができないケースが増えるということである。

☑世代間格差

世代間，特に現役世代と高齢者との間に生じる経済的な格差をいう。その原因として，まず，金融資産が高齢者に偏在していることが挙げられる。日本の個人の金融資産は1900兆円程度であるが，そのうち７割近くを高齢者が所有している。一方，長引くデフレによって給与所得者の平均所得は低下しているほか，年功序列制や終身雇用制の崩壊，非正規雇用の台頭，税・社会保障費負担の拡大により，(現状でも将来的にも)金融資産を蓄える余裕がある若年層は少なくなる。こうして，高齢者と若年層(現役世代)との間で資産格差が生じる。

また，世代ごとの社会保障の受益と負担額の面でも，世代間格差が生じている。現状の制度を維持すると仮定して受益額と負担額を差し引きすると，60歳以上はプラス4875万円なのに対して，20歳未満の将来世代はマイナス4585万円になる(内閣府『年次経済財政報告』2005年)。つまり，60歳以上の世代と将来世代とでは，約9000万円もの世代間格差が生じる。

☑地域間格差

地域間における経済面での格差のことをいう。地方により財政状況に差が生じるので，国は公共事業や補助金による再配分を行ってきた。しかし，地方分権思想の流れから，税制を改め，財源委譲などが行われた。国が行ってきた業務や権限を地方自治体に移譲し，国からの地方交付税交付金を減らす代わりに，住民税収入が増えるように制度を変更したのである。

しかし，住民税は住民の所得額に左右されるため，地方自治体の財政は不安定になった。こうしたことから，地方債の返済を安定的に行うことが難しくなり，財政状況が苦しい自治体が多く現れた。例えば，財政再生団体になった北海道夕張市などはその典型的な事例である。

答案例

問題 格差社会によって生じる問題点と対応策について，あなたの考えを述べよ。

600字以内

模範回答 格差社会を肯定的に捉える人もいる。資産が得られるのは努力や才能を有するからであり，格差が生じるのは必然であると考えるからである。しかし，問題は貧困層が生まれることにある。貧困層の広がりは社会の不安定化だけでなく，経済活動の衰退を生じさせる。これが最大の問題点である。（以上，第1段落）

これは，市場の流通通貨量の減少によって起こる。貧困層が増えると，財やサービスの消費量が減少するので在庫過多となり，価格を下げて販売しようとする。こうした動きが続くと市場経済が縮小するデフレーションの局面となり，経済活動の衰退を招く。（以上，第2段落）

また，デフレーション下では富裕層の資産の価値は上がるが，企業の生産活動は衰退して収益を減らし，貧困層の賃金はさらに下がる。こうして富裕層はさらに裕福に，貧困層はさらに苦しくなり，格差が固定化する。（以上，第3段落）

格差社会を是正するには，デフレーションの克服が根本的な対策になるのだが，金融政策や財政政策を行っても改善は難しい。よって，累進課税制度に加え，貧困層にも再チャレンジしやすい社会の構築が必要である。職業訓練による技能向上や高等教育の無償化などを行い，貧困層が格差社会で生き抜くための力を養う支援が求められよう。（以上，第4段落）

解説 第１段落：意見の提示…格差社会の問題点は貧困層が拡大することにあると示し，その結果，経済活動の衰退をもたらすことを指摘している。

第２～３段落：理由説明…デフレーションが格差の発生と拡大の要因になることを説明している。

第４段落：意見の再提示…格差是正にはデフレーションの克服のほか，貧困層が格差社会で生き抜くための能力を養う支援が必要という。

学ぶことの意義

出題頻度 → 法・政 経済 商・経営 社・福祉 国際・学際 ★★

定義

「学び」とは，経験や伝聞によって新しい事柄(知識・技能・態度・行動・認知など)を身につける行為のことをいう。「学習」と同様の意味である。

学びはその性質により，義務教育などで行われる「受動的なもの」と，研究などで行われる「能動的・積極的なもの」とに分けることができる。

必要性

本来，学びの意義は，学んだ本人によって見出されるものである。しかし，あえて学びの意義を論じるなら，多くの人は自己実現(p.42参照)のための手段として捉えるだろう。

その具体的中身の1つ目は，学びを「豊かな生活を営めるようにする手段」として捉えていることである。例えば，ある人はより高い収入や地位を得るためには高い学歴が必要だと考え，入学試験を突破するための学びが必要だと考えるだろう。また，自分とはどういう人物なのかを探るために，さまざまな学びを行い，自分はどういう学びを求めているのかを経験によって探ることが必要だと論じる人もいるだろう。一方，何らかの職業に就くためには，それに直結する学びが必要だと考える人もいるはずだ。いずれにせよ，自分自身が(精神的であれ，物質的であれ)豊かな生活の実現を切望し，それを実行するためには，その手段として学ぶことが必要だと主張するのである。

具体的中身の2つ目は，学びを「自己成長の手段」として捉える見方である。そもそも学びの過程で得られるのは，知識や教養の積み重ねだけではない。思考の方法，言語，他者への理解の姿勢，歴史の過ちへの気付きなど，さまざまな事柄を学びとることができる。学びによって思考を深めたり，視野を広げたり，他者の思想に触れたり，事実を受け止めたりすることは，今までの自己にはなかった新たな価値観を自らの中に築き上げる作業であり，これが自己の成長を促すことにつながるのである。

一方で，「社会の一員として他者を支える手段」を得るために学ぶという見方もある。一人の人間が持てる知識や技能には限界がある。ある程度は努力次第で見識を広げることはできるものの，すべての分野において深い見識を持つことは不可能である。こうした時，自らが専門的に深く学んできた事柄を用いて，支援するという視点も必要となるのではないか。

さらに，「事象を正しく捉える」ために学ぶという主張も考えられる。学びが浅く狭い状態だと，事象の捉え方に偏見が生まれ，適切に理解することができない。また，主張も浅薄となりがちである。事象を広範な視点で捉え，根拠や時代背景などを深く探り，しっかりと学ぶことができれば，今まで見えなかった事実や物事のからくりまでもが見えてくるのである。

必要性の背景

現在の社会が高度化・複雑化していることが背景にある。日本をはじめ，世界中でさまざまな科学・技術や制度・文化・思考が進歩をつづけ，高度化している。そして，社会で起こる事象もそれに合わせて複雑化している。こうした状況の中で適切な判断を行うには，広い教養と深い知識，それに伴う思考レベルの高い判断が欠かせない。その内容を解きほぐし，問題点やその背景にある理論や思想，そして重要性や深刻さを理解する必要があるからだ。こうした事柄を学ばなければ現代社会を真に理解することはできないし，誤った理解や偏見を生む恐れすらある。

これらに加え，グローバル化やボーダレス化(p.304参照)の進行がさらに状況を複雑にしている。さまざまな国の人々や異分野・異業種の人々は，それぞれが属している場の規則や空気に合わせて物事を判断しているわけだから，それらを理解するためには彼らの背景にある文化・言語・思想・理論などを学ばなければ，内容を解きほぐせないのは当然といえる。

対応策・解決策

学ぶ時には，こうした高度化・複雑化した社会の中で生きていくにはどのような学習が必要なのかを考えるべきだ。具体的には，無知を無知のままにしておかないこと，幅広い視野から物事を考えること，学んだことを定着させることなどが考えられる。

例えば，一つの社会事象を学ぼうとしても，さまざまな要素が複雑に絡み合っている場合がほとんどである。そんな時，学びが偏重していると，事柄の全体像が見えなくなることがある。また，自分にとって興味の薄い事柄であっても理解を迫られることもあるだろう。こうした場合，わからないことを放置せず，より好みせず，繰り返し粘り強く学んでいく姿勢が大切だ。

小論文にする時のポイント

入試ではおもに「学ぶ意義とは何か」などのように，学びや学習の必要性を問うものと，「あなたが○○学部で学ぶ意義は何か」などのように，受験生自身にとって大学で学ぶ意義は何かを問うものに大別できる。

両者とも，大学入学後も学びを継続的に行えるか，大学で研究活動を行う人物としてふさわしいかを判断する材料，つまり，人物調査の材料として用いられるものだと捉えたほうがよい。したがって，「受験のため」(これだと，入学後の学びに対する意識が低いものと判断される)，あるいは「将来に向けて資格や技術を得るため」(これだと，大学での学びの第一義である研究活動を軽んじていると判断される)などの打算的な回答は避けたほうがよい。あくまでも本質論に立ちかえり，学びを行うことの重要性をしっかりと語れるようにしておきたい。

特に後者の場合，大学は研究機関であるのだから，「社会の一員として他者を支えるために，研究を通してこのようなことを学ぶ」などのように，大学は研究活動によって社会貢献を行う場であることをしっかりと念頭に置いた論述を行う必要がある(大学はレジャー施設でも，自分探しの場でも，就職予備校でもない)。その意味で，例えば「自分探しをするために大学で学びたい」「高い学歴を得て，豊かな生活を営むために学びたい」などという論述は論外である。

過去の入試問題例

例 「学ぶこと」と「思うこと」について述べた文章を読み，「学ぶこと」の重要性について，次の条件を満たし，考えをまとめよ。①本文にもとづいて，「思うこと」と関係させて論じること。②あなた自身が今持っている「問題意識」について取り上げること。　（宮城大・事業構想学部）

例 経済学を学ぶことが，自分自身の将来にどのように役立つと思うか述べよ。
（立正大・経済学部）

例 あなたにとって「大学で学ぶこと」の意味について，内容を適切にあらわすタイトルを示し，述べよ。　（杏林大・総合政策学部）

例 現代社会において教育が果たすべき役割と，そのために必要な方策・対策についてキーワードを用いて考えを述べよ。
「機会の均等，セーフティネット，学校から雇用へのスムースな移行」
（名古屋市立大・人文社会学部）

例 大学における学びの意義について述べた文章を読み，著者の見解を踏まえて，あなたが産業経営学科で学ぶことの意義について論じよ。
（琉球大・観光産業科学部）

関連キーワード

☑教　育

広義では，人間を望ましい姿にするために身心両面にわたって影響を与えることをいう。家庭から地域・国家・民族社会の中でなされている教育全般を指し，**社会を維持するための機能**として用いられているものである。学校などの制度の中で行われないところから，広義の教育を**非制度的教育**と呼ぶことがある。

一方，狭義では，**教育目的や目標などに基づいて意図的・計画的に人間形成を行うこと**をいう。学校教育のような狭義の教育では，目標や目的を実現できたか否かが重要であり，その出来によって「よい，悪い」「適切，不適切」「有効，無効」などのように価値判断が下されることになる。なお，学習と教育は対であり，教員は**教育**を施し，学生や生徒はそれを受けて**学習**する。

大学は研究機関であるとともに教育機関でもある。幅広い教養を授けるとともに，深く専門的な研究をする場である。未知の事象を解明していくためには，時には視点を変え，他分野からアプローチできる柔軟な思考力が必要であるが，大学ではそういう能力を持つ人間を育てることを目的としている。

☑ゆとり教育と学力低下

ゆとりある学校教育を目指し，1976年に教育課程審議会(現・中央教育審議会)が言及した。具体化として，学習内容が過密であることに対して異議を唱える立場から，ゆとりをもった授業が受けられるような対応の必要性を訴え，学習内容や授業時間数を削減することなどが求められた。1980年度，1992年度と施行され，2002年度にはさらなるゆとり教育を進める教育課程となった。特に1992年度から施行されたゆとり教育は新学力観(知識や技能を中心にした旧来の学力観を改め，学習過程や対応力の育成などを重視しようとする学力観)に基づくものである。

しかし，こうした流れは基礎学力の低下や，新学力観に与えた人格的影響に対する批判を生んだ。また，経済協力開発機構(OECD)による国際的な生徒の学習到達度調査(PISA)の日本の結果は，第1回(2000年)で数学的リテラシー1位，読解力8位，科学リテラシー2位だったが，第3回(2006年)ではそれぞれ10位，15位，5位と後退したことも，ゆとり教育の批判の材料となった。その結果，政府は方針転換し，2008年改訂の学習指導要領(2011年度から実施)より授業時間の増加などを進め，実質的にゆとり教育を転換した。

☑生きる力

社会の変化に対応するための資質や能力のことをいう。1996年に文部省(現・文部科学省)の中央教育審議会が示した。「生きて働く知識・技能の習得」「未知の状況にも対応できる思考力・判断力・表現力等の育成」「学びを人生や社会に活かそうとする学びに向かう力・人間性の育成」の3つの実現を目指している。

☑主体的・対話的で深い学び

新しい学習指導要領では，子どもたちが生涯にわたり能動的(アクティブ)に学び続けるよう「主体的・対話的で深い学び」を目標として掲げている。自ら学ぶことに興味や関心を持ち(主体的)，協働や対話を通して(対話的)，問題を解決し自分の思いを形にすること(深い学び)を目指している。

授業でも，従来の教員による講義形式の一方向的な教育とは異なり，問題解決学習・体験学習・調査学習や，教室内でのグループディスカッション・ディベート・グループワーク等の学習方法(アクティブ・ラーニング)を取り入れるよう求められている。

☑カリキュラム・マネジメント

各学校が，生徒や学校，地域の実態に応じて，カリキュラム等を教科等横断的な視点で組み立てることなどを通して，組織的かつ計画的に教育活動の質の向上を図っていくことをいう。

☑キャリア教育

将来を見据え，自らの人生(キャリア)を設計することの意義やその方法を指導・実践する教育のことをいう。若者の資質や能力の開発を通して彼らの発達を支援し，「生きる力」を育成する目的で行われる。

具体的には，人間関係形成能力(コミュニケーション能力など)・情報活用能力(情報収集および探索能力，職業理解能力など)・将来設計能力(自己の能力・興味・価値観・役割の認識と，人生設計への活用)・意思決定能力(課題発見および解決能力)などの育成が行われる。

☑いじめ

相手に肉体的および心理的な苦しみを与える行為を通して，自らは快楽を覚える行為のことをいう。文部科学省の定義は「子どもが一定の人間関係のある者から，心理的・物理的な攻撃を受けたことにより，精神的な苦痛を感じている」もので，「いじめか否かの判断は，いじめられた子どもの立場に立って行う」ものとしている。いじめの原因は「ふざけて，冗談で」「相手に馬鹿にされたから」「嫉妬心」「不機嫌だっから」などさまざまである。また，クラス内の序列(スクール・カースト)なども影響するといわれている。

☑モンスターペアレント

学校や園に対して，自己中心的で理不尽な要求をする保護者のことをいう。原因は，「教員への敬意を持たず，見下している」「教員の身分が安定していることへの妬み」「消費者意識の暴走」など，さまざまである。こうした保護者に対応する学校や園側の負担も大きく，教員が精神に異常を来たしたり，自殺したりする事例までもある。

一方で，モンスターペアレントという言葉自体が，学校と保護者との対立をいたずらに煽(あお)る恐れがあると指摘する人もいる。対応策として，教育委員会内に専門チームを設置することなどが提案されている。

答案例

問題 学ぶことの意義について，あなたの考えを述べよ。**600字以内**

模範回答 多くの人は学びを自己実現の手段として捉えるだろうが，私は事象を正しく捉えるためにも学びが必要であると考える。学びが浅く狭いと，事象の捉え方が偏り，適切に理解することができないし，主張も浅薄となりがちである。

(以上，第1段落)

現在の社会は高度化・複雑化している。日本をはじめ世界中で科学・技術や制度・文化・思考が進歩しつづけ，高度化している。これらに加え，グローバル化やボーダレス化の進行がさらに状況を複雑にしている。さまざまな国の人々や異分野・異業種の人々はそれぞれが属している場の環境に合わせて物事を判断しているわけだから，それらを理解するためにはその背景にある文化・言語・思想・理論などを理解しなければならない。事象を広範な視点から捉え，根拠や時代背景などもしっかりと学ぶことができれば，今まで見えなかった事実や物事のからくりが見えてくるだろう。

(以上，第2段落)

ただし，一人の人間が持てる知識や技能には限界がある。ある程度は努力次第で見識を広げられても，すべての分野において深い見識を持つことは不可能である。こうした時，専門的に深く学んできた事柄を他者と共有する姿勢が大切となる。相手が学びたいことを教え，時には他者から学びながらさらに見識を広げていくという姿勢が生まれると，より深い学びとなるだろう。

(以上，第3段落)

解説

第１段落：意見の提示…事象を正しく捉えることに学ぶ意義があると主張するとともに，その根拠を簡潔に示している。

第２段落：理由説明…高度化・複雑化した社会の事象を解きほぐすためには学びが必要であり，学ぶことによって今まで見えなかった事実や物事のからくりが見えてくるという利点が生まれると説明している。

第３段落：意見の再提示…一人の人間が持てる知識や技能には限界があるから，他者と学びの成果を共有する必要があり，そうすることでより深い学びができるようになると述べている。

若者の特性

出題頻度 → 法・政 ★★ 経済 商・経営 社・福祉 国際・学際 ★★★

定義

若者とは，おおよそ青年期(中学生～大学生)にあたる人々のことをいう。青年期は，子どもから大人になるための過渡期に位置し，精神的には未熟な面が多いので，批判的に捉えられることもある。一方で，自己に対する関心や欲求が高いといわれている。例えば，自己について深く知りたい，技術や資格を身につけたい，趣味や遊びにこだわる，自分を認めてほしいといった欲求を持つという特徴がうかがえる。

問題点

一般的な傾向として，大人と比べて若者は限られた集団内にいる特定少数の人間と接触する機会はあるが，不特定多数あるいは異世代の人間と接触する機会が少ない。場合によっては他人との接触がほとんどないこともある。こうしたことから，他人や社会との接触に苦手意識を持つ若者も少なくない。

また，他人からの否定や批判を恐れるなど，精神的にもろい人もいる。なかには，社会へ出ることを拒むピーターパンシンドローム(p.76参照)，モラトリアム人間(p.76参照)と呼ばれる存在になる人，さらには自己に向かう視点と相まってミーイズム(p.76参照)といった自己中心的な思考に陥る人もいる。

こうしたステレオタイプ(p.17参照)の若者像をもとにして，若者のことを責任感や判断力に乏しく，学力や知識が不足している存在として扱うなど，問題視する大人も少なくない。

問題点の背景

こうした若者の特性が生じるのは，青年期が人格を形成する時期であり，一方では大人になるための準備期間(モラトリアム時代)であることが背景にある。

子どもは家族や仲間との間で親しい関係を築き，その関係内で自己の役割や課題，ルールなどを認め合う(**共認関係の構築**)。しかし成長するにつれて，実現したいこととそれがかなわない現実との間で葛藤し，時には他者否定や自己正当化を伴ったりしながら自我(p.16参照)が芽生える(**自我の芽生え**)。他方，家族や仲間のなかに存在する親しい関係・役割・課題・ルールなどが，自我を抑制することもある(**共認関係による自我の抑制**)。こうした過程を踏んで人格が形成され，成長・成熟していくのである。

一方で，**若者は大人としての責任や義務を猶予されること**がある。いわば保護すべき存在として扱われ，かなりの自由な思考や行動ができる。この時期が人格形成の時期に重なるのであるが，社会との接触が少ないなど何らかの原因で共認関係が十分に構築されないと，人格形成が適切に行われないことも生じる。その結果，自他と相互に認め合う経験が不足し，自己を肯定的に捉えられないといった状況も起こりうる。つまり，**共認関係の構築の不十分さが若者が引き起こすさまざまな問題の原因の一つである**と考えられる。

対応策・解決策

まずはステレオタイプの若者像を払拭し，**個々の若者の特性を見ること**が大切だ。場合によっては，若者の人格形成を支えるなど，社会や大人による支援が必要となる。例えばボランティアのほか，インターンシップやワークショップ(p.77参照)などといった社会参加など，共認関係を築いて自己肯定感を育むための試みなどが考えられる。また社会や教育現場において，若者に役割や課題を与えたり，ルールの遵守を徹底させるなど，**若者を社会の一員として認めて育むこと**も必要だ。

小論文にする時のポイント

入試では，若者にかかわる問題点を指摘させて，その背景や改善策を問う出題が多い。その時，「若者は自己中心的だ」「社会的マナーが欠如している若者が多い」など，表面的で紋切り型の主張だけを展開するのは好ましくない。できれば，そのような状況になる背景(青年期の人格形成の過程における問題点)まで踏み込んで述べておきたい。なお，青年期の特性については高校の公民科の学習内容である。受験生であれば，当然理解しているものとみなされるので，注意したい。

過去の入試問題例

例 現在の若者たちの人間関係は，閉じられた生活圏の内部で煮つまっていきやすい構造を持っており，人間関係のつまずきが，そのまま社会生活の困難さを意味する，と述べた文章を読み，本文に対する自分の意見を述べよ。

(文教大・情報学部)

例「社会的大人」になりにくい現代社会と，大人になるための通過儀礼の必要性について述べた新聞記事を読み，本文の論旨を受け止めた上で意見を述べよ。

(嘉悦大・経営経済学部)

例「現代の日本の状況は，青少年に対し，苦労やつらさに対する免疫をつけるという機能を失っている」という課題文の筆者の主張に対して，賛成・反対の立場を明確にしながら，自分の意見を述べよ。

(関西学院大・社会学部，総合政策学部)

例 現代社会において，若者が自立していくために何が必要かということについて，社会のあり方，周囲の人々との関係，個人の成長の3つの視点をふまえ，あなたの考えを述べよ。

(沖縄国際大・総合文化学部)

関連キーワード

☑子どもが大人になるための条件

内閣府が2013年に実施した「民法の成年年齢に関する世論調査」において，子どもが大人になるための条件に関する調査を行った。それによると，「経済的な自立」「社会での労働」「肉体的な成熟」「結婚」などの目に見える成長に対する回答率は低く，一方で「責任感」「判断力」「精神的成熟」「社会人としての学力・知識」といった精神的な成熟に対する回答率が高い傾向があることがわかった。このことから，大人と見なされる要件としては，一般に，経済的・肉体的・物理的自立よりも，精神的自立が求められている傾向がうかがえる。

☑ミーイズムとエゴイズム

ミーイズム（自己中心主義）とは，自分の幸せや満足を求め，自己の興味や関心を優先して社会に関心を示さないという考え方を指す。

一方，エゴイズム（利己主義）は，自己の利益のみを追求し，社会一般の利害を念頭に置かないという考え方のことである。

エゴイズムは社会を対象としたうえで自己の利益を追求するが，ミーイズムは社会的な接点を一切排除するという点で異なる。いずれも自己都合が基準であり，「社会的視野が狭い人々である」などと捉えられる。

☑ピーターパンシンドローム（ピーターパン症候群）

いつまでも子どものままでいたいと願い，成熟することを拒否する現代男性を精神疾患として捉えた概念のことをいう。アメリカの心理学者カイリーが名付けた。

精神的・社会的に未熟であるゆえ，社会常識やルールを無視するなど，社会生活への適応が難しい。原因としては，マザーコンプレックス，過保護，幼少期の虐待などからくるストレス，社会からの逃避願望などが挙げられているが，明確な因果関係は立証されていない。

☑モラトリアム

社会的な責任を一時的に免除あるいは猶予されている時期のことをいう。青年期（おおよそ中学生～大学生）がその時期にあたるが，この時期に自己を発見し，社会的な成長をするとされている。

昨今はモラトリアムが延びる傾向があり，上級学校の卒業を故意に延長したり，フリーター（p.48参照）生活を続けたり，親元から自立することを拒んだりするケースが多く見られるようになった。モラトリアム人間とは，この猶予期間を故意に引き延ばし，大人になろうとしない人間のことを指す。

☑ゆとり世代

一般に，2002年から2010年までの「ゆとり教育」を受けた世代（1987～2004年生まれ）のことをいう。「詰め込み教育」といわれた知識量偏重型の教育への反省から，1980年度の指導要領改訂から徐々に学習内容の精選と授業時間の削減が実施された。この世代の特徴として，知識が少ない，自ら考え行動できない，コミュニケーション能力が低いなどとされる一方で，IT 関連に強い，合理的思考を持っているなどといったことも挙げられている。

☑ さとり世代

明確な定義はないが，2010年前後に若者であった世代のことをいう。世代的に「ゆとり世代」とも重なる。一般的には，物欲がない，旅行や恋愛・昇進などに興味を持たない人が多い世代とされる。バブル崩壊後の景気が悪くなった時代に育ち，インターネットを介して多くの情報を持つことから，大きな夢や希望を持たず，現実的かつ合理的に物事を判断するようになったのではないかと考えられる。

☑ デジタルネイティブ

幼い頃からインターネットやパソコンなどが身近にある環境で育った世代のことをいう。日本では，インターネットが普及した1990年代以降に生まれ育った世代が該当する。SNS などインターネットを通じてのコミュニケーションに抵抗がない一方で，直接の対人関係が苦手であるといわれる。

☑ インターンシップとワークショップ

インターンシップとは，学生が在学中に，企業などにおいて自らの専攻や将来のキャリアに関連した就業体験を行うことをいう。関心のある企業や業界に対する理解を深めるとともに，労働観が養われるといった利点がある。

一方，ワークショップとは，創作活動や技術の習得を行うための会合のことであり，会合の中身に実地の作業などが含まれるのが普通である。研究集会，講習会，研修会などもその一種として含まれることもある。

答案例

問題 現代の若者に関する問題点について，あなたの考えを述べよ。**600字以内**

模範回答 一般的な傾向として成人は，若者のことを自己中心的で，責任感や判断力に乏しく，学力や知識が不足している存在として扱い，問題視する。事実，若者の中には他者や社会との接触に苦手意識を持ち，他者からの否定や批判を恐れるなど，精神的にもろい者もいる。 (以上，第1段落)

若者にこうした特性が生じる背景には，青年期が人格形成の時期であり，一方でモラトリアム時代であることがある。子どもは共認関係の中で自我を構築し，一方で共認関係が自我を抑制する。こうした過程を踏んで人格が形成されていくのであるが，社会との接触が少ないなど何らかの原因で共認関係が構築されないと，適切な人格形成が行われない。つまり，共認関係の構築の不十分さが，若者が引き起こす諸問題の原因の一つであると考えられる。 (以上，第2段落)

よって，若者の人格形成にあたっては社会や成人による支援が必要となる。例えば，ボランティア，インターンシップ，ワークショップなどといった社会参加などで共認関係を築き，自己肯定感を育む試みが考えられる。また，社会や教育現場において，若者に役割や課題を与え，ルールの遵守を徹底させるなど，若者を社会の一員として認めて育むことも必要だ。 (以上，第3段落)

解説

第1段落：意見の提示…一般的にいわれている現代の若者像を取り上げ，その問題点を指摘している。

第2段落：理由説明…そうした若者が生まれる背景を，自我の形成時期とモラトリアムという青年期の特徴をもとに説明している。

第3段落：意見の再提示…そうした若者に対して，社会や成人が支援することの必要性を述べ，意見をまとめている。

2 法　律

法学部などでは，リーガルマインド(法律の適用に際して必要とされる柔軟で的確な判断能力)があるかどうかを試すため，法律に関するテーマが出題されることがある。

ここでは，特に出題されやすい法律に関する5テーマを厳選し，紹介する。なお，法律に関する問題では是非を問うものが多く出題されるので，各テーマについて賛成か反対か，自らの主張の方向性を定めておくようにしよう。

取り扱うテーマ

- 若者の政治参加
- 夫婦別姓(別氏)
- 死　刑
- 裁判員制度
- 脳　死

若者の政治参加

出題頻度 → 法・政 ★★★　社・福祉　国際・学際 ★★　経済　商・経営 ★

定義

2015年6月に公職選挙法(p.83参照)が改正され(2016年6月試行)，選挙権(選挙において投票する権利だけではなく，選挙人名簿への登録や選挙の公示を受ける権利なども含む)を有する年齢は20歳から18歳に引き下げられた。国政選挙としては2016年7月に行われた第24回参議院議員通常選挙が新しい法律下での最初の選挙となり，18歳，19歳の約240万人が新たに有権者となった。

2007年に成立した憲法改正の手続きを定めた国民投票法(p.83参照)では，2014年の改正で投票できる年齢を18歳以上と改めており，今回の公職選挙法の改正を受けて，2018年には成人年齢を20歳から18歳に引き下げる改正民法が成立した。この改正民法は2022年の4月に施行され，より一層若者の社会参画が促されることになる。

問題点

現在のようなある一定の世代に偏重した政治参加を避けるためには，選挙権年齢の引き下げが必要だという主張が以前からあった。

現在，若年層の政治への関心の低さが問題視されている。総務省のデータによると，第48回衆議院議員総選挙(2017年)の時の投票率は，50代が63.32%，60代が72.04%，70代以上が60.92%であるのに対し，10代が40.49%，20代が33.85%となっており，若年層の投票率が低い傾向にある。こうした状況では若年層の意志が政治に反映されにくい政治が行われる恐れがある。

そのため，若年層の意見が今まで以上に政治に反映されることを期待して，選挙権年齢の引き下げが行われた。より若い世代に早いうちから社会参加を促すことにつながり，国民として果たすべき責任と義務を自覚させるという効果が期待されていた。しかし，今のところ思ったような結果は出ていない。引き続き，若年層の政治離れを食い止め，政治意識を高めることが求められている。

問題点の背景

議会制民主主義(p.84参照)を採用する日本では，少子高齢化(p.25，33参照)によって高齢者の人口が増加する一方で若年層の人口が減少することで，**高齢者に有利な政治が行われやすくなる危険性がある**。なぜなら，議員は国民の投票により選出されるから，絶対数の多い高齢者の意思が反映される政策を掲げる議員には票が集中しやすくなるからである。そのうえ，中高年の投票率の高さも加わって，立法や行政の面で高齢者の意図が色濃く反映されたものになる恐れがある。つまり，高齢化によって**シルバー民主主義**(p.84参照)が起こる可能性があるのだ。

一方で，高齢者を支える社会や制度の仕組みの根幹を担っているのは若年層である。高齢者に対する支援も必要だが，同時に若年層自身が安心して働け，納税を行い，家庭を築いて次世代を育むことができるような政策も進めなければならない。つまり，**政策の立案に際しては世代間のバランスを保つことが欠かせない**。その意味でも，若年層が積極的に政治に参加できるような制度を構築し，そのことで若年層の意思を政治の面に反映させることが求められているのである。

対応策・解決策

最近では社会が高度化・複雑化していることもあって，**大人としての資質を養う期間である青年期が延びざるを得ない**ともいわれており，10代の若者が政治に関する適切な判断ができるかどうかの不安も残る。一方で，未熟な彼らに迎合する政治が行われる可能性も否定はできない。

しかし，選挙権は国民に保障された権利であり，「未熟だ」という危惧がそれを制限するに足りうるのかどうかは疑問である。日本国憲法第15条において，**国政に参加することができる権利を国民に保障している**(日本国憲法第15条：公務員[議員は公務員である]の選挙については，成年者による普通選挙を保障する)。むしろ，選挙権年齢を引き下げることは，参政権が保障される国民が増えることであり，それだけ**幅広い年齢層の意思を反映することができる**ことを意味するのである。

小論文にする時のポイント

これまでは選挙権年齢の引き下げの是非を問う問題が出題されていた。今後は引き下げられたうえでの課題を中心に出題されることになる。課題となるのは，若年層の政治への関心をいかに高め，投票率を上げるかということである。また，受験生自身が当事者に当たる年齢であるので，選挙人当事者としての考えを求められる出題も考えられる。当事者意識を持ったうえで，啓発活動や教育などの政治意識を高める工夫や，インターネット投票の活用などの投票しやすい仕組みづくりなど，できるだけ**具体的な方策も合わせて論**を展開していきたい。

また，2018年に民法が改正され，2022年から成人年齢が18歳に引き下げられることになった。このことについても，その是非や意見を問われることがある。成人年齢が引き下げられると，18歳でも親の同意なく携帯電話・スマートフォンの契約，賃貸物件の契約ができるようになる。また，クレジットカードを作成したり，ローンを組んだりすることも可能になり，消費者問題(p.85参照)が発生する恐れがある。自由度が広がる面とともに，その**責任能力をいかに育むかという課題**についても検討しておきたい。

過去の入試問題例

例　選挙権年齢が18歳に引き下げられたことの長所と短所についてあなた自身の考えを述べよ。　（大分大・経済学部）

例　18歳を含む若い世代が政治に関心を持ち，投票に行くには，政府や政党，学校，そして若い世代の人々がどのような取り組みをしたらよいか，あなた自身の考えを含めて述べよ。　（大分大・経済学部）

例　18歳以上の人を成人と考えるべきか，20歳以上の人を成人と考えるべきか，考えを述べよ。　（神奈川大・法学部）

例 選挙権年齢の18歳への引き下げと「民法」の成年年齢の引き下げについて述べた文章を読み，成年年齢を20歳から18歳へ引き下げることについて賛成か反対か，あなたの考えをまとめよ。（東北公益文科大・公益学部）

例 成人年齢を18歳に引き下げた場合に，どのような場面で影響が生ずるかを検討し，その是非を論じよ。（桃山学院大・法学部）

例 成人年齢を18歳に引き下げることについて，あなたの考えを述べよ。（大分大・経済学部）

関連キーワード

☑ 公職選挙法

日本の公職選挙(衆議院と参議院の議員選挙，地方自治体の首長と議員の選挙)に関する基本法のこと。国会議員の定数，選挙を管理する機関，選挙権および被選挙権を与える年齢，選挙区などが定められている。また，買収や事前運動(選挙期間以前の選挙運動)，戸別訪問(１軒ずつ訪問する選挙運動。買収の温床とみなされている)など，選挙違反に関する項目も含まれている。2013年にインターネットを利用した選挙運動を明文化し，2015年には選挙権年齢を18歳に引き下げる改正が行われた。

☑ 選挙権と被選挙権

選挙権とは，国会議員や首長，地方議会議員を選挙する国民の権利のことである。満18歳以上の男女，かつ，３か月以上同一市町村を住所とする者が有する。以前は在外日本人に選挙権はなかったが，1998年に公職選挙法が改正され，国政選挙に投票できるようになった(当初は比例代表制のみ。2007年から選挙区への投票も可)。

一方，被選挙権とは，国会議員や首長，地方議会議員に立候補する権利のことである。衆議院議員・都道府県議会議員・市区町村長・市区町村議会議員は満25歳以上，参議院議員・都道府県知事は満30歳以上の者が有する。

☑ 国民投票法

日本国憲法の改正に必要な手続きである国民投票に関する法律。

日本国憲法第96条において，「各議院の総議員の３分の２以上の賛成で，国会がこれを発議し，国民に提案してその承認を経なければならない。この承認には，特別の国民投票又は国会の定める選挙の際行われる投票において，その過半数の賛成を必要とする」と定められていたものの，改正の手続きや国民投票の規定について定められていなかったため，国民投票法が定められた。満18歳以上の日本国民にその投票権が与えられる。

☑民　法

私法(私人間の関係を規律する法律)の基本的な法典のことをいう。財産法(所有・契約・侵害関係などに関する取り決め)，家族法(親族・夫婦・親子を規律する取り決め)などが定められている。

なお，民法第４条によってこれまで成年は20歳と定められてきたが，2018年に「年齢18歳をもって，成年とする」と改正され，2022年から成年年齢が18歳となることになった。この変更により，18歳で契約や取引などにおける保護対象や父母の監護・教育を受ける対象からはずれることになる。また同時に，婚姻の年齢が男女ともに18歳にそろえられた。その一方で，お酒・たばこ，公営ギャンブルの年齢制限については20歳のまま維持される。

☑議会制民主主義(間接民主制)

国民から選出された代表者(議会議員)を通して，間接的に国民の意思を反映させる政治制度のことをいう。国民の権力の行使を代表者(議会議員)に信託し，国民は間接的に政治に参加する。

直接民主制では，国民個々人の要望や要求が政治に直接反映されることとなり，国民全体の利益を考えた政治が妨げられる恐れがある。こうした衆愚政治(多数の愚かな国民による政治)を防ぐことができることが，議会制民主主義の利点の一つである。しかし，直接民主制のように，国民から意見を直接集める制度ではないので，議会議員が国民の意思を必ずしも正しく反映しているとは限らないという面もある。

☑シルバー民主主義

高齢者に有利にはたらく民主主義のことをいう。高齢化社会が進むにつれ，絶対数の多い高齢者を重視する政策が推し進められることが予想される。その結果，それにかかる費用を税として負担する労働者(若年層や中年層)の要望や要求が軽視されがちな状況になりつつあることを指す言葉である。高齢者への過度な優遇・偏重は，若年層や中年層の不満を招く要因となり，世代間の対立を生む恐れがある。

☑消費者問題

消費者とは，財やサービスを消費する人のことをいう。財やサービスを提供する企業側よりも，消費者の立場が弱くなる傾向にある。

こうした関係が原因となって，消費者問題が起こり，消費者が被害を受けるケースがある。例えば，訪問販売において販売員の言葉に乗せられ，高額商品の購入を契約させられるといったことなどが代表例である(なお，原則として一定期間であれば無条件で解約が可能なクーリングオフ制度がある)。これに類した問題は，食品の安全性に関する面(産地偽装や成分誤表示など)，霊感商法，インターネットオークションでのトラブルなど，数多くある。

☑少年法

非行をした未成年者(非行少年)に関する保護や処罰について定めた法律全般のことをいう。非行少年には，実際に犯罪行為を行った未成年者(犯罪少年)のみならず，法に触れる行為をしたもの(触法少年)，罪を犯す恐れがあるもの(虞犯少年)も含まれる。

子どもには可塑性がある(少年は未成熟ゆえ，教育や処遇によって更生できる)との考え方から，非行少年を保護し再教育するために少年法が定められた。非行少年に対しては，原則として成人同様の刑事処分は下さず，保護更生のため措置を行う(家庭裁判所の判断により，刑事裁判に付されることもある)。よって少年法は，事件の解明や刑罰を与えることを目的とした法律ではない。

しかし，たとえ殺人などの凶悪犯罪であっても，加害者が少年であるということで保護されることを問題視する向きもある。例えば，18歳未満(罪を犯した当時の年齢)の少年の量刑は，死刑と処断される場合は無期刑に，無期刑と処断される場合は10年以上15年以下の有期刑に，それぞれ軽減できると定められている。こうした処遇は，被害者および被害者家族側の心情を顧みないものであるという主張がある。そういう影響もあってか，2007年に少年法が改正され，少年院送致の対象年齢が「おおむね12歳以上」と厳罰化された(以前は「14歳以上」であった)。

また，少年法では，少年事件の審判は非公開で行うことや，非行少年の実名報道の禁止(本人であることを推知できる記事・写真を含む)が定められている。これに対しては，憲法が保障する表現の自由を侵害する恐れがあることも指摘されている。

答案例

問題 10代，20代の若年層の選挙における投票率が低いことについて，あなたの考えを述べよ。**600字以内**

模範回答 10代，20代の投票率が低いことは，政治全体にとって大きな問題である。なぜなら，この状況が続くと，投票率の高い中高年向けの政策が多く打ち出されることになるからである。日本国憲法で国民主権を謳っている以上，一定の世代に利益が偏重する政治は避ける必要があると考える。　(以上，第1段落)

現在の日本は少子高齢化で，高齢者の人口が増加し，若者の人口が減少している。議会制民主主義を採用する日本では，投票率が同じであったとしても，高齢者の票が多くなる。若年層が選挙に行かないとなると，若い人向けの政策を打ち出した候補者よりも，高齢者向けの政策を打ち出す候補者の方が有利になる。その結果，投票率の高い中高年の意図が強く反映される政策ばかりが採用されていく恐れがある。高齢者への支援は必要ではあるが，若年層の生活を支える政策が打ち出されない限り，若者の就労，子育てや教育への支援などの政策が弱くなり，少子高齢化が一層加速する可能性がある。　(以上，第2段落)

若年層の投票率を上げるためには，若者の政治離れを阻止し，政治に対する意識関心を高めていき，成人としての責任と義務を自覚させる必要がある。そのためには行政による啓発活動，教育を通じて，選挙の重要性を知らせることが重要となってくる。また一方で，インターネットでの投票などを活用し，若者の政治参加への敷居を今まで以上に低くする対策も検討していく必要がある。

(以上，第3段落)

解説 第1段落：意見の提示…若年層の投票率が低いことは問題であるという意見を述べるとともに，その理由として一定の世代に利益が偏重する政治は避ける必要があると考える点を示している。

第2段落：理由説明…少子高齢化という人口問題が選挙にどう影響するかを述べ，若年層の投票率が低いことでもたらされる，政策の偏りが起きることを説明している。

第3段落：対策の提示…問題であると主張する若年層の投票率に対して対策を示している。若年層に直接働きかける方法と投票するための環境面から述べている。

夫婦別姓(別氏)

出題頻度→ 法・政★★ 社・福祉 国際・学際★

定義

日本の民法では，婚姻の際に姓(氏)として夫となる人，または妻になる人のいずれか一方の姓(氏)を選択しなければならないと決められている(民法第750条)。しかしこうした制度を変えて，夫婦が別々の姓を名乗ること(夫婦別姓・夫婦別氏)を許すべきか否かが議論されている。言い換えれば，夫婦ともに姓を変更しないで婚姻すること(**不改姓婚**)を認めるかどうかということである。現在では不改姓婚は認められていないので，夫婦別姓を望む人は**事実婚**(p.90参照)という形や，片方が**通称で旧姓を用いる**ことなどで対処している。

必要性

夫婦別姓制度に対する反対派は，従来の家族モデルを維持する必要性があることをその理由として挙げている。夫婦同姓は家族の一体感をつくりあげる役割を果たしており，**夫婦別姓を認めると従来の家族のモデルが崩壊する懸念がある**という主張である。また，同姓でないことは，子どもを育てる場でもある家庭や家族を崩壊させることにつながり，子どもの成長や福祉面で悪影響を及ぼす恐れがあることを懸念する声もある。

一方，夫婦別姓制度に賛成する人々は，主として①姓を変更する側の負担が減少すること，②女子差別撤廃条約(p.55参照)への対応の必要性から，③多様な家族観を認めることも必要だ，という点をその理由に挙げている。

①の理由については，結婚によって姓を変更することにより，**特に女性側に負担を強いる恐れがある**ことを懸念している。結婚によって夫婦のいずれかは改姓しなくてはならないが，大半は女性が姓を改めるという現実がある。また，通称として旧姓を名乗ることが許されない公の場面があること，姓を変えた方へだけ名義の変更などの負担が偏ることなど，仕事上や生活上の不便が生じる。さらに，個人の呼称として用いてきた姓を喪失

する側の精神的苦痛(自己喪失感)についても考慮する必要もある。こうした負担を軽減するのが，夫婦別姓制度であるという主張である。

②の理由については，女子差別撤廃条約の条項の中に選択的夫婦別姓を権利として認めることを示す部分がある点に注目したい。つまり，夫婦同姓制度は男女差別の原因にもなるものだと捉えられているのである。しかしながら，日本はいまだに選択的夫婦別姓制度を導入しておらず，国連の女子差別撤廃委員会からそのことに関する勧告を度々受けている。さらなる男女差別解消をするためには選択的夫婦別姓制度が必要であるということである。

さらに③に関しては，過去と現在の家族観に大きな変化があることを根拠としている。過去は性別役割分業が主であり，家庭機能を保つ役割を女性に担わせていた。しかし昨今では，女性の社会進出によって，必ずしもそうした分業をしない家庭も増えてきている。また，親から受け継いだ姓をできることなら守り続けたいという女性も出てきた。このような多様な家族観が生まれてきている現状においては，現行法のままではそのニーズを満たせないという主張である。

必要性の背景

そもそも夫婦が同じ姓(氏)を名乗るようになったのは明治時代からである。明治時代に民法が制定された際，家制度(p.90参照)が採用され，家を称するものとして姓を定め，夫婦同姓とすることになったのである。つまり，夫婦同姓制度には，新しい家庭を築く時に夫婦で統一した姓(氏)を家に付けるという意味があったのである。あくまでも，結婚によって生じる新しい「家」を名付けることが目的であり，片方に姓を捨てさせるという意味は含まれていないのである。

しかし，第二次世界大戦後の民法改正(1947年)の折に従来からの家制度は廃止された。一方で，家庭生活を維持するためには姓が必要であるということから，夫婦同姓制度は継続された。その後，幾度となく夫婦別姓を認めるべきか否かが政府でも議論されてきたものの，いまだに改正がなされていないのが現状である。2015年に夫婦同姓を定めた民法の規定が違憲かどうか争われた裁判で,最高裁は「夫婦同姓規定には合理性があり合憲」と判断を示した。

対応策・解決策

夫婦別姓に賛成の立場ならば民法の改正が必要となる。一方,反対の立場ならば,民法と女性差別撤廃条約を整合させるべきである。

あるいは,選択的夫婦別姓制度(夫婦別姓にするか夫婦同姓にするかを夫婦間で選択できる制度)にして,国民自身に家族のあり方を選択させることで機会の平等を保つことも考えられる。つまり選択的別姓制度では,当事者夫婦の合意や意思を反映させることができ,一方で夫婦すべてに別姓を強制するものではなくなる。ただし,この制度は実質的な平等へと導くものではなく,男女平等を推し進めるためのあくまでも一手段であるということは念頭に置く必要がある。

なお,日本は国連の女子差別撤廃委員会から,選択的夫婦別姓の措置を講じるようにという勧告を受けている事実があることもおさえておきたい。

小論文にする時のポイント

入試では,①夫婦別姓制度そのものの是非,②選択的夫婦別姓制度の是非が問われる。①②のいずれに対しても,賛成・反対どちらの立場で論じてもかまわない。ただし,賛成・反対双方の立場を理解したうえで論じることが望まれる。

なお,おもな論点としては,①ならば「家・姓を残すことを重視すべきか,姓の変更に伴う負担軽減を重視すべきか」,②ならば「夫婦同姓を継続して日本の家族モデルを維持すべきか,選択的夫婦別姓制度を認めて家族モデルの変化を容認すべきか」ということになるだろう。

過去の入試問題例

例 選択的夫婦別姓(別氏)制度の導入。 (駒澤大・法学部)

例 夫婦別姓制度の導入に関して,その実現を目指している女性国会議員の提案について述べた新聞記事と，この提案に反対する学者の主張を述べた文章を読み，夫婦の姓について，両者がどのような制度を提案しているか，その論拠は何かを簡潔にまとめ，この問題についてのあなたの考えを述べよ。

（明治学院大・法学部）

例 夫婦別姓制について，あなたの知っていることやあなたの意見を自由に記述せよ。（相模女子大・人間社会学部）

例 選択的夫婦別姓について述べた新聞記事を読み，「夫婦別姓」にした場合に生じると考えられるメリット，デメリットを挙げながら，夫婦別姓に関するあなた自身の考えを述べよ。（琉球大・観光産業科学部）

関連キーワード

☑ 事実婚

婚姻届を提出しないが婚姻生活を続けている状態のことをいう。通常は，婚姻届の提出をもって法律上の婚姻が認められる。しかし，婚姻届を提出していなくとも，自他共に夫婦として認め，事実上の婚姻関係がある場合を**事実婚**という。現在，事実婚にある夫婦にも，戸籍や住民票の記載が可能となるなど，一定の法的身分が認められてきている。

一方で，事実婚夫婦の間に出生した子どもは嫡出子（法的に認められた婚姻によって生まれた子ども。婚内子ともいう）として認められず，**非嫡出子**（婚外子ともいう）となる。

☑ 家制度

1898年制定の民法によって定められた日本の家族制度のことを指す。具体的には，**戸主**（家族の長）とその**家族**（戸主以外の者）からなる集団を一つの「家」とし，戸主にその家に関わるあらゆることを統率させた。すなわち戸主は，家族の婚姻・養子縁組・入籍の可否・去家（家を去ること）や離籍（戸籍から家族をはずすこと）の可否に関する**同意権**を持っていたのである。また，戸主の財産や権利を相続する時には，新しい戸主にすべてを譲り渡す（**家督相続**）こととした。

なお，「家制度」は戦後に制定された日本国憲法第24条（家庭生活における個人の尊厳と両性の本質的平等）に反するとされ，民法改正に伴って廃止された。

☑非嫡出子相続分の同等化問題

以前は，非嫡出子の法定相続分は嫡出子のそれの2分の1(民法第900条)と定められており，事実婚の夫婦の間に生まれた子どもに不利益があることが問題視されていた。

戦後の「家制度」廃止に伴って，嫡出子と非嫡出子の法定相続分を等しくすべきか否かが議論された際にも，婚姻制度を設けている以上，正当な婚姻による子とそうでない子に差をつけるのはむしろ当然であるとされていた。しかし，2013年にこの規定を違憲とする最高裁による判断が示され，嫡出子と非嫡出子の相続分は同等とするよう民法が改正された。

☑嫡出推定規定

民法では，女性の懐胎期間・婚姻期間・出生時期の関係をもとに，子どもの父親を推定することになっている。その規定を嫡出推定規定という。

この規定は血縁関係があるかどうかを問うことなく，民法第772条の条件に適えば父子関係にあるものとして扱うということである。その意義は，子どもの福祉のためにある。法律上の父子の関係を早く確定して子どもの身分を安定させることが必要であるという観点から定められた。

民法第772条では，女性が懐胎した時をもって父親は誰になるのかが定められている。つまり，その第1項では，妻が婚姻中に懐胎した子は夫の子と推定するとしている。また第2項では，婚姻が成立した日から200日を経過した後に生まれた子，もしくは，婚姻の解消もしくは取り消しの日から300日以内に生まれた子は，どちらも婚姻中に懐胎したものと推定されると定められている。

しかし，この規定によって，子どもに不都合が起こる事態が発生している。例えば，前夫と正式な離婚前に現夫と内縁関係にあり，現夫の子を懐胎したとしても，民法第772条の規定によって子の父親は前夫と推定される。こうした場合，前夫の子ではないという扱いを受けるためには裁判による手続きが必要となる。また，離婚後300日以内に出生した子が現夫の子である場合も，同様に子の父親は前夫と推定される。この場合，離婚後に懐胎したことが医学的に証明できれば，前夫の子として扱われることはないが，場合によっては裁判による手続きが必要となる。

こうした複雑な手続きを嫌って出生の届出をしないケースが発生し，さまざまな面で問題となっている(民法第772条による無戸籍児問題)。

答案例

問題 夫婦別姓制度の是非について，あなたの考えを述べよ。**600字以内**

模範回答 日本において不改姓婚を認めるかどうかが議論されている。確かに，夫婦別姓を認めると従来の家族モデルが崩壊し，先祖から伝わる家や家族観の崩壊にもつながるという反対派の主張は理解できる。しかし，私は夫婦別姓制度に賛成する。夫婦別姓を認めれば，結果として国民に利益をもたらすと考えるからである。

(以上，第1段落)

夫婦同姓制度では，姓を喪失した側の負担が大きい。仕事や生活の面での不便だけでなく，姓の変更による自己喪失感も大きな問題である。そもそも明治時代に民法が制定された際には姓は家族の呼称であったが，現在では個人の呼称の一部となっている。姓を変更した側の長年慣れ親しんできた姓を失う喪失感や精神的苦痛は計り知れない。こうした問題を回避するためには，夫婦別姓制度を導入すればよい。

(以上，第2段落)

このような夫婦同姓制度の問題点を考えると，夫婦別姓制度に賛成せざるを得ない。しかしながら日本社会では夫婦同姓を前提とした制度が多く，同姓制度維持を望む声も根強い。よって，夫婦別姓にするか夫婦同姓にするかを夫婦間で選択できる制度，つまり選択的夫婦別姓制度にするべきであると考える。こうして国民に家族のあり方を選択させることで，機会の平等を保つことも期待できる。

(以上，第3段落)

解説

第1段落：意見の提示…夫婦別姓制度に反対する主張に理解を示しつつも，自分自身は賛成の立場であることを，簡潔にまとめた根拠とともに示している。

第2段落：理由説明…夫婦同姓制度の問題点を指摘するとともに，こうした問題を回避するには夫婦別姓制度を導入する必要があることを述べている。

第3段落：意見の再提示…夫婦別姓制度反対派の主張に譲歩する形で，選択的夫婦別姓制度の導入を提案している。

死刑

出題頻度→ 法・政★★

定義

死刑とは，**罪を犯した人の生命を断つ刑**のことで，極刑といわれることもある。日本では，殺人罪・内乱罪・強盗致死罪・強盗殺人罪など，おもに凶悪犯罪において死刑が科されることがあるのだが，具体的には故意による犯罪行為によって他者の生命を奪った者のうち，**裁判所が認定したもの**に死刑判決が出る。なお，日本での死刑の方法は**絞首刑**である。

問題点

死刑には社会防衛の効果があるとして，死刑を存続させるべきであるとする立場(**死刑存置派**)がある。その根拠として，おもに①犯罪を未然に防ぐために刑罰は行使されるべきである(**目的刑論**)，②犯罪に対して相応の刑罰が行使されるべきである(**応報刑論**)ということを挙げている。①では，死刑の存在によって犯罪予備軍を威嚇(いかく)したり，死刑執行を見せしめて犯罪を予防したりする効果(**一般予防論**)があるとされる。また，犯罪者を社会から隔離したり，死刑執行によって犯罪者が再び害悪を及ぼさないようにしたりする効果(**特別予防論**)もある。一方②では，死刑には**刑罰の正当性**があるということのほかに，**犯罪被害者遺族の応酬感情**(加害者へ仕返しとして制裁を加えたいという感情)を考慮すべきだという点である。

しかし，死刑存置に異議を唱える人々もいる(**死刑廃止派**)。その根拠のおもなものとしては，①死刑によって犯罪の予防ができるかどうかが不明であること，②加害者側の人権侵害に当たること，③冤(えん)罪の可能性が残ることを根拠としている。①は，死刑が犯罪の抑止力として働くということが統計学的に実証されているわけではない(そもそも犯罪はさまざま要因で起こるものであり，死刑存置だけが根拠となって抑止できたかどうかは判断が難しい)という理由を挙げる。②は，死刑によって生命を奪う行為は犯罪者の人権を著しく侵害するとともに，倫理的にも許されないという主張である。③は，冤罪(p.97参照)の可能性が否定できないままで死刑に処してしまうことを問題視する主張である。

問題点の背景

そもそも，死刑は刑罰の中で最も古くからあるものといわれ，文明が芽生えてから近代にいたるまで，刑罰の中心となっていた。威嚇(いかく)効果を期待して公開処刑が行われたり，重犯罪でなくとも死刑が執行されたという歴史すらある。

しかし，死刑は残虐かつ非人道的な刑罰であることから，法理念が発達した近代以降はその対象を重犯罪に限定するようになった。現在では世界の過半数の国において死刑制度を廃止しており，残りの国においても実際に死刑を執行している国は少ない。このように，死刑制度の廃止は国際的な流れであり，わが国においてもその流れに乗るべきか否か，同時に終身刑を導入するべきか否かを議論する必要性に迫られている。

対応策・解決策

死刑に犯罪の抑止効果があるとは認め難い。また，死刑を執行したからといって被害者遺族の感情が収まるわけではなく，被害者遺族の感情をあまりに重視することは私的な制裁を禁止する罪刑法定主義(p.98参照)に反する行為でもある。仮に，抑止効果を認める立場に立つとしても，犯罪者を隔離する別の方法を検討すべきであろう。例えば，死刑に代わる刑として終身刑や長期の有期刑(p.98参照)などが考えられる。死刑代替刑の例として，スウェーデンでは仮釈放が認められない無期刑が，フランスでは仮釈放が認められる無期刑がそれぞれとられている。他にも代替措置を考える余地がある以上，あえて死刑制度の存続に固執すべきかどうかを考えてみる必要があるのではないか。

小論文にする時のポイント

死刑存置については，その是非を問う形で出題される。上記の解説では反対の立場で論じているが，もちろん賛成の立場から論じてもかまわない。

もし賛成の立場なら，「被害者の生きる権利を侵害する『殺人』という行為に対して執行される死刑は応報であり，加害者側の人権を軽んじているわけではなく，むしろ加害者を死刑にしないことは被害者の生きる権利をないがしろにする行為である」とか，「仮に代替措置として終身刑を採用する場合，公費によって受刑者を養う必要が出てくる。こうした費用の負担に合理性はあるのか」，あるいは「死刑の抑止力が証明されていないからという理由で，同様に抑止力が証明できていない終身刑に置き換えるのは理屈に合わない」といった理由を挙げることが考えられる。

いずれの立場にせよ，**双方の立場をよく理解したうえで賛成(あるいは反対)しているのだということがわかるような主張**を展開しておきたい。

過去の入試問題例

例　法務大臣の死刑執行命令について述べた英文を読み，本文について，あなたが重要と考える事柄と，それに関してのあなたの意見を，日本語でまとめよ。
(獨協大・法学部)

例　課題文を読み，死刑存置論と死刑廃止論のうち，あなたは最終的にどちらの立場を支持するか。自分の意見を理由とともに述べよ。　(明治学院大・法学部)

例　日本には死刑制度があるが，死刑を廃止すべきだと主張する人々がいる。この問題について，あなたの考えを述べよ。　(沖縄国際大・法学部)

例　死刑の問題点と，死刑廃止への反対論，死刑廃止論について述べた文章を読み，著者の主張に対してあなたは賛成・反対どちらの立場であるかを明らかにし，理由を述べよ。　(熊本大・法学部)

例　正義における矛盾について，一般化的正義と個別化的正義の二つの相克する原理を挙げて述べた文章を読み，矛盾緊張関係とは具体的にはいかなる場合に生じ，また，法制定に際してそれはいかに解消されるべきか。意図的に人を殺したものに対して刑罰を言い渡す場合を例に挙げ，同害報復の思想に対して，わが国現行刑法上の殺人罪の規定(199条)を参照しつつ，あなたの考えを論じよ。　(金沢大・人間社会学域)

関連キーワード

☑法の社会的機能

そもそも法律とは，社会秩序を維持するために，統治者や国家が国民に強制する規範のことである。日本国憲法に基づいて，国家の立法機関(国会)によって制定される成文法(文章によって表現される法)のことである。

社会を統制する機能(刑事法など)，人間相互の活動を安全なものにする機能(民事法など)，紛争を解決する機能(訴訟法・手続法など)，限られた資源を配分する機能(行政法・社会法・経済法など)がある。つまり，正義を実現するとともに，自由で公正な社会を支えるために法律は存在している。

☑正　義

人の道(人道)に適って正しいことを示す概念のことをいう。もともと正義はsuumcuique (各人に各人の分を)と表現し，(利益であろうと報いであろうと)その人にふさわしいものを所有させることが正義として捉えられてきた。また，正義という言葉にはjus, Recht (法，権利)という言葉が含まれており，法とも深い関係を持つことから，国家や制度を築く時の基準や悪法を批判する時の基準とされる。

☑基本的人権

人間である以上，誰もが必ず持っている権利のことをいう。日本国憲法では，三大原則のうちの一つとして基本的人権を尊重することを謳っている。

基本的人権の具体的な形としては，自由権(国家からの自由。人が自由に行動したり，考えたりすることを認める権利のこと)，参政権(政治に参加することを制限されない権利)，社会権(社会を生きていくうえで，人間が人間らしく生きるための権利。社会的に立場の弱い者が社会から支援を受ける権利)，平等権(何人も法の下に平等であることを保障する権利)，幸福追求権(幸福を追求することができる権利)，請求権(国にさまざまな請求を行う権利)などがある。なお，日本国憲法においては，公共の福祉という概念をもとに人権が制限されることがあり，その判断は裁判官にゆだねられている。

☑法の下(もと)の平等

法によって定められた権利や義務については，国民全員が平等に取り扱われなければならないという日本国憲法上の原則をいう。憲法上は，例として人種・信条・性別・社会的身分・門地(家柄)によって差別されないことが明記されている。

憲法における法の下の平等は，法を平等に適用することだけでなく，法の内容も平等であること，そして一般的には，形式的平等(すべての国民に機会を平等に与えること。機会の平等ともいう)を意味すると捉えられている。また，実質的平等(すべての国民に行為の結果を平等に分配すること。結果の平等ともいう)については，社会権によって実現すべきだとされている。

☑新しい人権

日本国憲法には明文化されていないが，憲法制定後の社会変化によって新たに求められるようになった人権のことをいう。憲法第13条にある幸福追求権が根拠となっている。

具体的な例としては，プライバシー権(私生活に関わることを公開されない権利，国家や企業が持つ個人情報の訂正や削除を求める権利)，環境権(良好な環境下で生活を営む権利)，人格権(生命・身体・精神に関わる利益を得ることを認める権利)などがある。

新しい人権を独自の人権として新たに認めるべきだという立場がある一方で，既存の条文で対処が可能であることを根拠に，新しい人権を独自の人権として認めることを否定する立場もある。

☑刑事上の手続き

ある犯罪に関して，犯人を明らかにし，犯罪の事実を確定し，科すべき刑罰を定める手続きのことをを刑事手続という。①捜査(一般的に警察が犯人を特定し，事件内容を警察から検察に送ること)，②起訴(検察官が起訴か不起訴[裁判所に訴えを起こすか否か]を決めること。少年事件の場合は家庭裁判所に送致する場合もある)，③公判(裁判所が審判を行うこと。日本では三審制が採用され，裁判の結果に対して不服を申し立てることができる)の順に進められる。

なお，犯罪を犯したと思われる人のことを，起訴されるまでは被疑者，起訴されたのちは被告人と呼ぶ。

☑冤罪(えんざい)

違法行為をしていないのに犯罪者として扱われたり，裁判の結果有罪にされたりすることをいう。冤罪は，捜査機関(警察・検察)の先入観や思い込み(容疑者を見込んで捜査し，結果として容疑者に有利な証拠を軽視したり無視することなど)，捜査の不備(不当・違法な取り調べによる自白強要，証拠の鑑定の誤りなど)，裁判官の独善的な姿勢(裁判官が捜査機関を過信する一方，弁護側に不信を抱いて審理することなど)などによって起こるといわれている。

こうした冤罪を防ぐには，上記のような原因となる問題を排除する取り組みが必要だ。従来から，自白法則(強要・拷問・脅迫による自白，不当に長く拘留・拘禁されたあとの自白，任意性のない自白は証拠にできないという法則)と補強法則(被告人に不利益な唯一の証拠が本人の自白だった場合，それによって有罪とされないという法則)など，冤罪を予防する決まりごとがあるが，これだけでは不十分である。例えば，捜査機関による取り調べの可視化(2019年に取り調べの可視化を義務づける法律が成立した)，捜査資料の開示の義務付けなどのほか，国選弁護人制度を被告人だけでなく被疑者にも拡大すること(現在，被疑者に対する対応として，日本弁護士連合会が当番弁護士制度を設けている)などが考えられる。

なお，日本では刑事訴訟法に再審制度(確定した判決を再度審理して見直す制度)を設けている。無罪を証明する新しい証拠が発見されたり，証拠が嘘であったりしたことが明らかになった場合，裁判所に再審を請求できる。しかし，新たな証拠の有効性が問われ，再審請求が棄却されることも多い。

☑罪刑法定主義

どのような行為が犯罪となり，どのような刑罰が科せられるのか，法律で定めなければならないという考え方のことをいう。なお，法規が成立する前の行為にさかのぼって，法規を適用することは許されない(遡及処罰禁止の原則)。日本では，憲法第31条・39条・73条6号で規定されている。

仮に，被害者や被害者の家族の判断で加害者を処罰することを許した場合，仇討ちが繰り返されることになる。よって，刑罰を与える権利を国王や国家に集中させ，個別の仇討ちを禁止するようになった。現在の民主主義国家の多くは，刑罰権を国家に与えるとともに，基本的人権の保護のために刑罰権を行使すべきだという考え方を採用している。なお，日本では，処罰の対象となる行為は国民の代表者の集まりである国会が定めることになっている(憲法第31条)。

☑終身刑・無期刑・有期刑

受刑者が死亡するまで拘禁する刑を終身刑，拘禁する期間を定めない刑を無期刑，拘禁の期間を定めた刑を有期刑とそれぞれいう。日本では終身刑は導入されていない。無期刑の場合でも，10年以上服役し，改悛(かいしゅん)(過ちを認め，心を入れ替えること)の情があれば仮釈放が許可されることがある。

なお，**日本でも終身刑の導入の是非が議論されている**。これには死刑に代わる制度として有効であること，仮釈放中の受刑者に対して犯罪防止効果があること，冤罪防止の観点などから，導入に賛成を唱える立場がある。一方で，受刑者の人格崩壊の恐れがあること，それに伴って刑務所の秩序が保てなくなる可能性があること，収容するための費用の問題が生じることなどから，否定的な見解を述べる立場もある。

答案例

問題 死刑制度を存置することに対する是非について，あなたの考えを述べよ。

600字以内

模範回答 死刑には社会防衛の効果があるとして，死刑を残すべきであるとする立場がある。しかし，私は死刑制度存置には反対である。死刑は残虐かつ非人道的な刑罰であるとともに，加害者側の人権を侵害する行為であるからだ。

（以上，第1段落）

確かに，死刑の存在は犯罪を予防する効果を生むという主張は理解できる。また，犯罪者を社会から隔離したり，再び害悪を及ぼさないようにする効果もある。また，犯罪被害者遺族の応酬感情を考慮すべきという主張もある。

（以上，第2段落）

しかし，死刑が犯罪の抑止力となることが実証されているわけではないし，そもそも犯罪はさまざまな要因で起こるものであり，死刑存置だけで抑止できたかどうかは判断が難しい。また，応報的に死刑を用いることは，私的な制裁を禁止する罪刑法定主義に反する。また，死刑で生命を奪う行為は犯罪者の人権を著しく侵害するとともに倫理的にも許されない。むしろ，冤罪の可能性が否定できないまま死刑に処することには，大きな問題が残る。

（以上，第3段落）

よって，死刑制度の存置に反対する。犯罪者を隔離する方法を他に検討すべきである。例えば，死刑に代えて終身刑や長期の有期刑などが考えられる。他にも代替措置が考えられる以上，あえて死刑に固執すべきかどうかを考えてみる必要があるのではないか。

（以上，第4段落）

解説　第１段落：意見の提示…死刑制度存置に反対する立場を明確にし，その根拠を簡潔に述べている。

第２～３段落：理由説明…死刑制度存置派の主張に譲歩しながらも，それに対して反論し，死刑廃止を主張する根拠を示している。

第４段落：意見の再提示…死刑を廃止する立場から，死刑に代わる制度として終身刑や長期の有期刑を提案し，死刑制度に固執する態度を改める必要性があることを述べて締めくくっている。

裁判員制度

出題頻度→ 法・政★★★ 社・福祉 国際・学際★

定義

裁判員制度とは，国民の中から選ばれた裁判員が刑事裁判に参加し，裁判官とともに審理(事実関係や法律関係を取り調べ，明らかにすること)を行う日本独自の司法制度のことをいう。2009年に導入された。

裁判員は衆議院議員選挙の有権者から無作為に選ばれる。地方裁判所で取り扱う刑事裁判(p.105参照)のうちの重大な犯罪(殺人罪・傷害致死罪・強盗致死傷罪・身代金目的誘拐罪など)のみが対象となり，すべての刑事裁判に裁判員制度を適用するわけではない。

問題点

そもそも裁判員制度は，市民が持つ日常感覚や常識を裁判に反映するとともに，司法に対する国民の理解の増進とその信頼の向上を図ることを目的として導入されたものである。

以前から，裁判官が下す判決が国民の感覚や常識とかけ離れることが問題視されていた。こうした問題を解決するために，裁判員を国民から選び，裁判に市民の感覚や常識を反映する目的でこの制度が設けられた。裁判員それぞれの知識や経験を生かして，職業裁判官とともに判断すること(裁判員と裁判官の協働)によって，より国民の理解しやすい裁判が実現できることを狙っている。それとともに，国民が公共的な事柄に積極的に関わろうという意識を育むきっかけとしても期待されている。司法に国民が直接的に参画できる機会が増せば，裁判制度に対する理解も深まると考えられるからである。

しかし，この制度に対する反対派も存在する。そのおもな理由は，①市民が下す量刑が適切なものであるかどうかという疑問，②裁判員に対して過度な負担を強いることがある，などである。

①は，裁判員が職業裁判官ではないことに由来する。今までの裁判では

量刑相場(p.106参照)に基づいて量刑を定めていたが，裁判員にはその相場がわからないことが多く，裁判員自身がどの程度が適正な量刑なのか判断できない。場合によっては裁判員の下す量刑が，犯罪の被害者やその家族の心情，あるいはマスメディアの報道などによって左右される恐れがある。また，公判前整理手続(p.105参照)によって，裁判員にとって有用な争点や証拠が排除される恐れがあること，そしてその結果として冤罪(p.97参照)を引き起こす可能性すらあることが問題だとされている。また，裁判員の下した量刑が，控訴審で結局量刑相場に基づいた刑へと戻されてしまうということも起こっている。

②については，**裁判員の意に反する苦役を強いることもある**制度であることが問題となる。裁判員に選ばれたら**出頭義務**が伴うので，特段の事情がない限りは出頭を拒否できないこと(宗教的理由などの精神的自由権に基づく拒否権がない。拒否すると刑罰がある)，また，生涯にわたって**守秘義務**(審理の内容を他の人に漏らしてはならないという義務)が課されていること，さらには審理の過程や判決を下すことに対して**精神的な苦痛を伴う恐れがあること**などが指摘されている。

問題点の背景

かつては日本にも**陪審制**(p.107参照)があり(1923年に陪審法が公布された。1943年の施行停止まで実施)，そのこともあって終戦後より陪審制を復活させるか否かが議論されてきた。しかし，陪審制では国民によって構成される**陪審団の決定に拘束されて裁判官が判決を下す**ことになるため，日本国憲法第76条(裁判官は「この憲法及び法律にのみ拘束される」という定め)に反するのではないかという声があった。こうして陪審制以外の方法で司法制度の民主化を行うことが検討された結果，司法制度改革審議会の最終意見書(2001年)において**参審制**(p.107参照)の一種である裁判員制度の導入が提言されたのである。**裁判員制度では裁判官と裁判員とが同等の権限を持つ**ため，それぞれの判断が他者によって拘束されることはなく，憲法第76条には反しない。

対応策・解決策

司法制度を設計する際には，あくまでも適正な審判を行えるようにすることを最優先に考えるべきである。一方で，日本国憲法に則った制度にする必要もあるし，司法の民主化を推し進めるという目的も達成しなければならない。

しかし，現制度には適正な審判を行えるようにするという条件には適っていないといわざるを得ない面もある。例えば，現状の裁判員制度を継続するならば，**裁判員の負担を軽減する方策**（取り扱う事件を軽いものとすること，守秘義務の軽減を図ることなど）や，**裁判員が適切に法的な判断ができるようにするための支援**（裁判員を公判前手続に参加させること，証拠の全面的開示をすること，法教育の充実を図ることなど）を充実させるなどの，**現行制度の改善が必要になるだろう**。

あるいは，現行の裁判員制度を廃止し，**別の方法で司法の民主化を進める**ことに対しても検討の余地があるのではないか。

小論文にする時のポイント

出題形式としては，おもに**①裁判員制度の是非を問うもの**，**②自分自身が裁判員になった時に心がけること**，の２点が問われる。

①については，賛否いずれの立場から論じてもかまわない。もし賛成の立場なら，「裁判員が量刑相場を知ることができる仕組みを整え，守秘義務の軽減が講じられれば，より適切に審判を下すことができる」「裁判員には各々が持つ専門性があり，職業裁判官が持ち得ない知識や経験を持っている。こうした経験を裁判に生かすことにより，新たな真実が見えてくることがある」といった理由を挙げることが考えられる。

過去の入試問題例

例　裁判員制度に関する最高裁判所による説明の資料，裁判員制度に反対の立場からの意見を述べた資料をそれぞれ読み，裁判員制度反対の論拠を整理せよ。

整理した反対論に対して，裁判員制度を擁護する立場からの再反論を自由に試みよ。（東北大・法学部）

例 国民の司法参加の意義について述べた文章を読み，本文全体を踏まえて，国民の司法参加の是非についてあなたの意見を論述せよ。（山形大・人文学部）

例 裁判員制度の概要について述べた文章を読み，もしあなたが裁判員候補に選ばれた場合，裁判員としての役割を果たすことができるかどうか，あなたの意見を述べよ。（群馬医療福祉大・社会福祉学部）

例 裁判員制度のよい点と心配な点について指摘して，あなたの意見を書け。（法政大・法学部）

例 裁判員制度について概要を説明し，裁判員に期待されている役割について論じよ。（東洋大・法学部）

例「裁判員法」について述べた文章を読み，裁判員による判断の尊重と刑事被告人の上訴する権利の保障という2つの対立する理念を十分に考慮した上で，このような上訴が許されるか否かについて，あなたの考えを述べよ。（国士舘大・法学部）

例 裁判員制度の導入について述べた新聞記事を読み，文中の「裁くことと民意を反映することとは両立できるのか」について自分の意見を書け。（名城大・法学部）

例 裁判員制度により，殺人などの重大な刑事事件に関して，一般の市民が裁判員として裁判官と共に，有罪・無罪の決定及び量刑の判断を行うことになる。このような国民の裁判への参加は，「裁判の独立」との関係でどのような長所および短所があるか述べよ。（大阪市立大・法学部）

例 裁判員制度について述べた文章を読み，裁判員制度に賛成する論拠，および反対する論拠を課題文にあらわれている範囲で，かつ，課題文のすべてを用いてまとめよ。（神戸大・法学部）

例 わが国の刑事裁判に裁判員制度が導入されたことについて述べた短文を読み，裁判員制度についてあなたの意見を述べよ。（沖縄国際大・法学部）

例 現代の日本社会において，陪審制はトクヴィルの指摘するように「市民の精

神的な自己変革の場を提供する」ものになり得るだろうか。具体例を挙げつつ，あなたの考えを述べよ。（名古屋大・法学部）

関連キーワード

☑ 司法制度改革

1999年以降の，**司法制度の変更にかかわる一連の改革**のことをいう。従来の日本の司法制度は，国民が利用するにはハードルが高かった。例えば，**裁判の期間が長期に及ぶこと，弁護士費用が高いこと**などである。こうした問題を抜本的に見直し，国民が利用しやすい司法制度にしようという意図で，さまざまな試みがなされている。

おもに行われているのが，①**国民の期待に応える司法制度の構築**（民事・刑事司法制度の改革，国際化への対応），②**司法制度を支える体制の充実**（法曹人口の増加，法曹養成制度の改革，弁護士・検察官・裁判官制度の改革など），③**国民的基盤の確立**（国民の司法参加）である。

なお，司法制度改革で注目されている**公判前整理手続**は①の，**法科大学院の設立**は②の，**裁判員制度**は③の，それぞれ具体的な方策にあたる。

☑ 刑事裁判（刑事訴訟）と民事裁判（民事訴訟）

刑事裁判（刑事訴訟）とは，犯罪をした疑いのある人について，その人が本当に犯罪を行ったのか，行った場合はどれくらいの罪を科して償わせるべきかを決めるための裁判のことである。裁判にかけられた人を**被告人**，被告人を裁判にかける人を**検察**（検察官が担当する），被告人を弁護する人を**弁護人**（弁護士が担当する）という。また，罰を定める法令のことを**刑事法**と呼び，**刑法・著作権法・労働基準法・自治体の条例**などがこれに当たる。なお，刑事訴訟の手続きについて定めた法律を**刑事訴訟法**という。

一方，**民事裁判（民事訴訟）**は，法律に従ってトラブルを解決するための裁判である。裁判を起こした側を**原告**，起こされた側を**被告**という。市民の間の権利や義務の関係および紛争を解決するために定められた法令のことを**民事法**と呼び，**民法**や**商法**などがこれに当たる。なお，民事訴訟の手続きについて定めた法律を**民事訴訟法**という。

☑ 公判前（ぜん）整理手続

裁判官・検察官・弁護人が**事件の争点や証拠などを整理する手続き**のこと

をいう。裁判をすばやく行うために行われる。具体的には，第１回の公判前に非公開で行われ，ここでの協議をもとにして審理計画（計画的に審理を進めるためのスケジュールを定めること）が立てられる。

2005年に刑事訴訟法が改正され，実施されることになった。2009年に施行された裁判員制度に対応するために定められた制度である。

☑ 法科大学院（ロースクール）

法曹（弁護士・検察官・裁判官）に必要な学識および能力を養うための専門職大学院のことをいう。法曹人口を増やす目的で2004年に創設された。修了すると，司法試験の５年間の受験資格を得られる。

しかしながら，法科大学院を修了しても司法試験に合格することが難しい現状があり，また，2011年から予備試験に合格すれば法科大学院の修了者と同等にみなされるようになったこともあり，法科大学院の志願者数は年々減少している。全国に70校以上が創設されていたが，現在ではすでに約半数が閉校または募集を停止している。

☑ 検察審査会

検察官が被疑者（p.97参照）を裁判にかけなかったことに対して，その是非を審査する機関のことをいう。1948年から導入されている。

検察審査会は選挙権を有する国民の中から無作為に選ばれた11人（検察審査員と呼ばれる）で構成される。検察の取り組みや対応が適切かどうかに関して，国民の視点で審査することが目的である。審査の結果，不起訴不当（不起訴としたことは不当であるという判断），あるいは起訴相当（起訴することが相当であるという判断）と議決された場合は，検察官が事件を再検討しなければならない。起訴相当の議決があり，かつ，検察官が起訴しない場合は，検察審査会で改めて審査する。その結果，起訴すべきという議決（起訴議決）があった場合には指定弁護士が検察官の役割を担い，強制起訴される。

☑ 量刑相場

ある被告人の刑罰を，過去の同種の犯罪と同程度にしようとする慣行。同じような犯罪の場合，個々の事件により量刑にばらつきが出ないようにするために，過去の裁判例や求刑を参照する。この繰り返しにより量刑相場が定まるとされる。つまり，裁判を公平に行うための慣行である。

なお，裁判員制度の導入により，裁判員の量刑の判断がばらつく恐れがあるため，最高裁判所は裁判員に量刑データベースを提供することになった。

☑陪審制と参審制

陪審制とは，一般市民の中から選ばれた陪審員が裁判に立会い，判決の決定に参加する制度を指す。犯罪事実の認定（有罪か否か）を陪審員が行い，法の解釈と量刑は裁判官が行う。

これに対して**参審制**とは，裁判官と一般市民の中から選ばれた参審員が合議して，犯罪事実の認定や法解釈，量刑を判断する制度である。裁判員制度は参審制とほぼ同様の制度だが，**裁判員は法解釈を行わない**。

答案例

問題 現行の裁判員制度の是非について，あなたの考えを述べよ。**600字以内**

模範回答 裁判員制度は司法の民主化を目指して導入された。以前から，裁判官が下す判決が市民の感覚や常識とかけ離れることが問題視されていた。これを解決するために裁判員を市民から選び，裁判にその感覚や常識を反映する目的で制度が設けられた。しかし私は，市民が下す量刑の適切さに疑問を感じるゆえ，現行の裁判員制度には反対である。（以上，第1段落）

そもそも裁判員は，職業裁判官のように必ずしも法律に明るいわけではなく，適正な量刑判断は難しい。時には被害者やその家族の心情，マスメディアの報道などで裁判員の下す量刑が左右される恐れもある。また公判前整理手続によって，裁判員にとって有用な争点や証拠が排除される恐れがあること，その結果として冤罪を引き起こす可能性があることなど，問題点が多い。（以上，第2段落）

一方で，日本国憲法に即した制度にする必要もあるし，司法の民主化を進めることも大切だ。そのため，裁判員制度を継続するならば，裁判員が適切に法的な判断をできるような支援を行う必要がある。例えば，裁判員を公判前手続に参加させること，証拠の全面的開示をすること，法教育を充実させることなど，現行制度の改善が必要だ。また，裁判員制度を廃止し，別の方法で司法の民主化を進めることも検討の余地があるのではないか。（以上，第3段落）

解説 第１段落：意見の提示…裁判員制度は司法の民主化の手段の１つであることを認めつつ，現行の裁判員制度に反対するという主張を述べている。

第２段落：理由説明…現行の裁判員制度では適正な審判を行うには不十分であることを説明し，自説を主張する理由を説明している。

第３段落：意見の再提示…裁判員制度を継続させるなら裁判員への支援が必要であることのほか，場合によっては裁判員制度を廃止することを検討する必要があると述べ，文章を締めくくっている。

脳死

出題頻度 → 法・政 ★★　社・福祉 国際・学際 ★

定義

脳死とは，ヒトの脳すべての機能が不可逆的に回復不可能な段階まで失われた状態のことをいう。脳死は，心肺機能に致命的な損傷はないが，頭部にのみ強い衝撃を受けた場合や，くも膜下出血などが原因となることが多い。「心臓停止→脳機能停止」という心臓死の流れとは異なり，脳死は「脳機能停止→心臓停止」と心臓死とは逆の流れとなる。日本では現在は，臓器の移植に関する法律（臓器移植法）（p.112参照）において，一律に脳死を「死」と認めている。

問題点

脳死は脳の機能が停止していることが前提となるが，それに従うと心臓が動いている脳死体も存在することになる。こうした状態を真の死とすることが倫理的に認められるかどうかについては，賛否が分かれている。そして，それに付随して，脳死者からの臓器移植を許すべきか否かも，議論の対象となっている。

問題点の背景

脳死という状態は，人工呼吸器が開発・実用化された1950年代頃から現れるようになった。脳死者に人工呼吸器を用いれば，身体機能を維持することができる。心臓は動いているが，この状態の人間を「死亡した」と認めれば，心臓が動いている死体から移植に必要な臓器を摘出できる。つまり，移植用の臓器を確保することにつながる。このように脳死を認めることは，移植のための臓器を得る一つの手段であると捉える人もいる。

対応策・解決策

脳死からの臓器移植を認めるのであれば，推進するための策を推し進める必要がある。2009年の臓器移植法改正により，本人の臓器提供の意思が不明な場合にも，家族の承諾があれば臓器提供が可能となったが，この改正により脳死者本人の意思に関係なく家族が死を選択することになる。これは第三者が死のあり方を選択することにつながるという点で，問題視されている。ゆえに，脳死段階での臓器移植を認めるか否かをドナーカード(p.113参照)によって本人が意思表示しておくリビングウィル(p.115参照)の制度を推し進めることが重要となる。

一方，脳死判定(p.113参照)そのものに関して反対の立場の人もいる。彼らによれば，あくまで脳死判定は脳の機能を間接的に見たものにすぎず，脳が完全に停止したこと(脳機能の不可逆的停止)を確認したものではないという主張である。こうした立場から論じるのであれば，脳死判定基準の妥当性のほか，脳死という概念そのものをも否定することになる。

小論文にする時のポイント

脳死者からの臓器移植の是非や今後のあり方がおもに問われる。賛成・反対どちらの立場で論じてもかまわないが，あくまでも患者の自己決定権の尊重が重要である点を欠いてはならない。その面で，「助からない生命を救うことができるから，脳死からの臓器移植に賛成する」といった趣旨の主張を展開しがちだが，このような場合，ともすると提供者側の立場を忘れがちになるので，その点には特に注意を要する。

過去の入試問題例

例 臓器移植について述べた英文を読み，臓器移植に対するあなたの考えを述べよ。

(高崎経済大・地域政策学部)

例 脳死をめぐる疑問が解消されないまま，改正臓器移植法案が成立した問題について述べた新聞記事を読み，「脳死は人の死」を前提とする改正臓器移植法が様々な意見が交錯する中で成立したが，この法律について，あなたの考えを述べよ。

(二松学舎大・国際政治経済学部)

例 臓器移植と臓器移植法の改正について述べた文章を読み，臓器移植についてのあなたの考えを述べよ。ただし，次の用語を必ず使用せよ。
「脳死判定，医療，脳死，親族，法律，死の定義」 （国士舘大・法学部）

例 改正臓器移植法が施行されてから初めて，家族の同意によって臓器提供が行われたことについて述べた新聞記事を読み，臓器提供に関するあなたの考えを述べよ。 （高岡法科大・法学部）

例 臓器が「記号」として捉えられる場合と，「商品」として捉えられる場合について述べた文章を読み，本文で紹介されている「オプト・イン」，「オプト・アウト」及び「ノーコンセント」の制度を参考にしながら脳死体からの臓器移植について，あなたの考えを述べよ。 （岡山大・法学部）

例 脳死と臓器移植について述べた文章を読み，11日間の脳死状態のまま亡くなった息子のかたわらで生と死について考えた筆者の脳死に対する立場をふまえた上で，あなたはこの問題をどのように考えるか，また，この問題をとおして生と死をどのように考えるか，述べよ。 （広島国際学院大・現代社会学部）

関連キーワード

☑ 臓器移植

提供者(ドナー)から受給者(レシピエント)へ組織や臓器を移し植える医療行為のことをいう。そのうち，肝臓・腎臓・膵臓などは生体，あるいは心臓死体から摘出し，移植できる。それに加え，生体や脳死体からは肺や小腸も移植できる。しかし心臓は，生体からはもちろんのこと，心臓死体からも移植は不可能であるが，脳死体からは移植が可能である。

現在，**移植医療が受けられるチャンスの低さが問題視されている**。臓器の移植を受けるためには，提供を受ける臓器がレシピエントに適応しているかどうかを判断する必要があるが，適応するケースは限られる。また，わが国では死体ドナーの数が少ないため，結果的に欧米に比べて生体臓器移植の割合が非常に高い。

現在は臓器移植法制定により，**脳死者からの移植ができるようになったもの**の，臓器不足を補うまでには至っていない。そのため，海外に渡って移植のチャンスを待つ患者もみられる。一方で，適応する臓器の出現を待っている間にレシピエントが死亡することがある。また，臓器提供を受けても，拒絶反応(次の項目参照)を抑えるために免疫抑制剤を飲み続けなければならず，それに伴う副作用のリスクがある。

このような現状から，究極的にはES細胞やiPS細胞によってドナー本人の遺伝子を有する臓器を作成することが解決策となりうるのだが，現状ではまだまだ研究途中であり，現実的ではない。よって，臓器移植の機会を拡大することへの働きかけが解決策として有力となる。例えば，骨髄バンクや臍帯血バンクなど，骨髄移植や造血幹細胞移植の仕組みを整備するなどの対策が挙げられる。また，副作用が起こりにくい免疫抑制剤の開発を続けることも必要だ。

☑拒絶反応

ドナーの臓器をレシピエントに移植した時に起こる反応をいう。症状としては，血栓ができて臓器に血液が行きわたらない，免疫機能によって臓器を排除しようとする，臓器が委縮するといったことが挙げられる。症状の程度によっては，臓器移植の中止や再移植が必要となる場合すらある。

☑臓器売買

臓器移植のために，人間の臓器を売買することをいう。具体的な事例としては，貧困のために自分の腎臓の一方を売る，日本では臓器売買が禁止されていて臓器移植が受けられないために，対価を支払って国外で移植を受けるなどが挙げられる。臓器売買のブローカーの存在や世界的な闇取引ルートの存在が指摘されているが，売買の実態は必ずしも明らかにされていない。

なお，日本では臓器移植法によって，臓器の提供や斡旋の対価としての金銭授受は禁じられている。

☑アイバンク

角膜移植によってしか視力を回復できない患者のために，死後，眼球を提供することの本人または遺族の同意を得て，移植を待つ患者に他人からの眼球提供を斡旋する公的機関のことをいう。移植するのは角膜だが，ドナーが提供するのは眼球全体である。

☑臓器の移植に関する法律(臓器移植法)

臓器の移植についての基本的な理念と，移植のための臓器を死体から摘出するのを認めること，さらには臓器売買を禁止することなどを定めた法律のことをいう。この法律では，脳死(体)

のことを「脳幹を含む全脳の機能が不可逆的に停止するに至ったと判定された者の身体」とすることで，脳死を定義している。

なお，2009年の改正により，臓器提供の意思を本人が表示していなくとも，家族が承諾すれば摘出できるようになった。

☑ 脳死判定

脳死判定とは，全脳の機能が不可逆的に停止していることを判定することをいう。過去に脳死判定の経験がある２名以上の医師で行い，初回から６時間後に行う再判定でも同じ所見であることが条件となる。

具体的には，深昏睡・瞳孔固定・脳幹反射の消失・平坦脳波・自発呼吸の消失をチェックし，２回目の判定が終了した時刻を死亡時刻とする。ただし，これらの項目で「全脳の機能が不可逆的に停止」していると判定できるのかという点については，脳機能を間接的に測定しているに過ぎないという理由から，懐疑的な見方もある。

☑ ドナーカード（臓器提供意思表示カード）

自らの臓器提供に関して，その意思があることを表示するためのカードのことをいう。

脳死判定による脳死後に臓器を提供する意思があること，心臓死後に臓器を提供する意思があることのほかに，臓器を提供しない意思を示すことができる。現在では，運転免許証やマイナンバーカード，健康保険証でも意思表示することができる。

☑ 脊髄反射

ヒトを含む動物が外部から刺激を受けた場合に，脳で意識しないうちに脊髄が中枢となって起こる反応のことをいう。感覚器が刺激を受けてから行動を起こすまでの情報伝達が，脳を経由せずに完了するので，脳を経由して反応するよりも素早い行動が可能となる。

例えば，熱い物に手が触れた時，瞬間的に手を離すなどの行動はそれにあたり，危険を回避するのに有利にはたらく。

☑ 自己決定権

第三者から干渉されることなく，自らの行動を自らの意志で決定する権利のことをいう。

医療分野においては，医療サービスの選択権（治療方法や医師の選択など）と，死に関する選択権（尊厳死や安楽死を宣告しておくこと）などがその具体例となる。この権利は，どのような医療を受けるのかを患者が知ることが認められて，はじめて成立することに留意したい。

☑ 宗教上の理由による輸血拒否事件（2000年）

肺腫瘍の患者が宗教上の理由により輸血を拒否したが，手術中に危機的な状況に陥ったため，医師が独断で輸血を行った事件である。患者は輸血したことに対し訴訟を起こし，担当医や国は慰謝料を支払った。この判決は結果として死に至ったとしても，**患者が治療を拒否する自由を認めた**ものといえ，末期的な状態でなくとも自己決定権によって尊厳死を選択する自由を認めたわけである。この事件を受け，患者の意思に反する輸血は行わないという病院が増加しつつある。

☑ 尊厳死

「必要以上の延命治療を受けず，人間らしい最期を全うしたい」という考え方のもと，回復の見込みのない時点での延命処置を本人の意志に基づいて辞退し，**結果として死を選ぶこと**をいう。延命処置を行わないことが死や苦しみから解放することにつながる患者もいることから，消極的な安楽死と捉える人もいる。

☑ 安楽死

死期の切迫した不治の病にある人を，死や痛みの苦しみから解放するために死なせることをいう。安楽死には，薬品の使用などによって自然の死期を早める場合（**積極的安楽死**）と，延命治療を中止することなどによって結果的に死に至らしめる場合（**消極的安楽死**）とがある。このうち積極的安楽死については，その是非や法律上の問題点が議論されている。

なお，**安楽死と尊厳死は異なる**ので，混同しないように注意したい。

☑ 東海大学安楽死事件（1991年）

当該病院に多発性骨髄腫で入院していた末期状態の患者に，家族の求めに応じる形で塩化カリウムを投与して，患者を死に至らしめた事件のことをいう。裁判では医師に有罪判決が出された。この裁判の中で，**安楽死の容認条件**として次の４項目が示された。

①患者に耐えがたい肉体的苦痛があること。
②死が不可避で間近に迫っていること。
③苦痛を除去したり緩和したりする方法がほかにないこと。
④生命の短縮を承諾する患者の明らかな意思表示があること。

☑リビングウィル

どのような死に方を望んでいるのかを，生前に事前意思として残しておくことをいう。臓器提供や安楽死の可否，植物状態で生きることの拒否などを書面に記して残しておけば，その書面に基づいて処置が行われる。1960年代になって，アメリカの医師ルイス=カトナーが提唱したのが始まりとされる。

しかし，リビングウィルはあくまで推測した状況のもとでの事前の指示であり，実際に死に直面した時点での本人の自発的意思ではないという理由で，リビングウィルそのものに異議を唱える人がいることにも留意しておきたい。

☑QOL (Quality of Life)

広義には，恵まれた環境で仕事や生活を楽しむことができる豊かな人生のことをいう。

狭義には，特に医療や福祉の分野で，延命治療のみに偏らずに，患者が不快に感じることをできるだけ軽減し，その人がこれでよいと思えるような生活の質の実現を目指した医療の考え方を指す。

一般的には，狭義の場合の解釈を指すことが多く，「生活の質」と訳される。

☑SOL (Sanctity of Life)

人間の生命は神聖なものであり，安楽死や人工妊娠中絶などの医療行為において生命を奪うような行為を決してしてはいけないという考え方のことをいう。「生命の尊厳」と訳され，しばしばQOL（生活の質）という考え方と対比される。

答案例

問題 脳死者からの臓器移植について，あなたの意見を述べよ。**600字以内**

模範回答 脳死という状態は，人工呼吸器が開発・実用化された1950年代頃に現れるようになった。脳死体に人工呼吸器を用いれば身体機能を維持できるので，脳死体から移植に必要な臓器を確保できる。だからといって，死者からの臓器移植を安易に行ってはならないと思う。ドナーや家族に対して，脳死や臓器移植に対する理解を得たうえで意思を問うべきであろう。（以上，第1段落）

確かに，自らの臓器を提供することで他人の命を救うことが可能になるから賛同するという人もいる。しかしそれ以前の問題として，現状の脳死判定の仕方では脳が完全に停止したことを認めたことにはならず，脳死からの臓器移植には賛同しないという人もいるのである。ゆえに，脳死からの臓器移植を承諾するか否かの判断は，慎重になされるべきである。その意味でも，その意思表示を本人が行うべきだ。（以上，第2段落）

特に2009年の臓器移植法改正により，患者本人の意思に関係なく，家族が死をも選択できることになったが，家族といえども第三者が究極の選択をすることにつながるという点で，問題視されている。ゆえに，脳死段階での臓器移植を認めるか否かをドナーカードによって意思表示するなど，リビングウィルを推し進めることが，今後は重要となろう。（以上，第3段落）

解説 第1段落：意見の提示…ドナーや家族に対して，脳死や臓器移植に対する理解を得たうえで，臓器提供の意志を問うべきだと主張している。

第2段落：理由説明…脳死体からの臓器移植に対する賛成派に譲歩しつつ，脳死判定の問題点を指摘し，脳死体からの臓器移植の同意には慎重さが必要であることを述べている。

第3段落：意見の再提示…現状の法制度の問題点を指摘し，脳死体からの臓器移植に際してはリビングウィルを明らかにしておくことが重要であることを述べている。

3 政　治

政治学系統の学部では，現在の政治制度や体制が抱える問題点に興味や関心があるかどうかをみるため，政治に関するテーマがよく出題される。ここでは昨今の政治の動向と出題傾向を十分に意識して選んだ5テーマを紹介する。なお，政治は経済や法律と密接に関わるものであるため，ここで掲げるテーマは経済学部や法学部などにおいても出題される傾向にあるので，注意しておきたい。

取り扱うテーマ

- 多数決制
- 小さな政府
- 消費税率の引き上げ
- 地方分権の推進
- リーダーシップ

多数決制

出題頻度→ 法・政★★★ 国際・学際★★ 社・福祉★

定義

多数決とは，ある集団の中で賛成者の多い意見によって物事を決めること，またはその方式のことをいう。民主政治を行う際に一般的に用いられる議決方法である。対義語は全会一致(ある集団の中で，全員が賛成することによって物事を決めること)である。

全会一致制は全員が納得した結果を得ないと議決できないため，集団内の人々の利害関係が対立するような問題に関しては，特に議決が難しくなる。一方，多数決制は多数の賛成を全体の結果とみなす仕組みのため，全会一致制よりもスピーディな意思決定ができる。

なお，多数決の方法としては，過半数で決する単純多数決や，4分の3以上や3分の2以上といった数で決する特別多数決，過半数に満たなくとも最も多い数を得たものを採用する相対多数決などがある。

問題点

多数決制においては，①少数意見を抑圧する恐れ，②衆愚政治に陥る恐れ，③多数者の専制が起こる恐れがあるなど，民主的な手続きとして機能しないこともある。とはいえ議決の結果は民衆の総意とみなされるため，議決の結果によって仮に民衆が被害を受けたとしても，その責任は民衆が負うことになることはいうまでもない。

①については，少数派の主張の妥当性を議論する場が形骸化した場合，結果的に数の論理(p.122参照)で議決されることが問題視される。なぜなら，主張の妥当性を検討する機会を失い，適切な議決を行うことができなくなるからである。こうした状況による議決は，民主的な手続きによるものとはいいがたい。

②については，多数決制を愚かな民衆の集団において用いることが問題視される。そもそも衆愚政治とは，多数の愚かな民衆によって行われる政

治のことを指すが，愚かな民衆は自己の利益ばかりに執着したり，逆に互いに意見を譲り合ったりすることが多いため，結果的に**政策の停滞が起こったり，課題の先延ばしが行われやすい**。また，民衆にとって都合のよいその場限りの政策を掲げる政治家が現れると，国家の将来を考えることをしない愚かな民衆はそうした者を積極的に支持しようとする。場合によっては政治家がこうした傾向を利用して，時に**プロパガンダ**(p.122参照)も用いて，自己の利益になるように民衆を扇動する恐れもある。このように，衆愚政治は延々と不合理な議決を引き起こし，その結果**国家滅亡への道をたどることになる**という指摘もある。

③については，利害関係が一致する複数名(あるいは複数政党)が協定を結ぶことが問題を生むといわれている。彼らが協定によって多数派を構成すれば，少数派の主張を排除することができる。また，多数派の中においても利害関係が一致する者同士が密約することで，同様の仕組みによって主導権を握ることができる。こうしたことを繰り返すと，最終的には**多数派内において最も大きな権力を持つ者の主張が通りやすくなる**。つまり，さまざまな主張に対する議論がないまま，権力者の思惑通りに議決される恐れは否定できないのである。

問題点の背景

市民革命以後，人権の平等性が保障された。何人も一人の人間として認めなければならない以上，できるだけ多くの人の意思を尊重し，彼らの自由を導くような原理や議決方法が求められる。しかし，それを全会一致で決めようとすると，人々の議論(主張)に優劣を付け，最も優れた一つを決めなければならないが，それは事実上不可能である。よって，多数決によって議論に決着をつけようという政治的手法が求められるようになったのである。つまり，**最大多数の最大幸福を求める手段**(より多くの民衆の幸せを求めること)として，多数決が採用されたのである。

しかし，意見の妥当性を検討(議論)しないまま多数決で決めてしまうと，問題を引き起こす。なぜなら，賛成者の数が必ずしも意見の妥当性を示すものとは限らないからだ。言い換えれば，**多くの人が賛成したとしてもそ**

の意見が正しいものとは限らないのである。こうした民主的な配慮を欠いた議決は，少数派の主張を含め，あらゆる立場の意見を検討(議論)することを欠いているのであるが，こうしたことは国会における強行採決(p.124参照)などで往々に行われており，非難の対象となっている。

対応策・解決策

多数決制は，その権利を行使できる構成員に適切な判断能力があるか否かによって，民主的に運営されるか否かが決まるといって差し支えない。そのため重要なことは，権力者や扇動者の思惑通りになることのないように，民衆が民主政治に対して知識を蓄えたり，政治の行われ方を監視したりする必要がある。例えば，政治に関する市民教育の実施，マスメディアによる適切な情報提供，オンブズマン制度(p.124参照)の拡充，インターネットの活用など，方法は多岐にわたる。

また，多数決によって決まった議決は，あくまでもその当時の民衆の意思を反映したものであり，将来にわたっての民衆の意思ではない。にもかかわらず，よほどのことがない限り，議決内容はそのまま維持されることになる。そのため，政策が当初はうまくいっていても後に不都合になることや，組織の腐敗につながることなどがある。よって，議決した事柄でも後に修正したり，補正できるような仕組みを整えることが必要になる。例えば，議決の効力が及ぶ期間に限度を設け，その期間が過ぎた時に内容を見直したり，廃止したりできる余地を残すことなどが考えられる。また，議決の修正や変更の手続きを明確にしておくことなども考えられる。

小論文にする時のポイント

入試では，多数決制を否定的に捉えさせることを目的とした出題が多いという特徴がある。設問とともに与えられる文章(課題文)においても，「多数者の暴政」を取り上げたものなど，多数決制を問題視する立場のものが用いられることがある。その時，「多数決制は一人一票であり，平等で民主的な制度である」などと，全面的に肯定する論述はあまりに安易であり，好ましい主張とはいえない。もし多数決制を肯定的に捉える論述をするのであれば，多数決制を民主的な制度として機能させるためにすべての意見に耳を傾けることや，議論をし尽くすことが欠かせないことなどを併せて述べておきたいものだ。

また，全会一致制についても出題されることがある。よくある答案として，「多数決制よりも公平性があるから，全会一致制を積極的に導入すべきだ」というような，全会一致制を全面的に肯定する論理を展開するものがある。しかし，全会一致制にも問題点はある。場の空気にのまれやすいこととともに，自己検閲作用(集団の結束を乱さないように，疑問や反論を控えること)によって，不本意に全会一致の状況が作り上げられることなどが指摘されている。また，集団の構成員が多ければ多いほど，全員の合意を取り付けることは困難を極めるという事情もある。たとえ全会一致で意見がまとまったとしても，必ずしもそれが民主的な手続きによる結果であるとは言い難いのである。よって，異論を認める環境づくり(異議を申し立てる担当を決めること，批判を歓迎する環境づくりなど)が必要にとなることを申し添えるとよいだろう。

過去の入試問題例

例 A君(および圧倒的多数の生徒たち)は，修学旅行に各人が持参できるお小遣いの額を話し合いによって決めようとしている。それに対し，Z君は，持参するお小遣いの額を決めるのは個人の自由であり，いかに民主的な手続きによってであれ，一律に決められるべきではない，と主張している。もしも，あなたがこのクラスの一員だったら，どちらの意見に賛成するかを答え，その理由を説明せよ。 (明治学院大・社会学部)

例 民主主義の社会システムについて述べた短文を読み，人々は本当に自分たちの社会システムの選択に関して，全員一致の合意に到達することができるか，という問いに対し，あなた自身の考えとその理由について論述せよ。そして，その際に国家とはなにか，民主主義とはなにかについて触れよ。

(東洋英和女学院大・国際社会学部)

例「ある種の法の下では，民主的な社会状態が促進するはずの精神の自由を，デモクラシーは失わせてしまう。そして，かつて階級や人間が押し付けていた拘束をすべて断ち切った人間精神が，今度は多数者の一般意思に固く縛りつけられることになるのではないか。」という，19世紀の思想家トクヴィルの『多数者の暴政』への危惧について述べた文章を読み，今日の社会にトクヴィルの危惧が当てはまるかどうか，あなたの考えを述べよ。（新潟大・法学部）

例 民主主義の歴史について述べた文章を読み，民主主義の問題点や欠陥を要約した上で，民主主義をよりよいものにするために，問題点や欠陥を具体的に改善する方法についてどのようなものがあるか，あなたの考えを論じよ。

（名城大・法学部）

関連キーワード

☑ 数の論理

多数決の結果がつねに正しいことであるとみなす論理のことをいう。少数派との対話を重視せず，議論を重ねないまま多数決によって結論を導こうとする姿勢を指す。

日本では政党制（同じ政治的な目的を持つ者が組織する団体，つまり政党が基軸となって政治を行う仕組みのこと）が採用されているが，多数派を占める政党（与党という）が国会審議の主導権を握ることになるため，少数派の政党（野党という）との議論を十分に交わすことなく採決に踏み切ること（いわゆる強行採決）もしばしば起こる。こうした数の論理を用いた多数決のあり方は，民主主義の悪しき慣例といわれ，しばしば批判の対象となってきている。

☑ プロパガンダ

特定の思想を宣伝することによって，人々の思想・世論・活動・行動を誘導する行為のことをいう。情報戦，心理戦，情報操作，世論誘導，情報政策などと和訳される。つまり，プロパガンダは，情報によって大衆を操作したり，世論を形成したりする行為のことを指す。プロパガンダに踊らされないようにするためには，メディアリテラシー（情報を取捨選択したり活用したりする能力）を養う必要がある。

なお，プロパガンダと似た言葉にアジテーションというものがある。世論形成に関する活動を行うという点では同じであるが，アジテーションには民衆の不満を利用して扇動するという意味が含まれる点でプロパガンダと異なる。

☑多党制における連立政権

日本では多党制を採用しているが，一つの政党が単独で議席の過半数を得られないことが起こりうる。こうした場合，複数の政党が連立して政府を組織し，政権を担うことになる。これが連合政権，または連立政権と呼ばれるもので，次の3つのパターンがある。

① **最小勝利連合**　最も一般的な連合形態。連立を組む政党が一つでも離脱すると過半数を維持できなくなる政権。

② **過大規模連合**　連立を組むある政党が離脱しても過半数が維持できる政権。政権は安定しやすいが，余分な政党が含まれるので，政権の批判力は落ちる。

③ **過小規模連合**　与党が過半数を占めない政権。

連立を組む際には，連立により大きなメリットを得られることを目論んで，できるかぎり①や②のパターンを目指そうとする。そのため，例えば政策上の違いができるだけ少ない政党との連立を模索したり，連立政権で得られる利得の大きさを材料にして各政党を取り込もうとしたりする。

☑多数派の専制

民主主義における数の論理は，多数派による専制政治(支配者が大多数の被支配者の政治的な関与を認めずに，恣意的に統治を行う政治体制)を起こしやすい。

この問題の背景には，日本の政党に党議拘束という制度が存在していることがある。党議拘束とは，党員は党内で決定した事項を遵守しなければならないという決まりのことである。党内の案件(党議)はふつう多数決制によって決定するので，党議を牛耳るためには何らかの方法で党内の過半数を占めればよい。例えば，党議が党内にある特定の派閥(同じような政治思想や利害関係で結ばれた人々の集団)や，少数の有力者(派閥の領袖(りょうしゅう)と呼ばれている人など)によって決定された場合，結果的に少数の人物が党議を支配することになる。

こうした現象は連立与党内においてだけでなく，議会の中でも起こりうる。例えば，連立与党のうちの多数派政党の意向に沿う決議になったり，議会では議会内の政党のうち与党の意向に沿った議決となったりしやすい。このように，党議拘束によって与党内の有力者による一種の専制政治的な政治が行われやすくなり，民主的とは言い難いという批判を受けることになる。

なお，専制政治は独裁政治(プロパガンダにより大衆を動員・扇動することを前提に，民主的手続きを否定し，統治者の独断で行う政治)とは異なるので注意したい。独裁政治は大衆の参加が前提となるが，専制政治は大衆が参加しない。

☑ 強行採決

ある議案に賛成する多数派が，**継続した審議を求める少数派を押し切って審議を終了**させ，強引に採決を行って法案を可決することをいう。正式な用語ではなく，少数派やマスコミが批判的に表現したものである。

☑ オンブズマン制度

そもそもオンブズマンとは**代理人**という意味を持つ。国や地方自治体の違法行為を見張り，行政に関する苦情を調査・処理する制度のことを**オンブズマン制度**と呼ぶ。

行政が設置するオンブズマン(**公的オンブズマン**)，市民が設置するオンブズマン(**私的オンブズマン・市民オンブズマン**)がある。特に，後者は党派に加担せず，より中立的な立場から行政を監視しようという目的から設置される。なお，日本で公的なオンブズマン制度ができたのは川崎市(1990年)であるが，日本で初めて市民オンブズマンを名乗る団体ができたのは大阪(1980年)である。

☑ 一票の格差

選挙において，**有権者の投じる一票が持つ価値に差が生じること**を指す。民主主義の原則は一人一票であり，一票の重さは平等であるべきだが，実際には票の価値は選挙区ごとに異なる。結果的に，有権者が少ない選挙区では少ない票で議員を選出できるが，有権者が多い選挙区では多くの票が必要となる。つまり，一人の議員を選ぶために投じた同じ一票でも，**有権者が少ない選挙区ではその価値が大きく，有権者が多い選挙区では小さくなる。**

より民主的な選挙制度を確立するならば，人口変動に合わせて議員定数を変えたり，選挙区の分け方を変更したりして，できるだけ**一票の格差を生じさせないようにする必要がある**。そのためには，一票の格差に上限を設け，それを超えたら変更する仕組みを整えておくことも必要だろう。

☑ 功利主義

より多くの幸福と，より少ない苦痛を社会全体にもたらすように，物事の善悪を選り分けるべきだという思想のことをいう。「**最大多数の最大幸福**」は，功利主義を貫くスローガンといえる。

代表的な論者はベンサムとJ・S・ミルである。ベンサムは，個人が得る幸福と苦痛をすべて合算し，それらを最大化することを重視した(**総和主義**)。彼は快楽と苦痛を量的に捉えることが可能だという立場(**量的快楽主義**)をとった。一方，快楽と苦痛は量的には測れないという立場から，**質的快楽主義**を唱えたのはミルだった。

なお，**リバタリアニズム**(自由放任主義を基本とし，国家や政府の介入を最小限にすべきだと主張する政治思想)は，功利主義をもとにした政治思想である。

☑官僚制

官僚とは，**国家の政策を決定する時に影響力を持つ公務員のこと**をいう。一般的に，国家公務員一種試験(現在では総合職試験)に合格した公務員や，中央省庁で政策立案に携わる公務員全般を指す。

また，官僚が規則や命令に従って行動する仕組みを**官僚制**という。官僚制は大きな組織を合理的に管理するために有効である。

しかしながら，官僚制がマイナスの効果(逆機能)を引き起こすこともある。例えば，自分が所属する省庁の権限や利益の確保を優先するために，互いの省庁が協力し合うことなく，**縦割り行政**に終始することがある(セクショナリズム)。また，外部からの干渉を排除する傾向が強く，**秘密主義**に陥りやすい。さらに，そもそも規則や命令は問題解決のための手段であるにもかかわらず，官僚はそれらを守ることに執着し(目的化)し，その結果として**柔軟な対応ができなくなる**こともある。このように，官僚制は時として国全体の利益につながらない行為を生みやすいという危険性もはらんでいる。

アメリカの行政学者シューバートは，官僚の公益観(国民の利益をどう考えるのか)を次の3つに分類した。

① **合理主義**　公益は選挙および議会によって決まるので，官僚はそれを忠実に実行すればよいという考え方。

② **理想主義**　公益を実現するためには政治とは距離を置き，行政機関が中心になって実行しなければならないという考え方。

③ **現実主義**　公益を過剰に考えず，利害調整こそが官僚の役割であるとする考え方。

これらの考え方に対して，①は無責任な行政に発展する可能性があること，②は議会制民主主義に反する考えであること，③は場当たり的な対応になることや癒着の原因になることが指摘されている。いずれにしろ，健全な官僚制を築くためには，①～③のそれぞれの公益観が偏重することのないようにする必要がある。

答案例

問題 多数決制が抱える問題点について，あなたの意見を述べよ。**600字以内**

模範回答 多数決は全会一致制よりもスピーディな意思決定ができる反面，衆愚政治に陥る恐れがある。議決は民衆の総意とみなされ，仮に民衆が被害を受けても，その責任は民衆が負うことになる点は非常に深刻である。（以上，第1段落）

衆愚政治とは，多数の愚かな民衆によって行われる政治のことを指す。愚かな民衆は自己の利益ばかりに執着したり，互いに意見を譲り合ったりすることが多いため，そうした者が多数派を占めると政策の停滞や課題の先延ばしが行われやすい。また，民衆にとって都合のよい政策を掲げる政治家が現れると，国家の将来を考えることのない愚かな民衆はそうした者を積極的に支持しようとする。場合によっては，政治家がこうした傾向を利用して民衆を扇動する恐れもある。このように衆愚政治は，多数決制に見せかけた不合理な議決を引き起こしやすく，健全な民主主義とは程遠い存在であるといわざるを得ない。（以上，第2段落）

多数決制はその構成員の判断能力の程度により，民主的に運営されるかどうかが決まるといって差し支えない。よって，権力者や扇動者の思惑通りになることのないように，民衆が民主政治に対する知識を蓄えたり，政治を監視したりする必要がある。具体的には，市民教育の実施，マスメディアによる情報提供，オンブズマン制度の拡充，インターネットの活用など，方法は多岐にわたる。

（以上，第3段落）

解説 第1段落：意見の提示…多数決制は衆愚政治を引き起こしかねないという問題点を述べるとともに，議決による被害は民衆が責任を負わなければならないという点が深刻である点にも言及している。

第2段落：理由説明…多数決による衆愚政治は，民主主義を不健全な方向に導くことがあることを問題視している。

第3段落：意見の再提示…衆愚政治を引き起こさないようにするには，民衆が知識を蓄えたり，政治を監視したりする必要があることを論じている。

小さな政府

出題頻度→ 法・政★★★ 経済 商・経営★★ 社・福祉 国際・学際★

定義

財やサービスの提供業務をできるかぎり民間に任せ，**政府の経済活動への介入や社会政策の規模を最小限に抑えよう**とするあり方のことをいう。民間での自由な競争を促し，経済を成長させるために行われる。政府の関与が最小限に抑えられるため，歳出(p.139参照)が少なくなり低い課税となる一方で，社会福祉面では低レベルになりやすい。

このような，市場による自由競争を再評価し，市場の機能を歪めがちな政府の介入を制限すべきだという考え方を**新自由主義**と呼ぶ。なお，日本は先進5カ国の中では公共事業が大きく，社会保障が小さな政府であるといわれている。小さな政府の対義語は**大きな政府**(政府の規模や権限を拡大しようとすること)である。

必要性

小さな政府を目指す国は，政府にしかできない最小限の事柄のみを担うことを目指している。例えば，**市場の失敗**(p.131参照)への対処や**マクロ経済政策**(p.131参照)などが挙げられる。これは，政府が市場に介入するよりも，**市場経済**(p.130参照)に委ねた方が資源配分が効率よくできるといわれているからである。その結果，経済の活性化や財政の引き締め効果ももたらす。

経済の活性化に関しては，小さな政府を目指す政府は国営企業の**民営化**(p.132参照)などを通して，政府の規模を小さくすることによって実現させようとする。民営化によって，政府が独占していた市場を開放することで，民間企業への圧迫が解消するとともに，さらなる経済活性化を目指して**規制緩和**(p.132参照)も行える。その結果，個人や企業が開放された市場に続々と参入し，市場の活性化につながりやすい。

また，小さな政府の実現は**予算削減にもつながる**ので，少ない税収でも政府機能を維持することが可能となる。このことは，その分の減税が行えるため，国民の可処分所得を増加させ，購買意欲を高めることにつながる。このような面でも小さな政府の推進は経済活動を活発化させる効果をもたらす。

財政の引き締め効果に関しては，政府の活動範囲の拡大と複雑化によって経費が膨張する傾向(**経費膨張の法則**)を抑制することが可能となる。公的資金による経営は競争にさらされないため，ともするとコスト削減や生産性向上の意識が高まらず，コストパフォーマンスが無視されがちである。その結果，**政府による放漫経営**が行われやすくなる。このような状況を改善するためにも，小さな政府による効率化は有効な手段となる。また，こうした行動は財政の膨張を防いで効率化を促すとともに，民間企業が自由に経済活動を行う環境を整えることにもつながる。

必要性の背景

日本では，高度経済成長期より**開発型政治**(政府が先導して経済や社会を開発していこうという政治のあり方)が行われ，結果的に大きな政府を目指してきたことになる。特に，地方において公共事業をより推進し，**都市部から得た税を地方に還元するという仕組み**を作り上げてきた。確かに経済が成長している間は所得の増加や経済活動の活発化に伴って税収も増えるため，公共投資額の増加にも対応できた。

しかし，低成長時代になると，そのような仕組みは**財政赤字を引き起こす要因**と化した。というのは，政府の姿勢や計画を経済状況に合わせて即座に補正することができず(**政府や財政の硬直化**)，一方で政治家が地元住民や企業に利益を誘導する姿勢を正さなかったため，コストパフォーマンスを無視した公共投資が行われ続けたからである。また，サービス業主体に移行した日本経済においては，開発型政治を行っても経済の活発化をもたらさないことが多い。なぜなら公共事業は主に土木・建設業界に対して限定的に恩恵をもたらすものであるからだ。

このような状況から，**公共事業の削減を通して開発型政治を改める**とともに，小さな政府を目指そうという機運が高まっていったのである。

対応策・解決策

もちろん小さな政府の推進にも，デメリットはある。その最も大きなものは，格差の拡大と固定化(p.59参照)に伴って生じる**社会的な混乱**である。しかし，セーフティネットを張ることによって，そうした問題を軽減することが可能とされる。例えば，小さな政府の推進によって生じやすい低所得者や社会的弱者を雇用の創出や斡旋，生活保護制度の充実，医療費の軽減などの施策(**セーフティネット**)で救済することなどが考えられる。

こうした施策を推進するためには，**政府が関与すべき業務と民間に委ねる業務を精選し，分担する必要がある**。また，官の肥大化が表面化しない形で進行していることもある(**特別会計，天下りなど**)ので，こうしたことをしっかり監視し，場合によっては政府の組織や仕組みを変え，現状に即した方法を実践させるべきである。

小論文にする時のポイント

入試では「小さな政府」「新自由主義」の賛否を問うことよりも，それらの**メリットや問題点を指摘させる出題**が多い。日本の財政事情から考えれば，小さな政府に向けた取り組みを推進し，政府の規模を縮小させるという方向で論じることになるだろう。しかし，小さな政府は市場による自由競争を促す結果，格差といった問題を引き起こすこともあるので，こうした点に対してどう対処すべきかを併せて論じることが必要だ。

ただし，小さな政府，大きな政府のいずれもメリットと問題点を有しているので，どちらか一方だけを悪とみなすという考え方はふさわしいとは言い難い。よって，是非を問う設問の場合はともかくとして，そうでない場合は，**現状を見据えたうえで政府の規模の大小を考えることが必要だという方向**で述べるのが無難といえる。

過去の入試問題例

例 政府を小さくし，政府が市場に加えた規制を緩和することで，政府が経営する「国営企業」を民営化するという新自由主義の問題点について述べた文章を読み，筆者の主張を要約し，これに対するあなたの考えを述べよ。

(北九州市立大・法学部)

例 「小さな政府」をめざす動きに関して，現在のわが国における適切な事例を1つあげ，内容を簡単に説明し，その事例との関連において「小さな政府」をめざす最近の思潮に関するあなたの考えを述べよ。 (群馬大・社会情報学部)

例 「小さな政府」への動きが本格化しているが，政府は民間にできない役割を果たしていることも事実である。そこで，①わが国の財政状況と②政府の財政活動が果たすべき役割について説明し，「小さな政府」への動きについて諸君の考えを述べよ。

(東洋大・経済学部)

例 貧困者の救済という観点からの富の再分配について，再分配を支持する功利主義的論理と，再分配を支持しないリバタリアン(自由至上主義者)の理論について述べた文章を読み，現代日本における「富の再分配」に関する政策においては，リバタリアン的な考え方はどの程度認められるべきなのか，あなた自身の考えを述べよ。

(金沢大・人間社会学域)

関連キーワード

☑市場経済

資源の配分が，自由市場における**需要**(消費者が財やサービスを欲しがること)と**供給**(生産者が財やサービスを提供すること)の関係によって決まる経済のことをいう。**市場機能**(需要と供給が一致することにより，市場価格と取引数量が決まる機能のこと)を通して，需給と価格の調整がなされる。

なお，市場機能を重視する経済のことを**市場主義経済**とか**自由主義経済**などと呼ぶ。これの対立概念は**計画経済**である。

市場経済は効率的な生産ができるものへ資源を配分する機能があるため，効率的な経済となる。一方，**外部経済・外部不経済**(p.131参照)を含む取引の場合は適切な資源配分とはなりにくい。また，市場経済による資源の配分が公平になるとは限らない。そして，市場経済という概念自体に倫理性が含まれないため，例えば格差社会によるホームレスや餓死者の発生など，倫理的な問題が発生する恐れがある。

☑ 外部経済と外部不経済

ある経済主体(例えば家計，企業，政府など)の経済活動が，第三者に及ぼす影響のことを**外部効果**という。その効果が第三者に利益をもたらす場合を**外部経済(正の外部性)**といい，被害をもたらす場合を**外部不経済(負の外部性)**という。前者の例は果樹園の経営が養蜂家にもたらす利益，後者の例は工場が周辺地域にもたらす公害による不利益である。

昨今では，**外部不経済をできるかぎり内部化しようとする試み**が行われている。例えば，地球温暖化の要因となる二酸化炭素の**排出権取引**(p.202参照)が挙げられる。二酸化炭素を排出するとその処理に費用を要するため，各企業はできる限り排出量を抑えようとする。その結果，全体として排出量が抑えられるという仕組みである。

☑ 市場の失敗

市場経済を推し進めた結果，効率性が達成できない状態のことをいう。例えば，公害の発生や環境破壊，製品の品質が低下することなどが挙げられる。

本来は民間で行える事業を国や地方自治体が行っている場合や，市場の独占や寡占がある場合は，競争が起こりにくく，**効率的に資源が配分されにくくなる**。また，外部経済の発生が過小だったり，外部不経済が過剰に発生したりすることもある。そして，買い手の持つ商品情報が，売り手よりも少なく，**売り手主導の市場経済**になることもその要因として考えられる。こうした市場の失敗が発生した場合は，行政が市場に介入し，是正する政策を行う必要がある。

☑ マクロ経済学とミクロ経済学

マクロ経済学とは，国・国民・市場といった**大きな視点から経済の仕組みを研究する学問**のことである。マクロ経済学の目的は**有効な経済政策を考えること**にある。集計データ(国内総生産；GDP，国民所得，物価，貯蓄，国際収支，景気指数など)をもとにして将来の景気変動を予測し，経済政策の研究を行う。なお，マクロ経済学は**ケインズ経済学**を基礎に置く。ケインズは，市場原理は完全に信頼できず，良好な経済状態を保つためには政府による市場介入が必要だとし，**修正資本主義**を唱えた。

一方，**ミクロ経済学**は，個人や企業が行う**個別の経済活動から経済のメカニズムを分析する学問**である。ミクロ経済学においては，**需給はつねに均衡**しており(値下げすれば必ず売れるということ)，**完全雇用が実現**している(労働者が希望する賃金を下げれば必ず雇用されるということ）ものだと仮定して分析を行う。そのため，不況時に値段をいくら下げても商品が売れない状況や，希望しても仕事に就けない失業者が生じることは，ミクロ経済学では説明しがたい。

☑民営化

行政の一部やそれらの外郭団体を，民間企業に組織替えすることをいう。例えば，日本国有鉄道（現JR各社），日本専売公社（現JT），日本電信電話公社（現NTT），郵政省（現日本郵政）などはその代表例である。

このような民営化は競争原理を導入することにつながるため，サービスの向上が期待できる。また，市場経済が機能するため，商品の供給の過剰・過小が少なくなり，経済の効率化がはかれるというメリットもある。しかし，利益を優先しがちで，安全に対するコストが削減されたり，国民が平等にサービスの提供が受けられなくなるといった問題も引き起こす。

民営化を行う際には法による規制などを施すことや，消防・軍事・警察といった国民全体の安全に関わる分野では民営化を避けること，さらにセーフティネット（p.137参照）を設けることなどが求められる。

☑規制緩和

市場に存在している政府の規制を取り除いたり，条件を緩めたりすることをいう。規制緩和によって新たな企業が参入すると，企業間の競争が生じ，よりよい商品やサービスが提供されやすくなる。また，自由な経済活動を促すことになるので，経済が活性化する要因となる。

日本では，戦後から1980年代まで官僚主導のもとで経済の秩序が維持されてきたため，多くの規制が存在した。しかし，第二次臨時行政調査会（1981〜1983年）以降は多くの規制が緩和されてきた。例えば，構造改革特別区域制度（地方公共団体などが立案し，地域の特性にあった規制の特例を認める区域を設ける制度），市場化テスト（官と民で競争入札を行う制度）の活用，労働者派遣事業の緩和（従来派遣が禁止されていた製造業や医療分野などでも派遣社員の使用が認められた。企業の非正規雇用者増加の要因となった），建築基準検査機関の民間開放（耐震偽装問題の発生の要因となった）などが挙げられる。

☑聖域なき構造改革構想

2001年，当時の小泉内閣が掲げた政権のスローガンで，「小さな政府」「官から民へ（民間にできることは民間に委ねる)」「中央から地方へ(地方分権を推進する)」を改革の中心に据えている。

このうち,「官から民」の事例は,郵政民営化,道路公団民営化,市場化テスト,労働者派遣法の規制緩和,構造改革特区,規制緩和の推進などである。また,「中央から地方へ」は,三位一体の改革(国庫支出金の改革,税源移譲,地方交付税交付金の改革)で実施された。他には,不良債権処理や特別会計改革,議員年金の廃止などが行われた。

これらの改革によって,経済の活性化につながったと評価されている一方で,非正規雇用者の増加,官僚の既得権益返還の不十分さ,市場原理にそぐわない文化事業などの廃止や民営化などといった問題点も残した。

なお,ここでいう聖域とは特殊法人(個別の法律により設立され,政府に代わって事業を行う法人。税や資金調達などで優遇されている反面,事業計画には国の承認が必要となる。官僚の天下り先ともいわれている)と特別会計のことである。したがって「聖域なき」とは,特権領域を設けずにあらゆる領域で改革するという意味である。

☑天下り

退職した公務員(特に高級官僚)が,在職中にかかわってきた業務に関連の深い企業や外郭団体へ再就職することをいう。

天下りが多く見られた要因の一つに早期勧奨退職慣行(上位のポストに就けなかったキャリア官僚は早期に退職を勧められ,省庁の斡旋により再就職をするという慣行)があるといわれている。この慣行は,いままで培ってきた経験・知識・人脈を民間で再活用することが本来の目的である。しかし現実は,官民の癒着,退職金の重複支払いなどがあり,問題視されている。対策として公務員の再就職を禁止することが考えられるが,日本国憲法に定められている職業選択の自由を侵すものであるとされるため,禁止することは困難といわざるを得ない。

答案例

問題 小さな政府の推進について，あなたの考えを述べよ。**600字以内**

模範回答 小さな政府では，政府にしかできない最小限の事柄だけを担うことを目指す。この方針は，経済停滞や財政赤字など，日本が抱える問題の解決には欠かせない。市場経済に委ねることで資源配分が効率よくでき，経済の活性化や財政の引き締め効果をもたらすからである。（以上，第1段落）

公的資金による経営では生産性向上の意識が高まらず，放漫経営になりがちである。こうした弊害を解決するには，政府機能の縮小が考えられる。例えば，政府が独占している市場を開放すれば，民間企業への圧迫が解消するので個人や企業が続々と参入し，市場は活性化する。一方で，小さな政府の実現は予算削減をもたらすので，少ない税収でも政府機能は維持され，財政膨張の防止や財政の効率化を促すこともできる。そのぶん減税が可能になり，国民の可処分所得を増加させ，購買意欲を高めるという効果も期待できる。（以上，第2段落）

これらの推進のためには，政府が関与すべき業務と民間に委ねる業務を精選する必要がある。一方で，小さな政府の推進により格差の拡大と固定化に伴う混乱が生じる恐れもある。しかし，セーフティネットを張ることで，こうした問題を軽減することは可能だ。具体的には，雇用の創出や斡旋・生活保護・医療費の軽減などによって低所得者を救済することなどが考えられる。（以上，第3段落）

解説

第1段落：意見の提示…小さな政府の推進により，経済停滞や財政赤字の解消ができるという主張を述べるとともに，市場経済に委ねる利点を理由として簡潔に示している。

第2段落：理由説明…公的資金による経営の問題点を指摘しつつ，政府機能を縮小することによって得られる効果を説明し，小さな政府を推進することの重要性を述べている。

第3段落：意見の再提示…小さな政府を推進することについては，政府事業の選別が必要であることを述べるとともに，それに伴って起こる格差の拡大や固定化に対応する策も並行して行う必要性を示している。

消費税率の引き上げ

出題頻度→ 法·政 経済 商·経営 ★★

定義

消費税とは，物品やサービスを購入（あるいは消費）した時に課される間接税（p.49参照）のことである。日本では1989年より３％で実施された。なお，租税収入（税による収入のこと）の３分の１程度を消費税が占めている。

消費税は税率を一定にすることで，国民に一律に負担をしてもらい，所得の水準や生活の状況に配慮することなく平等に税を課すことができる仕組み（水平的平等）であるといわれている。日本の消費税率は諸外国と比べてかなり低いことが指摘されていたこともあり，2019年10月から10％に引き上げられた。その際，飲食料品（酒類や外食を除く）などは８％とする軽減税率が適用された。

必要性

消費税には，①安定収入（財源）となりやすい，②税の中立性・公平性を実現しやすいといった特徴がある。財政事情が逼迫（ひっぱく）しつつあるわが国において，新たな財源を得る手段として消費税率の引き上げに向かわざるを得ない背景には，この２つの特徴がある。

①に関しては，消費税の特性が根拠となっている。消費税は商品やサービスが消費されれば税が発生するので，個々人の所得や事情に関係なく，いわば人間が生活していく過程では必ず課税場面が出てくる制度である。したがって，法人税や所得税（p.139参照）のように，その時どきの景気に左右されることがなく，安定的な税収が見込める。現在，日本の財政赤字（p.140参照）は深刻であり，国の事業に用いる資金が不足しているので，プライマリーバランス（p.140参照）の改善が求められている。しかも，今後はさらなる高齢化に伴い，医療費や年金といった社会保障費の増大は避けられない。こうしたことから，景気に左右されず安定的な税収（財源）を得る方法として，消費税の税率アップが議論されているのである。なお，

消費税を社会保障を目的とした税(**社会保障目的税**)にしようという主張があるが，その論拠は上記のようなことによる。

また②に関しては，**誰でも同じ税率だから公平を保てる**といった視点に立っている。その一方で，消費税には逆進性があり，公平な税制ではないという指摘もある。その根拠は，低所得者や貧困層は消費全体に占める生活必需品の割合が高いため，消費税の負担を大きく感じるというのである。しかし，所得が多ければそれだけ消費も増えるため，公平な税制ではないとは言いきれない。**すべての人が所得の程度に関係なく同じ税率で課される**という点で，公平性を保てている税制であるといえる。

ところで，**累進課税制度**を採用している所得税は，所得が多い人ほど税率が高くなる仕組みである。こうした仕組みは労働意欲や生産意欲を削ぐ恐れがあるという指摘もあり，公平性については賛否がわかれるところである。

必要性の背景

日本の租税収入の約半分を占めているのは**法人税**と**所得税**であるが，**これらの税収は景気に左右されやすい**。景気が悪化すると減益する企業が増え，法人税は減収する。また，減益した企業は支出を抑えるために，従業員に支払う給与を減らしたり雇用調整を行ったりするため，所得が減少する個人が増え，それに伴って所得税も減収する。

一方で法人税や所得税は，故意に必要経費を増やしたり，売り上げを減らしたりすることにより，納税者側(企業や個人企業主など)が納税額を調整する(減らす)ことができる。これを悪用することで，**脱税する者が現れやすい仕組み**になっているといわれている。また，所得税においては，特定の収入だけに適用される特別な控除や減税・非課税措置などが多く，**不公平な税制度である**という指摘もある。

今後のさらなる少子高齢化に伴って労働者が減少するとともに，日本経済の規模が縮小する可能性が指摘されている。これらは，**法人税や所得税による税収が減る要因**となる。それを見据えて今後は，広く公平に負担を分かち合うことができる税制度に改正すべきであるという主張がある。

対応策・解決策

確かに，消費税は(所得税などと比べて)所得の低い人や貧困層にとって，有利にはたらくことのない制度である。所得税のような累進課税制度(p.49参照)ではないため，所得の再配分機能(p.49参照)による格差の縮減は期待できないということがおもな理由である。しかし，こうした貧困層に対してはセーフティネットを充実させることで対応できる。例えば，雇用創出や雇用安定への取り組みを行うこと，生活保護やそれに代わる制度を導入することなど，社会保障を充実することが考えられる。ただし，こうした取り組みを充実させることは，さらなる増税を促すことにもなりかねないので，実施に際しては注意する必要がある。

一方で，消費税の増税によって消費者の買い控えが進んだり，市場の流通貨量が減少したりして，経済活動を鈍らせる恐れがあるのではないかという指摘もある。経済活動の低下は，結果的に税収が減少する要因となる。しかし，こうした主張には，経済停滞はさまざまな要因で起こっているという視点が欠けている。もちろん，消費税の増税は経済を停滞させうる一つの要因ではあるが，経済の停滞はグローバル化に遅れをとった企業が生産性を低下させたことや，事業転換するリスクを負う企業が少なかったことなど，他にも重要な要因が考えられる。つまり，増税だけが直接経済の停滞を引き起こすと断定的に語ることはできないのである。よって，増税の論議においては，景気対策と安定的な財源確保については切り離して考える必要がある。すなわち，財源を確保する手段を長期的な視点で考える一方で，景気対策として日本企業の生産性を向上させるための仕組みづくりを進めることも考えなければいけないのである。

ただし，それらを考える時の大前提として，財政のスリム化が不可欠だ。国は財政の透明性を高めて第三者からの監視を受ける一方で，国が行う事業についても精選を行ったり，競争原理を導入したりして，コスト削減のための努力をする必要がある。そのうえで，なぜいま増税が必要なのか，どの程度の税率を引き上げなければならないのかを，負担主である国民に広く説明し，理解を得る必要がある。

小論文にする時のポイント

入試では，消費税増税を受けて，**今後の消費税のあり方や軽減税率を含めた税制度，また日本の人口減少による税収の減少と関連して国の財源**について問われることが予想される。消費税に関して，賛成・反対いずれの立場から論じてもかまわないが，消費税は税率が一定であり公平である一方，低所得者層ほど負担感が大きくなることなど，バランスの取れた論述になるように配慮したい。

また，「消費税を増税すると，経済が停滞する恐れがある」などと短絡的に述べると，反論が予想される。そのことはそもそもどのような税を増税しても起こりうることであり，消費税に特化した論述とはなり得ないためである。**「消費税の増税」の問題なのか，「租税全般の増税」の問題なのか**は，きちんと切り分けて考える必要がある。

過去の入試問題例

例 税制改革について述べた新聞記事を読み，税率の引き上げも含めた今後の消費税を中心とした税負担と，国民の義務のあり方を述べよ。

（国士舘大・政経学部）

例 消費税について述べた新聞記事を読み，「消費税と政治」について，あなたの考えを述べよ。（二松学舎大・国際政治経済学部）

例 恒常的な財政難と増加しつづける行政需要のため，わが国では，再び消費税の増税が主張されるようになってきた。このことについて，あなたの意見を述べよ。その際，消費税の増税についての賛否とその理由は必ず記述せよ。

（神奈川大・法学部）

例 国の借金は年々増加の一途をたどっており，財政を健全化するためにも，消費税率の引き上げはやむをえないとも言われている。消費税率の引き上げについてあなたの考えを述べよ。（追手門学院大・経済学部）

関連キーワード

☑歳入と歳出

歳入とは，ある公共部門(政府や地方自治体など)がある会計年度内に受けた収入のことをいう。歳入の主要部分は**租税**である。

これに対して，ある公共部門がある会計年度内に支払った支出のことを**歳出**という。歳出の内訳は，社会保障，社会福祉，公共事業，教育，軍事，公務員の人件費，公債の償還費など多岐にわたっている。

☑法人税

法人税とは，法人(株式会社・合同会社・協同組合など)が事業活動で得た所得(売り上げから必要経費などを差し引いた額)に対して課税される国税のことをいう。個人の所得に課税される所得税と並んで，**日本の租税体系の中心**となっている。

☑所得税

所得税とは個人の所得にかかる税金のことをいい，国税の一種である。日本の所得税は，所得が上がるにつれて税率が上がる**累進課税方式**を採用している。

☑消費税の制度上の問題点

日本の消費税には，**免税点**が設けられていること，**簡易課税制度**であることの2つの特徴がある。

免税点に関しては，基準となる年度の売上高が1千万円以下の事業者は**免税事業者**となり，担税者から消費税を預かっていても**納税する義務はない**というものである。また，簡易課税制度に関しては，基準となる年度の売上高が5千万円以下の届出書を提出した事業者は，実際の仕入額に基づかなくとも，**業種に応じて定められた仕入率を適用して税額を計算する**というものである。こうした制度では**益税**(消費者が支払った消費税額のうち，国庫に納入されずに合法的に事業者の手元に残る部分)を生むことがあり，批判の対象となっている。

また，**二重課税**という問題もある。例えば，石油製品の購入時には軽油引取税・ガソリン税・石油税・原油関税などがかかる。しかも，その販売価格にも消費税がかかるため，二重に税がかかっていることになる。こうした二重課税も問題視されている。

☑軽減税率

消費税に関し，高所得者層より低所

得者層の方が負担が大きくなること（逆進性）を防ぐことを目的として，対象品目の一部について標準税率より軽減した税率を適用すること。2019年に消費税が10%になった際に，飲食料品（酒類や外食を除く）と定期購読契約がされた新聞などに，軽減税率（８%）が適用された。

☑財政赤字

国や地方自治体の歳出が歳入を上回っていることをいう。財政赤字に陥るおもな原因は，歳出が多すぎることと税収不足である。

歳出が多すぎることに関しては，新たな施策を行ったり，災害対策や経済緊急対策のための費用が求められたりする事態が生じるなど，歳出が膨らむ要素は多い。

一方，税収不足に関しては，バブル崩壊以降の相次ぐ減税政策が要因の一つだといわれている。景気対策のために所得税と法人税を減税する一方で，公共事業を増やした結果，税収不足に陥った。そのほか，高齢化に伴って社会保障費が増加したこともある。

財政赤字の対策としては，国債や地方債を発行して補うことになるが（赤字公債という），経済成長が見込めない状態ではそれらの償還も難しくなるので，赤字公債の発行はよほど慎重になされるべきである。また，安定的な財源を確保するとともに，国で行うべき事業かどうかを慎重に判断することも必要である。

☑プライマリーバランス（基礎的財政収支）

国や地方自治体の財政収支の状況を表す指標の一つで，①歳入のうち国債（地方債）発行による収入を除いたもの（税収など）と，②歳出のうち国債（地方債）の償還と利子の支払額を除いたもの（一般歳出）を比較した時のバランスを見ることでわかる。その時，
①＝②であれば均衡しており，①<②であれば赤字である。

赤字となった場合は国債（または地方債）を発行するが，当然のことながら，それらの償還費と利子を支払わなければならない。つまり，次世代に負担を先送りすることになる。このことを問題視し，財政再建論者はプライマリーバランスの黒字化を進める必要性を唱える。しかし，プライマリーバランスの黒字化は公共投資の削減や増税を促すことにつながりかねないので，マクロ経済に悪影響をもたらすという指摘をする人もいる。

答案例

問題 消費税が増税されたことについて，あなたの意見を述べなさい。

600字以内

模範回答 日本は現在，多額の財政赤字を抱え，今後も高齢化に伴う歳出の増加，労働人口減少による，税収の減少が見込まれる。こうした財政状況打開のためには安定した歳入を得る必要がある。その意味で，私はこの度の消費税増税はやむを得ないことと考える。（以上，第1段落）

消費税は，個々人の所得や事情に関係なく平等に課税できる制度であり，法人税や所得税と異なり景気に左右されにくいといわれている。現在，日本の財政赤字は深刻であり，プライマリーバランスの改善が求められている。しかも，今後はさらなる高齢化に伴い，医療費や年金などの社会保障費の増大は避けられない。こうしたことから，景気に左右されずに安定的に財源を得る必要がある。その方法として有効と考えられるのが消費税の増税である。（以上，第2段落）

消費税は所得税のような累進課税制度ではないため，所得の再配分機能による格差の縮減は期待できない。今回の消費税増税で導入された軽減税率は，そのことへの対応策の一つであり，低所得者層の負担を減らすためのセーフティネットとして機能するであろう。ただし，大前提として財政のスリム化が不可欠だ。国が行う事業に関して精選したり，競争原理を導入したりして，コストを削減する必要がある。そのうえで，増税の必要性を負担主である国民に広く説明していくべきではないか。（以上，第3段落）

解説
第1段落：意見の提示…安定財源の確保という観点から，消費税増税に賛成の立場を明らかにしている。
第2段落：理由説明…日本の財政赤字の現状や今後の社会保障費の増大予測を根拠に，安定財源を確保することの必要性を説明している。
第3段落：意見の再提示…消費税の問題点を指摘しつつも，それへの対応策を提示し，文章を締めくくっている。

地方分権の推進

出題頻度→ 法・政★★★ 国際・学際★★ 経済★

定義

地方自治とは，国内の一定地域の住民が，その地域に関わる公共の事業を自ら決定し，運営することをいう。日本では，都道府県・市町村・特別区(東京都の区)の自治のことを指している。

また，地方の政治に関して，国に集中する権力を地方自治体(地方公共団体)に委譲・分散し，地方自治体や首長(p.146参照)，あるいは地方議員などが行使しやすいようにすべきだという主張がある。こうした考え方を**地方分権**という。地方分権の対義語は**中央集権**である。

なお，地方自治については，日本国憲法第92条において「地方公共団体の組織及び運営に関する事項は，地方自治の本旨に基づいて，法律でこれを定める」と定められている。ここでいう**地方自治の本旨**とは，地方自治体が**団体自治**(地方自治体が自主的に地方の行政を担うこと)と**住民自治**(地方自治体の政治が住民の意思と責任に基づいて行われること)の２つの意味において地方自治を確立することを意味する。

必要性

地方分権の推進派は，**①国家権力の濫用を抑制できること**，**②間接民主制を補完する役割があること**，**③民主主義のさらなる活性化が期待できること**を根拠に，主張を展開している。

①については，**権力分立**(p.146参照)の考え方がもとになっている。権力が国に集中すると，国の独断によって地方政治が行われる恐れがある(専制化)。そうしたことを防止するために，日本国憲法では国と地方自治体との間で権限を分けて，**住民の意思を住民自身が参加して形作る仕組み**を整えている。地方分権がすすむと，国が有する権力がさらに地方に分散し，地方自治体が**自律権**(他者から干渉されず，他から独立して行動できる権利)を持つことになる。今まで国が独断的に決定していた政策に住民が関

与できる機会が増え，住民が求める政策をより実現しやすくなると考えられる。

②③については，日本国憲法が国と地方の役割分担を期待して定められたことによる。つまり，国には国全体の意思の形成をさせる一方で，地方には地域住民の意思に密着した政治をさせようとしたのである。地方で起こる個々の問題をすべて国が対応することは不可能であるし，国が画一的に地方行政を担っても地方の意向とかけ離れた政治が行われる恐れがあるからだ。地方の問題はその地方の住民が最も状況を理解しており，物事を適切に判断できる。よって，地方自治においては住民自治を実現するために，住民には選挙権のほかに直接請求権も与えている。つまり，地方自治は国政を補う役割を担っているのである。また，地方分権をさらに推進させれば，国による画一的な行政から地方や地域の実情に合った行政へと転換でき，民主主義をより活性化できると考えられている。

必要性の背景

地方分権が推進される背景には，中央集権的な要素が色濃く残る日本の政治形態がある。そもそも明治時代以降の日本は中央集権国家であり，国は地方に対して指揮権を持っていた。地方の首長は国が任命し，地方自治体が行う業務は国から委託されたものが多かった。そのせいで，当時の地方自治体は国の下位にある団体という扱いを受けていた。

第二次世界大戦後，日本国憲法の制定によって地方自治制度が住民参加型に大きく変わった。しかし，地方自治体の権限や財源についての改革はなされなかったため，地方自治体の運営に国が関与する体制は変わらず，実質的に中央集権体制が継続する結果となった。この体制は高度経済成長(p.147参照)にかかわる政策を行うには都合がよく，一方で地方自治体が国に依存しがちな体質を作り上げた。

高度経済成長は国民の生活水準を向上させたが，都市化と過疎化，公害問題といった外部不経済も引き起こし，その影響もあって住民の要望が多様化した。その中には，中央集権的な行政や財政に対して疑問を抱く住民もおり，住民運動にまで発展するケースもあった。1970年代以降現在に至るまで，地方分権が求められている背景には住民自治を実現したいという住民側の要請があるといわれている。また，国主導の公共事業政策が膨大な財政赤字の原因ともなっていることから，地方の実情に合わせた公共事業を実施する必要性に迫られたという背景もある。

対応策・解決策

地方分権を推進するには，権限と財源をともに地方に分け与え，国と地方の関係を対等・協力の関係にすることが欠かせない。政府は前述の内容を実現するとともに，地方の裁量を高めて国の管理を少なくするために，1999年に地方分権一括法(p.147参照)を成立させた。それとともに地方自治法を改正したが，中央集権的な体制はいまもなお残っている。

例えば，地方自治体の仕事の多くを占めていた国からの機関委任事務を廃止し，法定受託事務と自治事務を新たに定め，国から地方に指示・命令する権限をなくした。しかし，国は法律・省令・政令で詳細な事項を定めれば，地方自治体もそれに則って事務を行わなければならず，国と地方自治体との上下関係は実質的に残っている。

また，地方自治体が独自に公共サービスを提供できるようにするためには，それができるだけの課税権を与える必要がある。だが地域間格差があり，地方税だけでは賄い切れない地方自治体も多く存在する。2008年からふるさと納税の制度も始まったが，解決するには至っていない。結局，国からの補助金に頼らざるを得ず，国が取り決めた補助要綱に従わなければならない。今では各地域独自の財源確保を目指して，地方自治体は法定外普通税(p.147参照)を設けることができるが，総務大臣との協議と同意が必要であり，やはり国の関与が必要となる。今後は補助金制度ではなく，使用の用途が限定されない交付金制度にするなど，国の財源を地方に譲る試みを積極的に進めていくべきだ。

とはいえ権限と財源の移譲は，日本国憲法にある「地方自治の本旨」を実現するための手段に他ならない。住民の暮らしを豊かにするためには地方自治体で何を実現し，どういうリスクやコストを住民が負うべきかを明確にしたうえで，地方分権によって得た権限や財源を利用しなければならない。また，権限や財源を移譲するということは，住民が政治を監視しやすくなるということでもあるので，よりよい政治を実現していくためには，**住民が政治意識を高めたり，政治に積極的に関与したりする必要がある。**

小論文にする時のポイント

入試では，**地方分権の是非**や，**地方分権の問題点とその対策**についてよく問われる。ここまでの記述では地方分権の推進を肯定する内容となっているが，もちろん否定する立場で論じてもかまわない。その時は「国の権限が縮小すると，国家全体の政治を行う際に地方自治体との調整が必要となり，素早い政策の実現を妨げる要因ともなる」，「住民の政治意識が高くないと，適切な政治ができない」，「国の管理が行き届かなければ，権限や財源を適切に使わない首長や地方自治体が生じる恐れがあり，住民が不利益を被る」，「公共サービスなどで地域格差を生んだり，地域間で利権を争う原因となったりする」などの根拠が考えられる。

こうした地方分権に関する主張を展開する時，**生じやすい誤解や偏見**がある。例えば「地方分権は地方と国を対立させるものだ」，「地方自治体の間では必ず協力関係が成立する」，「地方分権を行えば汚職などが防げる」といった内容である。こうした主張は視点として好ましいとは言い難いので，論述の際には注意したい。

過去の入試問題例

例 現在，「地方分権」を推進していくべきかどうかについては様々な考え方がある。どのような考え方があるのかについて説明した上で，今後わが国が進むべき方向性について，あなたの考えを述べよ。 (沖縄国際大・法学部)

例 わが国の中央政府と地方自治体との間には，どのような問題があるか。 (学習院大・法学部)

例 あなたの住む都道府県が財政再生を行う場合には，どのような取組みが必要だと思うか。あなたの意見を述べよ。 (高崎経済大・地域政策学部)

例 著者の指摘する「地域の間の格差」の存在を踏まえ，地方自治における財政

のあり方についてどう考えるか。「地方財政の問題点」を参考にして，自分の考えを述べよ。（新潟大・経済学部）

例 「NPOが税金の使い方をチェックし，行政に関与するためにも，もっと地方分権を」と述べた新聞記事，および「負担と受益を見えやすくし，払う側も自治・独立の意識が醸成されるので，地方分権を徹底すべきだ」と述べた新聞記事を読み，あなたの意見を述べよ。（熊本大・法学部）

例 経済の基本的単位が国家ではなく都市であるという考え方について述べた文章と図表を読み，東京一極集中は望ましいという意見に対して，どのような反論がありうるか，本文中の論点以外の論点に関して，考えを記せ。

（立教大・経済学部）

関連キーワード

☑首　長

地方自治体の長のことをいうが，具体的には**都道府県知事・市町村長・特別区長**を指す。議会とは独立して市民から公選される。任期は4年。地方議会への議案提出，予算執行，地方税の賦課・徴収などの担任事務を行う。地方議会に対して**拒否権**(議会の決定を拒む権利)を持つが，議会から**不信任決議**を受けることがある。

☑権力分立

国家権力の作用を性質に応じて分け，**相互に抑制と均衡を保つ**ことで政治を行うことをいう。特定の機関や人物に権力が集中し，濫用しないようにすることを目的とする。ジョン=ロックの『市民政府二論』やモンテスキューの『法の精神』で17世紀に初めて提唱された概念といわれている。

権力分立の例として，**三権分立**(立法権・行政権・司法権に分類し，それぞれを国会・内閣・裁判所に分ける)，**地方自治制**(地方自治と国政に分ける)，**両院制**(衆議院と参議院に分ける。二院制ともいう)などがある。

なお，日本の三権分立における相互の機関は，次のような関係で相互に監視・監督している。

① **内閣と国会**：議院内閣制による内閣総理大臣指名権，内閣不信任決議権，国政調査権(以上，国会→内閣)。衆議院を解散する権限(内閣→国会)

② **内閣と裁判所**：最高裁判所長官の

指名権，その他裁判官の任命権，予算決定権(以上，内閣→裁判所)。行政事件裁判権(裁判所→内閣)

③ **国会と裁判所**：弾劾裁判所(国会→裁判所)。違憲立法審査権(裁判所→国会)

☑ 高度経済成長

1950年代半ばから1970年代初頭にかけて見られた**日本経済の急成長**のことをいう。1950年代の**朝鮮戦争特需**(国連軍の中心を担っていたアメリカやイギリスから日本に発注された軍事関連用品やサービス)により，高度成長が始まったとされる。その後，第4次中東戦争に伴う原油価格の高騰に伴って**オイルショック**が発生し，その影響で高度成長は終焉した(1973年)。

この間の経済成長率は平均10%程度であり，1968年には国民総生産(国民が生産した財やサービスの付加価値，つまり儲けの合計)が資本主義国において第2位となった。ただ，その繁栄の影では公害，都市部の人口過密，農村部の過疎などの問題も発生した。

こうした**経済成長を遂げた要因**としては，**円安**(輸出に有利)，**質のよい労働力**，**高い技術力**，**安い石油**，**護送船団方式**(行政が，同業種で最も力の弱い企業に合わせた指導を行い，業界全体を統制すること。金融業界で実行)，**所得倍増計画**(池田内閣で策定された経済計画で，完全雇用による生活水準の向上を目指す)などが挙げられる。

☑ 地方分権一括法

地方分権に関係する法律の改正や廃止に関する事項が定められた法律のことをいう。1999年公布。

国に集中した権限や財源を地方に移譲し，地域の実情に合った行政を推進することを目的とする。例えば，機関委任事務の廃止と法定受託事務・自治事務の創設を通して，**国の指揮監督権を排除した**ことが挙げられる。また，地方税法に定めのない税(**法定外普通税**)を地方自治体が新設あるいは変更する時にも，以前は大臣の許可が必要であったが，現在では総務大臣との協議と同意だけで可能となった。

☑ 直接請求権

地方自治体の住民が，地方の政治に直接参加できる権利のことで，おもな具体例には次のようなものがある。

① **条例の制定・改廃の請求**
② **事務の監査請求**
③ **地方議会の解散請求**
④ **首長や議員，主たる公務員の解職請求**

ただし，その権利行使のためには，一定数の署名が必要となる(①②は有権者の50分の1以上，③④は原則として有権者の3分の1以上)。

☑道州制

関東・近畿といった数都府県におよぶ地域を単位とした広域行政体をつくろうとする試みのことをいう。この区分を道・州と名付けていることから，道州制と呼ばれる。道や州に現在の都道府県や市町村より高い権限を与え，広域行政を促そうという主張である。古くは戦前からその是非が議論され続けていた。

道州制推進派のおもな根拠として，経済的なメリットを挙げる。現状の都道府県制でかかっている多大な費用の削減や，都道府県をまたぐ行政課題の効率的な解消で行政上のコストや労力の削減につながる点である。また，産業戦略や制度を地域の裁量で立てられるので，経済のグローバル化に対応しやすい。さらに，中央集権体制から脱却し，地域主導で地方が抱える課題の迅速な解決につながるとしている。

一方で，現状の制度に加えて道州制を導入した場合，国・道州・都道府県・市町村と統治が多層化・複雑化し，政治腐敗の原因となるという主張がある。仮に都道府県を廃止した場合，国家権力の干渉から地方を守る機能が弱まり，地方自治の本旨(p.142参照)に反する恐れがあるという意見もある。

☑地域活性化

地域の経済やコミュニティを活性化させることをいう。おもな目的は，住民の福祉を向上させることにある。

都市部へ人口が集中する一方で，地方では高齢化や過疎化が進み，消費は落ち込み，福祉や医療に対する負担も増す。こうした事態はさらなる人口流出を促し，過疎化を加速させる。このような状況を打開するために，地域の経済やコミュニティ機能を改善することで発展させ，現役世代にも魅力のある社会や地域を築き上げようというのが，地域活性化の目指すところである。

☑ふるさと納税

2008年度から始まった，納税者が任意の自治体に寄付をすることによって，所得税や住民税の控除が受けられる制度。当初は都市部に暮らす人がゆかりのある地方自治体に寄付(納税)することによって税収の地域間格差を軽減するという目論見であったが，次第に返礼品目的の寄付が増えるようになり，税収を得るための自治体間での返礼品競争が激しくなった。そのため，2019年に返礼品を寄付額の3割以下の地場産品に限定する法改正がなされた。

答案例

問題 地方分権の推進について，あなたの意見を述べよ。**600字以内**

模範回答 国に集中する権力を地方自治体に分散すべきだという地方分権の問題が議論されている。私は，日本国憲法が掲げる地方自治の本旨，つまり，住民の意思と責任に基づいて自主的に地方行政を行える地方自治を確立する必要があると思うので，この動きをさらに推進すべきだと考える。　(以上，第1段落)

そもそもわが国は，国には国全体の意思の形成を，地方には地域住民の意思に密着した政治をそれぞれさせようという仕組みを採用している。地方で起こる事案をすべて国が対処することは不可能であるし，国が画一的に地方行政を担っても地方の意向とかけ離れた政治が行われる恐れがあるからだ。地方のことはその地方の住民の方がよく理解している。したがって地方分権をさらに進めれば，地方や地域の実情により合った行政が行われ，地方自治の本旨にも近づく。

(以上，第2段落)

今後は地方分権を推進するには，権限と財源を共に地方に委譲し，国と地方が対等および協力の関係になることが必要だ。しかし，現状では中央集権的な体制が継続する余地が残されている。そのため，地方が国に対して異議を申し立てる機関や委員会を設立したり，協議の場を設けたりする必要がある。また，補助金制度ではなく，使用の用途が限定されない交付金制度にするなど，地方の意思が生かしやすい制度に変えていくことが大事だ。　(以上，第3段落)

解説 第1段落：意見の提示…地方分権を推進すべきであるという意見を示すとともに，日本国憲法が掲げる地方自治の本旨に適った地方自治を確立する必要性をその理由として先行提示している。

第2段落：理由説明…国と地方は政治の役割が異なることを起点に，国の画一的な行政に否定的な立場から，地域密着の政治の必要性を説明している。

第3段落：意見の再提示…地方分権推進には権限と財源を地方に移譲する必要があることを述べて，意見のまとめとしている。

リーダーシップ

出題頻度→ 法・政 商・経営 国際・学際 ★★★ 経済 社・福祉 ★★

定義

リーダーとは，グループや集団を代表し，統率する人のことをいう。集団を率いる地位を獲得した者がリーダーとなり，集団や組織を統率する能力や技術のことをリーダーシップという。

なお，マネジメントとリーダーシップとでは目的が異なる。リーダーシップは集団や組織を変革させるために必要なものであり，マネジメントは集団や組織の機能を効率的にするためのものである。

必要性

多くの集団や組織にはそれぞれの存在意義がある。それは，その集団を社会的な存在として捉え，集団内外や社会全般に対してどのような存在であり，どのような貢献ができるかを示すものである。それを達成したり実現するためには，多くの課題を解決しなければならないが，解決するにしてもさまざまな手段があり，それぞれの集団や組織が置かれた状況や環境，資源も異なる。こうした状況の中で，リーダーは集団や組織の存在意義や価値を最も高める手段は何か，場合によっては集団や組織をスクラップアンドビルド(p.154参照)する覚悟さえも持って選択しなければならない。

リーダーシップには一般的に，指揮(意思決定を行う能力・技術)，統制(労働力や資源を配分・管理する能力・技術)，統御(自他の心的作用をコントロールする能力・技術)という3つの要素があるといわれている。リーダーはこれらを十分に発揮し，集団や組織に存在するさまざまな課題を解決することが求められる。

さらに，メンバーをその方向へ統率する役割もリーダーが担う。解決すべき課題が明確になったとしても，一人でできることには限界があり，集団の内外を問わず他者の協力が不可欠だ。こうした時にリーダーシップが必要となる。自分の考えに基づいて行動を起こし，周囲の人々に影響を与え，時には集団や組織の枠を超えてネットワークを構築する必要も生じるだろう。リーダーシップには，こうした**人を束ねる能力**も含まれる。

必要性の背景

いま優れたリーダーが求められる背景には，グローバル化（p.294参照）や情報通信技術（ICT；p.244参照）の展開，新興国の発展，外交問題の発生，少子高齢化による人口構造の変化，人々の生活環境や価値観の変化など，日本を取り巻く環境が変化し続けている現状がある。それに伴って人々の要望も多様化・複雑化しており，今後もこうした状況は続くであろう。こうした変化に柔軟に対応するためには，**よりよい集団や組織を築き上げる能力を持つ優れたリーダーが求められている。**

また，政界や経済界をはじめとするさまざまな集団や組織で，**リーダーシップ育成のニーズ**が高まっている。それは，上述したような状況に対応できない集団や組織の存在があるからだ。集団や組織はさまざまな要因から，時が経つごとに**硬直化**（変化に柔軟な対応ができないこと）することが多い。その原因として例えば，変化することへのリスクを回避しようとして前例を守る，全員一致にこだわりすぎる，異質な人物を排除したがる，縄張り争いや上位の者の権限が強すぎる，コミュニケーションが取れていない，などが挙げられる。場合によっては，存在意義や目的さえ見失ったり，機能不全に陥ったりする集団や組織もある。そのようになるのを避け，集団や組織が**社会情勢やニーズの変化にきちんと対応し続ける**ためには，リーダーシップが欠かせない。集団や組織が対応すべき課題を発見し，進むべき進路を定め，それに向けて人心を統合することのほか，時には集団の構成員への動機付けや啓発も必要となる。

対応策・解決策

リーダーシップを発揮するためには，リーダーが**フォロワー**（リーダーよりも地位的に低い者，部下や後輩など）の導き方を習得し，それを実践する必要がある。そのためにはまず，**リーダーとなる者は集団が抱える現実を直視しなければならない。**例えば，

① 集団内での自身の位置付け(集団の中での自分の役割や立場)を知る。
② 集団を取り巻く環境(環境がどう変化しているのか)を把握する。
③ 集団内に潜んでいる解決すべき課題を把握する。
④ 課題に優先順位をつける。

などである。そのうえで，自己の特性を生かしつつ，全体の士気や意欲を高めるようにリーダーシップをとることが求められる。具体的には，

① ビジョンを明確にする。
② 集団において模範となる言動や行動を心がける。
③ フォロワーに達成すべき課題を具体的に与える。
④ フォロワーの視野拡大と転換を行うために知的刺激を与える。
⑤ フォロワーの達成度に応じて支援や助言をする。
⑥ 集団の中核となる人材を発掘し，育成する。

などが考えられる。このように，フォロワーに集団が置かれた環境に注目させ，変化の必要性を実感させるとともに，**明確な目標のもとに集団構成員全体で変革していくことが必要となる。**

小論文にする時のポイント

入試では，**リーダーシップのあり方**を問う出題がなされる。出題の切り口は，

① **政治におけるリーダーシップ**
② **経営におけるリーダーシップ**
③ **スポーツなどの団体競技におけるリーダーシップ**

など，多種にわたる。

適切にリーダーシップを発揮するには**現実を直視する必要がある**ことから，それぞれの分野の現状を把握したうえで論じることが大前提となる。例えば，政治の世界であれば，日本が抱える諸問題(財政問題，少子高齢化，景気変動，社会福祉など)や，政治機構の現状とそこに潜む問題点を知っておかなければ，どのようにリーダーシップを発揮していくべきかを論じることは難しい。

上記解説部分では，現在主流となっている**変革的リーダーシップ理論**(p.154参照)を参考にして論じているが，ほかにも**カリスマ的リーダーシップ理論**も存在する。両者の違いは，前者がリーダーの掲げるビジョンを，後者はリーダーのカ

リスマ性をそれぞれ重視している点である。もちろん後者の内容で論じてもかまわない。ただし，前者の場合なら「なぜリーダーシップにおいてカリスマ性を重視する必要がないのか」，後者の場合なら「なぜビジョンよりもカリスマ性を重視すべきなのか」といったことを併せて説明しておく必要がある。

過去の入試問題例

例 リーダーシップについて述べた文章を読み，すぐれたリーダーとはどのような人か。考えを述べよ。（亜細亜大・国際関係学部）

例 あなた自身が「あいつがいなければ，もっと能率が上がる」と思われるような者，もしくはそのような者を抱えるチームのリーダー，以上のどちらかの立場にあると仮定する。このとき，あなたはそのチームの中でどのように行動しようと思うか。自由に述べよ。（高知工科大・マネジメント学部）

例 今日の日本政治が直面している問題は何であると考えるか。そして，その問題に取り組む政治家とは，どのような人物であるべきだろうか。現代の日本に求められている政治家像はどのようなものか論じよ。（駒澤大・法学部）

例 わが国には，もはや解決を先延ばしにすることのできないさまざまな問題が山積している。政府は優先して解決すべき問題を特定し，それに対する政策（解決策）を打ち出すことが求められている。あなたが総理大臣になった場合を想定し，わが国が最優先して解決すべき問題を，総理大臣の立場から説明せよ。また，最優先すべきであると考えた問題に対して，あなたはいかなる政策を提示したいと考えるか。政策の内容について説明せよ。（大阪市立大・商学部）

関連キーワード

☑ リーダーシップ理論の歴史

古代ギリシャ時代から20世紀前半ころまで主流だったのは，リーダーシップ特性論（偉大なリーダーには同じ特性があるとする立場。リーダーにはどういう特性があるのかを探った）である。その一方で，20世紀半ばごろからはリーダーシップ行動論（リーダーを作り上げる行動が存在するという立場。どういう行動がリーダーを作り上げるのかを探った)が台頭する。その後1960年代には，**リーダーシップ条件適応理論**(状況が異なればリーダーシップも変わるという立場)が生まれた。

さらに1970年代には**カリスマ的リーダーシップ理論**(リーダーにはカリスマ性があるという立場)が，1980年代には**変革的リーダーシップ理論**(リーダーにはビジョンと実行能力が備わっているという立場)がそれぞれ登場し，いまに至っている。

☑スクラップアンドビルド

もともとの意味は，古い建物や設備を廃棄し，新たなものに置き換えることをいうが，転じて，**企業において採算や効率が悪い部門・組織・仕組みを整理・廃止し，構築し直すこと**を意味するようになった。

スクラップアンドビルドという言葉は，さまざまな業界で用いられている。例えば流通業界では，不採算店舗や古い店舗，小さな店舗を閉鎖し，同じエリアに売場面積の大きな新店舗を開店することなどが挙げられる。

また，日本の行政では組織の数を増やさないことが前提となっているので，組織の新設をする時にはその分だけ既存の組織を廃止しなければならない。この仕組みを**スクラップアンドビルド方式**と呼んでいる。

☑集団浅慮

何かの話し合いをする時に，**集団の圧力によって不合理な決定がなされたり，容認されたりしてしまうこと**をいう。アメリカの心理学者アーヴィング=ジャニスは，

① **団結力のある集団**
② **組織の構造上の欠陥**(発言の機会の不平等，規範意識の欠如など)
③ **刺激の多い状況**(集団の外部からの脅威)

という3条件が揃うと集団浅慮に陥りやすいと主張している。集団浅慮は**リスキーシフト**(集団の意思決定は極端な方向に振れやすいという現象)を引き起こすといわれている。

こうしたことを防ぐためには，情報や議論の材料を収集したうえで，議論の内容を精査し，あらゆる可能性を検討することができる環境を整えることが重要となる。ジャニスは集団浅慮を予防する方法として，

① **リーダーが各メンバーに批判的に評価する役割を与えること**
② **代替案を検討すること**
③ **外部の人物と議論すること**
④ **専門家と話し合うこと**

などを挙げている。

☑コミットメントエスカレーション

長い期間，時間・労力・費用・資源を投資し続けても結果が出なかったのに，なかなかその投資を中止することができないという現象のことをいう。つまり，**過去の行動が自己の意思決定をゆがめる**ということである。

原因は①自己を正当化しようとするから，②面子（めんつ）を保とうとする動機があるから，③慣行や制度に従わざるを得ないから，などが考えられる。

☑政治的リーダーシップ

大統領や内閣総理大臣といった**政治の代表者が取るべきリーダーシップの**ことをいう。例えば歴史学者であるジェームズ=マクレガー=バーンズは，政治的リーダーシップを，

① **自由放任型リーダーシップ**　リーダーは積極的に行動せず，部下の自発性を促す

② **交流型リーダーシップ**　リーダーが主導権を握りつつ，部下と協調関係を築く

③ **変形型リーダーシップ**　リーダーは表に出ず，部下を動機づけする

の3種類に分類した。

また，政治学者のエルジーは，政治的リーダーシップは，

① **制度**　政治の方針を議決する機関と，実際に執行する機関との関係性やそれらをとりまく規範やルール

② **社会的状況**　リーダーが持つ知識・経験・資質，社会を取り巻く環境，それに伴う国民の要求

によって定まると述べた。

一方，リーダーシップの類型として，

① **代表的リーダーシップ**　国民の利益を守るため，国民の代表として発揮するリーダーシップ。保守的な側面を持つ。

② **投機的リーダーシップ**　国民の欲求不満を解消する手段を提供することに偏重するリーダーシップ。根本的な改革はできない。

③ **創造的リーダーシップ**　根本的な改革を行うため，創造性を発揮するリーダーシップ。強力なイデオロギーを根拠に扇動するため，独裁的な面を持つ。

といったものがある。安定的な国家の場合には①を持つリーダーが選ばれやすく，不安定な国家の場合は②③を持つリーダーが選ばれやすいといわれている。しかし，②③のようなリーダーシップは正当性を失うと崩壊する。その意味でも，最終的には①のようなリーダーシップを発揮できるような安定的な国家を目指すことが求められる。

答案例

問題 なぜリーダーが必要か，あなたの意見を述べよ。**600字以内**

模範回答 多くの集団や組織には存在意義や目的がある。それを達成・実現するには，多くの課題を解決しなければならない。そのためには，よりよい集団や組織を築き上げる能力を持つリーダーの存在が欠かせない。　(以上，第1段落)

グローバル化や情報通信技術の展開，新興国の発展，少子高齢化による人口構造の変化など，日本を取り巻く環境はつねに変化している。しかし，硬直化が原因でこうした状況に対応できない集団や組織がある。場合によっては存在意義や目的すら見失い，機能不全に陥ったりする。そんな時，社会情勢やニーズの変化に対応し続けるために，集団や組織が対応すべき課題を発見し，進むべき進路を定めて人心を統合できるだけのリーダーシップが欠かせない。(以上，第2段落)

リーダーシップを発揮するためには，リーダーがフォロワーの導き方を習得し，実践する必要がある。また，環境がどう変化しているのか，集団内の解決すべき課題は何かを把握する能力を養うことが求められる。そのうえで，自己の特性を生かしつつ，全体の士気や意欲を高めるリーダーシップをとることが必要となる。一方で，フォロワーに集団が置かれた環境に注目させ，変化の必要性を実感させることも欠かせない。　(以上，第3段落)

解説

第1段落：意見の提示…集団や組織が抱える問題を解決するには，有能なリーダーが欠かせないことを意見として述べている。

第2段落：理由説明…日本を取り巻く環境の変化と，その変化に対応できない集団や組織の存在を示し，その改善のためにはリーダーが必要であることを述べている。

第3段落：意見の再提示…リーダーシップを発揮するためには，フォロワーの導き方を習得・実践する能力が必要であることを論じている。

4 社会保障・福祉

社会的に弱い立場にある人々(社会的弱者)を社会全体で支える仕組みのことを社会福祉という。社会的弱者となり得る対象は，患者・高齢者・障害者など幅広い。この分野に関連する事項は，日本の少子高齢化や未曽有の災害など，社会や時代の要請を受けて大きく変化しつつある。

ここでは，社会科学系学部の入試，特に社会・福祉系学部おいて頻出の6テーマを厳選し，できるだけわかりやすく紹介する。

取り扱うテーマ

- 公的医療保険制度
- 公的年金制度
- 高齢者介護
- 障害者福祉制度
- ノーマライゼーション
- ボランティア

公的医療保険制度

出題頻度 → 経済 社・福祉 国際・学際 ★★

定義

公的医療保険制度とは，国民(加入者・被保険者)に対して**医療費を一部給付する公的な仕組み**のことをいう。

昨今，政府は**公的医療保険制度の変更**を進めている。具体的には，高齢者負担の見直し(自己負担額の引き上げ，療養入院中の食費・光熱費を自己負担とすることなど)，後期高齢者医療制度(p.161参照)の創設，診療報酬の改定，医療費抑制(平均入院日数の短縮，生活習慣病予防など)など，**社会保障にかかる費用の確保と削減**を目的としている。

問題点

近年，高齢者の増加に伴い**国家全体の医療費が増加**している。また，高齢者の医療費は現役世代と比べ高い(p.161参照)。その結果，健康保険料の収入が追い付かず，各種健康保険の赤字額が増加している。また，国の社会保障関係にかかる負担も大きくなっており，質の高い医療や保健医療サービスを提供し続けることが困難な状況になってきている。

その改善のために，**医療制度の再構築**が行われているのであるが，必要以上に医療費を抑制すると，療養病棟数の減少による入院機会の制限，診療報酬の低下による医療の質の低下や医師不足，診療科の閉鎖などのほか，国民への費用負担の増加によって受診回避が起こるなど，さまざまな面で**社会福祉レベルが低下すること**が懸念されている。

問題点の背景

高齢化の進展と経済基調の変化による**医療保険財政の悪化**が背景にある。日本では医療の進歩や栄養状態の改善によって高齢化が進んでおり，それに伴って慢性疾患を抱えがちな高齢者にかかる医療費(老人医療費)が増加している現状もあり，**今後とも国家医療費の増加が予想される。**

一方，厳しい経済状況と相まって，国民所得が伸び悩んでいる。健康保険料は所得額に応じて決まるため，国民所得が落ち込めばそれだけ保険加入者からの保険料収入も伸び悩む。こうして，**健康保険組合や国家財政に大きな負担がかかる**状況となっている。

対応策・解決策

高齢者人口の増加を背景とした**医療費の増大については対策を行う必要**がある。医療費は年々増加し，現在の仕組みのままでは**公的医療保険制度を支えることが難しくなってきている。**しかし，医療費の財源を確保するために患者の自己負担額や保険料，あるいは税を過度に増やすと，医療が必要な患者までもが受診を控えるなど，国民の健康保持に悪影響を及ぼす恐れがあるほか，医療行為に関わる経済活動を萎縮させる可能性もある。

一方，診療報酬点数の削減，混合診療(p.162参照)や包括払い制度(p.162参照)への移行といった**医療機関側への対応策**も考えられているが，それによって医療の質が低下するといった問題も起こりかねない。そのほか，後発医薬品(ジェネリック医薬品)の利用促進や，高齢者への疾病予防対策を取ることで医療費を抑制するといった取り組みも考えられる。

いずれにしろ，こうした取り組みを**総合的，かつバランスよく行うこと**が必要となるだろう。

小論文にする時のポイント

入試では，健康保険制度の変更や診療報酬改定など，**健康保険制度の問題点**についての意見を求められることが多い。しかし，医療費や診療報酬を上げる(下げる)といった主張を安易に展開するのは好ましくない。問題点の本質が従来の健康保険制度の疲弊にあることや，老人医療費の増加が見込まれることを念頭に置き，**どのようにすれば健康保険制度を維持できるのか**を考えたい。ただし，医療費の財源確保策や診療報酬の減額策にはそれぞれデメリットもあること，特に国民の経済活動に影響を与える行為であることを踏まえて，論じる必要がある。

過去の入試問題例

例 医療費の自己負担額が引き上げられたが医療機関の収入は減少していると述べた短文を読み，患者からは以前より多くお金を取っているのに，医療機関に入るお金は増えるどころか減少している。では，増えたはずのお金はどこに行っているのか。なぜこのような，矛盾すると思われる現象が起こっているのか。理由を推察して書け。また，政府はなぜ，患者の支払う診療費を引き上げたのか。政府の狙いは何だろうか。その上で，こういう政府の考え方に対する，あなたの意見を書け。 （松山大・経済学部）

例 このところ，高齢者の医療費の自己負担額の増が政策として打ち出されてきている。高齢者福祉を取り巻く種々の要因を考察しながら，自己負担額の増を図ろうとする政策に関して検討せよ。 （沖縄国際大・総合文化学部）

関連キーワード

☑ 社会保障

生活していくうえで起こる諸問題（医療・疾病・失業・老齢・障害など）を抱える人々を，**国や地方自治体が支援すること**をいう。国民が貧困に陥ることを予防する目的で行われる。

公的扶助（生活保護など，貧しい人々に行う経済的援助），**社会保険**（健康保険や年金保険など，強制加入の保険），**社会福祉**（高齢者や障害者に対する福祉など，国民を幸福な状態にするための制度），**公衆衛生**（疾病や感染に対する予防など，健康の維持や向上のための活動）の4つの分野に分けられる。

☑ 健康保険

日本では，健康保険という公的医療保険制度を導入している。そして国民皆保険，つまり**全国民が健康保険に加入しなければならない**としている。この制度では，加入者（被保険者）は保険料を支払うことを条件に，受診した時に少ない自己負担（窓口負担）で医療行為が受けられる。

☑ 健康保険の種類

主として職業によって，加入する健康保険が異なる。会社員などは**組合管掌健康保険**（独自の健康保険組合を持つ企業に勤務の場合。**組合健保**ともいう）か，**全国健康保険協会管掌健康保**

険(健康保険組合を持たない企業に勤務の場合。協会けんぽともいう)に，自営業者や無職者などは国民健康保険(国保ともいう)や国民健康保険組合に，公務員は共済組合に，船員は船員保険に，自衛官は自衛官診療証にそれぞれ加入する。

また，どのような職業であっても，75歳以上の高齢者と65歳以上の障害者は後期高齢者医療制度保険に加入し，それまでに加入していた健康保険からは脱退しなければならない。

☑ 後期高齢者の医療費の特性

現役世代一人当たりの医療費は平均で21.4万円であるのに対して，後期高齢者(p.28参照)のそれは4.3倍の91.7万円である。また，入院時の診療費は現役世代一人当たりが7.0万円であるのに対して，後期高齢者のそれは6.6倍の45.9万円である(いずれも2016年)。

一般的に後期高齢者は老化などにより治療が長期間に及ぶほか，複数の疾患を抱えていたり，慢性疾患に罹患したりすることが原因となって，医療費が現役世代より高くなる傾向にある。

☑ 後期高齢者医療制度（長寿医療制度）

2008年から始まった後期高齢者を対象にした医療保険制度のことをいう。

従来の老人保健制度は国や地方自治体の負担金と健康保険の拠出金によって賄われており，従来の健康保険との併用ができた。したがって，この制度では医療費がかかりがちな高齢者が，少ない自己負担で診療を受けることができるという利点があった。しかし，そのぶん現役世代の負担は大きくなる。こうした世代間の負担の不公平を正すために後期高齢者の健康保険を分離し，高齢者にも一定の保険料負担を課すことにしたのが，後期高齢者医療制度(長寿医療制度)なのである。

この制度に関しては，高齢者への差別だとか，高齢者の生活が苦しくなるなどの批判もあるが，これに代わる制度が見つからない以上，当面は継続されることになるだろう。

☑ 診療報酬制度

患者側が医療機関に対して，診療の対価(報酬)として支払う仕組みのこと。保険診療の場合，医療費の一定割合を患者が窓口で医療機関に支払い，残りは健康保険から支払われる。診療報酬は点数(１点10円換算)で定められていて，厚生労働省が告示する診療報酬点数表にしたがって計算される。

診療報酬は２年に１回改定される。近年，社会保障費を抑制するためマイナス改定が続いているが，そのことが医療機関の経営難や勤務医の労働条件の悪化，医師不足など，いわゆる医療崩壊を引き起こす一因にもなっている。

☑医療費の支払い方法

出来高払い(診療した際の医療行為それぞれの点数を合計して支払う制度)と包括払い(診断された病名などの分類によって支払う額が決まる定額支払い制度。DPC包括請求とか診断群分類請求ともいう)がある。

出来高払いは行われた医療行為に対して支払いをするという方法であるが，医療行為の数の多さなどによって報酬が決まるため，回復を延ばすほど報酬が増えるといった問題点を抱えている。

一方，包括払いでは医療行為の数や種類によらず定額となり，報酬から実際にかかる医療費(経費)を差し引くことにより利益を確保するという仕組みのため，医療機関側はできるだけ回復を早めようと試みるようになる。さらに，短期で回復できることへの期待感が生まれたり，回復が長期化することによる余分な費用がかからないなど，患者側にもよい効果をもたらすともいわれている。

☑混合診療

保険診療の範囲内の診療(保険診療)と保険外の診療(自費診療)を同時に受け，保険診療が可能なものは健康保険を利用し，範囲外の診療については自費診療として全額自己負担で費用を払うことをいう。つまり，保険による診療と自費による診療を混合して行うことをいうが，厚生労働省はこれを禁止している。

患者が希望して保険外の高度医療などを受ける場合には，保険診療の分もすべて自己負担になる。日本では，保険による診療を受ける時に，同時に自費診療代として別途費用を徴収することが禁じられているからである。ただし，差額ベッド代や高度先進医療費などの例外もある。

☑後発医薬品 (ジェネリック医薬品)

特許が切れた後の医薬品を他の製薬会社が製造あるいは販売したものをいう。後発医薬品は，先発医薬品(新薬)のように開発費用がかからないので，その分だけ薬価を安く設定できる。しかし日本では，他の先進国に比べて普及が進んでいない。その理由には，安定供給がなかなか難しいという後発医薬品メーカー側の問題と，後発医薬品に対して医師や薬剤師の信頼が不足しているという医師・薬剤師側の問題とがあるといわれている。

答案例

問題 医療制度の問題点について，あなたの考えを述べよ。600字以内

模範回答 近年，国民全体の医療費が増加傾向にあり，質の高い医療や保健医療サービスを提供し続けることが困難になっている。その改善に向けて医療制度の再構築が行われている。しかし，医療費を必要以上に抑制すると，病棟数の削減に伴う入院機会の減少，診療報酬の縮小による医療の質の低下や医師不足，国民の負担増による受診回避など，社会福祉レベルが低下することが懸念される。

(以上，第1段落)

こうした問題の背景には，高齢化と経済基調の変化による医療保険財政の悪化がある。日本では医療の進歩および栄養状態の改善によって高齢化が進んでおり，慢性疾患を多く抱えがちな高齢者にかかる医療費が増加することで，今後も医療費の増加が予想される。一方，厳しい経済状況と相まって，国民所得も伸び悩んでいる。保険料は所得に応じて決まるため，国民所得が落ち込めば加入者からの保険料収入も伸び悩む。こうして，健康保険組合や国家財政に大きな負担がかかる状況となっている。

(以上，第2段落)

今後も予想される老人医療費の増加に伴う医療財政悪化への対策を行う必要がある。国民の経済活動を萎縮させない程度に患者負担を増やすとともに，診療報酬の削減，混合診療や包括払い制度の利用といった医療機関側への対応も考えられる。こうした取り組みを総合的に，バランスよく行う必要がある。

(以上，第3段落)

解説 第１段落：意見の提示…必要以上の医療費抑制策は，場合によっては福祉レベルの低下を招くことがあることを，問題点として指摘している。

第２段落：理由説明…第１段落で指摘した問題点の背景を，高齢化と日本の経済状況をもとにして説明している。

第３段落：意見の再提示…医療財源の確保に向けて，患者側と医療機関側双方への対策をバランスよく行う必要があるとまとめている。

公的年金制度

出題頻度 → 法・政★★　経済 国際・学際★

定義

公的年金制度とは，下記の該当者に対して定期的に一定額を給付する公的な仕組みのことである。

(1) 老齢になった場合(**老齢年金**)

(2) 病気やけがで障害を有することとなった場合(**障害年金**)

(3) 年金受給者または被保険者(加入者)が死亡した場合(**遺族年金**)

日本では**国民年金**(すべての国民に給付。**基礎年金**という)と，**被用者年金**(基礎年金に上乗せして給付。**厚生年金**という)と，**企業年金**(**厚生年金基金**など)を併用する，いわゆる三階建て給付の仕組みを採用している。

なお，被用者年金を受給するためには，厚生年金の適用を受けている事業所に勤めていること，あるいは公務員や私立学校職員などの共済組合に加入していることが条件となっている。

問題点

公的年金は老後の生活を支えるための資金としての役割を担っているゆえ，安定的に年金支給が行えるような制度でなければならない。

日本の年金制度は従来から**賦課方式**(p.167参照)を採用しているが，2004年に法改正が行われた結果，まず，保険料の水準を2017年まで段階的に引き上げた後に固定することと定め，その保険料と積立金で給付を行う仕組み(**保険料水準固定方式**)に変更した。一方で，年金の被保険者(加入者)の減少や平均寿命の延び，さらには社会の経済状況などを考慮して支払いの水準を下げることができる仕組み(**マクロ経済スライド**)をとることになった。つまり，保険料を一定水準まで上げつつ，給付額は現状維持もしくは減額することもあるという仕組みとなった。

問題点の背景

少子高齢化の影響が背景にある。少子化に伴って現役世代の人口が減少傾向にある一方で，医療技術の進歩などによる長寿化により高齢者の人口が増加している。現役世代の人口減は保険料収入の減少につながる一方で，長寿化が給付総額を増大させ，必然的に年金の財源不足を引き起こす。対策として，給付額を一定に保つためには保険料の増額が考えられるが，過度に行うと現役世代の負担が過重になるとともに，不公平感が増す（高齢者が現役の時の負担額と，現役世代の負担額の間の不均衡）ことが問題視される。現に，現役世代の不公平感は保険料納付率の低下を引き起こしており，年金財源をさらに圧迫する要因にもなっている。この現状を踏まえて，財源と給付のバランスを保つための制度変更が必要になったのである。

対応策・解決策

年金制度を維持するためには財源の確保が欠かせないが，その方法についてはさまざまな意見がある。例えば，基礎年金を保険料ではなく国税（国庫負担金）でまかなうべきだという主張（社会保険方式から税方式への転換；p.167参照）がある。一方で，納付率の向上や国庫負担の引き上げ，さらには積立方式への移行などによってでも現状の制度を維持するべきだ（社会保険方式の維持）という主張もある。また，受給開始年齢についても議論がある。現在，60歳から70歳の間で選ぶことができるが，さらに75歳まで拡大することも検討されている。

2012年には「社会保障と税の一体改革」関連法案が成立し，消費税を増税し，その増収分の一部を年金などの社会保障の充実にあてることとした。

どのような方法によるにしろ，今後さらに進むであろう少子高齢化への対策は避けて通れない課題であることはいうまでもない。

小論文にする時のポイント

入試ではストレートに年金問題を問うものは少なく，今後の高齢化対策を問う時の一つの論点として扱われることが多いようだ。その時，少子高齢化の現状を踏まえると，無策のままでは高齢者に対する社会保障制度が今後立ちゆかなくなる恐れが高いことを，まず念頭に置く必要がある。よって「対策を講じる必要はない」という主張はもちろんのこと，安易に「高齢者のために給付額は据え置くべき」といった展開にするのは好ましくない。現状維持であれ改革的な手段を講じるのであれ，制度の維持のためには何らかの修正や変更は避けられないという立場で論じておきたい。

過去の入試問題例

例 年金保険の経済的原理を考察した文章を読み，民間の年金保険と公的年金保険のうち，一方は必要ないか，あるいは並存することに社会的意義はあるか，あなたの見解を述べよ。 （東京大・文科Ⅱ類）

例 日本の国民年金制度は，1985年国民年金法などの大幅な改正が行われたが，まだ問題点が多く，社会問題になっている。年金制度にはどのような問題があるのか，またその問題をどのように改善すべきだと考えるか論述せよ。

（駒澤大・法学部）

例 年金の財源調達には，①将来年金を受ける者がお金を在職中に積み立て，退職後にお金を毎月受け取るやり方と，②今働いている人が払っている保険料を年金の財源にあてるやり方がある。現在の日本は，②に近いやり方を採用しているが，わが国の今後の年金制度のあり方について，考えを述べよ。

（神奈川大・法学部）

例 国民年金の未納者問題について述べた文章で筆者は「今後，未納者が増加し，高齢化することにより，生活保護の受給者がさらに増加する可能性がある」と指摘している。こうした問題に対するあなたの考えを論じよ。

（静岡大・人文社会科学部）

関連キーワード

☑社会保険方式と税方式

社会保険方式とは加入者から保険料を徴収し，それをおもな財源にして年金制度を運営する方法のことである。この制度の問題点は，保険料を納付しない人(年金未納者)が出ると財源確保が難しくなることや，世代間のほか同世代内でも所得によって給付額に格差が生じやすいことである。

一方，**税方式**は国民から徴収する税を財源として運営する方法のことである。社会保険方式とは異なり，納付する人と給付を受ける人との関係が曖昧になる。また，社会保険方式から税方式に変更すると，今まで保険料を納付してきた人と納付してこなかった人との間で公平性が損なわれる恐れが生じるという問題点も出てくる。

☑年金制度(社会保険方式による)

積立方式と賦課方式がある。**積立方式**は，本人から徴収した保険料を積み立てておき，老後にそれを取り崩す方式である。利点は，自分で支払った保険料と同額(もしくは利子を含む場合がある)の給付が受けられることである。問題点は，保険料を長期間積み立てていた場合，景気変動による貨幣価値の下落が起こりうる(**インフレ耐性がない**)ということである。よって，積立方式を行う場合は，物価上昇率に照らして適宜保険料率を修正するなどして，リスクを減らす必要がある。

一方，**賦課方式**は現役世代から徴収した保険料と国庫負担金をおもな原資にして，受給者に年金を分配する方式である(**世代間扶養**)。この方式では，その年に現役世代から徴収した保険料と国庫負担金をそのまま年金として分配するため，景気変動に左右されることが少ないという利点がある(**インフレ耐性がある**)。しかし，現役世代の人口と年金受給者数とのバランスを欠くと，**少ない現役世代で多くの受給者の年金を賄わなければならない**といった事態が起こる恐れがある。よって，賦課方式を行う場合には，人口分布に応じて税金投入や積立方式の部分的導入などの補正措置を行う必要がある。

☑マクロ経済スライド

賃金や物価の変化に応じて変化する**年金支給額を調整する仕組み**のことをいう。今後，平均余命の延びや現役人口減少により，年金給付費と保険料収入のバランスの悪化が予想されている。そのため，将来の現役世代の負担が重くなりすぎないよう調整するために導入された。賃金や物価が上昇した場合に年金支給額の上昇幅が抑制される。

☑ 複雑な年金制度

現状では，**国民年金（基礎年金）**と**被用者年金（厚生年金）**と**企業年金（厚生年金基金など）**という三階建てからなる制度を採用している。また，職業などにより加入する保険も異なり，保険料や給付額も異なる。転職によって加入する保険が複数にわたった場合，給付額の算定が難しくなり，どれくらい年金が支給されるのかがわからなくなりかねない。一方で，納付記録の管理が杜撰だったゆえ，納付した記録自体がなくなるという「**消えた年金**」問題までも発生した。

このように，制度自体が複雑であるがゆえに起こるさまざまな問題点が指摘されている。

☑ 年金の一元化

複雑な年金制度が原因で生じる問題に加え，年金間の不公平感，年金財政の不安などといった問題を解決するために，**年金制度を一元化しよう**という動きが見られる。

以前の被用者年金は，厚生年金と共済年金（国家公務員共済組合，地方公務員等共済組合，私立学校教職員共済）に分かれていたが，2015年に被用者年金一元化法が成立し，共済年金は厚生年金に統一されることになった。これは，社会保障と税の一体改革の一環であり，年金制度の公平性・安定性を確保することを目的として実施された。

☑ 社会保障と税の一体改革

社会保障の充実・安定化と，そのための**安定財源確保と財政健全化**の同時達成を目指す改革。2012年に与野党間で合意し，消費税を段階的に10％まで引き上げ，その増税分を社会保障の充実・安定化などにあてることとした。消費税は，2014年に５％から８％に，2019年には10％（飲食料品等は８％）に引き上げられた。

答案例

問題 公的年金制度について，あなたの考えを述べよ。**600字以内**

模範回答 公的年金は老後の生活のための資金としての役割を担っているので，安定的に支給できる制度にしなければならない。日本の年金制度は保険料を一定水準まで上げつつ，給付額は現状維持もしくは減少させるという仕組みとなったが，財源と給付のバランスが保てないという現状がある。ゆえに，制度の変更も考えざるを得ないと考える。 (以上，第1段落)

こうした主張を行う背景には，少子高齢化の問題がある。少子化に伴って現役世代の人口が減少傾向にある一方で，医療技術の進歩などにより高齢者の人口が増加している。現役世代の人口減が保険料収入の減少を引き起こす一方で，長寿化が給付総額を増大させる。その結果，年金の財源不足となる。高齢者の給付額を一定に保つためには保険料の増額も考えられるが，過度に行うと現役世代の過重負担とともに不公平感も増すだろう。現役世代の不公平感は保険料納付率の低下を引き起こしており，年金財源をさらに圧迫する要因にもなっている。

(以上，第2段落)

年金制度の維持のためには財源の確保が不可欠である。そのためには納付率の向上策だけでなく，税方式を一部で採用することも検討すべきだ。また，積立金を増やして世代間扶養のリスクを減らすといった積立方式への移行なども考えられる。いずれにしろ，現状の制度を維持するためには，少子高齢化への対策は欠かせない。 (以上，第3段落)

解説 第1段落：意見の提示…公的年金の意義を評価しつつ，財源と給付のバランスを欠いている現状に対応するために，制度を変更する必要性を述べている。

第2段落：理由説明…財源と給付のバランスを欠く原因に少子高齢化があることを説明している。

第3段落：意見の再提示…年金制度の維持のためには，少子高齢化への対策をとるべきであり，そのためには社会保険方式の修正も必要であることを述べている。

高齢者介護

出題頻度→ 社・福祉 ★★★ 法・政 経済 商・経営 ★★ 国際・学際 ★

定義

高齢者の**日常生活を支援する行為**のことをいう。身体の機能に支障がある高齢者の介助や支援などを行うことのほかに，高齢者の心身の自立を支えること(**自立支援**)も介護の果たすべき役割であるといえる。高齢者はそれぞれで価値観も生活スタイルも異なるので，それらに配慮した援助を行うことが大切である。こうしたことを意識した活動は，**高齢者の尊厳**(尊く厳かであり，他者が侵しがたい領域)を守ることにもつながると考えられている。

問題点

現状では，介護保険制度(p.172参照)による**介護支援**のほか，リハビリテーションなどによる**自立支援**などによって要介護者(介護が必要な高齢者)に対する公的支援が行われている。しかし，それによって家族などの介護者の負担が必ずしも軽減されているわけではない。介護認定の評価により受けられるサービスが異なるため，家族などの介護者側が望む介護支援がつねに受けられるとは限らない。施設利用費の自己負担の多さや，低い介護認定(p.173参照)に伴うサービス料の負担の大きさにより，介護サービスの利用そのものを控える家庭もある。また，近年，介護施設の不足から入所を待つケースも増えてきている。

しかしながら，在宅介護は介護者に対して肉体的・精神的な負担がかかりやすく，しかも長期化することが多いので，いわゆる**介護疲れ**や**高齢者虐待**(p.173参照)などの疲弊による惨状も生じている。また，**老老介護**や**多重介護**(p.174参照)などが避けられない状況になることも多く，介護者の負担が深刻化している現実もある。

問題点の背景

問題点の背景としてまず，**要介護者の増加**と**介護期間の長期化**がある。つまり，医療・衛生・栄養・介護の水準が上がると，高齢化に伴う要介護者が増える一方で，介護を受ける期間も長くなりがちである。介護従事者や介護施設の不足という問題も起こっている。

また,日本に従来からある**介護観**も背景にある。「介護は家族の責任」「家族が介護すべきだ」といった意識が根強い地域や家庭では，どうしても家族依存型の介護になりやすく，過度な介護負担が生じる原因となっている。そのうえ，少子化によって家庭内の現役世代に介護者としての大きな負担がかかることになる。

こうした原因が重なって，**家庭での介護負担を軽減しにくい状況**が続くことになる。

対応策・解決策

高齢者の尊厳を保ちながら，介護をする家族の負担を軽減するためには，介護支援の仕組みをよりよいものにする必要がある。

例えば，**居住型サービス**(介護サービスを提供する体制が整っている集合住居)や**ユニットケア**(特別養護老人ホームの入所者を小グループに分けて，在宅に近い居住環境を整える)を充実させるなどの設備面の改善を行うことのほか，適切な**ケアマネジメント**(p.174参照)に努めて介護サービスの充実を図るなどの方法が考えられる。

一方，地域による介護予防(p.174参照)の推進や，積極的にリハビリテーションを取り入れるなどして，自立できる高齢者を増やすために支援する取り組みも行う必要がある。また，**介護従事者の確保**のためには，報酬をはじめとした**待遇改善**や介護職を目指す人への**就労支援**などが必要となる。

小論文にする時のポイント

高齢者介護について直接的に尋ねるものだけでなく，関連するテーマ，例えば**老老介護**，**多重介護**，**介護保険制度**などについても出題される。いずれの場合でも，要介護者の尊厳を保つこと，介護者への負担を軽減するといった方向で意見を構築したい。また，介護に関するさまざまな問題が起こる背景には，高齢化や少子化といった状況変化のほかに，**日本人の介護観**（「介護は家族の責任」といった考え方）があることも指摘しておきたいところだ。

過去の入試問題例

例 総合政策と介護労働不足の問題に関する文章，介護労働の実態に関する調査資料，都道府県別賃金と離職率に関する資料，職員辞職に関する資料，仮想の介護労働力不足解消案をそれぞれ読み，介護労働者の離職率が高い諸要因とそれらの関係について図示せよ。また，介護労働力不足解消案が有効かどうかについて論じよ。　（慶應義塾大・総合政策学部）

例 今後予想される介護サービスの担い手の不足とその対策について，あなたが知っていること，及びあなたの意見を述べよ。　（上智大・総合人間学部）

例 悪徳業者などから認知症のお年寄りを守るための成年後見制度について述べた新聞記事を読み，認知症高齢者の介護や生活を守る手立てとしてどのようなことが考えられるか。あなたの考えを述べよ。（日本社会事業大・社会福祉学部）

例 高齢者介護の問題に関し，通常の慢性疾患から老人退行性疾患への変化（健康転換第3相）には質的に大きな違いがあるため，ケアのあり方のみならず，それに対応する医療・福祉システムないし制度としても新しい枠組みが必要だ，と述べた文章を読み，高齢者介護に対するあなたの考えを，課題文の内容をふまえて述べよ。　（県立広島大・保健福祉学部）

関連キーワード

☑ 介護保険制度

高齢者の介護を社会全体で支えるための保険制度のことをいう。**自立支援**（介護のみならず，自立できるように支援する）・**利用者本位**（利用者の選択によってサービス内容が選べる）・**社会保険方式**（介護保険料と公費を原資として運営する）がこの制度のおもなポイントである。

従来の高齢者福祉制度は，市町村側

がサービス内容を決めるなど，利用者がサービスを選択することはできなかった。一方で，介護をしなくてもすむことを理由とする**社会的入院**などの問題が発生し，医療費が増加する一因となった。こうした問題に対処するため，**高齢者医療と高齢者介護を明確に区別する制度**を作ることになった。

介護保険を利用するには，介護認定審査会による審査(**介護認定**)を受ける必要がある。そのためには，調査員による**心身の状況に関する調査**と，かかりつけ医による**意見書**が必要となる。審査が終わると，**要介護度**(「要支援１～２」「要介護１～５」の７段階)が認定される。要介護度に応じて支給限度額が決まっており，**ケアマネージャー**がその額と利用者の希望を勘案して支援の計画(ケアプラン)を作成し，介護サービスの内容を決定する。なお，介護サービス料の原則１割が自己負担となる。

☑ １・２・４現象

若い世代が負担する介護の大きさを示す言葉である。すなわち，１人の子どもが，２人の両親と両親の親，つまり４人の祖父母を支えなければならないという意味である。

高齢化の進展により要介護対象者となり得る親族が増える一方で，少子化に伴って介護する側の人数は増えず，結果として**若い世代の介護負担は増す**ことになる。

☑ 高齢者虐待

高齢者への虐待行為のことをいう。暴力などの**身体的虐待**だけでなく，**精神的虐待**(侮蔑(ぶべつ)や恫喝(どうかつ)など)，**ネグレクト**(介護放棄)，**経済的虐待**(財産の不正使用など)も含まれる。

家庭内で行われているのが普通であることから顕在化しにくく，発見が難しい。そのため，高齢者と接触する機会の多い医療職や介護職による発見が望まれるところである。

なお，2005年に**高齢者虐待防止法**が定められ，虐待の疑いがある場合は市町村へ通報すること，老人介護支援センターや地域包括支援センターなどと連携・協力して対応を行うことなどが義務づけられた。

☑ 社会的入院

在宅での療養ができる状態にもかかわらず，病院で長期入院を続けている状態のことをいう。その背景には，家庭に介護者がいない，入院中に身寄りを失った，家族が患者の引き取りを拒否するといった事情がある。

健康保険を利用することで，**経済的負担を抑えて長期療養をすることが可**

能になることが，社会的入院患者の増加につながった。しかし，入院を続けることで寝たきり状態を引き起こすなど，患者の社会復帰を妨げる原因にもなりかねない。

現在では，医療費を削減する目的もあって，社会的入院患者を受け入れる療養型病床は削減されてきている。

☑ 老老介護と多重介護

老老介護とは，高齢の介護者が高齢の患者を介護しなければならない状況のことである。高齢化した子どもが親を介護する，高齢の妻が高齢の夫を介護するといったケースがある。

老老介護状態になると，介護が長期化しやすいことのほかに，体力や気力の問題などもあり，介護者当人の介護疲れやストレスの蓄積，心身の不調が生じる恐れがある。極端な場合には，お互いが認知症を抱えたまま介護を行う**認認介護**の状態になっているという悲惨なケースもある。

一方，**多重介護**とは，一人の介護者が複数の要介護者を抱える状態のことをいう。高齢化に伴う介護期間の長期化の影響で，両親(義父母含む)のほかにも介護が必要な子どもなど，何人かの家族が同時期に要介護者となることがあり，その場合は介護者は大きな負担を負うことになる。

☑ ケアマネージャー（介護支援専門員）

介護が必要な高齢者の状態を適切に把握し，**自立支援に関するサービスを計画する専門職**のことをいう。要介護者本人や家族の希望を尋ね，それをもとに支援の計画(**ケアプラン**)を作成する。そして，サービス開始後も定期的に支援内容のチェックや評価をし，必要ならケアプランの修正を行う。この一連の作業(**ケアマネジメントという**)を行う人が**ケアマネジャー(介護支援専門員)**である。

☑ 介護予防

介護が必要な状態になることを防いだり，遅らせたりすることをいう。

具体的には，**筋力アップのためのトレーニング**，**読み書きやウォーキングなどによる認知症予防トレーニング**，**栄養改善指導**，**社会参加の推進支援**，**口腔ケア**などがある。介護予防プログラムなどを策定して，地域をあげて積極的に介護予防を実施している地方自治体もある。

☑ 骨粗鬆症（こつそしょう）

骨に小さな穴が多発し，**骨折しやすくなる症状**のことをいう。正常時は**骨芽細胞**(骨の形成を行う細胞)による骨の形成と，**破骨細胞**(古くなった骨を壊す細胞）による古い骨の吸収がバランスよく行われている。しかし，以下に述べる原因によって，前者の速度よりも後者の速度の方が速くなると骨がもろくなる。その結果，日常生活程度の負荷であっても，骨の変形や骨折を引き起こすことが多くなる。

原因としては，人種・体型（運動習慣がなく，やせた体型など）・運動不足・喫煙（ニコチンやカドミウムによる骨細胞への影響など）・食事内容（骨形成に欠かせないカルシウムを不足させる動物性たんぱく質過多の食事，ビタミンDの不足，カフェインの摂り過ぎなど）・過剰なアルコール摂取などが挙げられているが，かなり複合的である。

予防するには，発症前から習慣的に運動を行うことや食生活を改善することが重要である。

☑認知症

後天的な脳の障害によって神経細胞に支障をきたし，正常に発達した知能が低下する症状のことをいう。具体的な症状としては，記憶障害や認知機能障害（失語・失認・失行・実行機能障害）が起こる。

脳血管障害・アルツハイマー病・栄養障害・甲状腺機能の低下などのさまざまな要因により，脳の細胞が死んでしまったり，働きが悪くなったりすることによって発症する。

☑8020（ハチマルニイマル）運動

満80歳で20本以上の自分の歯を残そうとする運動のことをいう。厚生労働省や日本歯科医師会によって推進されている。

親知らずを除く28本の歯のうち，少なくとも20本以上残っていれば，ほとんどの食べ物を噛み砕くことができる。そのため，高齢になっても20本以上自分の歯を保って，健康な食生活を過ごそうという趣旨である。

☑成年後見制度

認知症を患う高齢者や知的障害者，精神障害者のように，判断能力が不十分な成年者は，自分自身で財産を管理したり，各種の契約を結んだり，遺産分割の協議をしたりすることが難しい。こうした人を保護・支援するための制度のことを成年後見制度という。

この制度には，法定後見制度と任意後見制度がある。前者は，家庭裁判所によって選ばれた援助者（成年後見人・保佐人・補助人など）が，本来なら本人が行うべき法律行為（契約など）を，本人の代理として行うことができる。一方，後者は，本人の判断能力があるうちに選ばれた代理人（任意後見人）が，本人の判断能力が落ちた時には生活・看護・財産管理などを代理で行うことができる。

答案例

問題 高齢者介護について，あなたの考えを述べよ。**600字以内**

模範回答 高齢者はそれぞれで価値観も生活スタイルも異なるので，高齢者の尊厳を保ったうえでの介護が必要となる。一方で，介護者の負担が深刻化している現状がある。例えば，施設利用費の負担の大きさ，在宅介護による肉体的・精神的な負担などである。また，介護疲れやそれに基づく高齢者虐待などの問題のほか，老老介護や多重介護などの深刻な問題もある。 （以上，第1段落）

このような問題が生じる背景には，要介護者の増大と介護期間の長期化がある。医療・衛生・栄養・介護の水準が上がると，高齢化に伴う要介護者の増加が進む一方で，介護を受ける期間が延びる。また，日本に従来からある介護観も背景にある。「介護は家族の責任」といった意識が根強い地域や家庭では家族依存型の介護になりやすく，過度な介護負担が生じる。さらに少子化により，介護を担う現役世代が減少しがちなので，彼らには大きな負担がかかる。こうした原因が重なり，家庭内での介護の負担は軽減されにくい。 （以上，第2段落）

高齢者の尊厳を保ちつつ，家族の負担を軽減する介護を行うためには，介護支援の仕組みを改善する必要がある。居住型サービスやユニットケアなどの設備面の改善のほか，適切なケアマネジメントで介護サービスの充実を図るべきだ。一方で，各種トレーニングやリハビリテーションの推進など，介護予防への取り組みも必要だ。 （以上，第3段落）

解説
第1段落：意見の提示…高齢者の尊厳を守ったうえでの介護が必要であることと，介護者の負担が深刻化している点を指摘している。
第2段落：理由説明…問題点の背景には，高齢化による要介護者の増大と介護期間の長期化があること，さらには少子化により現役世代への介護負担が深刻になりつつある点を指摘している。
第3段落：意見の再提示…介護者の負担を軽減するためには，介護サービス面での改善とともに，介護予防への取り組みも必要であることを述べている。

障害者福祉制度

出題頻度 → 社・福祉 ★★★ 国際・学際 ★

定義

障害者※とは，身体・知能・精神に何らかの支障があるため，生活などの面で制限を受けている人のことをいう。こうした人々を支援する仕組みのことを**障害者福祉**という。

それまでは行政側の決定によって福祉サービス(p.179参照)を決められていたが，2003年に障害者の自己選択と自己決定ができるように，**支援費制度**(利用者が施設や事業者を選択し，契約する制度)に変更された。さらに，2006年の**障害者自立支援法**によって，それまで障害種別ごとに異なっていた福祉サービスを一元化する仕組みが定められた。この時，共生社会(p.180参照)の構築を目的として，受けるサービスに応じて費用を負担する**応益負担**(p.180参照)になったが，2010年の法改正により，障害者の負担能力に応じた**応能負担**(p.180参照)へと変更された。障害者自立支援法は，2013年に**障害者総合支援法**に改称され，難病なども障害者の範囲に含まれるなど障害者に対する支援の拡充が図られている。

※ 障害は「害」ではないという捉え方のもと，「障がい者」「障碍者」と表記すべきだという立場もあるが，本書では日本の法令上の表記に従って「障害者」と示すことをご了承いただきたい。

問題点

障害者福祉制度では，**障害者側の視点からの支援を受けることは難しい**という問題点がある。障害の区分判定(p.180参照)はすべての障害を一元化して捉える仕組みとなっており，個々の障害の違いによる細やかな判定が難しいのである。また，障害を抱える人ほど就労することが難しく収入が限られる反面，一方で多くの福祉サービスが必要な境遇にあるという現実がある。

このように，障害者によって異なる支援が必要だということを念頭に置いておかないと，障害者が真に求めているサービスを適切に受けられないことになる可能性がある。

問題点の背景

問題点の背景には，障害者福祉を健常者側から捉えている行政の立場がある。国民に広く福祉サービスを提供すべきだという考え方があり，障害者に対する支援だけを重視するわけにはいかないという事情がある。また，行政側の財政状況や今後の少子高齢化による税収減などの懸念もある。こうした事情をもとに制度設計や運営が行われるために，必ずしも障害者のニーズにあった福祉の提供ができないことが起こる。

こうした社会保障費の財源の確保や分配の難しさが，障害者福祉を推進する時の妨げの一因となっている面は否めない。

対応策・解決策

2013年に施行された障害者総合支援法により，障害者が地域社会で日常生活や社会生活を営むための支援をしていこうという方向で動きだしている。障害者本位の支援制度をいま以上に充実させるためには，障害者福祉サービスの見直し，および予算を適正に配分する制度づくりが必要になる。具体的には，障害の区分判定の細分化，就労支援や生活費支援など，障害者個々人のニーズや状況に合致した支援内容を考えるための仕組みづくりが考えられる。

一方で，障害者の自立的な活動を支援するための取り組みも欠かせない。その具体的なものとしては，例えばノーマライゼーション(p.183参照)思想の普及やリハビリテーションへの積極的な取り組みのほか，バリアフリー(p.185参照)の推進，ボランティア(p.188参照)や地域住民による支援活動のための基盤の整備などが考えられる。

小論文にする時のポイント

入試では，健常者と障害者との視点の違いや，それによって生じる問題をテーマに問うものが多い。したがって，現状の障害者福祉制度の諸課題は，それらを論じるための材料として取り扱うことになるだろう。その時，「障害を持つことはかわいそうだから，助けてあげよう」など，障害者を保護の対象として捉え，いわゆる上から目線で書くことは避けたい。彼らの**自己選択と自己決定を尊重する制度や社会を確立することが必要**なのだから，差別的な視点を避け，障害者個々人が主体となれる制度設計に改めるという方向で論じてほしい。

過去の入試問題例

例 障害者問題と女性問題を例にしながら，移動の障害や職業継続の障害となっている問題は，ユニバーサルデザインに見られるように，社会のしくみやルールを変えることで障害が障害でなくなると述べた文章を読み，筆者の主張に対して，自分の意見を述べよ。 (長野大・産業社会学部)

例 アメリカの大学に滞在中に「障害者問題を考える」というゼミの授業で，発表者の障害者の女性との質疑応答の際，「相互依存 インターディペンデンス」という英語と，自分の中にあった「ささえあい」という日本語が見事に重なり合い感動したというエピソードについて述べた文章を読み，「ささえあい」について考えを述べよ。 (明治学院大・社会学部)

例 「障害」を「障がい」と表記するように改める動きが自治体などにも広まっている。この「障がい」の表記についてあなたの考えを述べよ。 (高崎健康福祉大・健康福祉学部)

関連キーワード

☑ 障害福祉サービス

障害者に対する福祉サービス全般のことをいう。障害者総合支援法により，障害者福祉サービスの体系が定められているが，そのなかには**自立支援給付**と**地域生活支援事業**があり，自立支援給付には**介護給付**と**訓練等給付**がある。

介護給付とは，自宅・ケアホーム・障害者支援施設・医療機関での介護のほか，短期入所（ショートステイ）など，障害者の介護を目的とするサービスである。**訓練等給付**は，自立訓練や就労支援など，障害者が自立して生活するための活動に対しての給付である。地域生活支援事業とは，移動支援や地域活動支援センター・福祉ホームの設立など，障害者が地域で生活するための支援を行う活動のことである。

こうしたサービスを利用する時には，利用者一人ひとりの個別支援計画を作成することになっている。なお，障害の程度によって障害者総合支援法に基づく介護給付の種類や量が決まる。

☑共生社会

自分だけでなく，他者と共に生きる社会のことをいう。当然のことながら，共生社会の構成員には健常者だけでなく，障害者も含まれるので，社会生活においては何らかの支障が生じている人々を，そうではない人々が支援し，互いが共存できる仕組みが整っている社会が理想とされる。そのためにも，互いのさまざまな違いを認め合い，対等な関係を築くことが必要になる。

☑応能負担と応益負担

2006年の障害者自立支援法施行から，福祉サービスに対する自己負担の方法が変更となった。従来の障害者福祉サービスは応能負担(個々人の収入に応じて，自らが払える範囲で費用を負担する制度)であったが，応益負担(自分が受けた福祉サービスの内容に対して，一定割合で負担する制度)となったのである。

しかし，障害者に対する応益負担は就労機会が少なく低収入の障害者自身に対してはもちろんのこと，彼らを支える家族の家計までも圧迫することになるという指摘があり，現在では世帯ごとの収入に応じて月額の上限を設ける応能負担に改正されている。

☑障害の区分判定

障害者総合支援法において，福祉サービスの支給内容を決定するために行う障害者の心身状態の判定のことで，障害支援区分の判定ともいう。

2006年の障害者自立支援法制定時における判定基準は，身体機能による判定に重きを置いたものであった。しかし，こうした判定基準では知的・精神障害の特性が反映できず，適切な福祉サービスの提供を困難にする恐れがあると指摘され，2010年の法改正により，発達障害者も含まれることになった。現行の障害者総合支援法では，身体障害者，知的障害者，精神障害者(発達障害者を含む)，難病のある人を対象とし，それぞれの特性を反映できるよう調査項目が見直されている。

☑障害者に対する健常者の視点

健常者は，ともすれば障害者を「かわいそうな存在」「助けてあげなければならない存在」という，いわば**哀れみの対象**として捉える傾向にある。これらは「障害があることは不自由である」という，健常な状態に対する比較によって築き上げられた物差しで障害者を捉えている証拠であるといえる。

しかし，障害者自身は必ずしも自らのことをそのような存在として捉えていない。「障害は個性だ」「障害があっても生活には支障がない」など，**障害に対する不自由さはないと主張する**人もいる。

☑障害者雇用

企業が障害者に配慮して雇用するには，現実的にはさまざまな困難を伴う。例えば，**職種のマッチングが困難なこと**(障害者ができる業務と企業側が求める能力の間に差があること)，**新たな設備投資の必要性が生まれること**(障害者を受け入れる際のコスト増)，**社員によるサポートが難しいこと**(障害者を受け入れる人的な支援の構築が必要なこと)など，企業側にはいろいろな形の負担を強いることとなる。

現在障害者雇用促進法により，一定規模以上の企業・国・自治体に対して，**一定数の障害者を雇用することを義務付けている**。これを満たす企業には助成する一方で，満たさない企業からは納付金を徴収する。ただし，当該企業が基準を満たせなくとも，特例子会社(障害者のために特別な配慮を施した子会社)を設立した場合は，そこの社員を障害者雇用数に算入してもよいという規定がある。

また，障害者への職業訓練や職業紹介のほか，必要なリハビリテーションなども行って，**雇用機会の創出**を促している。

答案例

問題 障害者福祉について，あなたの考えを述べよ。**600字以内**

模範回答 日本では，障害者福祉の制度が変わりつつある。障害者の自己選択と自己決定ができるように支援費制度になり，障害者が地域社会で日常生活や社会生活を営むための支援をしていこうという方向へと変わってきている。しかし，それでもまだ障害者の視点に沿った支援を行うことは難しい。（以上，第1段落）

その理由は，障害者によって異なる支援が必要だとの認識が足りず，障害者が求めるサービスを適切に受けられていないという現状があるからである。例えば，障害支援の区分判定でも，障害の特性に応じてそれぞれ正しく判定しなければ障害に即したサービスは受けられない。また，重い障害を持つ人ほど就労が困難で収入を得ることが難しい一方で，多くの福祉サービスを受ける必要があるという現実もある。こうしたことが問題となる背景には，障害者福祉を健常者の側から捉えている行政側の立場があるのではないだろうか。また，限られた社会保障費をやりくりして制度設計や運営が行われるため，必ずしも障害者のニーズに合わせきれないということもあると思われる。（以上，第2段落）

障害者本位の支援制度を築くために，今後も障害者福祉サービスの充実や費用を適正に配分する制度づくりを続けることが必要だ。そのためには障害の特性に応じた区分判定の見直し，就労や生活費支援など，障害者個々のニーズや状況を的確にとらえた対応が求められる。（以上，第3段落）

解説

第１段落：意見の提示…障害者福祉制度に問題がある点を指摘している。特に，障害者側の視点に立った支援を行うことの困難さに言及している。

第２段落：理由説明…障害区分判定に関わる問題点や，行政側の背景を指摘し，問題の発生原因を考察している。

第３段落：意見の再提示…個々人のニーズに的確に応えるために，福祉サービスの見直しや費用の適正配分の仕組みづくりが必要であるとまとめている。

ノーマライゼーション

出題頻度→ 社・福祉 ★★

定義

障害者と健常者の区別なく社会生活を営むことは，正常(ノーマル)な状態であるとする考え方のことをいう。これは障害者をノーマルな状態にしようとするのではなく，**障害者が障害を持ったままであっても健常者と同様の生活が営めるように変えていくことが望ましい**というのが本来の意味である。

1950年代，デンマークの知的障害者の家族会の施設改善運動から生まれ，スウェーデンのニィリエが広めたとされている。

必要性

ノーマライゼーション思想によると，**障害者が自らの生活スタイルを主体的に選択することを可能にする**。つまり，自らの求めに応じて適宜支援を受けながら生活や行動を行うことができるだけでなく，**共生社会**(p.180参照)を築くことも可能にする。そして，障害者のあらゆる障害や制約を取り除く行動や施策は，障害者と健常者の間にある垣根を取り払うことにつながるとともに，障害者と健常者が協働して社会参加するための一助となる。さらにいえば，**あらゆる立場の人々に対して平等にその人権を保障する土壌**となるのである。

必要性の背景

過去，障害者福祉は保護施策として行われていたが，**当事者である障害者主体の理念を欠いたものだ**という批判があった。例えば，大規模入所型施設へ送り込むことによって障害者を保護する福祉サービスは，時として当事者の要求を無視し，本人の意思を尊重しているとはいえない状況を引き起こしていた。また，こうした「**施設送り**」は一般社会から障害者を隔離することにつながり，**障害者に対して差別や排除を意識させる**こともあった。こうした状況の是正に向けて，障害者のQOL（p.115参照）を保ちつつ，彼らが自立した生活ができるようにすべきだという運動が起こったのである。

対応策・解決策

ノーマライゼーションを実践するためには，法整備と障害者の自立を促す支援をともに行う必要がある。日本では**障害者総合支援法**（p.177参照）により障害者が地域社会で日常生活や社会生活を営むことを目指している。その具体化としては，**施設のバリアフリー化**（p.185参照）などの環境整備のみならず，**職能訓練**（p.186参照）と就労機会の保障といった**障害者の就労支援**，さらには**対人援助**（p.186参照）**技術の習得**などの支援も必要だ。ただし，自立した生活が営めず，保護が必要な重度の障害者も存在するので，こうした人々に対する保護施策も並行して行うことも求められている。

小論文にする時のポイント

入試では，**ノーマライゼーションを実現する方法**を論じさせるものが多く出題される。それに対しては当然のことながら，ノーマライゼーションの定義を正しく理解したうえでの論述が必要となる。「リハビリテーションや機器による障害の回復」「障害者の障害を取り除く方法を考える」といった**障害者側に取り組ませる方法を語るだけではなく**，「バリアフリーの推進」「福祉インフラの整備」「対人援助技術の習得」「障害者が障害を持ったままでも**健常者と同様の生活を営むための方法**を考える」など，健常者側が取り組むべき方法までも論じたい。

過去の入試問題例

例 障害者や高齢者が生活する上で，妨げとなる障壁を取り除く考え方を「バリアフリー」というが，一般的に，物理的，制度的，文化・情報，意識の4つの障壁に分類されている。これらの障壁のうち，最も厚い障壁が意識のバリアといわれているが，それは何故なのか。また意識のバリアフリーについて，具体的な取り組みの工夫や提言を述べよ。 （東洋大・社会学部）

例 駅のバリアフリー化について述べた新聞記事，デイサービスについて述べた新聞記事，障害者の車いす生活について述べた文章をそれぞれ読み，まちづくりについてのあなたの考えをまとめよ。（岩手県立大・社会福祉学部）

例 特別講義の内容を簡単に要約するとともに，「バリアフリー社会の実現」に向けて大切だと思うことを，ニュースあるいは身近な事例など，実例をあげながら自分の考えを論じよ。（昭和女子大・人間社会学部）

例 車椅子の障害者がエレベーターに乗る際にボタンを押してあげることを，「ちょボラ／指1本でできるボランティア」とCMが啓発しているが，それはマナー，助け合い，倫理や思想の問題であり，本質的な論議もなくボランティアとしてしまうことは疑問だと述べた新聞記事を読み，「バリアフリー」や「ユニバーサルデザイン」はなぜ必要で，それを実践することでどんな社会がつくられるのだろうか。考えを述べよ。（大分大・教育福祉科学部）

関連キーワード

☑ バリアフリー

障害者や高齢者などの社会的弱者が不自由なく社会生活に参加できるように，**物理的・社会的な障害を取り除く**ことをいう。具体例としては，路面の段差を解消するためのスロープ，移動補助のための手すり，スペースの広いトイレや駐車スペース，点字ブロック，電子チャイム(盲導鈴)，多目的トイレ(高齢者・子ども連れ・オストメイトなどに対応)，文字放送，手話通訳などがある。国土交通省では，「**人にやさしいまちづくり事業**」の一環として，バリアフリー化を推進している。

現在では「心のバリアフリー」の提唱など，社会的弱者と健常者との間にある**心理的障害を取り除こうという動き**も活発化している。

☑ ユニバーサルデザイン

多くの人が利用できるように工夫されたデザインのことをいう。バリアフリーとは異なり，対象を社会的弱者に限定していない。デザインのコンセプトは，**どのような人でも公平に使えること，使い方が簡単なこと，安全性が配慮されていること，必要な情報がすぐにわかること**などである。ノースカロライナ州立大学のメイスが提唱した。

具体例としては，安全性に配慮した

ドアやエレベーター，絵文字による案内表示(ピクトグラム)，音声認識によるコンピューター文字の入力や操作，温水洗浄便座などが挙げられる。

☑職能訓練

障害者が職業に就くために行う訓練のことをいう。一般的には，リハビリテーションを施し，生活訓練が行われた後に行われる。

職能訓練には**職業準備訓練**と**職業訓練(技能講習)**とがある。前者は模擬的な職場を再現し，作業能力や作業態度・労働習慣などを身につける訓練である。一方，後者は，例えばコンピューターの技能習得など，特定の職種に必要な技能を習得するための訓練を指す。この訓練後，就労支援が行われる。

職能訓練を行う時には本人のニーズを探るだけでなく，一人ひとりで異なる障害特性を十分に理解したうえで，**作業・就労能力を見極めてから行う必要**がある。

☑対人援助

他者に対して援助する行為全般のことをいう。特に，社会生活をするうえで解決困難な課題を抱えた人に対して支援する技術のことを**ケースワーク(個別援助技術)**という。

対人援助を行うための姿勢として最も有名なのは，アメリカのバイスティックが提唱した『**バイスティックの7原則**』である。これは，対象者が抱える問題はすべて異なること(**個別化**)，対象者の思考や行動の良し悪しを支援者は評価せず(**非審判的態度**)，すべてを受け入れること(**受容**)，行動を決定するのは対象者本人であること(**自己決定**)など，ケースワーカー(ケースワークを行う支援者)が守るべき要点をまとめたものである。

☑インクルーシブ教育

障害のある者とない者が共に教育を受けることで，共生社会を実現しようという考え方のことをいう。2006年に国連総会で採択された障害者の権利に関する条約で示された。日本では2012年に文部科学省が「インクルーシブ教育」の方向性を打ち出し，障害者基本法改正や障害者差別解消法制定などの必要な法整備を経て，2014年に同条約に批准した。

答案例

問題 ノーマライゼーションについて，あなたの意見を述べよ。**600字以内**

模範回答 ノーマライゼーション思想は，自らの求めに応じて適宜支援を受け，生活や行動を行うことを可能とする。また，障害者の障害や制約を取り除くための行動や施策は，障害者と健常者の間にある垣根を取り払うことにつながる。

（以上，第1段落）

こうした思想が起こった背景には，当事者主体の理念を欠いていると非難された従来の保護施策中心の障害者福祉に対する反省がある。例えば，大規模入所型施設へ送り込むことで障害者を保護しようとする福祉サービスは，時として本人の意思を尊重しているとはいえない状況を引き起こしていた。また，こうした「施設送り」は一般社会から障害者を隔離することにつながり，障害者に差別や排除の意識を生んでいた。こうした状況を脱し，障害者のQOLを保ちつつ，彼らが自立した生活を営めるようにする必要がある。（以上，第2段落）

障害者と健常者がともに社会参加するための一助となり，あらゆる立場の人々に対して平等に人権の保障をする土壌となるノーマライゼーションは，今後の共生社会の構築にとって欠かせない思想であるが，それを実践するためには法整備と障害者の自立を促す支援をともに行う必要がある。施設のバリアフリー化などの環境整備のみならず，職能訓練と就労機会の保障などの障害者の就労支援，対人援助技術の習得などの支援も必要だ。（以上，第3段落）

解説 第1段落：意見の提示…ノーマライゼーション思想は障害者の主体的な活動を促す役割を担うとともに，障害者と健常者との間の垣根を取り払うことにつながることを述べている。

第2段落：理由説明…従来の保護施策中心の障害者福祉の問題点を指摘し，当事者中心の障害者福祉の必要性を理由として挙げている。

第3段落：意見の再提示…共生社会の構築のためにはノーマライゼーションの実践が必要であるとまとめている。特に，法整備と自立支援を中心に，具体的に論じている。

ボランティア

出題頻度 → 法・政 経済 商・経営 社・福祉 国際・学際 ★★★

定義

いろいろな形で奉仕活動をする人々のことを総称していう。原則的には，自発的・無償にて，社会や公共のために活動を行う人と定義されている。

災害発生時の復旧作業には数多くのボランティアが必要とされる。また，市民にとって必要不可欠でありながら，採算や財政の面から企業や行政が手掛けないサービスや高額な有償サービスについて，ボランティアがそれらを担うことによって事業を補完することが多く見られる。

なお，volunteer の原義は「義勇兵・志願兵」である。

問題点

ボランティアは無報酬で支援を行う存在であり，特に災害現場や社会福祉の現場においては貴重な労働力となっている。

一方で，従来の定義を逸脱するボランティアの存在が問題視されている現実もある。例えば，学校などで強制的にボランティア活動をさせられたり（自発的ではない），進学や就職における自己アピールの材料を集めるために活動したり，「自分探し（p.190参照）のため」「他人から感謝されたいから」などの動機から行ったり（社会や公共のためではない），有償ボランティア（p.191参照，無償ではない）などである。こうした人々は時として当事者としての意欲や問題意識が低いと捉えられることがある。

問題点の背景

こうした人々に頼らざるを得ない状況が生じている背景には，ボランティアの確保が困難なことがある。例えば，無償性の原則を貫くと，自らの生活を優先させなければならない現実や，活動にかかる交通費や食費，宿泊費の負担などにより，長期間の活動を続けることが困難になる。また，自発性の原則を貫こうとすると，十分な応募がなく，必要な労働力を確保できないことがある。特に継続的な活動が必要な現場では，慢性的な人手不足に陥る場合も少なくない。このような現状から，無償性や自主性，奉仕の精神の有無をボランティアに必ずしも求める必要はないのではないかという主張もある。

対応策・解決策

確かに無償性・自発性・公共性の原則は重要な要素であるので，ボランティア活動にはこれらを理解したうえで参加すべきであろう。しかし，ボランティアの社会的需要は大きい。特に，災害復旧や市民生活に欠かせない事業に対して無償あるいは廉価で労働力を得るための一つの手段として，ボランティア活動は重要視されている。そのため，より多くのボランティアを募るにはこうした原則を逸脱した存在も認める必要があるのではないか。例えば，最低限の経費や報酬を認めること，参加の動機を不問とすること，学校などからの強制的な奉仕活動も認めることなど，ボランティアの定義をある範囲内で拡張することもやむを得ない。

小論文にする時のポイント

入試では，ボランティアの重要性を問うものだけでなく，従来の定義から逸脱したボランティアの存在の是非を問うものも出題される。その時，「参加者は感謝され，満足感や喜びを得ることができる」などの自己中心的な根拠や主張だけを挙げることは避けよう。まずは，自発性・無償性・公共性の原則を意識した論述を心がけたい。

一方，現状においてボランティアがなぜ求められるのか（災害復旧や市民生活に不可欠な事業を廉価で行える，廉価で労働力を確保できる）といった視点を持ち，それを基本にして，どうすれば継続してボランティア活動を行えるのかを意識した主張を展開するとよいだろう。

過去の入試問題例

例 ボランティア像について述べた文章を読み，あなた又は知人が自分の利益に直接関係がなくやっている行動の具体例を挙げ，その行動をするようになった経緯を述べるとともに，それが多少とも作者の言うボランティア像を持っているなら，あわせて述べよ。 （香川大・法学部）

例 社会福祉の諸問題の解決のためにはボランティアの力が不可欠だ。児童虐待，認知症高齢者，ホームレス，障害者の自立などの具体的な課題を例に挙げ，ボランティアにどのようなかかわりが求められるか，論じよ。

（桃山学院大・社会学部）

例 ボランティアに関する図表を参考にしつつ，NPOやボランティア，地域の活動などの社会貢献活動に対するあなたの考えを述べよ。 （金沢大・法学部）

例 ボランティアをどう評価するかについて述べた文章を読み，より多くの若者が参加できたり，多くのことが学べたりするようなボランティア活動の具体的なアイディアを示し，なぜそのアイディアがよいのか，それを進める上での課題は何かを述べよ。 （大阪府立大・人間社会学部）

関連キーワード

☑ 自分探し

今までの自分の生き方や居場所から離れ，ボランティアや一人旅などといった行動やその中での思索を通して，**自分の個性（価値観や生き方など）を探ること**をいう。「自分は何が好きで，何に取り組むべきか」を探るという意味合いで用いられるのが一般的である。豊かな社会が構築されていくなか，自分という人間を改めて探そうというゆとりが生まれたことが，自分探しの背景にあるといわれている。

なかには，個性を探せないことに対して不安やいら立ちを覚える人，「自己の内面にはもっとさまざまな可能性があるに違いない」と自己を肥大化させる人もいる。一方でこうした思考は，自己を見つけても，さらなる別の自己を見つけようとするという循環を引き起こし，結果的に**いつまでも自己が見つからない**という事態に陥る危険性もある。

☑ 有償ボランティア

対価が支払われるボランティア活動のことをいう。受け入れ先は，ボランティアに対して**報酬・生活費・食事・宿泊先などを提供する**。青年海外協力隊や国連ボランティア，国際交流基金日米センター日米草の根交流コーディネーター派遣プログラム，国境なき医師団海外派遣ボランティア，日本国際ワークキャンプセンター中長期ボランティア，日本青年奉仕協会の「青年長期ボランティア計画」(ボランティア365)，地球緑化センターの「緑のふるさと協力隊」などがその例である。

しかしながら，**安い報酬で労働させるための手段**として有償ボランティアが用いられるケースもあり，問題視されている。また，ボランティアの定義に「無償性」を謳っている以上，有償ボランティアという存在そのものが定義に矛盾するという指摘もある。

☑ プロフェッショナルボランティア

医師・法律家・教師などの分野の専門家が，**自らの技能を生かして活動をするボランティアのこと**をいう。

普段はプロとしてその道で活躍している人や，過去そうした技能を持って活躍していた人が，余暇を活用してボランティア活動に参加していることがほとんどである。

☑ ボランティアのマッチング

奉仕活動において，作業内容や活動する場所，組織などがボランティア本人の希望･能力･価値観とマッチングしないことがある。また，作業に必要な人数とボランティアに集まる人数とがマッチングしないこともある。こうした**ミスマッチを防ぐ方法**として，行政やNPO法人が要請側との調整を行ったうえでボランティアを派遣する仕組みなどが必要になる。

☑ ボランティアの適切な支援

ボランティアの活動内容と受け入れ側のニーズが合致しないケースがある。例えば，ボランティアを受ける人が自分一人で行いたいのに，ボランティアがその行動を援助してしまうことがある。ボランティアは，対象者にとって**その援助がどの程度まで必要か**をきちんと見極める必要がある。

逆に，対象者がボランティアの支援に依存し続けるといった問題もある。例えば，生活に困っている人へ援助をを行うことで，それに頼りきりとなり，結果的に**彼らが自立して生活することを妨げる**場合である。こうしたことを防ぐには，自立に向けた仕組みをボランティア活動の中に組み込み，それに従った支援を行うことが必要である。

答案例

問題 ボランティアのあり方について，あなたの考えを述べよ。**600字以内**

模範回答 ボランティアは無報酬で対象者への支援を行う存在であり，特に災害現場や社会福祉の現場においては，貴重な労働力として活用されている。一方，「自分探しのために」「他者から感謝されたいから」行うボランティア，有償ボランティアなどが問題視されている。それらは，従来の定義を逸脱したボランティアの存在への批判や拒否感によるものである。（以上，第1段落）

こうした問題の背景には，ボランティアの確保が困難なためにこうした人々に頼らざるを得ない現実がある。例えば，無償性の原則を貫くと，自らの生活優先の必要性や必要経費の負担などにより，長期間の活動が困難になる。また，自発性の原則を貫くと必要な労働力を十分に確保できなくなり，特に継続的な活動が必要な現場では慢性的な人手不足に陥ることも少なくない。（以上，第2段落）

確かに無償性・自発性・公共性の原則は重要であり，ボランティアに参加するならこれらを理解しておくことは必要だ。しかし，市民生活に必要な事業に対して無償・廉価で労働力を得る一つの手段として重視され，需要もある以上，より多くのボランティアを得るには，こうした原則を逸脱した存在も認める必要がある。最低限の経費や報酬の支払いを認める，参加の動機を不問とするなど，ボランティアの定義を拡張することも必要だと思う。（以上，第3段落）

解説
第1段落：意見の提示…ボランティアの定義を逸脱する存在(有償ボランティアなど)に対する批判があることを指摘している。
第2段落：理由説明…従来の定義を逸脱したボランティアが生まれる背景と，低廉な労働力を継続的に確保するためには必要であることを述べている。
第3段落：意見の再提示…無償性・自発性・公共性の原則は重要であるが，それを貫くと社会的需要を満たせないことを指摘したうえで，ボランティアの定義を拡張してでも労働力を確保する必要があると述べている。

5 環　境

環境に関するテーマの内容は社会科学と密接にかかわるものが多いことから，社会科学系の小論文においてはかなり高い頻度で出題されている。ここでは，その中でも特に頻度の高い４テーマを厳選して紹介する。

なお，環境破壊は国民の消費行動および企業の生産活動に起因することが多いため，今後は環境保全や，環境破壊につながる行為の自粛への取り組みをすべきだという認識が一般的である。それを受けて入試では，これまでの環境保全に対する取り組みの評価や，今後の対策についてよく問われる。

取り扱うテーマ

- 地球温暖化
- 循環型社会
- 生物多様性の危機
- 再生可能エネルギー

地球温暖化

出題頻度 → 法・政 経済 商・経営 社・福祉 国際・学際 ★★★

定義

地球温暖化とは，**地球全体の平均気温が長期的に上昇する現象**のことである。一般的には，20世紀以降に起こった人為的原因によって見られる温暖化現象を指す。地球温暖化のおもな原因は，**温室効果ガス**と**エアロゾル**(p.198参照)であるといわれている。前者の代表例は二酸化炭素・メタンガス・ハロカーボン(フッ素・塩素などを含む炭素化合物)，後者のそれは硫酸塩エアロゾルである。

なお，2019年の世界の年平均気温(地表付近の気温と海面水温の平均)は，1981～2010年の平均気温よりも0.43度高くなっている。また，過去100年間あたりの世界の年平均気温は約0.74度の割合で上昇しているというデータがある(ともに気象庁による)。

問題点

地球温暖化によって，次のような問題が引き起こされる。

① **異常気象や水資源格差の拡大**

② **浸水による被害**

③ **感染症の拡大**

④ **生物多様性への影響**

これらは直接的あるいは間接的に，食糧危機，人間の死亡リスクの増大，建造物への悪影響の要因となる。**スターン報告**(p.199参照)では温暖化を放置した場合，今世紀末には世界がGDP(国内総生産)の約20%に相当する損失を被るリスクがあることを指摘している。

①は，温暖化に伴って**地上の気温の分布が変化する**ことによって起こる。特定の地域の気温が上昇すると，気圧配置に影響を与え，**前線**(p.199参照)が停滞する時期や場所が従来と変わる。また，海水の温度が上昇すると水蒸気が増加し，地域によっては豪雨や降水量の増加，竜巻や台風の発生な

ど，異常気象を引き起こしやすくなる。他方で，気候の変化に伴って降水量が減少する地域が生まれ，その結果水資源の格差が現状よりも拡大する可能性も指摘されている。

②は，海水の熱膨張，および南極やグリーンランドの氷床(氷河の塊)が解けることによって起こるといわれている。それに伴って侵食(p.200参照)が起こったり，浸水による二次被害が増加したりする。また，沿岸漁業に深刻な影響を与えるとの指摘もある。なお，IPCC の第 5 次評価報告書(p.200参照)では，21世紀末に海面が現在より 26～82cm も上昇すると推測されている。

③は，生物が生息する地域が変化することによって起こる。例えば，マラリア(p.200参照)は熱帯に生息するハマダラカという蚊によって媒介されることが知られているが，温暖化によってハマダラカの生息地域が拡大すると，熱帯周辺の地域にまでマラリアが流行する危険性がある。また，デング熱(p.201参照)を媒介するネッタイシマカという蚊についても同様のことがいえる。

④は，気温の上昇や気候の変化による。暑さに弱い生物は変化に対応できずに死んで減少するが，それらを餌にする生物も減少，さらには絶滅する恐れがあることが指摘されている。例えば，サンゴの白化と生息域の縮小，ホッキョクグマやアザラシの減少などが挙げられる。また，海水温が上昇すると海流や海水の循環にも影響を与え，生息する魚類相や数が変化する可能性がある。

問題点の背景

地球温暖化の最大の原因は，人類によるエネルギーの過剰消費にある。そもそも地球上の生物は，物質やエネルギーの量と生物の生息数とのバランスを，生態ピラミッド(p.201参照)によって保ってきた。しかし，人口爆発(p.201参照)によって人類が急速に増え，人類が地球上の資源やエネルギーを大量消費する事態が起こっている。例えば，食糧や資源の大量消費，宅地化や工場開発に伴う森林地帯の破壊が進む一方で，大量生産・大量消費に伴う大量の廃棄物の放出など，環境に多大な影響を与えている。

こうした行為に伴って，温室効果ガスが多量に生じる。IPCC の第 5 次評価報告書では，人類の産業活動などに伴って発生する人為的な温室効果ガスが地球温暖化の主因であり，なかでも二酸化炭素やメタンの影響が大きいと指摘している。

対応策・解決策

対策として，

① 地球温暖化の進行を食い止めること（緩和策），

② 地球温暖化による悪影響を個々の事象ごとに軽減すること（対応策）

が考えられる。

①は，温室効果ガスの排出削減策がおもな取り組みとなる。現在，気候変動枠組条約（p.202参照）によって温室効果ガスの削減に向けた国際的な取り組みを促すとともに，パリ協定（p.202参照）では温室効果ガスの排出量の削減目標を定めている。また，代替エネルギー（p.203参照）の開発，省エネ技術やエネルギー供給のさらなる効率化，廃棄物の熱利用と廃棄物による発電，炭素吸収量の拡大への取り組み，リフュースへの取り組みなど，さまざまな対策が考えられる。一方②の主要対策としては，防災への投資を拡大することが挙げられる。例えば，渇水対策，高温地域でも栽培できる農作物や栽培技術の開発，海からの高波被害を防止するための防波堤の設置などである。

しかしながら現状において，①②とも十分な効果を発揮しているとは言い難い。①については，いまなお温室効果ガスの排出量は増え続けているのが実情である。その原因として，アメリカが2019年にパリ協定から離脱するなど，各国の足並みがそろっていないことなどが挙げられる。②についても，対応策による効果は限定的であり，根本的な解決策とは言い難いのが実情ではあるが，さらにこれらの対策を確実に推進し，温暖化被害の軽減への取り組みを継続する必要があることはいうまでもない。

小論文にする時のポイント

地球温暖化は，環境に関する出題のなかでも最も重要なテーマである。入試では**現状の取り組みに対する評価と今後の対策**が頻出である。切り口はさまざまで，

① **消費者や生産者の取り組み**（例：「エネルギー依存をしない消費生活」，「企業の温暖化対策」など）

② **日本国内での取り組み**（例：「環境税（p.203参照）の導入」，「太陽光発電」など）

③ **国際的な取り組み**（例：「パリ協定の効用と問題点」など）

④ **各専門分野での取り組み**（例：「温暖化対策を踏まえた観光政策」など）

が代表例である。

いずれの課題に対しても，緩和策と対応策が考えられるが，取り組む主体（国際組織・国・地方自治体・企業・個人など）によって取り組める策が異なることに注意しておきたい。例えば，「個人レベルでの温暖化対策」という設問であれば，対応策は考えにくい（防災対策などは巨額の費用が必要であり，国や地方自治体が取り組むべきことである）から，緩和策としてリフュースへの取り組み（レジ袋の不使用やエコバッグの推進など）や省エネ製品の購入などを示すとよい。

また，こうした温暖化に関する回答として，「地球温暖化は人間のエゴイズムが原因で起こっているから，一人ひとりが温暖化を意識して生活すべきだ」などの**精神論に偏ったもの**や，「地球温暖化は人間の生産活動の拡大が原因で起こっているから，大量生産・大量消費に依存した生活を改めるべきだ」といった**経済への影響を考慮しないで短絡的に述べるもの**がある。もしこうした方向で論じるのであれば，前者であれば「個人が意識しないうちにも温暖化対策になっているようなメカニズムをどのように組み込むべきか」，後者ならば「環境保全と経済活動の維持・発展をどのように共存させるべきか」といった視点からの論述を含めることで，**できるだけ具体的かつ発展的な主張**を展開してほしい。

過去の入試問題例

例 地球温暖化対策に関する文章を読み，温室効果ガスの濃度を安定化させることが困難な理由について意見を述べよ。（駒澤大・経営学部）

例 現代の便利な生活は化石燃料が作り出すエネルギーに依存しているが，それ

は大気汚染など環境破壊の原因でもあり，二酸化炭素排出量を減らすために省エネをしなければならないと述べた英文を読み，石油にあまり依存せず生活を向上させるにはどうすればよいか，あなたの考えを述べよ。（専修大・経営学部）

例 世界各国の温室効果ガス排出量についての二つの図から読み取れることをそれぞれ簡潔に述べたうえで，環境問題に対する国際的な取り組みについて考察せよ。（京都府立大・公共政策学部）

例 気候変動の一因として考えられている温室効果ガスを削減するためには国際的な協力が必要であり，各国政府は気候変動を前提とした観光を考えなければならない。具体的に政府はどのような施策を講じるべきか。あなたの考えを述べよ。（琉球大・観光産業科学部）

関連キーワード

☑温室効果ガス

地球はつねに太陽からのエネルギー放射（日射）を受けていて，そのうちのある部分を宇宙空間に向けて反射している。**温室効果ガス**とは，地球から反射する太陽エネルギーのうち，**赤外線などの長波長部分を吸収する性質がある気体（ガス）の総称**である。これらのガスで地球がおおわれると，それが温室のガラスのはたらきをするため，地球から放出される熱が内側に蓄積され，地表の温度が上昇する。これが**地球温暖化**と呼ばれる現象である。

最も影響がある温室効果ガスは**二酸化炭素**である。大気中の二酸化炭素濃度を産業革命以前のそれと比較した場合，その増加量の75％以上が人類が使用した化石燃料に起因しているといわれている。次に影響力があるのは**メタン**であり，こちらは自然界に広く存在する。メタンは**天然ガスの採掘**によって地表に放出されるほか，植物などの**有機物の腐敗・発酵**によっても生じる。

そのほか，大気中濃度はそれほど高くないものの，温室効果が二酸化炭素の数千倍もある人工物質に**ハロカーボン類**があり，フロンガスなどがこれに該当する。ハロカーボン類は温室効果ガスとして直接的に作用するだけでなく，一部のハロカーボンが成層圏の**オゾン層を破壊すること**も知られている。

☑エアロゾル

大気中に存在する微小な液体または

固体のことをいう。一般的に液体状のものを霧・もや・煙霧・スモッグと呼び，固体状のものを粉塵・煤煙・煤塵と呼ぶことが多い。そのほか，火山灰や煤(すす)，中国からの黄砂，重金属の粒子などもエアロゾルの一種である。

これらの中で，化石燃料起源のものは健康被害だけでなく，大気汚染や酸性雨，オゾン層の破壊などの環境問題にも影響しているとして，長年問題視されてきた。その一方では，近年になってエアロゾルによる雲形成が地球寒冷化に効果があると発表されたこともあり，将来にわたる地球温暖化の正確な予測にエアロゾルが大きく関与する側面があるとして注目されている。

☑スターン報告

2006年10月に経済学者のニコラス=スターン博士がイギリス政府の要請に応じて発表した，気候変動に関する報告書のことをいう。このなかで，地球温暖化は深刻化しており速やかな対応が必要であること，対応しない場合には異常気象による損害額が世界の年間GDPの0.5～1％にも達し，温暖化が進むとさらに上昇することが述べられている。また，気候変動に対する早期かつ強力な取り組みによってもたらされる利益は，何もしなかった場合の損害額を上回ることを明記し，費用予測の例として，温室効果ガスを2050年までに現在の4分の3に削減した場合(二酸化炭素換算で500～550ppm)，年間GDPの1％程度のコストで対策が可能であるとしている。

なお，有効な対策としてバイオマス燃料やエネルギー貯蔵などを挙げているが，個々の対策だけで終わるのではなく，エネルギー供給全体のシステムを変える必要があること，国際的協調行動の条件を整える必要があることも記されている。

☑前　線

冷たい気団と暖かい気団の境界面が地表に接する部分のことをいう。前線全体としては，北半球では偏西風の影響を受けて西から東へ動いていき，前線通過時には天気だけでなく気温や風の変化を伴うことが多い。

前線には次の4種類がある。短時間で気温が急激に低下したり，激しい雨や突風を伴うことが多い寒冷前線，進行方向のおよそ300kmの範囲の地域に，連続した比較的穏やかな雨や雪を降らせることの多い温暖前線，状況により性質が寒冷前線寄りと温暖前線寄りに変化する閉塞前線，ほぼ同じ位置に停滞して長期間の雨をもたらす停滞前線の4種である。なお，梅雨前線や秋雨前線は停滞前線に属する。

☑侵　食

風・水・氷河・波などが岩や地層を削り取る作用のことをいう。リアス海岸やカルスト地形，氷河地形も侵食が影響してできた地形であり，それらの具体例として，アメリカのグランドキャニオン，トルコのカッパドキア，山口県の秋吉台が挙げられる。

侵食作用に関連して現在問題視されているのが，温暖化に伴う海面上昇による**低地の浸水**，河川に貯水ダムや砂防ダムを作ったことによる砂の流入量の減少に起因した**海岸の砂浜減少**などである。

☑IPCC

Intergovernmental Panel on Climate Change の略で，**気候変動に関する政府間パネル**と呼ばれる。

人為によって起こされる地球温暖化の科学的・技術的・社会経済学的な見地からの評価，ならびにその判断基準の提供を目的とした政府間機構のことで，1988年に世界気象機関（WMO）と国連環境計画（UNEP）が設立した。3つの作業部会および温室効果ガス目録に関するタスクフォースで構成されており，**気候システムや気候変化の科学的根拠**についての評価，**気候変化が社会経済や生態系に及ぼす影響とその対応策**に関する評価，**温室効果ガスの排出削減など気候変化の緩和オプション**についての評価を行う。

1990年の第1次評価報告書以降，5～6年おきに評価報告書が発表されている。最新のものは2014年の第5次評価報告書で，その中では**温暖化が人為起源である**可能性が極めて高いとし，21世紀末には世界の平均気温が1986～2005年と比較して0.3～4.8℃上昇し，海面は26～82cm上昇することが予測されている。また極端な高温や熱波，豪雨の増加などによって人々の健康や食料の安全が脅かされるリスクがあるとしている。

☑マラリア

蚊によって媒介される**マラリア原虫**が人体内に侵入して起こす疾患のことをいう。症状はおもに**発熱**で，短期間で重症化し，時には死に至ることもある。世界保健機関（WHO）によると，年間3～5億人の患者と，150～270万人の死亡者が予測されているが，その大部分は**アフリカの5歳未満の小児**であるとしている。それ以外にも東南アジアや南アジア，南太平洋諸島や中南米などで多くの発症例がある。

なお，現在のところ**マラリア原虫に対するワクチンは存在しない**ので，蚊に刺されないことが最も大切な予防策となっている。国内で承認されている予防薬もあるが，医師による処方せんが必要となる。

☑ デング熱

デングウイルスを保有した蚊(ネッタイシマカ，ヒトスジシマカ)を介して起こる感染症のことをいう。非致死性でインフルエンザのような高熱を引き起こすデング熱と，高熱と同時に皮膚の点状出血や鼻，口腔粘膜などの出血を引き起こし，重篤な場合は死に至るデング出血熱やデングショック症候群の2つの病態がある。

熱帯や亜熱帯の地域で見られ，世界保健機関の推計では，毎年5000万人が感染している。そのうちデング出血熱で入院が必要な患者数は小児を中心に50万人にものぼり，そのうちの2.5%が死亡するとしている。予防ワクチンは実用化されておらず，予防薬も存在しないことから，蚊の繁殖を抑えることが最大の対応策である。

☑ 生態ピラミッド

生物間の食物連鎖の関係を各段階の生物量で模式的に表したものをいう。各段階で利用できるエネルギー量と物質量には限りがあり，その量は下層ほど多いため，それらを積み上げた形がピラミッド形に似ることから，このように呼ばれている。

従来は地球上の生物は生態ピラミッドに沿って生息数を保ってバランスをとってきたが，頂点に立つ人類の人口が爆発的に増加したことによりこのバランスが崩れ，そのことで他の段階の生物層に対して多大なる環境負荷を強いた結果，生物多様性にダメージを与える事態を招いてしまった。

☑ 人口爆発

人口が急激に増えることをいう。この現象は19世紀末頃から始まって現在もなお続いている。国連推計によると，現在約77億人の世界人口は2050年には97億人に達するとしている。その背景として，医療技術の進歩により乳幼児死亡率が低下したこと，産業革命以後の工業化により技術革新が進んだこと，またそれにより穀物の生産力が高まり，人口増を許す状況にあることが挙げられる。

現在人口爆発を促しているのは主としてインドやサハラ砂漠以南のアフリカ諸国で，これらの国々の人口増加率は世界平均を大きく上回る。しかし，世界の人口増加率は近年鈍化してきており，今世紀末ごろ約110億人で頭打ちになると予想されている。今後は，世界的規模での高齢化が問題となってくる。

☑ かけがえのない地球（Only One Earth）

1972年にスウェーデンで開催された国連人間環境会議のキャッチフレーズである。

この会議は国際会議としては初めて環境保全に関する取り組みを議題として行われ，会議の成果を人間環境宣言（ストックホルム宣言）として採択した。この宣言は，人間環境の保全と向上に関して，世界の人々を啓発・指導するための共通の見解と原則を示している。なお，この宣言は国際環境法の基本文書とされ，ウィーン条約や気候変動枠組条約に再録されている。

☑ 気候変動枠組条約

1992年の地球サミットにおいて気候変動枠組条約（地球温暖化防止条約）が締結され，温室効果ガスの排出量を1990年レベルに戻すことを目標とした。2019年現在197か国・機関が加盟している。

具体的には，締約国に共通ではあるが差異のある責任，開発途上締約国などの国別事情の勘案，速やかで有効な予防措置の実施などを原則とし，先進締約国（日本，アメリカなど40か国とEU）に対しては温室効果ガス削減に向けての施策などを義務付けた。

なお，同条約に基づいて，1995年より毎年，気候変動枠組条約締約国会議（COP）が開催されている。

☑ 京都議定書

1997年に京都で開催された第３回気候変動枠組条約締約国会議（COP3）において採択された，先進国に対して温室効果ガス排出削減の数値目標を定めた議定書のことをいう。この時，排出権取引（削減義務を超えて温室効果ガスを削減した国は，余剰分の権利を他国に売却できる仕組み），クリーン開発メカニズム（先進国が途上国で行った事業による温室効果ガス削減分を，自国の削減分に含めることが許される制度）などが定められた（京都メカニズム）。地球温暖化に関する世界で初めての国際協定であったが，削減義務を負うのが先進国に限られること，2012年までの短期的目標であることなどの問題点があった。

☑ パリ協定

2015年に第21回気候変動枠組条約締約国会議（COP21）において採択された，気候変動抑制の枠組みを定めた国際協定。先進国，発展途上国を問わず，すべての国が参加し，産業革命前からの世界の平均気温上昇を２度未満に抑え，平均気温上昇1.5度未満を目指すことがおもな内容である。締約国は，削減目標を作成・提出・維持する義務とその削減目標を達成するための国内対策をとる義務を負う。日本の場合，2030年までに，2013年比で，温室効果ガス排出量を26％削減することを目標としている。2019年時点での批准国は187か国に及んでいるが，2019年11月にアメリカがパリ協定から脱退した。

☑代替エネルギー

現在主力となっている**化石燃料や原子力によるエネルギーに代わるもの**をいう。その対象としては，従来から存在する**風力・地熱・太陽熱**を利用したもののほかに，近年開発された**太陽光発電**，**バイオマス発電**や**バイオマス熱利用**，**バイオマス燃料**，**温度差エネルギー**，**燃料電池**などもこれに含まれる。

代替エネルギーはいずれも，空気中の二酸化炭素量を増加させない，あるいは大気汚染物質の排出を抑えるなどの効果が確認されている。しかし，導入や運用にコストがかかるなどの問題点があり，**代替エネルギーへの転換や普及のスピードは緩やかである**。

☑環境税

環境保護対策を強化することを目的とした税のことをいう。その中には，ガソリンなどのように環境に負担をかける物質そのものに対して課税する方法と，環境保護を目的に国民や企業に直接課税する方法とがある。

1990年に世界で初めてフィンランドで，いわゆる**炭素税**として環境税の課税がスタートしたのを皮切りに，ヨーロッパの各国を中心に導入が進んでいる。導入済の国では温室効果ガスの削減を実現していることから，**地球温暖化対策として有効とみなす**一方で，化石燃料の価格上昇により**経済活動全体への悪影響を懸念する見方**もある。

日本では，2012年から地球温暖化対策税が導入されている。

☑オゾン層の破壊

成層圏内に存在する**オゾン濃度が高い層（オゾン層）が破壊されること**をいう。破壊の原因物質は**フロンガス**である。フロンガスは紫外線で分解され，その際に遊離した塩素が触媒となってオゾン濃度が減少するといわれている。北極や南極上空では，春にオゾン層の濃度が下がり穴があいたようになる現象（**オゾンホール**）が見られている。

オゾン層は，**太陽から注がれる紫外線を遮蔽する役割**を担う。紫外線はタンパク質を変性させる性質を持ち，皮膚の老化やDNAの損傷を起こすほか，皮膚がんのリスクを増大させたり，目の炎症や白内障の発症といった**健康への影響**が懸念されている。

1985年にウィーン条約にてオゾン層保護のための枠組みを定め，1987年に特定フロンおよび代替フロンの使用禁止が求められた(**モントリオール議定書**)。

☑酸性雨

大気汚染が原因となって，**酸性の雨が降る現象**のことをいう。

化石燃料などの燃焼によって生じる**硫黄酸化物**(SOx)，**窒素酸化物**(NOx)などが雲粒や雨粒に吸収されて，酸性雨となる。これらの酸化物は空気中で飛散するため，風で長距離を移動し，**広範囲に影響を与える**ことが多い。ヨーロッパでは酸性雨によって**森林破壊や湖の酸性化による魚の死滅**が発生したほか，**建物や文化財の腐食**などが起こっている。

1979年に**長距離越境大気汚染条約**が締結された。それによって，硫黄酸化物の1980年度比30％削減(**ヘルシンキ議定書**)や窒素酸化物の1987年時点の排出量水準での凍結(**ソフィア議定書**)など，具体的な措置が講じられている。

☑砂漠化

もともと植物が生息していた土地が，**植物の生育に適さない土地となる現象**のことをいう。

砂漠化の背景には，過度な森林伐採や過度な農業のほか，焼畑農法による過度な開発など，**行きすぎた農業や経済活動**がある。さらに，人口爆発による人口増加で過放牧や過耕作を行わなければならないという事情も重なって，さらなる砂漠化や干ばつが起こり，その結果として飢餓を生んだ。

1996年に**砂漠化対処条約**が発効し，先進国は砂漠化防止に対する積極的支援と資金提供が義務付けられるとともに，特に砂漠化の激しいアフリカに対して具体的な行動計画の策定が求められた。また，他地域でも行動計画を策定することになっている。

☑森林破壊

過度な森林伐採により，**森林が失われていく現象**のことをいう。森林が失われると，保水力が低下し，養分を含む土壌の流出や，山崩れや洪水を引き起こす。また，生態系を乱し，森林に生息する動植物に影響を与える。さらに，光合成によって二酸化炭素を取り込むはたらきをする森林が減少するため，**地球温暖化の原因**となる恐れがあることも指摘されている。

森林破壊の背景には，木材の過剰な伐採のほか，薪や炭の材料としての過剰伐採，過度な開発事業などがある。

☑海洋汚染

海の水が廃棄物などで汚染される現

象のことをいう。海洋汚染は，産業排水や生活排水，船舶からの原油の流出，廃棄物の投棄，森林伐採に伴う土砂の流入などによって起こる。

汚染に伴って有機物や栄養塩が蓄積され，その結果海の生態系を乱したりすることのほか，生活排水による富栄養化によって赤潮や青潮が発生したり，廃棄物や土砂の流入によって海洋生物の産卵場所が減少したりする。また，有害物質の排出は，流出時には低濃度であっても，食物連鎖によって生物濃縮が起こり，最終的にはかなりの高濃度になることが多い点が問題となる。

1972年にロンドン条約が採択され，有機ハロゲン・水銀・カドミウム・プラスチック・放射性物質などの有害物質の海洋投棄を禁止した。日本は1980年にこの条約を批准した。

また近年，海洋を漂流したり海岸に漂着したりしている海洋ごみ(海ごみ)の問題が深刻化している。中でも，プラスチックごみが風化して細かくなったマイクロプラスチックは，生物によって分解されず半永久的に蓄積されるため，生態系への影響が懸念されている。

☑汚染者負担原則
(Polluter Pays Principle；PPP)

汚染物質を排出する者が，公害防止対策費や，汚染された環境を元に戻す費用を負担すべきだという考え方のことをいう。1972年にOECD(経済協力開発機構)が提唱した。

OECDのPPPは，国際貿易上の競争を公正に行うための原則として掲げたものである。外部不経済の内部化(次項目参照)のための費用は汚染した者が支払うべきであり，税金からの費用捻出は公平とは言い難く，非効率であるという立場である。日本でも公害問題の反省からPPPを公害対策の原則とするようになり，公害防止の費用や健康被害の補償を事業者が負担する制度が整えられた。

☑外部不経済の内部化

環境に負荷を与えることが考えられる場合，その対策費用の負担を市場のメカニズムに組み込むことをいう。

これまでは，個人の消費活動や企業の生産活動によって環境汚染や被害が発生したにもかかわらず，処理費用や補償費用を社会全体で負担していた。この状況は，汚染者は利益を得るのに対して，社会全体には負担が強いられるわけであり，平等や公平とは言い難い。このようなことから，環境に負荷を与える製品やサービスに対しては，その価格にそれらの費用を上乗せすることで，受益者に負担させようという考えが生まれた。

答案例

問題 地球温暖化の原因と個人レベルでできる対策について，あなたの意見を述べよ。**600字以内**

模範回答 地球温暖化は，異常気象や水資源の格差拡大，浸水被害，感染症の拡大，生物多様性への影響など，さまざまな問題を引き起こす。地球温暖化のおもな原因は温室効果ガスの増加にあるといわれている。（以上，第1段落）

温室効果ガスの増加の原因は，人間によるエネルギーの過剰消費にある。その背景には，人口爆発による人口の増加がある。人口の増加による大量生産・大量消費に伴う資源の多用や廃棄物の放出などは，環境に多大な影響を与える。特に，化石燃料の燃焼で生じる温室効果ガスは，気温の上昇のほかに海面の上昇や気候の変化も引き起こし，生態系の崩れや異常気象の増加，農林水産業への影響などが懸念されている。（以上，第2段落）

こうした重大な問題に対応するために，今後は地球温暖化の進行を食い止めることが求められる。そのために個人レベルで行える対策としては，レジ袋の使用を控えることなど，リフューズへの取り組みが考えられる。ほかには，代替エネルギーや省エネ製品の積極的利用，植林や自宅の緑化をして二酸化炭素吸収を増やす取り組みなども考えられる。個人レベルで行える対策による効果は決して大きくはないが，それらを多くの人が継続して行うことが大切であると考える。

（以上，第3段落）

解説 第1段落：意見の提示…地球温暖化の原因を示すとともに，その影響を簡潔に述べている。

第2段落：理由説明…人口増加を温室効果ガスが発生する要因として示し，その影響についても説明している。

第3段落：意見の再提示…どのような対策が個人レベルで行えるのかを具体的に示すとともに，それらを多くの人が継続して行うことが大切だと結んでいる。

循環型社会

出題頻度→ 経済 商・経営 国際・学際 ★★

定義

循環型社会とは，**資源を再利用することによって廃棄物の排出量を減少させ，資源の有効利用を目指す社会**のことを指す。生産→消費→廃棄→再利用→生産という資源の循環をイメージして名付けられた。

2000年に制定された**循環型社会形成推進基本法**では「製品等が廃棄物等となることが抑制され，並びに製品等が循環資源となった場合においてはこれについて適正に循環的な利用が行われることが促進され，及び循環的な利用が行われない循環資源については適正な処分が確保され，もって天然資源の消費を抑制し，環境への負荷ができる限り低減される社会」を**循環型社会**と定義している。

必要性

市場経済では，企業が資源やエネルギーを用いて作った製品は，市場を介して消費者に引き渡され，消費者の使用後はごみや廃棄物となる。**地球は物質的に閉鎖している**(資源は地球外から持ち込めず，ごみや廃棄物は地球外に排出できない性質がある)ので，このままでは資源は枯渇する一方，地球上にはごみや廃棄物が滞留し続けることになる。また，廃棄物の発生の根源をたどれば企業の生産活動に至ることから，製品を生産する過程でも，消費者の手に渡った後でも，ごみや廃棄物が発生するのである(**内部不経済の外部化**)。このことから，ごみや廃棄物を再資源化したりエネルギー化すること(**循環システムの構築**)によって，これらの問題を解消することが求められているのである。

必要性の背景

産業の発展に伴い，20世紀の生活様式として**大量生産・大量消費・大量廃棄型の社会**が構築された。確かにこうした経済や社会の活動は，人類に豊かさや利便性をもたらした。しかし，限られた資源を大量に消費し，それに伴って廃棄物が蓄積され，環境に大きな影響を与えてきた。例えば，多量のエネルギーを消費することで二酸化炭素を排出したために，**地球温暖化**(p.194参照)を引き起こしたことなどは，その典型的なものである。

こうした反省から，地球資源を有効に活用するとともに，使用済みの製品や素材を適切に処理したり再利用することによって，**環境への負荷を軽減する仕組みづくり**の必要性に迫られたのである。

対応策・解決策

ごみや資源の循環システムを構築するために，**再利用**(リユース)・**再資源化**(ケミカルリサイクル・マテリアルリサイクル)・**エネルギー化**(サーマルリサイクル)への取り組みが欠かせない。しかしながら，それぞれの過程においてエネルギーを必要とすることやコストがかかることが問題視されている。例えば，製品から不純物を取り除いて再利用する場合，大量のエネルギーを必要とするケースがある。場合によっては，新たに製品を作るよりもリユースやリサイクルの方がコスト高になることもある。よって，循環システムの構築にあたっては，

① **資源利用量の削減**(リデュース，p.211参照)**を進めること**
② **リユースやリサイクルの際に用いる資源やエネルギーを削減すること**
③ **資源やエネルギーが最も少なくてすむ方法を選択すること**

が必要となる。

その実現のために必要なのが，**3Ｒ**(p.211参照)を推進することであろう。具体例としては，梱包材の簡素化(リデュースの例)，設備や材料の再使用(リユースの例)，分別収集の徹底(リサイクルの例)などが挙げられる。これらの対策を**ゼロ・エミッション**(p.211参照)という名のもとに総合的に取り組む企業も増えている。

また，製品の製造から廃棄に至るまでのライフサイクル(原料採取→製造→流通→使用→リサイクル・廃棄)のすべての段階において，**環境負荷を低減する取り組み**も併せて行う必要がある。例えば，従来の丈夫なリユースびん(洗浄・殺菌をして再使用するびん)をワンウェイびん(再使用でき

ないびん）に変更した飲料メーカーがある。それは，LCA（p.213参照）によって，前者での資源使用量（洗浄・殺菌の工程や重いびんを輸送する際の資源利用量）と後者での資源使用量（ワンウェイびんを原料にして再びびんを作成する際の資源利用量）とを比較した結果，後者の方が省資源になるという結果が出たからである。

小論文にする時のポイント

入試では，循環型社会やゴミ問題をテーマに取り上げ，**その原因や社会的背景，解決策**を論じさせるスタイルの出題が多い。その時，廃棄物の排出の原因を指摘し，その背景が市場経済や国際経済にあること，市民や企業の「やる気（自由意思）」に頼らず，国の政策として環境保全の仕組みを築き上げることが理想的な解決策であることなどを論じておきたい。また，**循環型社会の構築**について具体的に論じるには，それぞれの**具体的問題の原因や循環型社会のメカニズム**を正しく理解しておくことが必要になる。

過去の入試問題例

例　講義に基づいて，資源リサイクルを推進することの是非をグローバルな視点から論じよ。（青山学院大・国際政治経済学部）

例　地球資源の無駄づかいをしないために，現在どんなリサイクル活動がなされているかを観察し，さらに今後どんな方向にそれが進んでいけば良いかを提案せよ。（東海大・海洋学部）

例　環境問題は国境を越えた取り組みが必要となる。地球温暖化現象から地球を守るために，二酸化炭素等の温暖化ガスの抑制・削減や，新エネルギーの導入促進などを求める動きが加速してきている。また，資源循環型社会へ向けての一人ひとりの意識改革が求められている。あなたは地球環境問題についてどのように考えるか。（流通経済大・商学部，情報学部）

例　循環型社会という言葉が世の中では珍しくなくなった。駅などでも分別廃棄されるようにゴミ箱が設置されている。ペットボトル素材からフリースという洋服も出来るようになり，資源のリサイクルについて多くの人々が理解するようになった。リサイクル法も整備されつつある。このような情勢をふまえて，あなた自身はリサイクルについてどのように考えているのか，述べよ。

（追手門学院大・経営学部）

関連キーワード

☑循環型社会形成推進基本法

日本における**循環型社会の形成**を推進するための基本法で，2000年に制定された。形成すべき循環型社会の姿として，廃棄物などの発生を抑制すると同時に，循環資源の利用や適切な処理によって，天然資源の活用を低減し，**環境への負荷が少ない社会**と明確に提示した。

また循環資源を，法の対象となる廃棄物などのうち有効活用できるものと定義し，リサイクル推進を定めている。この法律の最大の特徴は，**廃棄物処理の優先順位を初めて法定化したこと**で，それを**発生抑制・再使用・再生利用・熱回収・適正処分**の順としている。それとともに，事業者と国民の「**排出者責任**」と，製品が廃棄物となった後まで生産者が責任を負う「**拡大生産者責任**」を明確化した。

☑持続可能な社会

持続可能な開発（自然や資源利用のスピードを考慮し，管理しながら利用することによって，将来の世代にも公平になるように地球環境を維持すること）が実現している社会のことをいう。1992年にブラジルのリオ・デ・ジャネイロで開かれた国連環境開発会議で「持続可能な開発」という考え方が登場したことに由来する。2002年の持続可能な開発に関する世界首脳会議，および2012年の国連持続可能な開発会議でその実施計画が採択されるなど，**環境保護のための基本的な指針**として，現在世界中で認知されている。

持続可能な社会は，想定場面や想定する人により考え方に違いが見られることがある。しかし，環境の恵みの永続的な維持，生物と人間の共栄共存を図ること，浪費を避けた新しい発展の実現，環境維持のために協力の推進を実現していくなどの点で共通している。

☑SDGs

2015年の国連サミットで採択された

2016年から2030年までの国際目標。SDGsとは「Sustainable Development Goals（持続可能な開発目標）」の略称で，2000年の国連サミットで合意されたMDGs（ミレニアム開発目標）に代わる目標である。2030年までに先進国，新興国，途上国も，国，企業，NPO，個人も，あらゆる垣根を越えて協力しよりよい未来をつくることを目指す。

持続可能な世界を実現するために**17のゴールと169のターゲット**を定めている。17のゴールは，「貧困をなくそう」「飢餓をゼロに」「すべての人に健康と福祉を」「質の高い教育をみんなに」「ジェンダー平等を実現しよう」「安全な水とトイレを世界中に」「エネルギーをみんなに，そしてクリーンに」「働きがいも経済成長も」「産業と技術革新の基盤をつくろう」「人や国の不平等をなくそう」「住み続けられるまちづくりを」「つくる責任，つかう責任」「気候変動に具体的な対策を」「海の豊かさを守ろう」「陸の豊かさを守ろう」「平和と公正をすべての人に」「パートナーシップで目標を達成しよう」。その下に細かい目標が合計169個定められている。

☑ゼロ・エミッション

あらゆる廃棄物を原材料とし，**廃棄物を一切出さない資源循環型の社会システム**のことをいう。1994年に国連大学が提唱した。

本来の意味は社会システムだが，現在では環境管理の国際規格ISO14001の普及に伴い，独自にゼロ・エミッションに取り組む企業が増えたため，**企業の生産活動から出る産業廃棄物をリサイクルなどによって最終的にゼロにする**といった内容を指す場合もある。日本では経済産業省と環境省がゼロ・エミッションを基本構想として地域振興を推進する**エコタウン事業**を1997年に創設，2015年までに26地域が承認され，両省の支援を受けてゼロ・エミッションに取り組んでいる。

☑3R

リデュース（reduce；ごみの発生抑制），**リユース**（reuse；再使用），**リサイクル**（recycle；再資源化）の頭文字。

2000年に循環型社会形成推進基本法において，上記の3Rに加えて，**サーマルリサイクル**（熱回収）と**適正処分**を下位におき，廃棄物の優先順位を定めた。また，3Rに**リフューズ**（refuse；ごみになるものを拒否する）や**リペア**（repair；修理して使う）を加えて，4Rや5Rと呼ぶ場合もある。

このような3Rを浸透させるためにさまざまな活動がなされている。また，2004年の主要国首脳会議において，当時の小泉首相が3R活動によって循環型社会の実現を国際的に推進する**3Rイニシアティブ**を提唱，国際的に3Rに取り組むことが承認された。

なお，アフリカ女性初のノーベル平和賞受賞者ワンガリ=マータイさんが，資源の有効活用と環境保護を訴える言葉として**MOTTAINAI**（もったいない）を世界中に紹介したが，その背景にはこの3Rイニシアティブがある。

☑リデュース

必要のない消費や生産を減らす，もしくは行わないことをいう。3Rの中でも一番優先順位が高く，環境負荷の低減のために最も有効とされている。

リデュースの例として，過度な包装を避け簡易的な包装にすること，使い捨ての容器の利用を減らして再使用ができる容器(水筒など)を利用すること，などが挙げられる。ごく身近な例としては，無駄なものをもらわないことや購入しないことは，生産そのものを抑制することにつながるリデュースの1つである。

☑リユース

一度使用されて不要になった物をそのままもう一度使うことをいう。リユースは，加工などのためのエネルギー利用がなくそのまま製品を再使用するので，リサイクルに比べて環境負荷が低い。具体例としては，一度使用されたボトルをまた洗浄して使用すること(いわゆるリターナブルビン)，バザーやフリーマーケット，あるいはリサイクルショップなどで製品を購入して再使用することなどが挙げられる。

☑リサイクル

廃棄物や不要物を回収して再資源化し，**新たな製品の原料として利用すること**をいう。

リサイクルの例として，アルミ缶を回収して再度アルミ缶を製造すること，スチール缶を回収して新たなスチール缶を製造したり鉄骨や鉄筋などの建設資材として利用すること，ペットボトルを回収して繊維の材料とすることなどが挙げられる。

リサイクルを促進するために，資源の有効な利用の確保および廃棄物の抑制と環境保全を図る**資源有効利用促進法**が2000年に制定された(1991年制定の再生資源利用促進法を改正)。また，ペットボトルやダンボールなどの容器包装廃棄物を分別回収し，適正処理および資源として有効利用することを目的とした**容器包装リサイクル法**，家電製品から有用な資源の再生化を図る**家電リサイクル法**，使用済みの自動車から有用な資源の再生化を図る**自動車リ**

サイクル法，食品関係者における食品廃棄物の排出抑制を図る食品リサイクル法，建築資材の分別化や再資源化を図る建設リサイクル法なども施行されている。

☑ケミカルリサイクル，マテリアルリサイクル，サーマルリサイクル

これらはいずれもリサイクルの方法である。ケミカルリサイクルとは，使用済みの資源をそのまま再利用するのではなく，化学的に分解して別の化学製品の原料として再利用することをいう。マテリアルリサイクルとは，廃棄物をそのまま原料として再利用することをいう。サーマルリサイクル(熱回収)とは，廃棄物を焼却処理した際に発生するエネルギーを利用することをいう。ケミカルリサイクルやマテリアルリサイクルが不可能となった場合に行われるリサイクル方法である。

廃プラスチックを例にとれば，使用済みのプラスチック容器などをそのまま利用することがマテリアルリサイクル，化学的に分解して新たなプラスチック製品にすることがケミカルリサイクル，そのいずれもできずに燃料化することがサーマルリサイクルである。

☑LCA (Life Cycle Assessment)

製品について，製造から廃棄あるいは再利用に至るまでのすべての段階における環境への影響を科学的・定量的・客観的に評価することをいう。この評価を行うことによって，企業側は環境負荷の低減を図るとともに，生産過程の最適化による経済的・経営的合理化を図ることもできる。また，消費者側は環境負荷の少ない商品を選択することで環境負荷の低減に貢献するとともに，消費者ニーズとして企業側に環境への配慮を促すことにもつながる。

なお，LCA は ISO14040において環境評価として規格化されている。

☑バイオマス

石油や石炭などの化石燃料を除いた生物由来の再生可能な有機性資源のことをいう。主として，廃棄物系バイオマスと資源作物系バイオマスがある。

廃棄物系のものとしては家畜の排泄物・生ごみ・建築廃材・下水汚泥などがある。一方，資源作物系のものとしてはサトウキビやトウモロコシ，ナタネなどの作物が該当する。古くより行われてきた薪・炭・落ち葉などを燃料にするといったものから近年開発が進んでいるサトウキビやトウモロコシをエタノールに代えて活用するといったものまで，利用のしかたはさまざまである。燃焼時に大気中の二酸化炭素を増加させないことが最大の特徴である。

答案例

問題 循環型社会の推進について，あなたの考えを述べよ。**600字以内**

模範回答 産業の発展に伴い，20世紀の生活様式として大量生産・大量消費・大量廃棄型の社会が構築された。人類に豊かさや利便性をもたらした一方で廃棄物の蓄積や資源の大量消費など，環境に大きな影響を与えてきた。今後は循環型社会を推進して地球資源を有効に活用するとともに，環境への負荷を軽減すべきだ。

(以上，第1段落)

資源は地球外から持ち込めず，ごみや廃棄物は地球外に排出できないので，この仕組みのままでは資源は枯渇し，ごみや廃棄物は地球上に滞留し続ける。その結果，生活環境は悪化し，環境からの恩恵を受けられなくなる。よって我々は，滞留するごみや廃棄物をできるかぎり再資源化・エネルギー化して循環型社会の形成につとめなければならない。

(以上，第2段落)

今後，ごみや廃棄物の循環システムを構築するためは，それらを再資源化・エネルギー化するための具体的な取り組みが欠かせない。しかしながら，いろいろな過程において，エネルギーが必要となることやコストがかかることが問題視されているので，それらをできるかぎり削減しながら進めることが求められる。具体的には，リユースやリサイクルの際に使用する資源やエネルギーを削減すること，資源やエネルギーをできるだけ用いない方法を選択することなどである。

(以上，第3段落)

解説

第１段落：意見の提示…産業の発展に伴う恩恵は肯定しつつも，環境への影響を考慮しながら循環型社会の推進をすべきであるという主張を述べている。

第２段落：理由説明…資源の枯渇とともに廃棄物が滞留することが問題であることを根拠として，循環型社会形成の必要性を説明している。

第３段落：意見の再提示…今後，循環型社会を構築するためには，処理過程のエネルギーやコストがかかる点が問題であるから，それらができるだけ少なくてすむ方法を用いて行うことの必要性を述べている。

生物多様性の危機

出題頻度→ 社・福祉 国際・学際 ★★ 法・政 経済 ★

定義

生物多様性とは，地球上にさまざまな生物が存在していることを指す言葉である。より詳細にいえば，ある地域において，

① 生態系の多様性(森林・山地・河川・湿原・海洋といった自然の種類が多様であること)

② 種の多様性(動物・植物・微生物といった種が多様であること)

③ 遺伝子の多様性(個体それぞれが異なる遺伝子を持つこと)

が備わっていることをいう。

生物多様性は約5億4000万年前のカンブリア大爆発(p.220参照)の頃に始まったといわれている。また，現在地球上に存在する種の数は，推計には幅があり，300万種から1億種以上ともいわれている。しかし，近年になって生物多様性が崩壊しつつあり，種が減少したり絶滅したりしている。IUCN(国際自然保護連合)のレッドリスト(p.220参照)には，約3万種が絶滅危惧種として挙げられている(2019年版)。また，1年間に4万種が絶滅しているという推定や，1年に生物全体の0.01～0.1%の種が絶滅しているという警告もある。いずれにせよ，科学者によって内容はさまざまであるが，生物が絶滅するスピードが速まっているという指摘においては一致している。

問題点

2012年に閣議決定した生物多様性国家戦略(p.220参照)では，生物多様性に関する次のような「4つの危機」を掲げている。

① 開発など人間活動による危機

② 自然に対する働きかけの縮小による危機

③ 人間により持ち込まれたものによる危機

④ 地球環境の変化による危機

①は，生物の乱獲や過剰採取が行われたり，埋め立てや森林伐採などによって**生息地や生育地の破壊や環境悪化が起こっている**ことを指している。また，河川整備や農地開発によって，氾濫原(p.221参照)や草原，湿地などが消えたこともその要因といわれている。

一方②に関しては，**自然に対して人間の働きかけが減少していることによる**ものだとされる。例えば，木炭の材料や木材を得るために人間が手入れした森林には，結果的に人間が生態系を撹乱したことで多様な生物が生息・生育していた。しかし，木炭や木材の需要縮小で人の手が入らなくなると，森林が荒れて多様性を失うとともに，**涵養機能**(p.221参照)や**土砂流出防止機能**が低下したほか，生物の生息・生育環境の質も低下した。

③は，人によって，本来はそこにいない生物がほかの地域から持ち込まれ，**生物相**(p.221参照)や**生態系**を乱す原因となっていることを指す。例えば，侵略的外来種(p.222参照)が在来種を駆逐してしまったり，外来種と在来種の間に雑種が生まれることによって遺伝子が変化したりすることがある。その場合，病気の抗体が失われることもある。一度持ち込まれた外来種を完全に駆除することは難しく，行うとしても多大なコストが必要となる。また，生物多様性が崩壊すると，人間をはじめ多くの生物が**生態系サービス**(p.222参照)を受けられなくなる。例えば，資源・食糧・薬品の原料の枯渇を招いたり，災害を受けやすくなったりする。

④に関しては，主として**地球温暖化**によるものである。気温の上昇により，強い台風や局地的豪雨の発生など，これまでに経験したことのないような天災に見舞われることが増えている。また，急激な気候変動により，それまで生息していた地域の気候が生息に適さなくなり，生物が生きていけなくなる，作物の成育が悪くなるなどの影響も出ている。これらは，人間活動が原因ではあるが，地球規模での危機であり，その影響は広域で直接的な原因の特定が難しい点で第1の危機とは異なる。

問題点の背景

こうした危機の背景には，**①経済発展**，**②山間部の人口減少と自然資源の利用実態の変化**，**③グローバル化**(p.294参照)，**④地球温暖化**(p.194参照)

があるといわれている。

①に関しては，戦後の経済成長に伴って工業化が進み，**土地の用途が変化したことがある**。例えば，干潟を工業用地へ転用するための干拓事業などはその代表的な例である。現在では，干拓で明治時代と比べて湿地が6割以上も消失したり，自然海岸が半数以下になったりしている。特に，戦後以降に**生物がすむ環境の様相が大きく変化した**。また，経済的な利益のために生物の乱獲(クジラやマグロなど)が行われたこともあった。

②に関しては，主たるエネルギー源が木炭から化石燃料や電気へと変化したことと，安価な輸入木材が多用されるようになったことなど，**わが国における生物由来の資源利用量が減少したことがある**。その結果，**間伐や火入れ**(p.223参照)などを行って山林を管理することがなくなり，山林が放置されるようになったのである。

③に関しては，特に高度成長期以後において**グローバル化**が進んだことによって，ヒト(入国と出国)とモノ(輸入と輸出)の流動化が激しくなった。その結果，人や物と一緒に動植物が移動するため，**その地域にはいなかった外来種が移りすむことが多くなった**。帰化生物と呼ばれているものがそれである。そのほかにも，例えばペットなどのように，珍しい動物を輸入することも多くなってきた。今後も特に新興国と呼ばれる地域の経済発展に伴って，**人やモノの出入りはさらに増加する**と考えられる。

④に関しては，人類が豊かな生活を営もうとする活動によって，地球規模でほかの生物が影響を受けている場面が数多く見られる。もっといえば，**人類が利己的に活動すること自体が地球温暖化の背景にある**ともいえる。

対応策・解決策

こうした問題に対処するためには，生物多様性の保全が欠かせない。具体的には，①**自然環境の正しい理解**，②**持続可能な開発と資源の利用**，③**侵入予防措置の徹底**，④**世界的な取り組み**などである。

①に関しては，**その地域にどのような生物種がどれくらい生息しているのかを正しく把握する**ところから始まる。それがわかれば保護区などを設

けて開発や利用を制限したり，開発の際には生物種を保護するような計画を義務づけたりすることができる。

②に関しては，その地域の生物量と繁殖率や生育のスピードなどを調べ，その結果をもとにして**収穫量をコントロールすること**(例えば，漁獲量や木材の伐採量を管理することなど)が行える。

③に関しては，**法的手段を用いて侵入を防ぐ**ことが挙げられる。日本では特定外来生物被害防止法(p.222参照)によって，外来種の持ち込みが規制されている。しかし，輸入製品に付着した生物などのように意図せずに侵入することもあり，完全に防ぐことは難しい。

④に関しては，広域での影響であるため，単独の国や地域だけで対応することは難しい。国連などの場で，**世界的な取り組み**をする必要がある。ただ，地球環境に悪いからといってすべての開発を止めてしまうことはできない。生物多様性に配慮し生態系サービスの恩恵を受けつつ開発を続けていけるような，**人間と自然が共生できる社会**を全世界的に目指すことが大切になってくる。

一方で，**生物多様性の意義や価値**が一般市民に理解されているかどうかを疑問視する人もいる。それに関して現在，**FSC**（森林管理協議会，p.223参照）や**MSC**（海洋管理協議会，p.223参照）などが啓発活動を行っているものの，さらなる活動が求められる。また，生物多様性の把握が十分にされておらず，科学者による一層の研究活動も必要とされている。

小論文にする時のポイント

入試では，**生物多様性や生態系を維持する方法**について尋ねる問題が多い。こうした出題に対して，例えば「生物多様性の危機といわれているが，それを負の側面として捉える必要はない。食物連鎖と生態ピラミッドによって自然に生態系のバランスが確保されるようになる」などと，生物多様性の現状に対して危機感を持たない方向での論述は好ましいとはいいがたい(ただし，これが「生物多様性の危機という主張に対する是非を述べよ」という設問ならば，こうした主張も成立する)。このような設問に対しては，**基本的に生物多様性の崩壊について危**

機意識を持っているという立場で主張を展開しておきたい。

また，今後の対応策を述べる時，「生物多様性を保全するためには，経済活動を優先する姿勢を改めるべきだ」とか，「人間のエゴイズムを排し，環境を保全するように生きていくべきだ」などと，**環境保全の側面だけで語ることは好ましくない**。我々の生活はさまざまな経済活動によって支えられていることを認識し，**経済活動と環境保全との両立を目指す方向**で論じたい。

過去の入試問題例

例 生物多様性に関する講義を受け，内容を要約し，生物の多様性を守ること，すなわち自然を守ることに対するあなた自身の考えを述べよ。

(昭和女子大・人間社会学部)

例 近年，住宅地や市街地にもクマが現れるようになったこと，クマが森林生態系の維持に重要な役割を果たしていることについて述べたあと，クマの異常出没を機に，豊かな森を捨てて天敵である人間のいる里に下りて来ざるを得ないクマのことを考えたいと述べた新聞記事を読み，あなたの意見を述べよ。

(静岡福祉大・社会福祉学部)

例 鳥が生態系の中で持っている役割について述べた文章，および生態系サービスについて述べた文章を読み，日常生活を送るなかであなたが考える生物多様性について，述べよ。

(山口大・経済学部)

関連キーワード

☑ホットスポット

ある生物の本来の生息地の70％以上が消滅し，**生物多様性の観点からその保全が最優先されるべき地域のこと**をいう。イギリスの環境学者ノーマン=マイヤーズ博士が1988年に提案し，2000年の論文によって世界中で認知されることとなった。2017年の再評価時では，**世界のホットスポットは日本を含む36箇所**で，地球のわずか2.4％の地表面積でありながら，植物の50％，両生類の60％，は虫類の40％，鳥類・ほ乳類の30％がこの地域にしか生息していないと報告された。

近年の研究では深海もホットスポットであることが明らかになり，深海熱水噴出孔には高密度で生物が潜んでおり，新種や珍種も発見されている。

☑カンブリア大爆発

5億4000万年前のカンブリア紀に突如起こった，**生物の種類が爆発的に増えた現象**のことをいう。カンブリア紀より以前の時代には見られなかった外骨格を持った動物や脊索動物などが出現し，現在の主要な動物門はこの時期に形成されたといわれている。

☑IUCN（International Union for Conservation of Nature and Natural Resources；国際自然保護連合，自然及び天然資源の保全に関する国際同盟）

1948年に設立された世界最大の**国際的自然保護機関**のことをいう。2017年現在，89の国，129の政府機関，1163の非政府機関(NGO)が会員となり，約1万人の科学者や専門家が協力関係にある。日本は1995年に国家会員として加入したほか，環境省と16のNGO団体が会員となっている。

自然および生物多様性の保護や持続可能な社会の実現を目的とし，学術調査データの提供，啓蒙活動，政策提言や自然保護に関する法改正の補助などを行う。なかでも，絶滅の危機に瀕している野生動物を**レッドリスト**として公表しており，これが世界各国や各種団体で独自に作られるレッドデータブックの評価基準となっている。2019年の発表では，約3万種が絶滅危惧種として記載された。

☑生物多様性基本法

2008年6月に施行された国内初の**生物多様性保護を目的とした基本法**のことをいう。鳥獣保護法などの従来の法律と異なり，生息環境を含めた包括的な野生動物保護に関する法律として制定されている。生物多様性の利用や保全，その考え方を示した基本原則や13項目の具体的な施策，生物多様性国家戦略の策定のほか，地方公共団体には生物多様性に関する地域戦略を義務規定とし，事業者や国民にも基本原則に基づく活動を行う責務が盛り込まれた。

なお，**生物多様性国家戦略**とは，生物多様性の保全および持続可能な利用に関する国としての基本方針で，1995年に初めて決定された。生物多様性基本法制定後最初となる2010年の国家戦略で，初めて具体的な年度を示した中長期目標が設定され，さらに2012年には自然共生社会実現に向けた具体的な戦略として「生物多様性国家戦略2012-2020」が策定された。

☑愛知目標(愛知ターゲット)

2010年に愛知県名古屋市で開催された生物多様性条約第10回締約国会議で定められた，**生物多様性保全に関する20の個別目標**のことをいう。この会議で採択された「戦略計画2011-2020」では，2050年までに「自然と共生する世界」を実現するというビジョン(中長期目標)を持って，2020年までに「生物多様性の損失を止めるための効果的かつ緊急の行動を実施する」というミッション(短期目標)と「森林を含む自然生息地の損失速度を少なくとも半減，可能な場所ではゼロに近づける」「陸域の17%，海域の10%を保全する」などの20の個別目標の達成を目指すものである。

☑氾濫原

河川が洪水で氾濫した時に浸水する平地のことをいう。ここは水の供給がよく，また河川の水によって上流から運ばれてくる肥沃な土壌により，**作物の生育には好条件地**となる。主として東南アジアで行われている浮稲栽培は氾濫原を利用したものである。

また，氾濫原の湿地には古来より多数の生物が生息しているが，ダム建設などの河川整備により先進国では氾濫原の湿地が減少している。その結果，生物多様性を損ない，絶滅危惧種を生んでいる例も多い。

☑涵養機能

森林の土壌が持つ**洪水緩和機能**，**降水貯留機能**，**水質浄化機能**の3つの機能を総称して**涵養機能**と呼ぶ。

洪水緩和機能とは，森林の土壌が河川に流れ出る水量を減少させ，洪水を緩和する働きのことを指す。

降水貯留機能とは，森林の土壌が雨水を緩やかに河川に排出させる機能のことで，これにより河川の水量を安定させることができる。

水質浄化機能とは，森林の土壌が雨水をろ過することにより，不純物などを取り除いて水質を向上させる働きのことを指す。高い涵養機能を維持するには，人工的に伐採や植栽を行うなどの森林整備が必要とされる。

☑生物相

特定の地域に生息する生物すべての種類組成のことをいう。あるいは，特定地域に生息する生物すべてを総称して生物相と呼ぶこともある。動物や植物に分けて，動物相や植物相などとすることができるほか，動植物をさらに細分化して哺乳類相などと表すこともできる。

なお，日本は気候や地形が変化に富んでいることもあって，多彩な生物相を形成している。

☑特定外来生物被害防止法（外来生物法）

正しくは，「特定外来生物による生態系等に係る被害の防止に関する法律」というが，略して特定外来生物被害防止法(外来生物法)と呼ばれる。2005年に施行され，2013年に改正された。

もともと日本に存在しなかった外来生物のうち，生態系や人間，農林水産物に被害を及ぼすものを特定外来生物と指定し，その輸入・販売・飼育・栽培・保管・運搬・譲渡・野外への放出などが原則的に禁止されている。また，生態系に影響を及ぼすかどうかが不明な，実態のよくわからない外来生物は未判定外来生物とされ，輸入には許可が必要である。外来生物法に違反した場合には罰則が科せられる。

なお，特定外来生物の例としては，ブラックバスやブルーギル，アライグマなどがよく知られている。

☑侵略的外来種

在来の生態系や人間活動に強く影響を及ぼす外来種のことをいう。国際自然保護連合(IUCN)が定めた世界の侵略的外来種ワースト100と，日本生態学会が定めた日本の侵略的外来種ワースト100がある。

☑生態系サービス

生態系が人間にもたらす利益を総称したものである。主として次の4つのサービスに分類できる。食料や水などの生態系がもたらす財を供給サービス，気候や自然災害からの防護など生態系によってもたらされる自然的な恩恵を調節サービス，レクリエーションの場の提供など生態系が持つ非物質的な恩恵を文化サービス，ほかのサービスを維持するための機能を持つ基盤サービスとなる。

2001年から2005年にかけて国連が実施したミレニアム生態系調査によると，過去50年間で生態系サービスは著しく低下しており，いまのような状況が続けば次世代が受けるサービスは大幅に減少すると指摘している。

また，生態系サービスを経済換算する取り組みも行われている。2009年に国際自然保護連合が行った試算では，熱帯雨林は1ヘクタール当たり年平均で約54万円に相当し，世界の生態系全体では約982兆円にものぼるとされた。

☑間　伐

成長に伴って込み合ってきた森林で，適正な密度に保つために一部の立ち木を伐採することをいう。

間伐が遅れた森林は，光が差し込みにくいために下草が育たない傾向にあり，その結果として土砂が流出しやすくなるので涵養機能が低くなったり，山崩れの原因となったりするほか，下草が育たないことにより，生物多様性も損なわれる。また，幹が細い木となることにより風や雪の影響を受けやすく，深刻な被害となることも多い。

なお，京都議定書では森林による二酸化炭素の吸収も温室効果ガスの削減対象と認めているが，間伐が行われていない森林は十分な効果が期待できないとして，対象から除外されている。

☑火入れ

山林原野や荒廃地などで，その土地にある立ち木や枯草などを焼くことをいう。一般的には造林準備や害虫駆除，焼畑や開墾のために行われ，ある一定の面積をもって火入れされることが多いが，農業や林業などで必要と判断されるもの以外の火入れは，2001年に施行された廃棄物の処理及び清掃に関する法律によって禁止されている。また，森林や森林から1キロメートルの範囲内で火入れする場合には，森林法により許可が必要となっている。

☑FSCとMSC

FSC(Forest Stewardship Council；森林管理協議会)とは，環境保護団体，木材会社などが共同で1993年に設立した国際的民間組織。持続可能な森林活用を目的とし，森林そのものや木製品，その流通過程などが適切に管理されているかどうかを評価・認証することを活動内容としている。認証された製品にはFSCマークが付与され，その製品を選んだ消費者が間接的に森林保護に関与できる仕組みになっている。

MSC(Marine Stewardship Council；海洋管理協議会)とは，世界自然保護基金(WWF)とユニリーバ社によって1997年に設立された団体で，のちに独立して非営利団体となった。持続可能な漁業の維持を目的とし，一定の審査基準を満たした漁業関係者と流通経路を経た商品にMSCエコラベルを発行している。活動の内容を漁業関係者や流通関係者に働きかけるだけでなく，一般消費者に対してもMSCエコラベルの認知と普及に取り組んでいる。

☑野生生物の減少

家畜など人工的に管理しているものを除いた野生生物が減っている現象のことをいう。

野生生物は20世紀の100年間で著しく減少したが，背景として資源や生物の行き過ぎた捕獲や採取，環境汚染や破壊，外来種の侵入，地球温暖化による気候変化などが挙げられる。

答案例

問題 生物多様性の危機にどう対処すべきか，あなたの考えを述べよ。

600字以内

模範回答 地球には多種の生物が生息しているが，現在ではその多様性が危機にある。しかも，近年は生物の絶滅速度が速まっているという。こうした危機に対処するために，生物多様性の保全への取り組みが不可欠だ。（以上，第1段落）

そもそも種の減少や絶滅は生物の乱獲や過剰採取だけでなく，埋め立てや森林伐採などの生息地・生育地の破壊や環境悪化によっても起こる。こうした背景には，戦後の経済成長に伴って工業化が進み，土地の用途が変化したことがある。また，経済的な利益のために生物の乱獲が行われたことも一因となっているだろう。我々が豊かな生活を営もうとする活動が他の生物に影響を与えている。もっと言えば，人間の利己的な活動そのものがこの問題の背景にあるのだ。こうした状況が続けば生態系サービスを受けられなくなり，例えば資源・食糧・薬品の原料の枯渇，災害の増加など，深刻な事態に陥る恐れがある。（以上，第2段落）

こうした問題の解決のためには，まず自然環境の理解が必要だ。生物種が生息する数を把握し，保護区の設定や生物種の保護を含めた開発計画を進めるべきだ。また，生物量と繁殖率や育成の速さを考慮して収穫量を決めるなど，持続可能な開発・資源利用を行うことが必要となる。経済性の追求だけでは人間に幸福をもたらさない。環境と経済の共存を図るべきではないか。（以上，第3段落）

解説 第１段落：意見の提示…生物多様性の危機に対処するために，多様性の保全が必要であることを主張している。

第２段落：理由説明…生物多様性が危機にさらされる原因は生物の乱獲や過剰採取だけでなく，生息地の環境悪化によることを指摘するとともに，工業化や経済性の重視がその背景にあることも指摘し，生態系サービスが享受できなくなるという重大な問題が起こり得ることを述べている。

第３段落：意見の再提示…生物多様性の危機に対処するためには，環境と経済の共存を図る必要があることを述べ，文章を締めくくっている。

再生可能エネルギー

出題頻度→ 経済 商・経営 国際・学際 ★★

定義

再生可能エネルギーとは，自然界に存在し，常時補充される資源を用いて発電されるエネルギーのことをいう。2009年に施行されたエネルギー供給構造高度化法の中で，再生可能なエネルギーとして，太陽光・風力・水力・地熱・太陽熱・大気中の熱その他の自然界に存する熱・バイオマスが規定されている。

同様の用語として「新エネルギー」があるが，新エネルギーとは，新エネルギー法(p.229参照)に基づいて政令で指定された新たなエネルギーのことを指す。再生可能エネルギーのうち，普及させるにあたり支援が必要となるもの(大規模水力発電などを除く)が指定されている。

必要性

再生可能エネルギーの開発が求められる理由は，主として，

① 化石燃料の枯渇リスクに対応するため
② 環境への負荷を軽減するため
③ エネルギーを安定的に得るため

である。つまり，エネルギー問題と地球環境問題という2つの課題を一挙に解決する策だと捉えられているのである。

①は，世界のエネルギー消費量が増加傾向にある点を根拠としている。石油換算で1965年には37億トンだったエネルギー消費量が，2017年には135億トンに達している。その多くは石油・天然ガス・石炭といった化石燃料によってまかなわれているが，これらの埋蔵量には限りがあるといわれており(そのため枯渇性エネルギーという)，化石燃料だけではエネルギー需要を満たすことが困難となる恐れがある。今後のエネルギー需要の増加に対応するとともに，安定的にエネルギーを得るためには，再生可能エネルギーの開発が急務であるというわけである。

②は，エネルギーを化石燃料に依存している点が問題視されているからである。化石燃料は動植物の死骸が地中に埋没・堆積してできた有機物である。有機物は炭素を含むから，燃焼すると地球温暖化の原因となる二酸化炭素を発生させる。また，化石燃料には窒素・酸素・硫黄などの不純物が含まれており，不完全燃焼によって酸化物質が発生する。この物質は大気を汚染する原因となる。例えば，光化学スモッグ(p.231参照)は化石燃料の燃焼で生じる窒素酸化物や炭化水素がおもな原因である。しかしながら，世界で使われているエネルギー源の9割近くを化石燃料に依存している現状では，使用の抑制を進めることは困難である。それは経済活動を停滞させ，日常生活に支障をきたすからである。よって，環境への負荷を軽減する目的で，化石燃料に代わるエネルギー源を確保する必要が生じているのである。

③は，石油産出国の情勢が不安定なことによる。例えば，中東各国からアジアなどへのエネルギー輸送の大動脈であるホルムズ海峡(p.232参照)がイランなどにより封鎖された場合，石油の供給量が減少する。これは原油価格の高騰につながるだけでなく，世界のエネルギー供給を不安定にする。このように，石油産出国は他国から受けた制裁の対抗措置として原油の産出量や輸出量を制限する恐れがあるのだ。

必要性の背景

特に日本において再生可能エネルギーの開発が求められるのは，国内にエネルギー資源が乏しいからにほかならない。そのため日本はエネルギー自給率が低く，燃料供給を海外に依存している状況にある。1960年ごろの日本のエネルギー自給率は58%であったが，高度経済成長を経て1970年には15%まで減少した。それは増大するエネルギー需要を賄うために石油を大量に輸入したからである。かくしてエネルギーの8割近くを海外の石油に依存する事態になった。

しかし，第一次石油危機(p.232参照)によって原油価格が高騰したため，国はエネルギー供給の安定化に乗り出した。石油に代わるエネルギーとして原子力や天然ガス(p.233参照)，あるいは石炭の導入を推し進め，石油依存度は4割程度にまで減少したが，化石燃料全体への依存度は8割を占めていた。その後，2011年に起こった東北地方太平洋沖地震（東日本大震災；p.234参照）とその際の大津波による東京電力福島第一原子力発電所事故（p.234参照）の影響から，**原子力によるエネルギー供給が問題視される**ようになり，再生可能エネルギーへの期待がより高まっている。

一方で，エネルギー価格が高くなりがちで，日本の産業の国際競争力が弱くなっているといわれている。競争力を強化するためには，国際市場での価格を引き下げる必要があるわけであるが，そのためにもできるかぎり**国内でエネルギーを作り出す**ことが大きな課題となっている。

対応策・解決策

再生可能エネルギー開発の推進は，民間企業・政府ともに取り組んでいる。例えば，2012年に**固定価格買取制度**（p.235参照）を導入し，電力会社に再生可能エネルギーを一定期間国の定める価格で買い取るように義務付けた。また，太陽光発電に対する補助金の交付など，普及策を講じている。

近年，地球温暖化の問題が深刻さを増しており，環境への負荷を軽減させるためには再生可能エネルギーの普及は必要不可欠である。しかし，再生可能エネルギーもまた，天候によって太陽光発電や風力発電の発電量が下がるなど，安定供給の面での不安がある。そのため，さまざまな方法による発電を最適なバランスで組み合わせて供給していく，**ベストミックス**という考え方が重要になってくる。具体的には石油火力発電，水力発電，原子力発電などの各供給電源の特徴を生かし，その時どきの需要状況に適切に対応できるような電源の組み合わせを追求することである。環境への負荷をできるだけ軽減しながら安定供給していくためのベストミックスを探る必要がある。

小論文にする時のポイント

入試では，**再生可能エネルギー普及の課題とその解決策**について問われる。そんな時，なかには「いまだに埋蔵されている化石燃料があり，しばらくは枯渇しない。よって，再生可能エネルギーなど必要ない」という主張を展開する人もいる。しかし，化石燃料は枯渇性エネルギーであり，埋蔵量には限界があることを忘れてはならない。また，環境への負荷を考えると，再生可能エネルギーの開発を推進すべきだという主張を示すべきだろう。

ただし，再生可能エネルギーの安定供給にはまだまだ課題も多い。環境への負荷を抑えながら安定供給していく現実的な方策として，さまざまな発電方法を適切に組み合わせていくというベストミックスの考え方にも触れておきたい。

過去の入試問題例

例 「バイオガソリン」について解説した文章を読み，バイオ燃料に期待されていることと懸念される点を整理したうえで，バイオ燃料開発についての考えを述べよ。 （駒澤大・経済学部）

例 石油を含めた資源・エネルギー問題全般について，日本がとるべき対応策について述べよ。 （東洋大・経済学部）

例 次世代エネルギーにおける太陽光発電の優位性について述べた新聞記事と，図1「晴れた日の太陽光発電と売買電のイメージ」，図2「住宅用太陽光発電システムへの助成制度の事例」，図3「太陽光発電システムの累積設置量」を読み，これらを参考に，「日本における太陽光発電システムの導入と課題」という題目で，あなたの考えを含めた小論文を作成せよ。（鳥取大・地域環境学部）

例 バイオエタノールの課題について述べた雑誌記事を読み，本文を基に，バイオエタノールの最重要課題と，その課題が他の課題よりも重要と考える理由を述べよ。〔200字〕 （京都府立大・生命環境学部）

関連キーワード

☑新エネルギー法

正式名称は,「新エネルギー利用等の促進に関する特別措置法」で,1997年に制定された。非化石エネルギーとして開発されたもののうち,**普及が十分でないエネルギーの利用の促進**を目的としている。国・地方公共団体・事業者・エネルギー利用者の役割を基本方針として定めたほか,新エネルギー利用などを行う事業者に関して,認定を受けた者に関しては金融上の支援措置が受けられると規定している。

施行当初は石油代替エネルギーに該当するものを新エネルギーとしていたが,2006年に法改正があり,新エネルギーに該当するものはバイオマスや太陽光発電など10の**再生可能エネルギー**に限定されている。

☑太陽光発電

太陽電池を利用し,**太陽光を電気エネルギーに変換する発電方式**のことをいう。光を受けると電流が発生する半導体の特性を利用している。

発電時に二酸化炭素や大気汚染物質を発生させないことが最大の長所である。そのほかにも,日射量を確保できさえすれば場所を選ばず設置可能であること,発電効率が一定のため,一般家庭のような小規模なものから太陽光発電所(メガソーラー)のような大規模なものまで導入が可能であることなどが挙げられる。逆に天候や気温によって発電量が左右される点などの短所がある。

☑風力発電

風をエネルギー源として利用し,電力を生み出す発電方式のことをいう。具体的には,**風で地上や海上に設置した風車を回し,その回転運動によって発電機を稼働させて発電する**。この方法では,風の持つエネルギーのうちの約40%を電気エネルギーへと変換することが可能である。

長所として挙げられるのは,二酸化炭素や有害物質の発生がほとんどないこと,風さえ吹いていれば24時間発電可能な点である。しかし逆に,ある程度の風が吹かないと発電できないので,**電力供給が安定しないこと**,また,プロペラから発せられる低周波音が人体へ少なからず悪影響を及ぼすことが短所として挙げられる。

☑水力発電

速い水の流れで発電用水車を回して電力を生み出す発電方式のことをいう。

日本の発電量の8.0%を水力発電がまかなっている(2017年現在)。古くから行われてきた発電方法の1つであり，水が落ちる落差さえあれば発電可能なため，設置条件がそれほど難しくないことが特徴である。また，二酸化炭素や有害物質を排出しないだけでなく，ほかの再生可能エネルギーと比較しても出力単位当たりのコストを安く抑えられることがメリットとして挙げられる。

一方で，水力発電所の多くはダム建設を伴うため自然環境への影響が懸念されるほか，雨の量によって電力供給に差が生じるので，渇水時などには電力の安定供給が難しくなるという欠点がある。

☑ 地熱発電

地熱によって生み出される水蒸気で蒸気タービンを回し，電力を生み出す発電方式のことをいう。火山周辺の熱を利用して発電するため温室効果ガスの発生が少なく，太陽光や風力発電と違って天候に左右されないので，電力の安定供給が可能である。

世界的に見ても，利用可能な地熱資源は各地に豊富にあると予測されており，特に日本のような火山の多い国では有効なエネルギー源だとされている。しかし，発電場所の探査および開発のためには長期間を要することのほかにも，日本においては地熱発電が期待できる場所の多くが国立公園地域であるため，発電所の新設が進まないなどの問題点もある。

☑ 太陽熱利用

太陽の光をレンズや反射板を用いて太陽炉に集め，それを熱源として発電する方式のことをいう。具体的には，火力発電と同様に，集めた熱で水蒸気を発生させ，その水蒸気で蒸気タービンを回して発電を行う。

太陽光発電と同様に，二酸化炭素や大気汚染物質を発生させずに発電が可能であるほか，蓄熱を利用できるため夜間でも発電ができることが長所である。しかし，天候によって発電量が左右されるだけでなく，夏と冬で昼間の長さに変化がある高緯度地域では季節によっても発電量が左右されることなどが短所となる。

☑ バイオマス発電

バイオマスとは，再利用可能な動植物などに由来する有機資源の総称のことである。燃焼する際に二酸化炭素が発生するが，植物が成長する過程で光合成によって吸収する二酸化炭素量と相殺でき，大気中の二酸化炭素は増加しないとする，カーボンニュートラルという性質が特徴である。

バイオマス発電では，このような有機資源を燃料として用いるほか，発酵させて出るガスも利用する。また，バイオマスを燃やして出る熱を利用する熱利用は，薪ストーブなどで古くより使用されてきたほか，近年ではボイラーなどにおいても活用が進んでいる。さらに，バイオマスは有機物であるため，固体燃料・液体燃料・気体燃料に変化させて使用することも可能である。具体的な例としては，固体燃料は薪・木炭・木屑などが，液体燃料はトウモロコシやサトウキビなどから作るエタノールが，気体燃料は生ごみなどを発酵させて発生させるメタンガスが，それぞれ該当する。

☑ 塩分濃度差発電

海水と淡水の塩分の濃度差を利用して電力を生み出す発電方式のことをいう。水が通過できる膜(半透膜という)で淡水と海水を仕切り，淡水を海水側に流水させて海水の流れを加速させる力を利用する発電である。ほかの再生可能エネルギーと同様に，有害物質や二酸化炭素を発生せず，無限に電力を供給することが可能である。また，風力発電や太陽光発電のように，自然環境に発電量が左右されにくいのも特徴として挙げられる。しかしまだ実用化されておらず，石油燃料を使う発電と比較した場合に2倍の費用がかかるなど，コスト面でも問題がある。

☑ 温度差エネルギー

夏は外気より冷たく，冬は外気よりも温かい海水や河川水・地下水などの水と大気との温度差によるエネルギーのことをいう。この温度差をヒートポンプを用いて冷暖房や給湯に使用することで，二酸化炭素を発生させずに熱を利用することができる。一般家庭や企業での冷暖房設備や温室栽培での利用など，用途が幅広いのも特徴である。一方，このエネルギーを利用するには大規模な施設が必要とされるなどのデメリットもある。

温度差エネルギーには地表付近の水と大気の温度差だけでなく，深海の冷たい海水と表面に近い温かい海水の温度差を利用して発電する海洋温度差発電もある。

☑ 光化学スモッグ

大気中の物質が紫外線によって化学反応を起こすことにより，新たな汚染物質を発生させる。この汚染物質によって空気が白く霧がかかったように見える現象が光化学スモッグである。4月から10月にかけて，天気がよく，気温が高く，風が弱い日に多く発生するのが特徴で，光化学スモッグによって目がチカチカしたり，喉が痛んだりするなどの症状が出ることがある。

紫外線によって化学反応を起こす大気中の物質とは，自動車の排気ガスや工場の排煙に含まれている化学物質のことであることから，**光化学スモッグは大気汚染が原因で引き起こされる現象**であるといえる。光化学スモッグは1970年代をピークにその後は減少傾向にあるが，近年では，中国の大気汚染が原因で再び増加している地域もある。

☑ アメリカとイランの対立

アメリカとイランの対立は，イラン最後の王朝であるパーレビ王朝に端を発する。もともとアメリカはパーレビ王朝を支援し，イランとは親密な関係にあった。しかしアメリカ支援によるイランの近代化は貧富の格差を生む結果となり，反発勢力が1979年にイラン革命を起こした結果，ホメイニ師率いる保守派によってパーレビ王朝は崩壊した。その後**イラン・イスラム共和国**が成立し，指導者となったホメイニ師は，今までの立場を一転して**反米主義政策**をとったために関係は悪化。同年にアメリカ大使館占拠事件が起こると，アメリカはイランへの国交断絶と経済制裁を行い，対立が始まった。また，イラン・イラク戦争においてアメリカがイラクを支援したことにより，ますます対立が深まったとされる。

その後1984年，アメリカはイランを**テロ支援国家**と指定し，さらに，1996年にはイラン・リビア制裁法を制定して石油・ガス資源を開発する企業を制裁した。近年では，イランの核開発をめぐり，イランに対する制裁措置が強化されている。

☑ ホルムズ海峡

ペルシア湾とオマーン湾の間にある海峡のこと。ペルシア湾沿岸諸国で産出する原油輸送の重要な航路であり，日本が輸入する原油の８割以上が通過する海峡である。

現在，核兵器開発を疑われているイランがアメリカなどによる制裁強化の対抗策として，ホルムズ海峡を封鎖することも考えられる。その場合，ホルムズ海峡の封鎖による原油不足を懸念して，原油価格が高騰することになる。

☑ 石油危機

石油価格の高騰とそれによって生じる経済的混乱のことをいう。過去，第一次と第二次の２回にわたって石油危機が発生した。

第一次石油危機は1973年，アラブ産油諸国が，第四次中東戦争の際に原油輸出価格を４倍に引き上げ，同時に原油の生産制限を断行したことにより起こった。第二次石油危機は1979年，イラン革命によってイランでの石油輸出が停滞し，石油輸出国機構(OPEC)が石油価格を3か月ごとに値上げする方針を発表したことを受けて発生した。

なお日本では，第一次石油危機では電力消費の削減，エネルギー資源の節約が政府から要請されたほか，トイレットペーパーの買い占めなどに代表される生活用品の品切れが相次ぎ，急激な物価上昇を招いた。

☑原子力発電

原子力を利用して電力を生み出す発電方式のことをいう。具体的には，原子が核分裂をする際に発生する熱エネルギーによって水蒸気を発生させ，その水蒸気で蒸気タービンと発電機を回すことによって発電する。

発電量当たりのコストが安く，大量の電力を安定して供給できるほか，温室効果ガスや大気汚染の原因物質を発生させない点においては優れた方法である。しかし，発電に伴い人体に影響を与える放射性物質を発生させるため，徹底した管理が必要とされるだけでなく，事故が起きて外部に放射性物質が漏れ出すと，東京電力福島第一原子力発電所事故のように，周辺地域に甚大な被害を生じさせるなどの大きな問題点がある。

☑天然ガス

地下また地表に噴出する天然の可燃性ガスのことをいう。石油や石炭に比べて燃焼時の二酸化炭素や大気汚染物質の排出が少なく，可採年数は石油より長いうえに，安価であることから，いま注目されているエネルギーである。さらに，石油と異なり中東だけに偏らず世界各地に広く存在するため，安定供給が可能という点でも優れている。揮発性が高く，空気よりも軽くて大気中に拡散するので爆発の可能性が低く，中毒事件も起こりにくいことから，現在では都市ガスの8割は天然ガスを利用している。

☑シェールガス

シェールと呼ばれる岩石層から採取される天然ガスのことをいう。その多くは1500mを超える深い地層に存在しており，これまで採掘は難しいとされてきたが，1980年代にアメリカで掘削技術が開発され，その後技術が進歩したことで安価での採掘が可能になった。アメリカではシェールガスの生産量が急増しており，また，長期的に採掘が可能であることもあって，世界のエネルギー供給の構造が変化すること(シェールガス革命)が見込まれている。

☑ メタンハイドレート

メタンなどの**天然ガスが水と結合してできた個体の結晶**のことをいう。見た目が氷のようであり，火をつけると燃えるため「燃える氷」ともいわれている。燃えた後には水しか残らない。メタンハイドレートは日本近海の海底に豊富に埋蔵されており，現在，国産エネルギーとして使えるよう調査・実験が進められている。

☑ 東北地方太平洋沖地震

2011年3月11日14時46分，三陸沖を震源として発生したマグニチュード9.0の地震のこと。**日本の観測史上最大の地震**で，この地震による津波で**東日本大震災**を引き起こした。

この地震により大規模な津波が発生し岩手県，宮城県，福島県では沿岸集落の流失を始めとし，多数の死者，行方不明者が出るなど甚大な被害をもたらした。岩手県から千葉県にかけての広範囲で震度6以上の強い揺れとなり，震源に近い地域では数日間にも及ぶライフラインの寸断が発生したほか，関東地方の埋め立て地では**液状化現象**も発生した。また地震と津波の影響により**東京電力福島第一原子力発電所事故**が発生し，震災後数年が経過しても収束の目処が立たないなど，大きな問題となっている。

☑ 東京電力原子力発電所事故

東北地方太平洋沖地震により，東京電力福島第一原子力発電所で発生した原発事故のこと。国際原子力事象評価尺度(INES)の評価において，**最悪のレベル7に評価された事故**である。強い地震による設備倒壊で電力が供給されず，非常用発電機も津波によって海水に浸かって故障したことなどが原因となって**水素爆発**が発生。この爆発により原子炉建屋が破損し，ヨウ素やセシウムなどの**放射性物質が漏れ出た**。放射線量の高い地域は避難区域とされ，いまだに一部の立ち入りが制限されている。さらに，事故発生直後に放出された放射性物質は風や雨に乗って，福島県内だけでなく関東地方など広い範囲で検出された。放射性物質に汚染された食品は出荷制限され，風評被害をもたらすなど，農業・水産業に打撃を与えた。また，この事故は原子力発電所の安全性への疑念を生んだ。一方，エネルギー確保の観点から，原子力発電を容認すべきだと主張する人もいる。

☑ 原発再稼働問題

東京電力福島第一原子力発電所の事故後にすべての原子力発電所が操業を停止したが，地元の同意を得，安全対策を確認したうえで，2015年の九州電力川内原子力発電所(鹿児島県)を皮切りに徐々に再稼働している。しかし，老朽化やテロ対策の遅れなど，今後継続して稼働していくためには問題が残っている。原子力発電の将来をどうしていくかは，日本の温暖化対策やエネルギー戦略に大きな影響を及ぼす問題である。

☑ 固定価格買取制度

再生可能エネルギーの導入を促すための制度。電気事業者に対して，再生可能エネルギーで発電した電気を，一定価格で一定期間買い取ることを義務づける。2003年から施行されていたRPS法（電気事業者による新エネルギー等の利用に関する特別措置法。2002年制定）を引き継ぎ，2012年に制定されたFIT法（電気事業者による再生可能エネルギー電気調達に関する特別措置法。2017年改正）に基づいて制度化された。

☑ 環境ビジネス

環境保全や循環型社会の推進に役立つ製品やサービスを提供する事業のことをいう。環境対策に経済的なインセンティブ（励み）を伴わせることにより，持続可能な社会を構築できるとされる。具体的例としては，廃棄物の回収・焼却・処理・再資源化，新エネルギーの開発，LED照明，スマートグリッド・スマートコミュニティ，エコカー，燃料電池などが挙げられる。

☑ スマートグリッド（次世代送電網）

電力の流れを供給・需要の両方から制御し，最適化できる送電網のことをいう。従来の送電線は，大規模な発電所から一方的に電力を送り出す方式であるが，電力需要のピーク時を基準とした容量設定が行われているために無駄が多く，しかも送電網自体が自然災害などに弱くて復旧に手間取るケースもあった。そのため，送電の拠点を分散することで，需要側と供給側から「賢い」送電網（スマートグリッド）を構築しようとする試みである。

答案例

問題 再生可能エネルギー開発について，あなたの考えを述べよ。600字以内

模範回答 再生可能エネルギー開発によって，化石燃料の枯渇に備えるとともに環境への負荷を軽減するという，２つの課題を一挙に解決できる。

（以上，第１段落）

現在，世界のエネルギー消費の多くは化石燃料でまかなわれているが，枯渇性エネルギーである化石燃料だけではエネルギー需要を満たし続けることが困難となる恐れがある。今後とも安定的にエネルギーを供給するには，再生可能エネルギーの開発が急務である。 （以上，第２段落）

現状のようにエネルギーを化石燃料に依存していることには問題点も多い。化石燃料は燃焼すると地球温暖化の原因となる二酸化炭素を発生する。また，化石燃料に含まれる不純物が不完全燃焼することによって大気を汚染する。しかしながら，使用の抑制を進めることは困難である。なぜなら，経済活動を停滞させかねないからである。したがって，環境面と経済面を両立させるためには，化石燃料に代わるエネルギー源を確保する必要があるのだ。 （以上，第３段落）

現在，民間企業や政府によって再生可能エネルギーの普及が進められているが，安定供給にはまだ時間がかかると思われる。当面は，化石燃料とのベストミックスによって電力を安定供給しながら，再生可能エネルギーのさらなる普及を目指すべきと考える。 （以上，第４段落）

解説

第１～２段落：意見の提示…再生可能エネルギーの開発によって，エネルギー問題と環境問題をともに解決できるので，その開発は急務であると主張している。

第３段落：理由説明…化石燃料への依存に対する問題点を指摘するとともに，再生可能エネルギー開発の重要性を説明している。

第４段落：意見の再提示…再生可能エネルギーの供給が不安定である現状に対する対応策を述べ，再生可能エネルギーの早期の普及が必要であると述べている。

6 情報・メディア

これまで，情報はマスメディアによる一方的な提供が主体だったが，IT 革命以後，スマートフォンやパソコンを活用することで情報を自主的に収集したり選択したりできるようになった。また，ブログやソーシャルメディア，ホームページの開設などを通して，自らが情報の発信者となることもできるようになった。

高度情報社会の進展が著しいこうした現状から，社会科学系の小論文では情報やメディアに関する出題頻度が年を追うごとに高くなっている。ここでは出題頻度が高い３つのテーマに絞り，解説を施すことにする。

取り扱うテーマ

- インターネット
- スマートフォン
- マスメディアによる報道

インターネット

出題頻度 → 法・政 | 経済 | 商・経営 | 社・福祉 | 国際・学際 ★★★

定義

コンピューターを介して，情報を相互にやり取りできるように，回線を網の目状に張り巡らしたものを**ネットワーク**という。そして，複数の小さなネットワーク(**LAN**；Local Area Network)や広い範囲に及ぶネットワーク(**WAN**；Wide Area Network)を相互に接続して作り上げた地球全体をカバーするネットワークのことを**インターネット**という。インターネットはARPANET (p.243参照)を起源とし，**インターネットプロトコル**という通信上の規定を定め，相互に情報のやり取りを行っている。

インターネットの普及に伴って，即時に，国内のみならず国境を越えてでも，双方向的なコミュニケーションが取れるようになった。今では，情報端末とインターネットの接続環境さえ整えば，世界中からの情報が即時に入手できるとともに，情報を届けることもできる。こうした環境が整備されるのに伴い，**ソーシャルメディア**(p.244参照)などを用いた**双方向通信**や**インターネットショッピング**の普及，**行政サービスのデジタル化**(p.245参照)など，生活のさまざまな場面でインターネットが活用されている。つまり，手軽に情報を取り扱える環境が整い，幅広い世代が情報の恩恵を受けることができるようになったのである。さらに最近では，スマートフォンやタブレット端末が普及し，公衆無線LANが利用できるところが増えたことにより，インターネットの利用価値は非常に大きなものになっている。

問題点

インターネットの普及に伴って問題点も多く発生しているが，そのなかでは使い手の悪意によって引き起こされる事例がよく指摘されている。そのおもなものは，

① **情報の信憑性の低下**

② **個人情報の漏洩と悪用**
③ **なりすまし(他人になりすますこと)**
④ **インターネットを利用した違法行為**
などである。

①は，インターネット上では**第三者による監視やチェックが入りにくいために起こる**ことである。例えば本などの出版物であれば，出版社側(編集者など)によって原稿の内容がチェックされた後に刊行されるのが普通なので，問題は生じにくい。しかし，インターネットでは接続さえできれば誰でも好きな時に情報をネット上にアップロードすることができ，第三者のチェックが入らない。そのため，不正確な情報がネット上で提供される可能性は高くなり，信憑性の低い情報が拡散することになる。さらに最近では，スマートフォンなどの携帯端末の普及や，ブログやSNSなどの利用者が増えたことにより，より手軽にその作業を行えるようになったこともあり，こうした傾向が顕著になりつつある。つまり，**信憑性へのチェックがないままに情報が流布される**ことがあるのだ。時には**サイバーカスケード**(p.245参照)によって主張が極端に偏ったものになり，特定の人や企業への誹謗や中傷に発展することがあるなど，社会問題化するケースも起きている。

②は，**個人情報のデータ化が進んだ**ことによる。コンピューターウイルス(p.246参照)への感染やハッカーやクラッカーによる不正アクセス(p.247参照)によって情報が漏洩することで，個人情報が悪用される恐れがある。それらは，暗号化やパスワードの使用をしないこと，さらにはウイルス対策ソフトの導入をしないことなど，**個人情報漏洩に対するリスクマネジメントの不十分さ**が原因で起こるといわれている。また，本物のウェブサイトを装った別サイトへ巧みに誘導し，その過程で個人情報を盗み出して架空請求や預金の引き出しなどを行う**フィッシング**といわれる詐欺行為も発生しているので，注意を要する。

③は，**他人が何らかの方法で個人情報を入手する**ことによって起こる。他人のユーザーIDやパスワードなどの個人情報を入手し，その人になりすましてネットワーク上で使用することが問題となる。例えば，他人の名

前を使って掲示板やブログに投稿したり，他人のメールアドレスを用いて**スパムメール**(p.248参照)を送る，あるいは他人のIDやパスワードを用いてネットゲームに興じたりする。場合によっては，情報の改ざんやアダルトサイトなどへの誘導など，犯罪行為に発展することもあり，問題視されている。なお，こうした行為は**不正アクセス禁止法違反**となる違法行為である。

④は，インターネットオークションを利用した**詐欺行為**や，**違法行為**を行うサイトなどが代表例である。このうち前者は，オークションサイトを介して金銭を受け取ったにもかかわらず品物を渡さなかったり，逆に品物を受領したにもかかわらず金銭を送らなかったりする詐欺行為である。また後者は，著作権者に無断で著作物などをインターネット上で公開したり，有害画像などを公開したりする違法サイトのことである。

問題点の背景

こうした問題が発生する背景には，ネットワークを通して多量の情報を即時に場所を選ばず得ることができる環境が整ったこと(**IT革命を発端とした環境整備**)，対面ではなく匿名で情報のやり取りができること(**匿名性**)といった，いわば**ネット社会の特性**が関係している。匿名では情報の送受信の際に他人が介入しにくく，使用者は自己都合だけでネットワークを利用しがちである。そうした場合，**情報リテラシー**(p.249参照)や**情報倫理観**(p.250参照)を欠く使用者は，**匿名性を悪用してこうした問題行為を平気で行う**ようになる。一方，問題行為に関与した者を発見しようにも，高度な専門性が必要とされるほか，調査範囲が広範に及ぶため，その発見や摘発は極めて困難であるのが現実である。

対応策・解決策

現在，日本では**ユビキタス社会**(p.244参照)が実現し，いつでもどこでも手軽に情報に接触できる環境が整ってきている。こうした流れを踏まえて，前記①〜④のような問題点に対する防止策を講じる必要がある。

例えば，①であれば，**発信者側・受信者側双方に対する対処法**を考えなければならない。具体的には，倫理観や情報リテラシーの育成，悪意のある者への対応や処罰などが挙げられる。また，第三者機関が監視やチェックを行えるような機能の強化も必要となろう。さらに②③④であれば，**自己防衛策を講じる**ことを最優先にすべきであろう。具体的には，個人情報の管理を厳重にすること，セキュリティ面の強化，フィルタリング（インターネット上の特定の web ページを見せないようにするための仕組み），低年齢層の使用者に対する情報端末所持そのものや端末機能の制限などといった方法が考えられる。

一方では，**法整備と取り締まりの強化**，**倫理観や情報リテラシーの育成**に向けての取り組みもより一層必要だろう。

小論文にする時のポイント

入試では主として，**インターネットによる恩恵および問題点を指摘させる**シンプルな問題が出題される。その時，匿名性や第三者のチェック機能が働きにくいという**ネット社会の特性**を踏まえ，今後はどういう対策を講じるべきかというところまで論じておきたい。対策のポイントは，対症療法と根本的対策とに分けて考えられる。一般に後者の方が効果はあるので，その方向で述べることが多いかもしれないが，例えば「『政府の介入』による違法サイトの遮断（ブロッキング）」などのように，政府が個人の自由権に触れるような対策を講じるべきだといった意見を示す場合には，十分慎重に内容展開をする必要がある。

また，受け手側に対する対策としては，ネット上に流れている情報の信憑性は自らの責任で判断できるようにしておくことが挙げられる。そのためには，何にも増して**情報リテラシーを養っておくこと**が必要であるといえる。

過去の入試問題例

例 新聞記事を読み，インターネットの危険な点について，あなたの意見を自由に述べよ。また，あなたが考える，現在はまだないインターネットの便利な使い方を考え，自由に述べよ。（共愛学園前橋国際大・国際社会学部）

例 コンピューターを使う際の匿名性や安全の問題について述べた英文を読み，あなたが学ぶ学校で，生徒と教員だけが読み書きができるオンライン掲示板サイトを作ることになった時，このサイトは，匿名で投稿できるようにすべきか，実名で投稿できるようにすべきかについて，自分の意見とその理由を日本語で述べよ。 （津田塾大・学芸学部）

例 世界中に流れる情報は，これまでのようにテレビや新聞といったマスメディアとは別に，いまや個人ベースでの双方向的なつながりを通じて作られ，交信され，共有されているのだと述べた文章を読み，そうした双方向的な発信機能の個人化によってもたらされる利点や問題点を取り上げて，その新しい情報環境にどのように対応することが大切か，あなたの考えを述べよ。

（東海大・政治経済学部，総合経営学部，法学部）

例 検索社会の到来によって懸念される問題点や深刻な影響について述べた文章を読み，情報技術と検索システムが結びついて人々に様々に利用されることの功罪について，考えを述べよ。 （神奈川大・経営学部）

例 インターネットの長所と短所について，それぞれ説明せよ。さらに，インターネット社会に生きるわたしたちが，どのようにインターネット社会において生きていけば良いかについて，自分の意見を述べよ。

（名城大・経済学部，経営学部）

例 子どもの携帯電話事情に関する英文を読み，ネット上でのマナー欠如の例とその理由を挙げ，子どもがネット上のマナーを学ぶために，必要なことを述べよ。 （兵庫県立大・経営学部）

例 今日，我々は誰でも，インターネットを通じて，世界中の人々に向けて，知識・情報・主張を発信し，またそれらを受信し利用できる時代を生きている。インターネットから知識や情報を得るときに，どんな点に留意する必要があると考えるか。論じよ。 （香川大・経済学部）

関連キーワード

☑高度情報化社会

情報がほかの資源や産業と比べて高い価値を持ち，主導的な地位を占めている社会のことをいう。脱工業化社会ともいわれる。特に，1990年代から2000年代にかけて起こったコンピューター，インターネット，携帯電話それぞれの普及と情報技術の発達(IT革命)以後の社会を指すことが多い。コンピューターや携帯電話といった操作端末の性能や操作性が向上し，一方でブロードバンド環境(光通信など)や携帯電話通信網などといったネットワークの基盤が整備・拡大された。その結果，情報の蓄積・検索・伝達・処理・提供がしやすくなるなど，情報技術の進展が顕著になった。

☑ARPANET(アーパネット)

アメリカ国防総省高等研究計画局(ARPA)が軍事利用を目的として開発したコンピューターネットワークのことで，1969年に導入された。当時主流だった中央集中型のネットワークではなく，情報分散型のネットワークであったことから，インターネットの原型とされている。

当初は米国内の4つの大学や研究所をネットワーク回線でつないだものにすぎなかったが，徐々にARPANETに接続する大学や研究所が増え，1983年には学術利用として独立した。その後，世界に向けてネットワークを開放することになったことで，爆発的に広まって現在に至っている。

☑IT革命

情報技術(IT)の発展に伴った社会の急速な変化を，革命になぞらえてIT革命と呼ぶ。2000年の九州・沖縄サミットでは議題の一つとして取り上げられた。このような急速な変化が起こった背景には，1990年台のパーソナルコンピューターの普及と機能向上，インターネットの普及，そして携帯電話の浸透などにより，瞬時に情報の交換が可能となったことが挙げられる。

IT革命により，電子商取引などそれまでにない産業が起こったことによる経済活動への影響や，メールの普及によるコミュニケーションの取り方への影響など，もたらされた変化は非常に大きく，しかも多方面に及んでいる。

一方で，ITを利用した新たな犯罪が生まれたり，新しい社会格差であるデジタルデバイド(p.250参照)などの問題も同時に起こっている。

☑ユビキタス社会

そもそもユビキタスとは，神が遍在する(広く行き渡って存在する)という意味である。そのことからユビキタス社会とは，いつでも，どこでも，誰でも，意識せずに情報通信技術が利用できる社会のことを指す。

パソコンや携帯電話端末だけでなく，電化製品・電車・自動車・クレジットカードなど，あらゆるものが接続の対象となる。近い将来，ユビキタス化がさらに進むと，「品物を持ったまま店舗を出ても，クレジットカードや電子マネーで自動的に決済される」「いま自分がいる場所の位置情報をもとに帰宅時間を予測し，帰宅した時には自動的に風呂の用意や炊飯ができている」といったことが可能となるだろう。

☑情報産業

情報産業と呼ばれているものには，通信機器・コンピューター・半導体など，いわゆるハードウェアを生産する電子工業と，ソフトウェアの開発や販売・情報処理・情報提供サービスを行う情報処理サービス業とがある。

情報産業が進展した背景には，産業構造の変化がある。1970年代から80年代にかけて，重工業に代表される重厚長大な産業から，電子工業を主とした軽薄短小の産業へと転換した。そして，電子工業の発展によって，ソフトウェアの開発や情報の必要性や価値が高まり，さらなる発展を遂げた。しかし，1990年代の景気悪化に伴って，コンピューター市場も低迷した。その影響もあって現在では，ソフトウェア開発やソリューション(問題解決型)事業を主軸に置いたIT関連企業が多くなっている。

情報化社会の進展によって情報産業が盛んになり，多くの雇用確保につながったという利点はあるものの，国内産業が情報産業に偏るあまり，産業の空洞化を引き起こすことに対する懸念も一部では根強くある。

☑情報通信技術(ICT)

情報や通信における技術の総称である。ITと同様の言葉ともいえるが，情報技術(IT)にコミュニケーション(C)が加味されたもので，ネットワーク通信による情報の共有が念頭にある。

ITは情報技術そのものを指すことが多く，主としてインフラ整備面に着目したが，ICTは，世代や地域を超えたコンピューターの活用や人とのコミュニケーションを重視している。

☑ソーシャルメディア

インターネット上で，ユーザーが情報を発信して形成していくメディアのこと。個人が日々更新する日記のようなwebサイト(ブログ)のほか，コミュニティ型のwebサイト(SNS；ソーシャルネットワーキングサービス)，短い文章や写真を投稿して公開するブログサービス(TwitterやInstagram)，動画の共有サイト(YouTube)などがある。

これらは，自己の責任で自由に情報を発信することができることのほか，その内容に対して返信もできるなど，**容易にコミュニケーションを取ることができる**という特徴がある。

☑ 行政サービスのデジタル化

従来，役所の窓口での手続きが必要だった行政サービスを，コンピューターなどを利用することでデジタル化したり，省力化・簡便化しようとする試みのことをいう。おもな具体化として，**住民票の発行や税の確定申告**などがある。

こうした動きが進むと，**事務手続きのワンストップ化**(複数の窓口での手続きが必要だった事務手続きを一つの窓口ですませること)が可能となる。例えば，引越しの際には，運転免許証は警察署か運転免許センターで，国民年金や印鑑登録は市町村役場で，自動車登録の変更は陸運局で，電気やガスの移転手続きはそれぞれの会社での手続きが必要であるが，これらが一括してできるようになる。

2015年にはいわゆるマイナンバー法により，国民一人ひとりに個人番号が付与され，行政の様々な分野で利用されるようになった。また，2019年にはデジタル手続法が制定されるなど，行政サービスのデジタル化へ向けての動きが進められている。

☑ ブロードバンド

ブロードバンドとは，電波や電気信号・光信号などの周波数の帯域幅が広いこと，また，それを利用した高速・大容量の通信が可能な回線や通信環境のことである。ブロードバンドインターネット接続とは，**高速通信が可能な回線**によってつくられたコンピューターネットワークを活用したインターネットサービスのことをいう。

大容量のデータの送受信を高速で行えるため，**映像や音声を用いた通信**も容易にできるようになった。インターネット電話によってインターネット会議が普及したのも，ブロードバンド環境が整った恩恵といえる。

☑ サイバーカスケード

ある特定の考え方が，同調者を得ることにより集団行動化していくインターネット上の現象のことをいう。カスケードとは「滝」のことで，極めて短時間に同じ意見を持つ者を引き寄せていく様子を滝になぞらえたもので，アメリカの憲法学者，キャス=サンスティーンが提唱した。

☑ネット右翼

インターネットの掲示板やブログなどで，保守的・国粋主義的・右翼的な発言や表示をする人のことをいう。また，自分と相容れない意見に関して，執拗に書き込みを繰り返す人のことを指す場合もある。

発言が過激であったり，誹謗（ひぼう）中傷的な言動であったりするのが特徴で，サイバーカスケードを引き起こしやすい。現実社会で右翼的な言動をしているかどうかは不明であり，匿名投稿が可能なインターネットの特性上，ネット右翼の存在数などの実態が掴めていないのが現状である。

☑フェイクニュース（虚偽報道）

事実ではない，虚偽の内容の情報・報道のことで，主としてインターネット上で発信・拡散されるニュースのことをいう。近年のSNSの発達で，誰もが簡単に情報を発信できるようになり，その真偽が確認されることなく世界規模で拡散されるようになった。その結果，虚偽の情報が社会に大きな混乱を招いたり，選挙などの結果に影響を及ぼしたりといった事態を招くこともあり，社会問題となっている。

☑インターネット犯罪

インターネット上で発生する犯罪のことをいう。インターネットは社会生活において，便利で有用なものである反面，悪用される事例もあとを絶たず，新たな社会問題となっている。

犯罪の代表的なものとして，実体のない利用料金を請求される架空請求，パソコンに不正アクセスして個人情報を抜き取る行為，他人のパソコンに不適切な働きをするプログラムを送りつけるコンピューターウイルス被害などが挙げられる。

さらに，不正アクセスによって，企業の顧客リストや機密事項などをネット上に流失させる情報漏洩も，インターネットを利用した犯罪である。

☑コンピューターウイルス

ネットワークを介して他人のコンピューターに侵入することで被害をもたらす不正プログラムのことをいう。画面表示を変えてしまったりするものや，パソコンデータを盗み出すもの，蓄積データを破壊したりするものまで，種類は多岐にわたっている。

侵入したウイルスは侵入先のファイ

ルの一部を書き換えて自分自身を複写するので，多くの場合，自分のコンピューターにウイルスによって書き換えられたファイルが存在することに気づかずにデータをやり取りすることで，ほかのコンピューターにウイルスを増殖させてしまうことがさらなる問題となる。

増え続けるウイルス被害に対処するため，2011年には刑法の一部改正がなされ，コンピューターウイルスの作成や提供を罰することが盛り込まれた。

☑ハッカー，クラッカー

ハッカーとは，もともとはコンピューター技術に深い知識があり技術的にも長けている人のことを指す言葉であった。インターネット普及間もない頃，ハッカーのなかにはあえてセキュリティを突破して侵入し，その証拠を残すなどの方法で相手にセキュリティに対する警告を発する人がいた。つまり，当時ハッカーが行う行為のなかには，自分の技術的知識を利用してネットワークのセキュリティを突破したり，コンピューターウイルスを作成したりすることも含まれていたのである。ところが，今日ではそれを悪用する者が増え，転じてコンピューターを利用して悪事を働く者もハッカーと呼ぶようになった。

しかし最近では，この用法は誤用が定着したものなので使用すべきでないとする人も多い。そして，技術を悪用する者のことをクラッカー(破壊者)と呼んで区別すべきだという主張も多い。

☑不正アクセス

コンピューターやネットワークへのアクセス権がない人が，IDやパスワードなどを不正に入手して，それらに侵入することをいう。侵入するだけの場合はハッキング，侵入後にファイルの改ざんやデータの消去などを行う場合はクラッキングと呼ぶ。

クラッキングを常習的に行うクラッカーは，侵入後にコンピューターの破壊作動をしたり，ほかのコンピューターへの侵入を行うプログラム(ワームという)を仕込んだりして，多くのコンピューターに影響を与えることがある。

1999年に不正アクセス禁止法が成立し，不正アクセスに関連する行為は処罰の対象となった。

☑サイバーテロ

インターネット上での大規模な破壊活動のことをいう。国家や社会の機能を麻痺させる目的で意図的に行われることが多い。

具体的には，企業や行政のコン

ピューターネットワークに侵入するスパムメール(無差別かつ大量に送信するメール)や，容量が大きいファイルを添付したメールの大量送付，webサイトへの不正侵入，バックドア(正規のアクセス権を使わずにコンピューターシステムへ侵入できる接続経路を設けること)を用いてコンピューターを遠隔操作するなど，さまざまな手段を使って，ネットワークやコンピューターを破壊したり改ざんしたりする。

☑スパムメール

営利目的で，無差別に大量一括配信されるメールのことをいう。受信者の意向や立場を無視して送りつけられるところから迷惑メールとも呼ばれている。

発信者側からすると，郵便や宅配便などにするよりコストや手間の削減になるなどメリットが多い。一方，受信者側にとっては，必要な電子メールよりもスパムメールの受信数が多くなり，文字通り迷惑である。

スパムメールの内容の多くは広告メールだが，なかにはワンクリック詐欺や架空請求，場合によってはコンピューターウイルスを含むメールまでもあるので，これらのメールの閲覧には注意が必要である。

☑チェーンメール

不特定多数の人々に対して，さらに連鎖的に多くの人に配布するように求めて出すメールのことをいう。不特定多数の人々に対して送付され，その人々がまた別の多くの人々に転送し，それが次々と続くといった連鎖が繰り返されることで，増殖しながら転送されていく。チェーンメールによってネットワークやメールサーバに対して負荷をかけるだけでなく，噂やデマが拡散するといった問題を引き起こす。東日本大震災においてもさまざまなチェーンメールが広まり，混乱を引き起こした。

メールの内容に情報源が示されているか，内容が伝聞によるものではないか，事実に基づいたものであるか，情報内容が偏重したものではないかなど，メールの信憑性を十分に検討・確認する必要がある。

☑架空請求

使用実態のない名目で料金を請求されることをいう。利用していない有料サイトの利用料を電子メールや郵便などを使って請求し，不当に金銭を騙し取ろうとするのがおもな手口である。

インターネットの普及によって出現した，いわゆるインターネット犯罪の一種で，2004年頃をピークに減少傾向にあったが，2018年に国民生活センターに寄せられた架空請求に関する相談件数は約22万6000件と，再び増加に転じてきている。

☑ネットオークション

インターネット上で行われる競売(オークション)のことをいう。誰でも出品や落札(購入)が可能であること，違法でないかぎりどんな物でも出品や落札ができること，個人出品物には消費税がかからないことなどの利点から，インターネットを介した個人商取引の代表例となっている。

利用者数が拡大していることもあり，最近では小売業者がネットオークションを使って商品を販売したり，官公庁や地方公共団体が財産を処分する際に利用したりするなど，その形式は多様化してきている。しかしオークション詐欺(代金だけを受け取り，商品を発送しない)や違法品や盗品の出品，条例で禁止されているチケット類の転売など，問題点も多く存在する。

☑ワンクリック詐欺

インターネット上のサイトや電子メールにアクセスしただけとか，ページ上で一度クリックしただけで，そのサイトを利用したり契約したかのような料金請求画面を表示し，その料金を振り込ませるという不当料金請求行為のことをいう。

双方の合意なくしては契約は成立しないにもかかわらず，IPアドレスや携帯電話の個体識別番号などを表示したうえで，個人情報を取得済みだから法的手段も辞さないなどと脅しをかけ，指定口座へ振り込ませるように仕向ける悪質な行為が多い。最近では，メールなどでプログラムのダウンロードを誘い，インストールをした瞬間に料金請求画面が現れるなど，手口が巧妙化している。

☑情報リテラシー

リテラシーとは，読み書きの能力のことを指す。そのことから，情報リテラシーとは情報機器やネットワーク，あるいは情報やデータを扱ううえで必要な知識や能力のことをいう。コンピューターリテラシー(コンピューターやソフトウェアの操作や，プログラミング能力，インターネットでの情報検索の能力など)だけでなく，他人への影響を考えることや，情報を適切に収集・判断・評価・取捨選択・発信することなど，情報を適切に取り扱うための能力も含む。

そして，こうした能力を教育によって養おうとするのが情報教育であり，それを中等教育の課程で行うことを目的として，高校では2003年に「情報科」が設けられた。

☑ 情報倫理

情報化社会における道徳的な規範のことをいう。

インターネットの普及と発達により，さまざまな情報の公開や収集が容易となったが，反面，個人のプライバシーや知的所有権の侵害など，**情報に関する被害が生まれやすい状況**となっている。このような情報誤用に関する倫理的な問題を解決するためには，**個人個人がより高い情報倫理観を持つことが必要**である。またインターネット上でのマナーの遵守も，いままで以上に重要となっている。

なお，情報倫理として直接的に規制できる法律は存在しないが，情報倫理から派生した法律（不正アクセス禁止法など）は多数制定されている。

☑ デジタルデバイド（情報格差）

情報機器を使いこなせる人とそうでない人との間に生じる**情報の量における格差**のことをいう。

パソコンや携帯電話を所有していない人，機器の操作に不慣れな人，インターネットや携帯電話の通信網が遮断された人など，ネットワークからの情報収集が困難な人を**情報弱者**と呼ぶ。こうした弱者を減らすためにも，ブロードバンド通信基盤の整備を一層進めることのほかに，学校における情報教育カリキュラムを策定することや，情報教育を行える人材の育成を行うことなどの必要がある。

☑ 電子出版，電子図書館

文字や画像などをデジタルデータ化し，インターネットなどのオンライン上やディスク（CDやDVD）などの**電子メディアの形で販売や配布する出版形態**のことをいう。

インターネットの普及により，出版物をパソコンやスマートフォンにダウンロードする形で配布する**電子出版**が徐々に広まりつつある。また，デジタルデータ化された書籍をオンライン上で図書館のように集積し，公開しているウェブサイトを**電子図書館**というが，24時間，場所を選ばず閲覧可能なことや，複数の人が同時に同じ書籍を読むことができるなどの利点があり，こちらも徐々に認知されつつある。しかし，著作権の問題があり，蔵書数は一般の図書館には及ばない。

☑ 著作権の侵害

著作物を著作者の許諾を得ずに，無断で利用することをいう。近年のインターネットの普及に伴い，著作者の許諾を得ずに個人のホームページなどで著作物を使用することや，ファイル共有ソフト問題(音楽や映画，ソフトウェアなどを著作者の許諾なく，ファイル共有ソフトで交換すること)など，かつては存在しなかった形での著作権の侵害が新たな問題となっている。

著作権の侵害は，民事上の損害賠償を請求されるだけでなく，刑事的にも罰せられる。ただ，私的利用のための複製などの例外的な場合には，著作権侵害とならない場合もある。

なお，著作権が保護される期間は著作物が作られた時から，著作者の死後70年がたつまでの間とされている。

☑ 著作権法

著作権および著作隣接権の範囲と内容を規定し，著作者などの権利を保護するために制定された法律のことをいう。現行の著作権法は，1970年に制定された。

著作権とは本の著者，音楽の作詞・作曲者，コンピュータープログラムの製作者など，著作物(「思想又は感情を創作的に表現したものであって，文芸，学術，美術又は音楽の範囲に属するもの」)をつくった者に与えられる権利である。また著作隣接権とは，レコード製作者や放送事業者など，著作物の製作に関係する者に与えられる権利である。著作物や著作製作物を複製したり，あるいは上演・上映・演奏・放送・翻訳したりするためには，著作権者や著作隣接権者の許諾を得ることが必要であり，違反した場合には著作権侵害および著作権法違反に該当する。

2010年には法改正がなされ，違法配信と知りながら音楽や画像をダウンロードしたり，違法複写物と知りながら販売したりすることも禁止された。

☑ 電磁的記録毀損罪(きそん)

刑法で規定された犯罪の一つで，公有または私有の電磁的な記録物を毀損した者を罰することをいう。毀損に該当する行為には，電子記録物の消去や内容の不明化のほか，電子記録物を保管しているコンピューターやディスクそのものの破壊行為も含まれる。また，私文書のうちでは，権利・義務に該当する内容だけが電磁的記録毀損罪に該当し，単なる事実に関する記録(金銭データや携帯電話のメモリーなど)を消去しても罰せられない。

☑ 個人情報の保護

高度情報化社会の進展に伴って，ますます増え続ける個人情報の利用を保護することをいう。

IT 化が進むにつれて個人情報の集積や編集が容易に行えるようになり，

またインターネットを介してその情報が世界中に広がりかねない現状においては，個人情報を保護することは個人のプライバシーや利益を守るという点において非常に重要なことである。

個人情報の有効利用とその保護のために，2005年には**個人情報保護法**が施行され，個人情報を取り扱う事業者に対してその取り扱い方法に関する規定が設けられた。

☑ フィルタリング

インターネット上の情報に対して，**一定基準を設けて分別・制限・遮断を**行うことをいう。パソコンにソフトウェアを導入して行う方法と，インターネットプロバイダーや携帯電話事業者が提供するプログラムを用いて行う方法とがある。

おもなフィルタリングの方法としては，一定基準を元に情報に格付けを行い，受信者側の判断でフィルタリングを行う**レイティング方式**，あらかじめキーワードやフレーズを指定し，それらを含む記載のあるホームページを遮断する**キーワード方式**(**フレーズ方式**，**全文検索方式**ともいう)，有害なホームページをリスト化し，それに該当する情報を遮断する**ブラックリスト方式**，逆に安全なホームページをリスト化し，リスト以外の情報を遮断する**ホワイトリスト方式**などがある。

近年では携帯電話が低年齢層にも普及していることを受けて，2006年からは政府もフィルタリングの普及に乗り出している。

☑ インターネット民主主義（電子民主主義）

世論調査や投票などの民主主義的行為を，**情報通信技術を用いて行うこと**。従来のものと比較して費用が削減できること，より多人数にアプローチできる可能性を秘めていること，政治離れが進む若年層に馴染みのあるデジタル技術を使うことにより，回答率や投票率の向上が望めることなどの点において注目を集めている。世界的に見ても，取り組みが始まったばかりの分野である。日本では，2002年に内閣府がインターネット民主主義に対する協議書を発表した。

☑ 電子商取引

コンピューターネットワークを用いて商品やサービスの売買・契約などを行うことをいう。**イーコマース**(eコマース)とも呼ばれる。

従来は，企業間において行われる電子データの交換のことを指したが，インターネットの普及に伴い，企業同士の取引以外にも，**オンラインショップ**

などの企業対消費者，**ネットオークション**などの消費者対消費者，などの新しい取引形態も生まれた。

電子商取引は情報通信技術の普及と向上につれて年々拡大しており，2018年に発表された経済産業省の統計では，企業対企業間，企業対消費者間の取引を合わせると362兆円にのぼるとされる。このような拡大の裏では，個人情報の漏洩のほか，商品販売を装ってクレジットカードなどの情報を騙し取ろうとするフィッシング詐欺など，**電子商取引に特有な問題**も存在する。

☑広告，宣伝

商品やサービスなどを他人に知ってもらうために行う活動を**宣伝**という。おもに企業や店舗などが，商品やサービスの内容のほか，企業や店舗そのものの存在を一般消費者に広く認知してもらうことを目的とした活動を指すことが多い。

一方，新聞や雑誌・テレビなどのマスメディアのほか，電車内や駅・街角などの場所で，管理可能な媒体を使って宣伝すること，あるいはその媒体のことを**広告**という。

経済産業省の統計調査によると，インターネットを使用した広告や宣伝は年々増加しており，その広告費は，地上波テレビ広告費に迫る1兆7600億円にものぼっている。

☑子どもと有害情報の接触

内閣府によると，小学生の86.3％，中学生の95.1％，高校生の99.1％が，それぞれパソコンやスマートフォンなどでインターネットを利用しているという(2019年現在)。

それに伴い，子どもがインターネットを使用し，有害情報(誹謗中傷や暴力的な画像，成人向け情報など)に接触する危険性も非常に高くなっている。そして，実際に接触したことによる事件や事故の事例も発生している。

このような事態に対する対応策として，携帯電話各社やインターネットプロバイダー各社が**フィルタリング**のサービスを行っている。また，各都道府県は**青少年健全育成条例**を施行し，フィルタリングの普及を推進するとともに，青少年のインターネットカフェなどの施設への入場時間制限を行うなどして，有害情報に接触することの防止に努めている。

答案例

問題 インターネットの問題点について，あなたの意見を述べよ。**600字以内**

模範回答 インターネットの普及に伴って，幅広い世代が情報の恩恵を受けられるようになった。最近ではソーシャルメディアなどで双方向通信が容易に行えるようにもなったが，インターネット特有の問題点も多く生じている。なかでも，他人への誹謗中傷，個人情報の漏洩，不正アクセス，チェーンメールによる虚偽の情報の拡散など，使い手のモラルの低さに起因することが多い。

(以上，第1段落)

こうした問題の背景には，ネットワークを通して多量の情報を，即時に場所を選ばずに得られるようになったこと，対面ではなく匿名で情報のやり取りができることなどのネット社会の特性がある。匿名では情報の送受信の際に他人が介入しにくく，使用者側は自己都合だけでネットワークを利用しがちである。その時，情報リテラシーや情報倫理観を欠く使用者は，匿名性を悪用して重大な問題行為を行う恐れがある。

(以上，第2段落)

今後，日本では本格的なユビキタス社会が到来し，いつでもどこでも情報に接触できる環境になることが予想される。こうした流れを踏まえ，防止策を講じる必要がある。セキュリティの強化，フィルタリング，法整備と取り締まり，低年齢層に対する情報端末所持や機能の制限などの対症療法だけでなく，倫理観やメディアリテラシーの育成など，情報教育を推進することも求められる。

(以上，第3段落)

解説 第1段落：意見の提示…インターネットの普及によって，情報収集や双方向通信が容易になったという利点を示しつつ，一方で問題点もあることを指摘している。

第2段落：理由説明…問題が発生する背景には，通信の即時性や匿名性，モラルの欠如といったネット社会の特性があることを指摘している。

第3段落：意見の再提示…対症療法と根本療法という両者の視点から問題に対処すべきであることを論じている。

スマートフォン

出題頻度→ 法・政 経済 商・経営 社・福祉 国際・学際 ★★★

定義

スマートフォンは，**通話やインターネット，メールのほかさまざまな機能を持った多機能な携帯電話の総称**である。

1980年代の携帯電話の登場で屋外でも通話ができるようになったが，1990年代後半からは普及したフィーチャーフォンによってメールやインターネット機能も使えるようになった。2007年に発表されたアップル社iPhone から始まったスマートフォンは，さらに「アプリ」と呼ばれるソフトを追加することでゲームや地図，漫画などさまざまな機能を使うことができるようになっており，**パソコン並みの機能を有するスマートフォン端末**も普通になってきている。現在では，人工知能(AI)を使った音声認識によるバーチャルアシスタント機能を備えるものも多い。

持ち運びが簡単で，いつでもどこでもメールやインターネットを利用でき，**最も身近なコミュニケーションツール**として広く活用されているスマートフォンは，今や世界中で普及している。

問題点

スマートフォンは我々の生活に利便性をもたらす一方で，さまざまな問題も引き起こしている。おもなものには次のようなものがある。

① **スマートフォン依存症(スマホ依存症)**
② **使用に際してのモラルの低下**
③ **事故を引き起こすリスク**
④ **電磁波**(p.261参照)**やブルーライト**(p.261参照)**の影響**

①は，**スマートフォンが常に手元にあって自由に操作できないと落ち着かない状態**を表している。メールやチャットアプリの返信や既読，SNSへの投稿に対する反応を気にするあまり，スマートフォンを頻繁にチェックしなければ落ち着かなくなったり，自由に操作できないと情緒不安定に

なったりする。若年層を中心に広まっているマナーとして**即レス**(受信したメッセージ等になるべく早く返信すること)というものもその一因となっている。こうした状況がこうじると，学習時間の確保が難しくなる学生を生んだり，業務に支障をきたす社員を増加させたり，睡眠時間の減少による生活習慣の乱れや体調不良などを引き起こすなど，社会に適応できない人々が生まれることが問題視されている。

②は，スマートフォンを使って誰でも気軽に発信できるようになったことにより，その**使用に際してのモラル**が問われることが増えてきている。自身の経験や訪れた場所の記事や写真・動画を不用意にSNSなどで発信することで，プライバシーの侵害や個人情報の流出などが起こることがある。また，悪質ないたずらの発信が拡散し，いたずらを受けた企業が大きな損失をこうむることもある。一方で，不用意な発信をきっかけに，批判的な反応が殺到する，いわゆる「炎上」という状況も頻繁に起きている。

③については，**自転車や自動車を運転しながらスマートフォンを操作することによる事故**が増加している。また，歩きながらスマートフォンを操作する「**歩きスマホ**」により，人どうしの衝突，階段や駅のホームからの転落，交通事故などの事故も起きている。スマートフォンを操作すると画面や操作に気を取られて視界が狭くなり，周囲に注意が払えなくなることが原因である。

④は，スマートフォンの発する電磁波が，**医療機器や航空機**，**また人体へ影響を及ぼすのではないか**という懸念がある。また，スマートフォンやパソコンが発する**ブルーライトが眼の疲れや体内リズムの乱れを引き起こす**可能性が指摘されている。

問題点の背景

①に関しては，**人間関係の場が現実の世界からインターネットの世界に移行しつつあること**が背景にある。スマートフォンを介しての人間関係が主体になっている場合，スマートフォンを手放すことはその人間関係から隔離されるのと同然であり，集団から疎外されてしまうとまで考えてしまうのである。つまり，スマートフォンが情報伝達の手段ではなく，**他人と**

つながるためのすべてであるとまで認識しているのである。その結果，スマートフォンで常にコミュニケーションを交わすことだけが人間関係を保つという意識になり，スマートフォンに依存する体質が生まれてしまうのである。

②に関しては，プライバシーや個人情報に対する認識不足，スマートフォンの機能や操作に対する知識不足，自身の情報発信がどのような影響を与えるかという想像力の欠如などが問題の背景として挙げられる。スマートフォンの性能やアプリの機能は日々進歩しており，社会のルールやモラルの枠組み作りが間に合っていないという現状もある。また，発信者の考えが世間の考えと異なっていたり，独善的なものであったりしたために，多くの批判を浴び「炎上」することが起きている。これもスマートフォンの広範囲につながることができる機能の裏返しの影響であろう。

③に関しては，規範意識の欠如があることはもちろんであるが，スマートフォンのアプリによりさまざまな機能が備わったこともその背景にあるだろう。チャットアプリやゲームや地図，漫画などのさまざまな機能が，スマートフォンにより移動中でも手軽に利用できるようになった。そのため，歩行中や運転中にスマートフォンを見たいという欲求が大きくなると考えられる。

④に関しては，1990年代の携帯電話の普及期においては，医療機器や航空機への影響に関する報告があり，人体への影響を懸念する声もあった。その後，無線通信システムの発展やスマートフォンの普及により，電磁波の医療機器や航空機への影響は限定的なものとなり，利用制限は緩和されている。一方で，スマートフォンやパソコンが発するブルーライトは，波長が紫外線に近く強いエネルギーを持つ光であり，ブルーライトを長時間見続けることは，眼の疲労や肩こりなどにつながるだけでなく，その覚醒作用により睡眠障害などの原因にもなりかねない。

対応策・解決策

①に対しては，ケースバイケースで考える必要がある。スマートフォンの所持禁止や使用制限が効果的な場合もあれば，使用に際しての教育や指

導がよい場合もある。ただ，所持禁止や使用制限で改善する場合はよいが，それでは改善しないほど病的に依存している場合もある。近年では，本人の自制や家族の助けがあっても依存状態から抜け出せない深刻なケースも増えてきている。その場合には，専門の病院での治療を受けることが必要であろう。

②に対しては，プライバシーや個人情報の取り扱いやスマートフォンの機能，スマートフォンを通じて発信された情報がどのような影響を及ぼすかについて知る必要がある。そのためには，特にスマートフォンを使い始める時期にきちんと学んでおく必要があるだろう。これまで起きた事件や事故を振り返りつつ，効果的な教育・研修を行い，スマートフォンを使用する際のマナーをしっかりと身につける必要がある。

③に対しては，2019年12月に道路交通法が改正され，運転中のスマートフォンの操作などのいわゆる「ながら運転」に対する罰則が厳しくなった。また，今のところ日本では「歩きスマホ」についての罰則はないが，今後条例や法改正により，危険を防ぐルール作りがなされていくものと思われる。ただし，罰則の有無にかかわらず，「これくらいなら大丈夫だろう」とか，「自分は大丈夫」といった思いが，自分の怪我だけでなく，最悪の場合，他者の命をも奪いかねないということを認識する必要がある。

④に関しては，スマートフォンの発する電磁波による医療機器や航空機への影響が調査され，2014年に病院や航空機などでのスマートフォンの利用制限が緩和された。ただし，電車の優先席付近での混雑時の利用制限や，航空機内での機内モードの利用など，一部の制限が残っている。また，ブルーライトに関しては，使用時間の制限のほか，ブルーライト軽減機能やブルーライトをカットする眼鏡などを利用することが考えられる。

小論文にする時のポイント

入試では，スマートフォンを使用する際のモラル，スマートフォンの利用と健康などの出題が見られる。それらの問題点を挙げる時に，ともすると「マナーの低下が著しいという問題があるので，マナー向上に努めるべきだ」とか，「スマートフォン依存症は問題だから，スマートフォンの所持を制限すべきである」といった短絡的な主張の展開になりがちなことに注意したい。その場合，人間関係の場が現実世界から仮想世界に移行しつつあることを踏まえ，**深みのある考察**が展開できるようにしておきたい。また，スマートフォンの利便性や今後の可能性など，**いかに活用していくか**を問われることも考えられる。その場合にも，スマートフォンのすばらしさだけを論じるのではなく，**よい面と悪い面の両方から問題に向かう**ことを心がけたい。

また，**小・中学生のスマートフォン利用の是非**といった問題は，携帯電話が普及していた頃から出題が見られた。もちろん，賛成反対のいずれかの立場から論じても構わないが，それぞれ賛成の立場だけ，反対の立場だけで論じることは，内容に偏りが生じがちなので好ましいとはいえない。賛否両論の根拠を整理しつつ，**どちらの方が若年層の健全育成につながるのか**といった視点から論じたいものである。

過去の入試問題例

例 近年，スマートフォンに代表される携帯型の通信機器に様々なアプリケーションを追加することによって，多彩なサービスを複数の人々が共有し，利用できるようになっていることをふまえ，

① 通信機器と新たに結びつくことによって便利になったと考えられるサービスを１つ選べ。また，選んだサービスの主な利用者の使い方を説明せよ。

② ①であげたサービスが，その主な利用者にとって，より快適なものとなるための改善策を考え，具体的に説明せよ。（札幌市立大・デザイン学部）

例 「スマートフォンがもたらす健康への関わり」について，自分の考えをまとめよ。（帝京大・医療技術・福岡医療技術学部）

例 スマートフォンの新機能を多言語の同時音声通訳など３案から１つ選び，選んだ理由を他の案と比較し述べよ。（名古屋工業大・工学部）

例 ツイッターの利用で人は有名人の気分を味わえるという文を読み，筆者の考えに対する自身の考えを書け。（名古屋市立大・人文社会学部）

関連キーワード

☑携帯電話

移動しながら通信できる無線通信機器の一種で，電波によって情報をやり取りすることができる。最初の携帯電話は，第二次世界大戦中にアメリカ軍が使用したトランシーバーだという説や，1970年に開かれた日本万国博覧会で発表された携帯電話だとする説などがある。1979年，日本電信電話公社(現NTT)によって世界で初めて実用化された。

☑タブレット端末とスマートフォン

タブレット端末とは，液晶ディスプレイを直接触って操作でき(タッチパネル)，平板(タブレット)状で持ち運びがしやすいPCやモバイル端末などの情報端末の総称のことである。薄くて軽く持ち運びしやすいほか，タッチパネルによる操作の簡便化，無線LAN接続範囲内ならば場所を選ばずにインターネットに接続できることが特徴である。

2010年にアメリカのアップル社が「iPad」を発表したのを皮切りに，競合各社が次々とタブレット端末を発売したことで，カテゴリーとして定着した。また，タブレット端末のような機能を持ち，さらに通話可能にしたものがスマートフォンである。タッチパネル形式ではないスマートフォンは2000年前後にはすでに存在し，海外では利用者数を伸ばしていた。日本国内では2009年にタッチパネル形式の「iPhone」が発売されたことで，急速に普及が進んだ。

☑知識社会

知識が，これまでの伝統的な天然資源や労働力，資本などと同様に，社会や経済の発展に大きく関与すると同時に，重要性を増していく社会のことをいう。ここでいう知識とは，従来の一般教養的なものとは異なり，生きた知識，また新たな知識を生み出すための知識だとされている。

インターネットやスマートフォンなどの新しい情報技術の普及・浸透により，知識はかつてよりも容易に手に入るようになったことを受け，政治や経済，教育や文化のみならず，日常生活においても知識や知識量があらゆる結果を大きく左右する現代社会を象徴しているのが「知識社会」という言葉であろう。

知識社会の特徴として，①情報技術の進歩とともに知識に国境がなくなり，グローバル化がさらに進むこと，②知識は日々更新されることにより，新たな競争や技術革新が日々発生すること，③またこのことを受け発想の転換を必要とされる場面も多く，さまざまな知識と柔軟な思考がより重要になることなどが挙げられる。

☑電磁波

空間の電界と磁界がお互いに作用しあうことで発生する波動のことをいう。空間そのものが振動するため，真空中であっても発生し，伝播速度は光の速さと同等とされる。電気が流れたり電波が行き交ったりする場所では必ず何かしらの電磁波が存在する。紫外線や赤外線，レントゲンのエックス線や放射能のガンマ線も電磁波の一種である。

エックス線，ガンマ線，一部の紫外線に関しては電磁波の電離放射線に該当し，多量照射は人体に有害であることが知られている。一方，赤外線やテレビ，ラジオなどの放送電波，携帯電話の電磁波は非電離放射線に該当し，人体に影響はないとされつつも，現在も研究途中である。

☑ブルーライト

可視光線のなかで，波長が短い青色の光のことをいう。テレビやパソコン，スマートフォンの液晶画面やLED照明などの光に多く含まれる。強いエネルギーを持っており，眼の疲れや肩こりなどの原因となる。また，就寝前や夜間に見続けると，その覚醒作用により睡眠障害などを引き起こす可能性も指摘されている。

☑航空機や医療機器への電磁波の影響

精密機械は電磁波の影響を受けやすく，誤作動を引き起こす可能性がある。国土交通省と総務省はそれぞれ航空機や医療機器と電磁波との影響に関して報告を発表している。

国土交通省の調査では，スマートフォンのみならず，パソコンやビデオカメラなどから発せられる電磁波が航空機の計器に異常を起こさせることが報告された。そのため航空法により，航空機内での電子機器の使用は制限されている。また総務省では，携帯電話端末は，医用機器から1m程度離すことを目安とすること，病院内ではエリアによって携帯電話端末の使用を制限するのが望ましいことなどを指針として打ち出している。

☑公共の場でのマナー違反の増加

そもそもマナーとは，その場にいる人全員が快適であると感じられるようにするために守ることが求められる礼儀や作法，他人への配慮のことである。

例えば公共の場においては，飲食を控える，順序や秩序を守る，静かにするなどのマナーが求められるが，近年では公共の場におけるマナー違反の行動が多くなっている。

特にスマートフォンの普及に伴い，公共交通機関内や劇場など，本来は静かであることが前提になっている場所での着信音や通話のほか，航空機内や病院内など電磁波の影響が懸念される場所での使用や，歩行中や自転車乗車中の使用による通行妨害や事故など，**スマートフォンに関するマナー違反**が多く見られるようになり，問題となっている。

☑ スマートフォンの普及による問題行動

内閣府が2019年に実施した調査によると，中学生の81.8%，高校生の98.6%がスマートフォンを所有しており，中・高生を中心とした若年層へのスマートフォンの普及速度は目覚ましい。

このようなスマートフォンの急激な普及に伴い，問題と思われる行動も顕在化してきた。2000年にカメラ付携帯電話が発売されると，相手の写真を盗撮し，誹謗中傷とともに携帯メールに配信するといった，**ネットを使ったいじめ行為**が見られるようになった。近年ではスマートフォンでインターネットに接続することが可能になったことにより，ブログや学校裏サイト(学校の公式サイトとは別に，在校生や卒業生などが作成した学校サイトのこと。多くはスマートフォン等でしか見ることができず，発見が困難である)を使用した**オンライン上のいじめや誹謗中傷行為**が多発している。そのことを受け，文部科学省は学校や教員向けの対応マニュアルを作成するなど問題行動の解決に乗り出している。しかしながら，匿名投稿が可能であったり，無料でサブメールアドレスが取得できたりするといったインターネットサービスの特性もあり，現段階では全面解決には至っていない。また，メールやネット上でやり取りが可能なこともあり，保護者や学校関係者だけでなく，中・高生当事者たちも**交友関係や行動が把握しにくい**といった問題も起こっている。

☑ スマートフォン依存症

スマートフォンなどの個人向け通信機器をつねに所持し，**それがないと落ち着かない状態**のことをいうほか，場合によっては，そのことが原因で**日常生活に支障をきたす**までの状態となることをいう。特に高校生や大学生を中心とした若年層に多く見られる。

背景として，**スマートフォンの機能**

が充実していて，通話やメールといった通信機能以外に，ゲーム・インターネット・カメラ・音楽など，さまざまなサービスが利用できるようになってきたことがある。そのことでほとんどの欲求が満たされるからである。また近年，チャットアプリなどを用いて，友人との交流をすることが増え，ますますスマートフォンは手離せないものとなってきている。

スマートフォン依存により，学力の低下や生活習慣の乱れ，スマートフォン使用に関するマナー違反などの問題が指摘されているほか，スマートフォンがないとパニック障害に陥るなどの激しい症例さえ報告されている。

☑子どものスマートフォン所持の是非

スマートフォンの普及が進むのと同時に，利用開始時期の低年齢化が進行している。それに伴い，子どもがスマートフォンを所持すること自体に関しての是非が問われるようになった。

肯定意見としては，いつでも連絡が取れること，GPS機能により居場所の把握ができること，また防犯ブザーの代わりになることなど，保安面において有効であるという点が多くを占めている。一方否定意見としては，有害サイトや誹謗中傷などの問題情報に接触しかねない，ワンクリック詐欺などの犯罪被害に遭う，利用料が高くつくなどがある。

子ども自身がスマートフォンを利用することによって，直接的に被害者や加害者になるケースが増加したことを受け，2009年には文部科学省が各都道府県に携帯電話を学校に持ち込むことを禁止する旨の通達を出した。しかし，近年スマートフォンの所有率が上がり，また災害時に必要となるケースも出たことから，指針が見直されつつある。

☑監視社会

情報技術の発達に伴い，技術を駆使して情報を監視しようとする社会形態のことをいう。情報に対する安全性の確保や犯罪の抑制などの利点もある一方で，プライバシーの侵害や個人情報の漏洩につながる可能性もあること，さらには個人情報保護の観点からも問題があるとされている。

以前に比べて監視カメラの設置が多くなった，マイナンバーに関して監視社会の助長につながるなどといったことが議論されてきた。それに加え近年では，GPS機能・個人ブログ・ツイッターなどの情報サービスの普及により，監視体制が強化されているとの見方も広まってきた。また，インターネット関連の犯罪(インターネット犯罪)への対策として，2011年にコンピューター監視法が成立したが，市民の電子メールやインターネットアクセスへの監視を認める内容であることから，個人情報保護や通信の秘密を侵害するとして問題視されている。

☑ 共同体の崩壊

共同体とはコミュニティのことで，血縁や地域などのつながりによって結びついている集団のことをいう。

第二次世界大戦後の日本は，経済成長を成し遂げるとともに，一方でこの共同体が崩壊したといわれている。すなわち，戦前の日本は大家族であり，特に農村地域では住民の相互扶助によって作業を行っていた。また，都市部においても「向こう三軒両隣」という言葉が表しているように，近隣住民同士の結びつきが強かった。しかし，戦後の日本においては核家族化が進み，都市部では住宅がマンション化して，両隣の住民の顔も分からないような状態になった。農村地域においても機械化が進んだために，共同作業の必要性が低くなった。そのほか，終身雇用が前提であった日本企業では，企業もまた共同体の一つであったが，成果主義の導入と共に雇用環境が流動化したことが，結果として共同体の崩壊に加担したともいわれている。

☑ 自動車や自転車を運転中のスマートフォンの使用

携帯端末の普及に伴い，自動車を運転中に携帯端末を使用したことによる事故が多く発生するようになった。そのことを受けて1999年に道路交通法が改正され，運転中の携帯端末操作は禁止されることとなった。しかし禁止規定のみだったために事故は減らず，その後のスマートフォンのさらなる普及によって，むしろ事故件数は増加した。そこで2004年と2019年に２度道路交通法が改正され，違反者には30万円以下の罰金と，違反点数の加算が追加された。

なお，自転車も車両扱いとなっているため，運転中の携帯端末の使用は違反となるが，罰則に関しては各都道府県によって異なる。

☑ アプリケーション

コンピューターや携帯端末などで使用される，特定の目的を実行するためのソフトウェアのことをいう。正しくはアプリケーションソフトウェアであるが，アプリと略されることが多い。

表計算ソフト，文章入力ソフト，ウェブページを閲覧するためのブラウザソフト，電子メールソフトなどが代表的なアプリケーションの例であるが，ほかにも，スマートフォンの普及により，近年ではゲームやカメラのアプリケーションなど，**スマートフォン専用に開発されたもの**も多数存在する。

無料のものと有料のもの，基本は無料であるが課金により機能を追加するものなどがある。

☑ 日本の携帯電話市場の特殊性

日本の携帯電話市場の動向は，その特殊性から，独自の生態系を持つガラパゴス諸島になぞらえて**ガラパゴス化**と呼ばれてきた。

日本の携帯電話市場を海外のそれと比較すると，**携帯電話端末機が異常なまでに高機能，かつ高額である**点において特殊であるといわれている。その背景には，日本の消費者が携帯端末を選ぶに際して，通話機能そのものよりも，カメラ機能や携帯電話会社の独自サービスといった，いわば**付随機能を重視するよう**になった結果，機能を抑えて安価に設定された携帯電話端末は淘汰され，高価でも機能が充実した機種が主流となったことが挙げられる。しかし，海外ではこのような端末は需要が低く，一般的ではなかった。

そのほかにも，日本では端末機メーカーではなく，各携帯電話会社主導で開発が進められてきた結果，**携帯電話会社間での端末の互換性がない**点も特殊性の一つである。海外では端末機メーカー主導で開発が進められるために互換性があり，消費者が使用する携帯電話会社を選べるのが一般的であった。

☑ ガラパゴス化

市場から隔離された環境で独自の進化を遂げ，世界標準から離れてしまう現象のことをいう。南米エクアドルにあるガラパゴス諸島が独自の生態系を持つことを市場世界に例えて表現したものである。

ガラパゴス化の代表的なものとして携帯電話の例があるが，これに関しては2006年に総務省が開催したICT国際競争力懇談会でも議論が行われた。日本の携帯電話は，電波・端末ともに技術力は突出しているが，**世界基準とはかけ離れているため**，海外では販売不振となった。逆に，世界と基準を同じくするスマートフォンが普及した現在では，日本独自の多機能携帯電話(**ガラパゴスケータイ**)の市場は縮小している。このような，世界基準から孤立した状況は，電子機器だけでなく，医療・教育の分野でも散見され，その将来が懸念されている。

☑ 電子マネー

金銭をデジタルデータ化したもの，あるいは**そのデータを持つ媒体**のことをいう。金銭データを記録したICチップを用いて決済を行う**ICチップ型電子マネー**(カード形式，携帯電話)と，ネットワーク上で決済を行う**ネットワーク型電子マネー**とがある。

Suicaや PASMO，ICOCAなどのように鉄道各社が発行しているものや，WAONなど流通各社が発行しているカード式のものが代表例として挙げられる。現金を出し入れする手間が省けるほか，クレジットカードと連携することにより，残額が一定額を下回ると自動的に入金されるオートチャージ機能などもあり，現在急速に使用者が拡大している。

☑キャッシュレス決済

現金(紙幣や貨幣)を使用せずに商品購入時の支払いをすることをいう。キャッシュレス決済には，クレジットカードやデビットカード，電子マネーなどを利用するものや，QRコードを利用するものなどがある。

キャッシュレス決済の導入は，日本は海外よりも遅れており，外国人観光客が増えている現状も鑑みて，政府はキャッシュレス化を推進している。2019年10月から翌年6月までの間「キャッシュレス・消費者還元事業」として，小売店がキャッシュレス決済システムを導入する際に補助金を出したり，キャッシュレス決済を利用した消費者にポイントを還元したりするなどの政策を打ち出している。これは2019年10月の消費税増税に伴う消費の冷え込みを軽減するための対策でもある。

☑スマートフォン決済

スマートフォンのアプリを用いて商品購入時の支払いをすることをいう。事前にアプリにお金をチャージしておいたり，事後にカードで支払いしたりすることにより，現金を使用せずに決済することができる。スマートフォン決済には，大きく分けて非接触型決済とQRコード決済の二つがある。非接触型決済にはSuicaや楽天Edyなどがあり，端末に搭載されているNFC(近距離無線通信規格)を用いて，専用端末にかざすことで決済するシステムである。QRコード決済にはPayPayや楽天Pay，LINE Payなどがあり，スマートフォンの画面に表示されたQRコードを読み取ってもらったり，店頭のQRコードをスマートフォンのアプリで読み取ったりすることで決済するシステムである。

答案例

問題 スマートフォン依存について，あなたの考えを述べよ。**600字以内**

模範回答 スマートフォンは我々の生活に利便性をもたらすものである。通話やメールに加えて，写真を撮る，インターネットを見るなどの機能もあり非常に便利である。そのうえ，アプリケーションがどんどん進歩し，さらにさまざまなことができるようにもなっている。しかしながら，スマートフォンの過度な使用が，生活習慣の乱れをはじめとして，さまざまな事故やトラブルを引き起こしている。例えば，SNSの反応や返信を即時にしないといけないという強迫観念から，常に画面を見ていないと落ち着かないスマートフォン依存の状態になってしまうことも起こっている。（以上，第1段落）

この背景の一つとして，人間関係が現実世界よりも仮想空間でのつながりに移行していることが挙げられる。実際に会うのではなく，インターネット上でつながることに重きが置かれており，その関係維持のためにすぐに返信することや，自身があげた内容への反応を気にするようになってしまっている。またスマートフォンの機能やアプリケーションが日々進歩をしていて，利用についてのルールやマナーの枠組みが追いついていないという課題もある。（以上，第2段落）

スマートフォン依存にならないためには，使用時間や使う場所など家族や友人間でのルール作りが必要である。同時に，スマートフォン依存の怖さや弊害についても学ぶ必要がある。スマートフォンの便利さを享受しつつも，危険性を回避する考え方をもち，健全な使用が求められる。（以上，第3段落）

解説

第1段落：問題の提示…スマートフォンの利便性は肯定しつつも，問題があることを指摘している。

第2段落：背景説明…スマートフォン依存になる理由を人間関係のあり方から説明している。

第3段落：対策の提示…依存的にならないための予防策を述べる一方で，スマートフォン依存の危険性を知ることの必要性についても触れている。

マスメディアによる報道

出題頻度→ 社・福祉 国際・学際 ★★ 法・政 経済 商・経営 ★

定義

マスメディアとは，特定少数の発信者から，不特定多数の受信者(mass；群衆・社会集団)に向けて一方的に情報を伝達する媒体(media)，もしくはその送り手のことをいう。具体的には，新聞・雑誌・ラジオ放送・テレビ放送などが挙げられる。近年では，インターネット放送，動画共有サービス，ニュースサイトなどインターネットを通じたマスメディアも社会に対して影響力を持つようになってきている。マスメディアは，15世紀にヨハネス=グーテンベルクによって活版印刷技術が発明されたことに端を発する。印刷物に見られるようにマスメディアは，一度に大量の受け手に対して，広範かつ同時に，素早く情報を伝える機能を持つ。

ここでは，マスメディアが伝達する事柄の中から，報道(ニュースや出来事を取材し，メディアを通して伝達する行為)に絞って論じる。なお，マスコミュニケーション(マスコミ)という言葉があるが，こちらはマスメディアを利用して「大衆に情報を伝える活動」のことを指す。

問題点

一般的に，マスメディアの報道は市民にとって信憑性が高いものだという認識がある一方で，情報の動きが双方向ではなく一方的で，メディア側の独断で情報を提供するという性質を持っていることから，

① 情報操作の恐れがある
② 情報の画一化が見られる
③ 予言の自己成就の恐れがある

といった問題を引き起こす。

①に関しては，マスメディアを利用して人間の感覚や思考・世論を形成しようとする第三者がいることに起因する。人々の思考の多くは他者からの情報をもとにして形作られることが多いが，その情報の大部分はマスメ

ディアが提供している。しかし，その情報が必ずしも事実ばかりを示しているわけではない。マスメディアは提供元(国家・政界・財界など)から情報を得て報道しているが，情報の提供元は自らの都合で情報を操作することもあり，つねに正しい情報だけを提供しているわけではない。場合によっては事実を隠したり，事実の一部分だけを切り取ったり，事実を歪曲したり誇張したりして，情報を改変していることもままある。こうした情報がマスメディアを介して人々に伝われば，人々の思考が誤って形成される恐れがある。

②に関しては，情報源が同じであることによって起こる。複数のマスメディアが同じ話題を取り上げても，情報の提供元が同じであれば，報道される内容も同じようなものとなる。例えば，記者クラブ(p.275参照)を通した情報の受け渡しが挙げられる。公的機関への取材は，記者クラブを通してしか行えない。また，記者クラブに所属していないメディアは，契約している通信社からの配信をもとに記事や番組を制作することになる。つまり，情報源や取材内容が同じであることから，視聴者や読者に提供する情報内容がどの紙面，どの番組においても同様のものとなるのは，ある意味必然なのである。こうした情報の画一化の傾向は，報道の多様性を失わせ，視聴者や読者の情報選択の余地を狭める結果となる。

③に関しては，マスメディアが，事実だけでなく予測までを報道することもあることが原因となる。例えば，選挙に関する報道である。マスメディアが候補者の有利・不利を選挙前に報道するといった選挙予想を行うと，アナウンス効果(p.275参照)を誘発し，それが選挙結果に反映されることがある。メディアの報道は，たとえ観測・解釈・予測にすぎないことであっても，視聴者や読者にはそれなりの影響を与える。すなわち，マスメディアが予言したことをマスメディア自身が実現する能力を有するということである。こうした報道は，例えば選挙であれば選挙結果を歪めることになり，実質的に世論を誘導することになる恐れがある点で問題である。

問題点の背景

マスメディアの報道が民衆扇動や印象操作・世論操作(p.274参照)につながりやすいのは，情報操作によって偏向的な報道がなされているからである。その背景として，

① 情報発信元とマスメディア各社間との癒着(マスメディア側の問題)

② 市民の検証能力の相対的な低さ(視聴者・読者側の問題)

の2点が考えられる。

①の例として，記者クラブを挙げる。記者クラブへの出入りを禁止されることは情報収集ができなくなることを意味するから，そうした事態を避けるためには公的機関との関係を維持する方向で取材活動を進めざるを得ない。また，特オチ(p.276参照)を恐れるあまり，他社との良好な関係を維持しようとして自主規制を行ったり，報道協定(p.276参照)を結んだりすることもある。このように，国家・政界・財界などとマスメディア各社の間に癒着が起こると，情報が歪んだり，視聴者や読者に対して偏向した報道がなされたりする危険性がある。

②は，マスメディアと一般市民との比較をすれば理解しやすい。マスメディアは，情報を収集する能力が高い。例えば，政治家・著名人・学者・行政・企業などとのパイプを活用し，個人レベルでは収集しにくい情報を得たり，専門家に情報の妥当性の検証を依頼したりすることもできる。このようにマスメディアは，提供する情報の裏付けなどが得やすいため，一般的に事実の正しさを検証する能力が高いといえる。一方，一般市民は検証のための情報を収集しにくく，情報提供元から「何を知らされていないのか」ということさえも知ることができない。市民の側から事の真相を明らかにすることは困難を極めるゆえ，検証能力が低いといわざるを得ないのである。

対応策・解決策

もしマスメディアが報道の中立性や正確性という社会的な役割意識を欠いた場合，特定の立場の人々が有利になる報道がなされ，多くの一般市民が不利益をこうむることとなる。よって，マスメディアは自らが持つ影響

力の大きさを自覚して，一般企業以上に公共性を意識すべきである。

ただし，メディア自身が社会問題を掘り下げて市民に伝え，重要な情報を選び出す役割を担っていることを自覚することも大切だが，同時にマスメディアの中立性を保つ姿勢や仕組みも求められている。現在，関連団体が報道の自主規制を行っている。例えば，放送ではBPO（放送倫理・番組向上機構），新聞では日本新聞協会，出版では出版倫理協議会などがその役割を担っている。

報道に対して倫理規定を適用したり監視したりすることは，健全な報道を行ううえで重要となる。それに加え，一般市民がマスメディアや行政・企業の監視を行える仕組みを作ること，NPOなどによる中立的なマスメディア設立など，第三者が報道内容や姿勢を監視できる方法もいろいろと考えられるだろう。

一方で，視聴者や読者側の情報選別能力の低さへの対策も講じる必要がある。そもそも市民が「情報は発信元によって操作されるものだ」という認識を欠いている点が問題である。この問題を改善するためには，何よりも情報リテラシーの育成(p.249参照)が欠かせない。断片的な二次情報だけで判断せず，インターネットを活用して一次情報に直接触れることや，複数の立場からの情報を同時に見て比較することなどが重要となる。また，インターネットの情報発信機能を活用することで，一方的なマスメディアによる市民の先導に対応できるだけの姿勢も必要となろう。

小論文にする時のポイント

入試では，報道の問題点を指摘させる出題が多くを占める。こうしたテーマを論じる時には,「市民はマスメディアからの情報を鵜呑みにするから，マスメディアは正しい報道をすべきだ」など，一方的なメディアへの糾弾に終始することは避けたい。マスメディアの情報は第三者に操作されて市民に伝わる場合があるということ(情報操作の可能性)，マスメディアは事実以外のことも報道するということ(予想報道の可能性)などを念頭に置いておくことはもちろんのことであるが，情報の受け手側に対する取り組み(情報リテラシーの育成)や第三者機関のチェック機能の整備など，発信者と受信者双方に対する取り組みが問題解決につながるといった姿勢で論じておきたい。

過去の入試問題例

例「マスコミの影響と功罪」について君の考えを述べよ。

（東北福祉大・総合福祉学部）

例 情報の意味を固定する規範化作用について述べた文章を読み，今日のテレビやインターネットが，「国民的」共通了解を生み出しているかどうかについて，具体的な事例を挙げながら，あなたの考えをまとめよ。（群馬大・社会情報学部）

例 新聞報道について，問題があると思われる報道の例を取り上げて紹介し，
①その報道の仕方になぜ問題があると思うのか，
②そのような報道が行われてしまった理由は何だと思うか，
を小論文にまとめよ。

（東海大・文学部）

例 プロフェッショナルなスポーツジャーナリストのありかたに関する文章を読み，この文章に対するあなたの意見または感想を述べよ。

（立命館大・国際関係学部，産業社会学部，法学部，政策科学部，経済学部，経営学部）

例 メディアの暴力シーンが青少年に与える影響について述べた文章を読み，マスコミによる暴力や犯罪についての報道が，社会に対してどのような影響を与えているかを説明せよ。

（山口大・経済学部）

例 インターネットの登場による意見の発信の変化について述べた文章を読み，インターネットが世論の形成にどのような影響をおよぼしうるかについて論じよ。

（聖学院大・政治経済学部）

例 現代のスポーツとメディアの関係について述べよ。

（城西国際大・メディア学部）

関連キーワード

☑ジャーナリズム

ジャーナリズムとは，**現状を報道し，論評する時の理念**のことをいう。

国・行政・企業によって情報が独占されたり，ブラックボックス化されているという現状から，**ジャーナリズム活動が国民の「知る権利」を代行する行為**として求められている。また，さまざまな事件をスクープして事の真相を明らかにしたり，そうした活動を通して社会へ問題提起をしたりする。

しかしながら，**誤報・虚報・捏造・やらせ**といった事実ではないことを報道することが皆無ではなく，問題視されている。視聴者や読者の感情に訴えようと**スキャンダリズム**(スキャンダルを詮索したり暴露したりすること)や**センセーショナリズム**(人の興味や関心を引くことを第一とする考え方。扇情主義)に走ってしまうこと，あるいは**ステレオタイプ**(考え方が画一的で，新鮮味がないこと)によって取材対象に先入観を抱いてしまい，事実を見落とすことがあることも問題だ。

こうした行為は事実を歪めるだけでなく，時には人権侵害につながることもある。そうしたことを防ぐために，ジャーナリストに活動の自由を与えて自らの良心に従って報道に携わること(**報道の自立性**)，ジャーナリスト教育を施して正確な取材の技法を学ぶこと，ステレオタイプから脱却すること(**報道の正確性**)，社会的な勢力から自立するとともに視聴者や読者を神聖視しないこと(**報道の中立性**)といったことが欠かせない。

☑情報操作

虚偽にならない範囲内で，情報を変化させたり制限したり，あるいは追加情報を加えたりすることによって，**受け手側に与える理解度や印象を恣意的に操作すること**をいう。

第二次世界大戦頃より，国民を誘導する手段として情報操作が盛んに用いられるようになった。現在でも北朝鮮のように，政府が大々的に情報操作を行っている国の例もある。また，政府以外にもマスコミや企業も「やらせ報道」や「誇大広告」などの形で情報操作を行うことがあり，しばしば問題となる。

現在ではインターネットでの情報拡散力が高まっており，情報の根拠が確認されないまま広まり，大きな影響を及ぼすことが社会問題となっている。主としてインターネット上で，真実ではない情報が発信されることをフェイクニュース（虚偽報道）（p.246参照）という。例えば，2016年のアメリカでの大統領選の際には，インターネットを通して多くのフェイクニュースが拡散され，投票行動に大きな影響を与えたという批判が出た。また，最初から虚偽であることを認識したうえで行う架空の報道や，推測を事実のように報道するなど，故意のものについては捏造報道といわれる。

☑過剰報道

マスメディアなどにより，特定の情報ばかりが必要以上に多く報道されること，あるいは必要のない細部にわたってまで報道がなされることをいう。過剰報道は風評被害や二次的被害を生むことがある。

☑民衆扇動

一般大衆がある特定の行動をするように仕向けたり，あおり立てたり，情緒に訴えかけたりすることをいう。発信者の主観を流布させるために行われることが多い。

有名な例としては，第二次世界大戦中にナチスドイツが行った民衆扇動がある。そのためドイツでは過去の反省から，民衆扇動を行って特定人物を傷つけることは犯罪行為となる。また現在のマスメディア報道においても，事実だけを客観的に伝えるという本来の報道の姿から外れ，民衆扇動となるような伝え方をすることがあり，問題となることがある。

☑印象操作

もともと印象操作は心理学用語で，相手の好みに自分自身を合わせることをいう。転じて，人が特定の印象を持つように言動や情報などを意図的に操作することを指すようになった。

例えば，テレビ番組内で特定の発言に笑い声の音声を付けることにより，その発言はおもしろいものだという印象を与えたり，グラフや統計を虚偽にならない範囲内で操作し，自らの主張内容を視覚の面から強烈に印象づけたりすることがあるが，これらは印象操作の具体例といえる。

☑世論操作

世間一般の意見である世論を，自らの意図する方向に向けようとして情報などを操作することをいう。特に，情報の出処が曖昧であったり，世論と言い難いような偏ったものを使用したり，情報そのものが意図的に捏造されている場合に用いる。

また，マスメディアなどで特定の情報を繰り返し流し，その内容を受け手側に意図的に刷り込むという手法の世論操作もある。かつてはマスメディアを用いたものが主流であったが，インターネットの普及に伴い，オンライン上での世論操作も見られるようになってきている。

☑マスコミ不信

テレビや新聞，雑誌といったマスコミュニケーション(マスコミ)の報道内容や，マスコミそのものに対して**不信感を抱いたり，信じなかったりすること**をいう。

マスコミが与える影響は絶大であることから，その報道内容は正確かつ公平であることが必要であるが，情報操作や過剰報道などの横行によりマスコミ不信が生まれる結果となった。また，インターネットの普及により，マスメディア以外にも情報入手源が生まれたことも，マスコミ不信の要因となっている。

☑予言の自己実現（予言の自己成就）

ある予言がたとえ根拠のないものであっても，人々がそれを信じて行動することによって，結果的に予言が現実のものとなってしまう現象のことをいう。アメリカの社会学者マートンが定義した。例えば，銀行が倒産するという根拠のない噂が流れた時に，多くの預金者がそれを信じて預金を引き出してしまうと，本当に銀行が倒産してしまうような場合である。

☑アナウンス効果

報道することが人々に一定の影響を与えるという効果のことをいう。選挙報道の際の「負け犬効果」(ある候補者が不利であるという報道が，かえって同情票を集めやすいという効果)，「勝ち馬効果」(有利な候補者がいるという報道が，勝ち馬に乗りたいという組織の票を動かすという効果)などが例として挙げられる。

☑記者クラブ

官公庁などの公的機関に記者を常駐させ，**継続的に取材することを目的と**した，主として大手マスコミ各社によって構成された組織のことをいう。

記者クラブは，市民への情報開示を求めるためとして明治時代に組織されたことに端を発する。しかし太平洋戦争時に，政府の意向を伝えるだけの役割になって以来，現在においても各公**的機関や政府関係者との馴れ合いや癒着，あるいは報道機関同士の記事内容のすり合わせ**などが見られ，これが問題となっている。また，**新規加入が容易ではなく**，特に個人記者や外国報道機関の記者に関しては厳しく制限され

6 情報・メディア

る点や，加入していない記者は取材活動そのものが難しい点などにおいて，報道の自由を損なう恐れがあるということで問題視されている。

☑特オチ

各報道機関が一斉に取り扱っている内容を，**自社だけが報道し損なう**ことをいう。特ダネの反対語である。

ニュース番組であれば最初に放送されるような，新聞であれば一面で掲載されるような内容を特オチすることは大問題だとされるため，記者クラブでは**特オチ防止のための横並び取材**がしばしば行われている。また，スクープや反感を買うような内容を報道すると，以後の取材において当局によって意図的に特オチさせられる場合もなくはないことから，仮にスクープがあっても報道しないなどの自主規制が行われることもある。

☑自主規制

企業やメディアなどが，製品の販売や報道内容に関して，**自発的に何らかの形の制限を行う**ことをいう。問題や事件・事故が起こった場合や，社会通念上，規制するのが望ましいとされるものにさまざまな形や程度の自主規制がかけられることが多い。

具体的な例としては，煙草や酒類の企業がテレビCMや新聞・雑誌広告をできるだけ子どもの目に触れさせないようにするために，放送時間や掲載媒体の自主規制を行っていることや，放送業界が設けている**放送禁止用語**などがある。また，さまざまな利害関係の問題から自主規制をする場合もあり，マスメディアにおけるスクープの自主規制などはこれに該当する。

☑報道協定

人命保護や人権尊重などを目的として，報道機関が報道自粛のために結ぶ協定のことをいう。警察などの公的機関の要請によって結ぶ場合もあれば，報道機関が自主的に結ぶ場合もある。いったん報道協定が結ばれたあとは，その協定が解かれるまで協定内容に関する一切の報道を行わないこととなる。1960年に起こった誘拐殺人事件の犯人が，マスコミ報道により追い詰められたことを殺害動機としたため，それ以後この協定が導入されるようになったが，近年では協定が結ばれている事件に関して，関係者と思われる者によるインターネット上の書き込みなどが見られることもあり，この制度のあり方自体に関して見直しの必要性が出てくる可能性もある。

☑コンテンツ

コンテンツとは内容・中身という意味の英単語である。**文字・画像・音声などの情報や，それを使用した映画・音楽・アニメ・ゲームなどの創作物**のことをいう。従来はこれらはすべて**ソフトウェア**と呼ばれていたが，メディアを動かすために必要なプログラムと，人が閲覧するデータとを区別することを目的として作られた言葉である。プログラム部分がソフトウェア，データ部分がコンテンツである。

また，デジタルデータ化されたものを**デジタルコンテンツ**，書籍や生ライブや観劇，キャラクターグッズなどを**アナログコンテンツ**と呼んで区別することがある。2004年にはコンテンツの保護や促進を目的として，いわゆるコンテンツ振興法が制定された。

☑スポンサー

資金面で援助をする個人・団体・企業などのことをいう。スポンサーはスポーツ選手などの個人のほか，スポーツ団体，各種イベント，テレビ番組などを援助の対象とする。スポンサーは資金提供をする代わりに自身の宣伝ができることから，**広告主**とも呼ばれる。

宣伝方法としては，スポーツ選手のユニフォームなどに社名やロゴを表示する方法，イベント名や番組名にスポンサーの名前をつける方法，スポーツ団体名にスポンサーの名前を加える方法，テレビやラジオ番組内でコマーシャルを流す方法などがある。

また，スポンサーが資金提供する代わりに，スポーツ施設や公共施設などの名称を自由に決めることができる**ネーミングライツ**(命名権)を得ることもできる。スポンサー側は，企業名や商品名を施設などにつけることで，イベントが行われた際にニュースで名称が呼ばれたり，施設を使用する人が名称を意識したりすることによって，自社や商品をPRすることができる。施設を保有する側にとっても，運営資金を得ることができるというメリットがある一方で，スポンサーが変わるたびに施設の名称が変わることになり，施設の名称が定着しにくくなるというデメリットもある。

☑国家主義

国家内において，最優先されるのは**国家そのものや国益**であるとする考え方のことをいう。**ナショナリズム**と呼ばれることもある。

国家主義の下では，個人の自由や経済の自由といったものは厳しく制限・統制される。かつての日本は，1920年頃から第二次世界大戦終了後まで国家主義政策を実施しており，治安維持法

6 情報・メディア

や国家総動員法を制定して社会運動を取り締まるほか，政府が人的および物的資源をすべて管理できるようにしていた。

☑ 商業主義

利益を獲得することがあらゆるものに優先するという考え方のことをいう。

従来は商業とは無関係であった文化やスポーツ，福祉などの分野においても利益追求を目的とした企業の介入が見られるようになったが，それがあまりにも度を越した場合に使われることが多い言葉である。例えば，クリスマスやハロウィンなどの外来文化行事に便乗した過熱商戦や，スポーツにおけるスポンサー企業名の過度な宣伝などは，典型的な商業主義だといわれている。

☑ マスメディアによる人権侵害

マスメディアが報道を行う際に，事実とは異なる内容や，故意に事実を歪曲した内容などを伝えることにより，報道される側の人権を侵害することをいう。名誉毀損だけでなく，時には失業や転居を余儀なくされるなど，生活環境や家族関係・人間関係の破壊などにつながる深刻な被害をもたらすことがある。

具体的な例の一つとして，1994年に長野県松本市で起こった松本サリン事件がある。犯行はオウム真理教によって行われたものであったが，当時は別の人物が重要参考人として警察の捜査を受けていたため，マスメディアは一斉にこの人物を犯人扱いで報道した。その結果，その人物に対して全国から誹謗中傷の手紙が届くなど，激しい人権侵害を引き起こすことになった。

☑ 実名報道

事件や事故の関係者や関係団体を加害者・被害者を問わずマスメディアなどが実名で報道することをいう。現在日本では実名報道が原則だが，犯罪報道などで被害者や加害者が未成年である場合や，情報源を隠す必要がある場合などでは特別に匿名報道が用いられている。

実名報道のメリットは，加害者へ社会的制裁が加えられることになるほか，再犯予防や同類犯罪の予防となることである。一方デメリットとしては，実名報道された加害者の社会復帰が困難になること，本人のみならずその家族にも影響が及ぶこと，実名報道そのものがプライバシーの侵害の恐れがあることなどが挙げられる。

☑ クロスオーナーシップ

メディア関連事業(特にマスメディ

ア）において，同一資本が複数のメディアを獲得し，傘下に置くことをいう。クロスオーナーシップ制度の下では，同一資本のメディアは基本的に同一内容の報道となるため，言論が一元化しやすいこと，別資本のメディア数が少なくなることによって，メディア同士のチェック機能が働かなくなり，業界が停滞することなどの弊害がある。

欧米諸国ではクロスオーナーシップを禁止する法律があるなか，日本では「マスメディア集中排除原則」という総務省令が定められているのみであり，その内容も同一地域内での新聞・ラジオ・テレビの3つの同一資本を禁止するというだけのものである。したがって，現状のように，テレビと新聞が系列化しているケースが多く見られる。

☑ 第三者効果

マスメディアにおける影響は自分には少なく，他人には大きく作用するとみなす考え方のことをいう。また，マスメディアが他人に与える影響を考慮した結果，自分自身も他人と同じような行動を取る可能性が高くなるということも第三者効果である。

例えば，テレビ番組などで特定の食品が健康やダイエットに効果があると放送されると，翌日には売り切れが発生することがある。その場合，自分自身は効果をあまり信じないけれども，他人が買うのを見て買ってしまったり，多くの他人が信じて買うことで品薄になるのを恐れて，結局自分も買ってしまったりしたら，それは第三者効果が働いたからだと考えることができる。

☑ 強力効果説・限定効果説・複合効果説

いずれもマスメディアの影響力に関していわれている説である。

強力効果説とは最も古くから（ラジオ放送が始まった1920年代頃）唱えられている説で，マスメディアの影響は過大に強力であるとし，直接的に人々の態度を変容させるものだと捉えたものである。「弾丸理論」（弾丸のように人の心を直撃するというイメージ），「皮下注射効果モデル」（直接個人の内面に注射されるようなイメージ）などとも呼ばれることがある。

限定効果説は1940年代から1960年代頃までに唱えられた説で，マスメディアの影響を限定的なものとして捉えたものである。それは，受け手の媒介的要因の連鎖によってマスコミュニケーションが機能するからである。例えば，受け手の都合のよいようにマスメディアからのメッセージを解釈したり（選択的需要），受け手が所属する集団の規範に基づいて自らの態度や判断を決めたり(準拠集団), マスコミュニケーションの中継機能を持つオピニオンリーダー(他者への影響力が強い人)が影響を与えたりする。

その後, 1970年代以降になって複合効果説が台頭する。これは強力効果説と同様に, マスメディアの影響力を強いものと捉える。しかし, 限定効果説を踏まえて修正しており, マスメディアの効果について, さまざまな研究がなされてきた。例えば, マスメディアが特定の内容を強調したり, 繰り返したりすればするほど, 人々もその内容に関して重要だと認識するという「議題設定効果」がある。ニュースなどで盛んに放送されていることが, 現在最も重要な内容だと考えてしまいがちなことはその典型例である。一方, マスメディアに長期かつ反復的に触れることにより, たとえ客観的事実とは異なっていたとしても, マスメディアが描き出す非現実世界と自己認識を近づけてしまうという「培養効果」というものもある。また, マスメディアが与える影響の一つとして「沈黙の螺旋(らせん)」という現象があるが, これは, 意見が強調されればされるほど, その意見に反対する人は沈黙するという状態を指す。言い換えると, マスメディアがこぞって同じ意見を報道すればするほど, 反対意見は出しにくく, あるいは出にくくなるということである。

このように, 強力効果説・限定効果説・複合効果説の順に学説が変化してきた。また, その過程において, コミュニケーションの成果や効果を決定づけるのは発信者側よりも受信者側にあると捉えられるようになった。

☑ポリティカルエコノミー理論

マスメディアは大企業や大資本, 権力などによって操作されているとする考え方のことをいう。マスメディアも企業であり, その経営は大企業をはじめとしたスポンサーが支払う広告料に左右されざるを得ない。よって, 報道内容は少なからずスポンサーの意向を汲む必要があり, 客観性に欠ける場合がある。また大企業の取締役などは, 各種の経済団体の役員を務める者が多いことから, ある意味で権力にも影響を受けるともいえる。これらのことが理論の背景として存在する。

☑アクティブオーディエンス理論

視聴者(オーディエンス)はメディアからの情報を一方的に受け取るのではなく, 自分自身で情報を選んだり, メディアを選択したりすることなどによって, 能動的に活動しているとする理論のことをいう。

これは, 視聴者それぞれが年齢・性

別・人種・生活環境など異なる背景を持っていることに加えて，自分自身の経験などによっても各メディアを選択し，個々に情報を解釈しているとする研究結果により生まれたもので，1960年代から1980年代にかけて広く一般化した。

能動的に活動する視聴者であるアクティブオーディエンスに関する研究は現在もなされている最中であり，その結果は各メディアの今後に応用できるものとして注目されている。

☑子どもの発達とテレビ

乳幼児は両親や保育者と触れ合うことによって，知識や情緒，社会的なかかわり方や認識力を身につける。しかし，乳幼児期においてテレビに依存した生活をすると，大人とかかわる時間が減り，子どもの発達に悪影響を与えたり，生活習慣が乱れたりする要因となるといわれている。

とはいえ，テレビとの接触度合いと子どもの発達との直接的な因果関係については科学的に解明されておらず，今後研究を進める必要がある。

答案例

問題 マスメディアによる報道の問題点について，あなたの考えを述べよ。

600字以内

模範回答 マスメディアからの情報は信憑性が高いものだという認識がある反面，メディア側は一方的に情報を提供するという性質を持つ。こうしたことが，情報が操作されて市民に伝わるという大きな問題を引き起こす。 （以上，第1段落）

この問題は，マスメディアを利用して人間の感覚や思考，世論を形成しようとする第三者がいることに起因する。人々の思考は他人からの情報をもとにして形作られるが，その情報の多くはマスメディアが報道している。しかし，必ずしもそのすべてが事実を示しているわけではない。情報の提供元は自らの都合で情報を操作することがあり，提供元と癒着したマスメディアはそのまま報道する。市民が事の真相を明らかにすることは困難であるから，マスメディアを介して操作された情報が市民に伝われば，誤った情報をもとにして人々の思考や世論が形成されたりするという問題を生むのである。 （以上，第2段落）

マスメディアによる報道が正しくなされるためには，メディアの公共性・中立性・正確性の確保が必要だ。メディア自身がこれらを自覚することはもちろんのこと，第三者による監視も必要だ。一方で，受け手側も情報リテラシーを育成して，断片的な二次情報だけで判断しないことや，複数の立場からの情報を同時に見ることなどが重要となる。（以上，第３段落）

解説 第１段落：意見の提示…マスメディアの性質をもとに，情報操作の可能性について指摘している。

第２段落：理由説明…なぜ情報操作が行われるのか，また，情報操作がどのような問題を生むのかを説明している。

第３段落：意見の再提示…こうした問題を解決するためには，報道の公共性・中立性・正確性を確保することが必要であるだけでなく，市民のリテラシー育成の重要性も主張して，具体的な対応策を示している。

7 国際関係

昨今では，国や地域の境界を越えた地球規模での人の交流や移動，物・資本・情報などのやり取りが行われる，いわゆるグローバル化が進んでいる。こうしたグローバル化が原因となって，国際間の紛争やさまざまな問題が発生することがある。そのことに関した小論文は，国際・学際系学部を中心にして幅広い学科で出題されている。

ここでは，そのなかでも出題頻度が高い５つのテーマについて，解説する。

取り扱うテーマ

- 異文化理解
- 経済のグローバル化
- 途上国の貧困問題
- 武力紛争
- 観光立国の推進

異文化理解

出題頻度 → 法・政 経済 商・経営 社・福祉 国際・学際 ★★

定義

そもそも文化とは，人間が社会の一員として得てきた能力や習慣(知識・芸術・道徳・法律・慣行など)を総合したものを指す。よって人々はそれぞれ，**所属している社会により異なる文化を持っている**といえる。異文化理解とは，自分が持っている文化やそれに基づいた思考だけにこだわらず，**ほかの人が持っている文化や思考をも受け入れる**ことであるといえる。

必要性

国や地域には,それぞれ伝統的に守られてきた習慣や価値観がある。我々はこうした文化のなかで育ち，それらを思考や行動のもととして生きている。そのため，自分とは異なる文化に出会った時，自分の文化が最も正しいと考える傾向が強すぎると，他文化を否定したり，低く評価したりする態度をとることがある(**自文化中心主義，エスノセントリズム**)。ヘイトスピーチ(個人や集団を攻撃，脅迫，侮辱し，他者を扇動する言動)に至ることもある。しかし，どの文化もその国や地域の歴史のなかで築き上げられたものであり，そもそも優劣など存在しない(**文化相対主義**)。

異文化を正しく理解しようとする姿勢は，自文化と他文化を対等な立場で捉えることにほかならず，**他者そのものの理解**にもつながる。そのことはまた，自文化中心主義によって起こる摩擦や対立，紛争などを防止する役割を担うのはもちろんのこと，**国際間の接触や協力を円滑に行う**ことができるという利点もある。さらに，他文化と比較しながら**自分の文化の特徴を再認識できる**ことも，異文化理解が必要だといわれる理由である。

必要性の背景

最近になって，異文化理解がより一層求められるようになった。それは，

グローバル化(p.294参照)と**インターネットの普及**によるところが大きい。

例えば，日本人の出国者数は年間約1895万人，日本を訪れた外国人入国者数は年間約3119万人である。これらの数を10年前と比べると，前者は2割程度の増加，後者は約3.7倍となっており，日本への入国者数が大きく増加している傾向にある。一方，在留外国人の総数は約273万人，海外の在留邦人の総数は135万人程度である。これらの数も10年前と比べると，どちらも3割程度増えている(2018年現在)。

こうした傾向はひとえに，グローバル化が進み，国内外へのアクセスが容易になったからだといえる。その結果，**日本国内にいてもさまざまな国の人と接触する機会が格段に多くなってきたが**，外国人との接触の機会が増えるほど，**異文化と接触する機会も増える**のは当然のことである。

対応策・解決策

異文化に対する否定的な態度は，多くの場合，**偏見や先入観**，**あるいは異文化に対する安易なステレオタイプ化**(p.291参照)**によって起こる**といえる。したがって，こうした異文化理解の障害となる**自文化中心主義を排除すること**がまず必要だ。そのうえで，異文化を概念的に理解しようとするだけでなく，共感的な態度をもって接することが何よりも求められる。

そのためには，興味や好奇心だけで異文化を捉えようとしてはいけない。それでは，表面的な理解にしかつながらないからである。とはいえ，我々が異文化をその文化圏に住む人と同レベルまで理解することはとうてい無理である。そのため我々にできることは，自文化と他文化が対立することを恐れずに，**互いの文化の類似点や相違点を真正面から捉え**，時には想像力を働かせながら，理解を深めていく努力をすることであろう。

ただし，このことは異文化をすべて受け入れることを求めているわけではない。なかには，人道的に許し難い非倫理的な文化も存在する。こうした文化に対しては，まずはできるかぎり正しく理解して誤解を排除し，そのうえで**他者が自己と異なる存在であることを認める態度が求められる**。その文化を認めるか，否定するかを個々人が判断するためには，まずはその異文化の全体像を理解することが必要なのである。

もちろん互いに共感するレベルまで達することができれば，それに越したことはない。もし相手がそうした共感の姿勢を持たなかったり，我々の文化を否定したり誤解したりしているのならば，**愛すべき隣人として注意や指摘をすることも時には必要だろう**。もちろん，逆の立場でも同様に，注意や指摘を受け止める姿勢が求められる。

小論文にする時のポイント

入試では，

① **自文化中心主義の問題点**

② **異文化と接する際に発生しやすい問題点**

③ **異文化を理解する時に必要なこと**

の３点が主として問われる。

①や②を論じる時には，**自文化中心主義の定義**を理解しておくことはもちろんのこと，それによって時として摩擦や対立，紛争などの原因となることが事例とともに説明できるとよいだろう。③は**文化相対主義を肯定する立場**から論じることが望ましい。ただし，人道主義の視点から考えれば，非倫理的な習慣については批判的に論ぜざるを得ないが，すべての文化を無条件に認めるべきだといった展開にはせず，「自己とは異なる存在としての他者を認めるわけであり，他文化のすべてを認めるわけではない」といった視点で論じておきたい。

過去の入試問題例

例　異文化理解にとって，言語を学ぶこと以外に何が大切であると考えるか。あなた自身の意見を述べよ。　(新潟国際情報大・情報文化学部)

例　人びとの間の公平な観察者の基準が一致していれば社会は円滑に機能すると思われる。しかるに，現在，文化的背景を異にする人びとが共に暮らす社会も増えている。この場合，どのような問題が起こるだろうか。具体的な例を挙げつつ，あなたの考えを述べよ。　(名古屋大・法学部)

例 異文化を理解するとはどういうことかについて述べた文章を読み，異文化を理解するうえで重要なことについて，本文の内容を踏まえて考えを述べよ。

（奈良県立大・地域創造学部）

例 国際化により外国人入居者と日本人入居者との間でトラブルが発生していると述べた短文を読み，もしあなたが自治会長で，トラブルを対処しなければならないとしたら，どのような解決策と支援策を提案するか，具体的に述べよ。

（福井大・教育地域科学部）

例「文化的アイデンティティ」について，多民族・多文化社会においては，実は「文化」は大変デリケートな問題となることもよく認識すべきだと述べた文章A，文化的背景に根ざした言語転移の問題について述べた文章Bを読み，AとBの内容をふまえて，「自文化と異文化」という問題について，あなたの考えを述べよ。

（高知大・人文学部）

関連キーワード

☑文 化

人間の手によって作られた有形，無形の様式を総称したものをいう。国家・宗教・言語・風習・民族などによって異なり，その文化を構成する人々によって共有され，伝承されることで発展する。また，芸術・哲学・学問・道徳などの精神的活動のほか，それらによって作り出された有形，無形のものも文化である。

なお，学問研究の発展や技術革新によって生み出される物質的な面での進歩は文明と呼ばれ，文化とは区別して用いられる。

☑基層文化，表層文化

基層文化とは，その文化の基盤を構成し，伝承によって伝えられる日常的な文化のことをいう。一方，表層文化とは，芸術や学問などの高度な創造活動によって生み出されるものをいう。例えば，生活様式や風習，信仰などは基層文化であり，芸術家や研究者，宗教家などによってもたらされるものが表層文化である。

基層文化と表層文化は互いに作用し，影響し合うものだとされる。また，民俗学や文化人類学は基層文化を，歴史学は表層文化をそれぞれ研究対象としている。

☑非言語コミュニケーション

言葉以外の要素を用いたコミュニケーションのことをいう。具体的には表情・目線・仕草・声のトーンや話すスピード・姿勢などのほかに，服装や髪型・匂いなどが該当する。

コミュニケーションを取る時には言語によるものだけでなく，非言語の要素も情報として互いに伝達し合っており，時には話す内容よりも，非言語コミュニケーションの方が重要となることもある。例えば，メラビアンの法則というものがあるが，これは聞き手に与える印象に影響するのは，話し手の言語によるものは1割弱にすぎず，9割以上が外見や声質，話し方などの非言語コミュニケーションであるとしている。

☑ユーモア

会話や文章などにおいて，相手の気持ちを和ませるような表現を総称したものをいう。駄洒落(だじゃれ)やギャグ，ジョークなどはユーモアの一種である。17世紀頃のイギリスで発達した。適度なユーモアはコミュニケーションを円滑に行うために有効であることから，今では世界中で用いられている。

ユーモアを理解するには，使う側との共通認識や同一価値観が必要である。これが異なるとつまらなく感じたり，時には不愉快と感じたりすることにつながる。そんなこともあって，異文化間のユーモアを理解するのは困難を伴う場合が多い。

また，一般的な常識に逆らった皮肉や笑いはブラックユーモアと呼ばれるが，時としてユーモアと捉える人よりも不快なものとして捉える人の割合が多くなることが知られている。

☑文化摩擦，カルチャーショック

文化摩擦とは，文化による価値観や風習などの違いによって引き起こされる衝突のことを指し，性別間・世代間・地域間のほか，価値観が違う個人間などで起こる。一方，カルチャーショックとは，自己とは異なる考え方や習慣，文化などに触れた時に起こる動揺や衝撃のことをいう。主として異国の文化に触れた際に起こる。

例えば，自国では食用としないものが他国では日常的に食べられている場合，そのことによって衝突が起これば文化摩擦であり，自分の精神的動揺だけにとどまる場合はカルチャーショックとなる。

☑マイノリティ

全体に照らして見た時，少数であるグループやそこに属する人のことをいう。ただ単に数が小さいことを指すことのほかに，社会的，あるいは政治的な弱者を指してマイノリティと呼ぶ場合もある。

具体的には，少数民族や信者の少ない宗教の宗徒，移民や自国内に居住する外国籍を持つ人などのほかに，障害者や性的少数者などもマイノリティである。一方で，ラテンアメリカや南アフリカ共和国の白人のように，数量的には少数派であってもマイノリティとならない例もある。

なお，マイノリティの対義語はマジョリティである。

☑ 文化融合

異なる文化同士を融合させ，新しい文化を作り出すことをいう。有名な例としては，紀元前300年頃のギリシャ文化とオリエント文化が融合してできたヘレニズム文化や，ヨーロッパの植民地支配による現地文化とヨーロッパ文化の融合などがある。

日本においても文化融合は多く見られる。例えば，外来語の使用などの言語面や，中国由来のラーメンが独自の変化を遂げて定着したような食文化の面での例などがある。

☑ 多文化共生社会

多文化共生社会とは，国籍や民族などによる異なる文化を認め合い，互いに支え合う関係性を築くことを通して，ともに生きていこうとする社会のことである。

日本においては総務省が「多文化共生の推進に関する研究会報告書」を発表しており，日本に在住する外国人との多文化共生社会を推進する方向性を示している。

似たような言葉に多文化主義とか，文化的多元主義がある。多文化主義とは，一つの国や地域において人種や民族による文化の多様性を認め，法律や政策などで積極的に支援しようとする主義のことである。一方，文化的多元主義とは，文化の多様性を認める点では多文化主義と同じであるが，現行の法律や政策に抵触しない範囲内での許容となる。

☑ エスノナショナリズム

一つの国や地域のなかに存在する民族(エスニック)集団が，自らの利益を求めて活動することをいう。一部の集団は実際に国家からの独立を主張するが，2002年に起こったインドネシアからの東ティモール独立などはその例である。最近ではロシア連邦のチェチェン共和国，中国のウイグル，チベットの両自治区などの独立運動などもある。

エスノナショナリズムは1980年代後半より急速に広まったとされるが，その背景としては，ソビエト連邦の解体による冷戦体制の終結，ならびに世界のグローバル化が進んだことで**各民族の意識を刺激した**ことなどが挙げられている。

☑日本人と外国人とのトラブル

日本に在住する外国人の数は年々増加し，2018年では約273万人が日本で生活していると総務省が発表している。彼らの増加に伴い，日本人との間でのトラブルも多く見られるようになった。最も大きな問題は**外国人による犯罪**で，警察庁によると，2018年における来日外国人の検挙件数は約１万6000件という。そのため，外国人とトラブルをセットで結びつけてしまう日本人も，少なからず存在する。また，騒音問題やそのほかの生活マナーの違いなど，**文化の相違からトラブルとなるケース**も見られる。

☑捕鯨問題

クジラの捕獲の是非を巡る国際的な論争のことをいう。かつては日本を始めとして，世界の多くの国で商業目的とした捕鯨が行われていたが，乱獲によりクジラの生息数が激減したことを受け，1946年に**国際捕鯨取締条約**が締結された。それを受けて1948年には国際捕鯨委員会(IWC)が発足し，現在88か国が加盟している。日本は2019年に脱退した。

先住民の人たちのほか，長い捕鯨の歴史を持つ日本・ノルウェー・カナダなどの国々は捕鯨賛成国であるが，カナダや日本はすでに脱退しており，現在は，アメリカ・オーストラリアのほか，ヨーロッパ諸国などの捕鯨反対国の数が賛成国の数を上回っている。

反対理由として，**生態系の保護**や**動物愛護**を挙げているが，なかにはグリーンピースやシーシェパードのように，捕鯨賛成国に対して**直接的な攻撃**を仕掛ける団体も存在し，外交問題に発展しかねない妨害行為もある。

☑国際捕鯨委員会(IWC)脱退

捕鯨賛成の立場を取る日本は，2018年の国際捕鯨委員会総会で，鯨類の保護・持続的利用の両立と立場の異なる加盟国の共存を訴える改革案を提案したが否決された。その後，日本は2019年に国際捕鯨委員会を脱退し，**排他的経済水域での商業捕鯨を再開**した。今後，反捕鯨国からの批判が強まることが懸念される。

☑靖国神社問題

東京・九段の靖国神社へ，内閣総理大臣を始めとした**公職者が参拝することの是非**に対する論争のことをいう。

そもそも靖国神社とは，戦死者を弔うことを目的として1869年に創建された社が前身となっている神社である。第二次世界大戦後は，大戦の戦没者だけでなく，いわゆるA級戦犯と呼ばれる人(日本の侵略戦争の中心的指導者)が合祀(ごうし)された。

論争内容として挙げられるのは，主として**政教分離と戦争責任**に関してである。日本国憲法には政教分離の原則が掲げられていることから，国務大臣などが靖国神社を参拝するのは違憲であるとする議論のほかに，公的私的を問わず，公職者がA級戦犯を祀っている靖国神社に参拝することは戦争責任問題に抵触するとして，中国，韓国においては外交問題にも発展している。

☑ 歴史教科書問題

歴史教科書の記述内容や歴史認識を巡る関係諸国間の問題のことをいう。

日本においては韓国ならびに中国との間で，主として**第二次世界大戦時の進出や軍事施策**に対する認識の違いがあり，それに関係した歴史教科書の記述内容が外交問題にまで発展している。しかし，日本には複数の出版社によって発行される，いずれも検定を受けた内容の異なる複数の教科書が存在するのであり，その採択は各自治体に委ねられている。そんななか，**韓国や中国は特定の教科書を指して批判している**ことから，彼らの言及内容をそのまま受け入れることに対して異議を唱える向きもある。

一方，韓国や中国では，それぞれ自国の歴史教科書によって反日感情を助長するような記述を少なからず行っている事実もあり，それに関して日本政府は声明すら発表していないことから，**現状のままでは相互理解が進みにくい**との指摘もある。

☑ ステレオタイプ

世間で広く浸透している固定イメージやパターン，物事の考え方などのことをいう。(p.17参照)

メディアや他人の意見をそのまま受け入れることにより，**客観的事実を欠く表現や言動**が多く見られる。例えば，血液型がA型の人は几帳面であるとか，O型の人はおおらかであるなどといった血液型による性格判断などはその典型的な例である。

このようなステレオタイプは異文化に対しても少なからず存在し，時として，それが異文化理解の妨げになったり，偏見や差別などにつながる場合もある。特に戦争時や緊迫した情勢下においては，**敵国に対する各種のステレオタイプ**が生まれやすく，その存在が状況の解決を遅らせる原因の一つとなることが多い。

☑文化相対主義，倫理相対主義

すべての文化はそれぞれ固有の背景を持ち，対等かつ価値のあるもので，そこに優劣や善悪は存在しないとする考え方を**文化相対主義**という。

19世紀中頃までの欧米諸国では，西欧的基準が絶対であると考え，それ以外のものを遅れた，あるいは劣ったものだとしていた。しかし19世紀後半になると他文化にも優れている部分があり，それらは劣っているのではなく異なるだけだという主張が人類学の中で起こり，その考え方が文化相対主義となり，政治などの他分野へも波及したという経緯がある。

また，文化相対主義と似たような考え方に**倫理相対主義**がある。これは，正しい道徳や倫理は，時代・文化・社会・人によって異なるとする考え方である。

☑イスラム圏における人権侵害

イスラム教には，**シャリーア**と呼ばれる厳格なイスラム法があり，イスラム教徒にはこのシャリーアが適用される。しかし，シャリーアの定める掟や決まりには人権侵害的な要素が多分にあり，国際社会から強く批判されている。具体的には，棄教者や他宗教の信者と結婚したイスラム女性は死刑になるなどの非人道的な刑罰，非イスラム教徒への差別政策，**ムタワ**と呼ばれる宗教警察によるシャリーアに基づいた取締り，女性蔑視などが挙げられる。

☑人道主義，博愛主義

人間愛の観点から，あらゆる違いを超えて人類全体の福祉を目指す思想のことを**人道主義**という。また，人種，性別，宗教，文化などの枠を超え，人類は相愛して協力すべきであるとする思想を**博愛主義**という。

これらは**ヒューマニズム**と混同されることもある。しかし，ヒューマニズムとは人間尊重，人間を中心とする考え方のことで，ルネサンス期における教会主義から脱却した人間尊重を指したり，自然環境は人間に利用されるために存在するといった考え方を指したりすることから，両者は区別される必要がある。

答案例

問題 異文化と接する際に生じる問題点について，あなたの意見を述べよ。

600字以内

模範回答 国や地域には，それぞれ伝統的に守られてきた習慣や価値観がある。我々はこうした文化のなかで育ち，それらをもとに生きている。そのためほかの文化に出会った時，自らの文化が最も正しいと考える傾向にあり，他文化を否定したり，低く評価したりする態度をとることさえある。こうした自文化中心主義的な態度は，異文化を持つ人々を虐げ，軋轢を生む要因となる。

(以上，第1段落)

例えば，インド人は料理を手で食べるが，それはインド人の味覚は指にもあり，触覚や温感覚も含めた総合的感覚で食物を味わうためだという。こうしたことを理解しないと，不衛生で野蛮な文化と映る。つまり，表面的に捉えることは，異文化を批判的に捉えることにつながり，真に理解しているとはいえない。こうした誤解は文化摩擦や対立，紛争の要因ともなりかねず，異文化に対する偏見や先入観，安易なステレオタイプ化は，異文化理解の障害物でしかない。

(以上，第2段落)

よって，まずは自文化中心主義から脱することが必要だ。その一方で，我々は異文化をその文化圏に住む人と同レベルまで理解することはできないことも自覚すべきだ。そのため，対立を恐れず，互いの文化の相違点や類似点を真正面から捉え，時には想像力も交えて，理解に向けて努力することが必要ではないか。

(以上，第3段落)

解説 第1段落：意見の提示…異文化と接する時，自文化中心的な態度を取りやすいことが問題であることを主張している。

第2段落：理由説明…自文化中心的な態度は異文化理解を妨げるだけでなく，軋轢や摩擦，対立や紛争の要因になることがあると説明している。

第3段落：意見の再提示…異文化理解には自文化中心主義からの脱却とともに，異文化を理解する努力が欠かせないことを論じている。

経済のグローバル化

出題頻度 → 経済 商・経営 国際・学際 ★★★ 法・政 ★★ 社・福祉 ★

定義

グローバル化とは，国や地域の境界を越えて，地球規模(グローバル)で人の交流や移動，物・資本・情報などのやり取りが行われることを指す。この言葉は社会・文化・環境などさまざまな分野で用いられるが，ここでは経済のグローバル化に的を絞って解説する。

経済のグローバル化は企業活動の効率化を生む。具体的には，

① **商圏の拡大による利益の増加の見込み**　国内市場に固執するより，海外市場を念頭に置けば商圏が広がり，より大きな利益が見込める。

② **コストの削減**　地球規模の経済が達成できるばかりでなく，コストを抑えた設備投資や備品の調達ができ，研究開発コストも削減できる。

③ **自社製品のライフサイクルの拡大**　ある地域で製品が売れなくなっても，別の地域で売れる可能性がある。

④ **リスクの分散**　特定の市場への依存度を低下させることができる。

などが挙げられる。

また，富の再配分が世界規模で広まったり，国際的な分業(p.300参照)が進んだりするので，経済の活性化にもつながるといわれている。

問題点

経済のグローバル化に伴って，

① **国際的な二極化**(p.301参照)

② **底辺への競争**(p.302参照)

③ **経済危機の連鎖**

④ **文化・経済・言語の多様性の否定**

などが起こることが問題である。

①は**企業の効率化**の動きによって起こる。例えば，企業が労働力や資源が安価な国へと生産拠点を移すことでコストを削減しつつ，グローバル化

によってスケールメリット(p.301参照)を得ることができれば，その企業は優位に立てる。その一方で，国内にしか生産拠点を持てない企業は価格面や市場の大きさで対抗できず，衰退する恐れがある。それに加え，グローバル化によって多国籍企業が台頭し，世界経済を支配するようになっている。その結果，国が企業を制御する能力が弱まっており，さらに二極化を加速させる要因となっている。

②も，厳しい競争と企業の効率化によって起こる。激しい競争に耐えるために，生産拠点を海外に移したり，安価な賃金ですむ労働者を海外から集めたりする企業が増えると，産業が空洞化(p.302参照)するとともに，国内の失業者の増加や労働賃金の低下など，労働環境の悪化につながる恐れがある。確かにこうした問題に対しては，例えば国が適切に規制を緩和したり，法人税率や社会保障費の企業負担分を減らしたりする措置を講じれば，対処はできる。しかし，過剰に税率を下げる措置を行ったり，必要な規制までも緩和を行ったりすると，社会福祉の水準を低下させたり，労働環境のさらなる悪化を引き起こしたりするほか，自然環境の悪化を招いたりすることもある。

③は，一企業がさまざまな国で経済活動をするようになったこと，投資家が国境を越えて投資活動が行える環境が整ったことなどが要因となる。2007年に発生したアメリカのサブプライムローン問題(p.303参照)をきっかけに起こった世界同時不況などはその一例である。一企業や一国の経済破綻が世界中に影響を与えることが普通に見られるようになった。

④は経済の効率化によって起こる。効率化を根拠に他国の経済が台頭した場合，その国の経済のみならず，文化や言語までも破壊される恐れがある。例えば，アメリカ式の政治・経済政策が強力に推し進められる結果，アメリカ文化および英語が他国に輸出されていることなどはその一例である。こうした現状は，前述の理由からアメリカナイゼーションといわれ，世界各国から非難されている。

問題点の背景

経済のグローバル化が進む背景には，国内需要の低迷が挙げられる。例えば日本では高度経済成長期，バブル期を経て，経済の成熟度が増してきた。その過程で産業が発展するとともに消費者の欲求が次第に満たされ，人々の生活が豊かになってきた。しかし，多くの人が豊かな生活を享受できるようになった現在では，かえって**切実なニーズを失いつつある**。こうした状況下では消費活動はむしろ低迷し，経済成長は鈍化することになる。このように国内の需要が拡大しにくい状況下では，資本を持つ者や企業は**開発途上国に新たな市場を開拓しようと試みる**。特に日本はもともと国内市場が小さいため，より積極的に海外進出を試みるのである。

対応策・解決策

経済のグローバル化の進展には問題が多いものの，この流れは今後も続くであろうし，その流れを止めるような方策は現実的ではない。また，インターネットの発達などによって市場の規模が急速に拡大しており，企業側は**世界を一つの市場**として捉えて戦略を練らなければならないという事情もある。したがって，企業の国際展開を推進し，できるかぎりわが国の企業活動が有利に展開できるように支援する必要がある。そのためには，**国際競争に打ち勝つことができるだけの環境を整える**ことが求められるが，その主体は**海外展開・貿易・取引の円滑化**であろう。具体的には，海外市場での販路を開拓するための支援，海外企業とのマッチング，海外で売れる製品の開発，海外で活躍できる人材の育成などが挙げられる。

一方，経済のグローバル化によって弱者が生まれるという事態も避けられない。よって，必要に応じて**わが国の産業や労働者を保護するためのセーフティネット**を張る必要がある。その主体は資本主義の行きすぎを修正する方策であるが，具体的には，**労働者保護**，**国内企業の保護政策**(p.305参照)，**保護貿易の推進**(p.305参照)などが考えられる。しかし，こうした政策は企業の競争力を低下させる原因ともなるため，実施することが適切かどうかは十分に検討しなければならない。例えば，保護政策は効率化を推進する経営者の行動を妨げる。また，保護貿易は結果的に効率性が低下する(**ナッシュ均衡**)し，保護を受けない産業が損害を受ける。また，先進国がとった保護主義やブロック経済が第二次世界大戦の要因となったことを踏まえると，これらの施策を積極的に行うことが正しいかどうかは疑問であると言わざるを得ない。

小論文にする時のポイント

入試では，**経済のグローバル化の利点と問題点**を指摘させる出題が多い。また，それを踏まえて，グローバル化を推進すべきか，抑制すべきか，いずれかの立場を選択させるという出題もある。こうした出題に対しては，一方的に利点ばかり，逆に欠点ばかりを述べるなど，偏った指摘に終始することは好ましくない。推進・抑制いずれの立場で論じてもかまわないが，**賛否両論についても指摘しておくことが望ましい**。利点としては「効率化」，問題点としては「国際的な二極化」や「多様性の否定」といった点を指摘することになるであろう。

過去の入試問題例

例 グローバル化は，地球に暮らすすべての人々に「一体感」をもたらしているか。もたらしているという説と，もたらしていないという説をそれぞれ要約し，最後に自分の見解を述べよ。（青山学院大・国際政治経済学部）

例 21世紀に入り，「グローバル化(グローバリゼーション)」，という言葉をよく耳にするようになった。「グローバル化(グローバリゼーション)」は，よい事をもたらすという説と，悪い事をもたらすという説の二つがあるようだ。あなたはどちらの説に賛成か。賛成する方の説について，あなたが考える理由を述べよ。（東洋英和女学院大・国際社会学部）

例 あなたのクラスで，「多国籍企業の興隆はローカルな社会・文化を崩壊させるか？」というテーマでグループ研究をすることになった。具体的な題材に焦点をしぼり，根拠となる資料や調査結果を提示してグループとしての意見を発表しなければならない。あなたのグループではまず，①「崩壊させる」「崩壊させない」のどちらの立場をとるか，②その理由，③実際に取り上げる題材，④説得力のある発表にするために必要な資料や調査項目・調査方法の4点について各自で考えてくることになった。あなたはどのような意見を出そうと思うか。グループのメンバーに提案するという想定で，①〜④について述べよ。

（福井大・教育地域科学部）

例 グローバル化が指摘されており国境を越えた交流が盛んになっている。他方，国の役割は依然として大きい。「グローバル化」と「国」の役割について自分の意見を体系的に述べよ。（中部大・国際関係学部）

例 グローバリゼーションによってもたらされたものについて述べた文章を読み，グローバリゼーションの進展は，日本社会にどのようなメリットとデメリットをもたらしたと考えられるか，論述せよ。（広島修道大・経済科学部）

関連キーワード

☑ コスモポリタニズム

民族や国家を超えて，人間が平等な立場で一つの共同体に所属するという思想のことをいう。**世界主義**とか**世界市民主義**といわれることがある。古代ギリシャの哲学者，ディオゲネスによって提唱された。

現在においては，一つの国家内では解決できなくなった環境，貧困などの問題に対して，世界市民の一員として対応することが必要であるという観点のもとで，コスモポリタニズムが語られることが多い。コスモポリタニズムの発展的なものとして，人種・言語を超えた国家を目指す**世界国家構想**が挙げられる。

なお，コスモポリタニズムを支持する人は**コスモポリタン**と呼ばれる。

☑ 外国人労働者や移民の受け入れ

他国から受け入れた労働者が**外国人労働者**である。また，他国から自国へ移り住む人を**移民**と呼ぶ。

さまざまな面でグローバル化が進む今日では，外国人労働者や移民を受け入れ，自国内の働き手とする例が多く見られるようになった。労働者を送り出す側にとっては優秀な人材の流出につながり，また受ける側にとっては犯罪の増加や社会保障面での負担が生じるほか，自国民の雇用機会の減少につながるとされるなど，課題も多い。

出生率の低下に伴い労働力が減少傾向にある日本においては，製造業を中心とした**非熟練労働の分野**において，外国人労働者の受け入れが多く見られる。また，深刻な労働力不足に悩む**看護や介護分野**においては，看護師や介護福祉士の国家資格を取得して日本国内で働くことを目的として，インドネシアやフィリピンとの経済連携協定に基づき，厚生労働省の管轄のもとで，2008年より外国人労働者の受入れを開始している。

☑食料自給率

国内で消費される食料のうち，**国内産の農業生産物がどの程度を占めているかを表す指標**のことをいう。これには，国民１人・１日あたりが消費する国産農作物熱量を，国民１人・１日あたりの供給食料熱量で割った**カロリーベース総合食料自給率**と，**生産額ベース総合食料自給率**の２つがある。

日本における食料自給率は，2018年度のカロリーベースにおいてはわずか37％ほどである。1965年は73％もあったが，そこから大幅に減少した大きな要因は，**日本における食生活の洋風化**に伴い自給率の高い米の消費が落ち込み，代わりに自給率の低い畜産物が多く食べられるようになったことが挙げられる。そのほかにも，冷凍食品などの加工食品の利用や外食機会の増加に伴い，従来程度の国内生産では消費者のニーズに応えられないので，やむなく輸入している食料が増えているという要因もある。

☑難　民

人種・宗教・民族・政治的信条などによって迫害されたり，迫害を受けるおそれがあることのほかに，**貧困や飢餓**から逃れるために，他国へ逃れた人のことをいう。有史以来難民は存在していたが，特に第一世界大戦後，ロシア革命やトルコ帝国の崩壊によりその数が大幅に増え，第二次世界大戦によりさらに深刻化した。現在でも，シリアやアフガニスタンの難民を始めとして，世界各地に約2600万人もの難民がいるとされている(2018年現在)。

国際問題となった難民に対処することを目的として，1951年７月に難民の地位に関する条約が採択され，また，この条約を補足するために1967年難民の地位に関する議定書が採択された。この２つをあわせて**難民条約**と呼んでいる。さらに，難民対処のための国際機関として1950年に**国連難民高等弁務官事務所(UNHCR)**が設立された。日本においてもインドシナ難民などの受け入れを行っているが，その規模は他国と比べ小さい。

☑経済統合

関税や貿易規制，人的制限などを排除して市場経済の統合を図ることをいう。**NAFTA(北米自由貿易協定)**や**EU(欧州連合)**は，経済統合の一種で

7 国際関係

ある。

経済統合は，加盟国のみで障壁を撤廃する**自由貿易協定**，制限を廃止するだけでなく非加盟国からの輸入に共通関税をかける**関税同盟**，貿易制限や労働力・資本制限の撤廃を行う**共同市場**，共同市場を基礎とし，構成国で経済政策の調整もする**経済同盟**，経済だけでなく政治的統合まで行う完全な**経済統合**に分類される。

経済統合すれば，貿易の促進による経済効果のメリットだけでなく，**構成国同士の関係の安定**も望める。その一方で，域内の輸入増加による貿易転換によって**自国生産性や競争力が阻害されたりする**恐れがある。

☑ TPP

環太平洋地域の国々による経済の自由化を目指す経済連携協定のことで，正しくは**環太平洋戦略的経済連携協定**という。加盟国の間で取引される品目に対して原則的に**100%の関税撤廃**を行い，加盟国の貿易障壁をなくすことを主眼としている。

TPPへの加盟により，関税撤廃によって**貿易が拡大する**という利点がある一方で，逆に輸入増加により**自国産業への打撃**が懸念されている。

2016年に参加12か国が署名したが，その翌年になってアメリカが離脱した。この協定はアメリカ抜きでは発効できないため，日本やメキシコ，オーストラリアなど，アメリカ以外の加盟11か国は2018年に新協定である**TPP11**に署名した。

☑ 日本企業における英語の公用語化

日本企業において，日本語の代わりに英語を社内での公用語とし，会議や報告などの日常業務を英語で行うことを目指す動きをいう。現在，楽天・ファーストリテイリング・シャープなどの企業で採用されている。

その背景としては，国内市場が縮小しているなか，海外市場へ進出するための国際的コミュニケーション能力の一環として英語の必要性が増していることが挙げられる。また，企業が海外進出していくなかで，現地での外国籍社員と円滑にコミュニケーションを取る必要性が生まれてきている点も，日本企業が英語を公用語化する理由である。しかし，英語を公用語化するために企業側のコストを増大させるだけでなく，慣れない英語を使用することにより，業務に支障が出るという懸念もある。

☑ 国際的分業

生産条件に合致する製品を重点的に生産・輸出し，逆に合致しないものは輸入することによって，**国家間で分業を行う**ことをいう。

日本の製造業は，国内での生産量が不足している原材料を輸入し，生産技術によって製品に作りかえて輸出するという形の国際的分業を採用しているといえる。この方式では，割安で生産できるものを輸出し，割高なものの生産を減らすことで，**合理的かつ効率的な生産を行える**ことが利点として挙げられる。一方で，重点的な(つねに同種の)生産により**産業を固定化させる**ことになるが，そのことがひいては途上国と先進国の固定化につながるという欠点も指摘されている。

☑国際的な二極化

経済格差が，国内のみならず世界的に進展している状態のことをいう。

経済のグローバル化により雇用機会も世界規模化したことに伴い，かつては先進国や，その他の地域ではごく一部にしか存在しなかった**富裕層**が国際的に増大する一方で，先進国では中流階級が貧困化したり，発展途上国においても富裕層や中流階級層と低所得者層との**経済格差の拡大**が目立ったりするようになってきた。高度成長期には「一億総中流」であった日本でも，非正規雇用者の増加に伴って低所得者層が拡大したことや，中国では富を手に入れた富裕層が先進国並みの生活をする一方で，地方の農村では公共インフラすら整っていない地域もあることなどが例として挙げられる。

☑スケールメリット

規模が大きくなることによって，得られる利点(メリット)が拡大することをいう。具体的には，一度に大量の商品や資材の仕入れを行うことで，仕入れ価格を下げたり，業務の内容や人材の面などで分業化・集中化・専門化を図って作業効率を向上させたりすることをいう。

例えば，商品を大量生産することによって低価格で販売できるようになった場合は，スケールメリットが働いているといえる。一方で，規模が大きくなることにより，コミュニケーションの面で障害が出るなど，マイナス面が出ることもある。

☑多国籍企業

複数の国に生産拠点として現地法人を置き，**世界的に活動している大規模な企業**のことをいう。代表的な多国籍企業に，アメリカのIT企業であるグーグル・アマゾン・フェイスブック・アップル(頭文字を取って**GAFA**と呼ばれる)などがある。こうした巨大な企業は，市場に対する支配力が強く独占的になることや，市場となっている地域で課税されないことなどが問題となっている。

☑ タックスヘイブン

法人税課税がない，または極めて税率の低い国や地域のことで，課税回避地と呼ばれる。代表的な場所として，イギリス領ケイマン諸島，香港，シンガポールなどが挙げられる。多国籍企業のなかにはこうした国や地域に所得を移すことで課税を免れている企業があり問題となっている。現在，国際的な租税ルール作りが検討されている。

☑ 底辺への競争

国内産業の育成や保護を目的として，減税や，労働・環境基準の緩和などを行うことで，税収減によって社会福祉の水準が低下したり，労働環境や自然環境の悪化を招いたりすることを，競争になぞらえて，底辺への競争と呼んでいる。

この背景には，自由貿易や経済のグローバル化とともに海外企業と競争する必要性が生まれたことや，国際競争に勝てずに衰退する国内産業が生まれたことなどが挙げられる。しかし実際には，移転コストや関税などの問題が抑止力となり，底辺への競争はそれほど起こってはいない。

☑ 産業の空洞化

企業のうち，特に製造業を中心に生産拠点を海外に移すことにより，国内の同種の産業が衰退していくことをいう。1985年のプラザ合意以降急速に円高傾向が強まり，日本企業が海外へ生産拠点を移していったこと，さらには90年代には世界の工場と呼ばれるようになった中国の台頭により，そのことが盛んに議論されるようになった。

産業の空洞化は雇用機会の減少や技術の海外流出を招き，また経済成長を支える産業の欠落による国内経済の弱体化や，国内で生産拠点のあった地域の衰退を招くとの懸念がある。

☑ 規制緩和

ある産業や事業にかかわるさまざまな制限を除去したり，緩和したりすることをいう。そのことによって，企業の活発な経済活動を促し，市場や経済の活性化を図ろうとするものである。

日本においては，産業の育成や保護のために多種多様の規制があるが，その規制自体の必要性の低下のほか，諸外国からの圧力などにより，かなりの数の規制が緩和された。規制緩和のおもな例としては，かつてはNTTのみであった電話通信業の新規企業参入などが挙げられる。

☑ゲーム理論

一定の条件のもと，複数の行動主体が相互に影響し合う状況を研究する数学的経済学的理論のことをいう。他者の行動ならびに自己が他者に与える影響を考慮しつつ，利益が最大，あるいは損失が最小となる行動を求めることが分析内容となる。

例えば，まったく同じ力を持つA国とB国が対立している時に，仮にA国がB国を攻撃し，B国が戦わなければA国が勝ってA国の利益となるが，B国がこれに応戦すれば共倒れとなってしまう。したがって，結果としてはともに攻撃はしないが，攻撃されれば応戦するという行動をとるのが最適であるという結論になる。

また，ゲーム理論における最も有名な例の一つに，囚人のジレンマというものがある。囚人A，Bが，共同で犯罪をした時に，いずれも自白しなければ2年の懲役とするが，どちらか一方が自白した時は自白した方を釈放し，他方を懲役10年とする。また，いずれも自白した場合は懲役5年とするという取引を，それぞれで話し合いをさせずに行った場合，囚人A，Bとも自白しないことが最適だが，裏切られることを恐れていずれも自白してしまい，結果として双方が長期の懲役となるというものである。これは，自己の利益のみを考えると最適な状況を逃してしまうことを示す例である。

☑反グローバリズム

経済の国際化に反対する社会運動の一種である。

経済のグローバル化により，国際市場の活性化は図られたが，反面，多国籍企業が発展途上国に対する搾取を増大させ，先進国と発展途上国との間での貧富の格差が拡大している。さらに，先進国内においても，途上国の安価な人件費に対抗するために非正規雇用者を増やした結果，国民の間で貧富の差が拡大している。また，大規模な開発による環境破壊や，異文化の流入による固有文化の破壊が見られ，結果として世界的に文化が画一化しつつある点も，反グローバリズムが芽生える背景として存在する。

☑サブプライムローン

アメリカ合衆国におけるサブプライム層(優良な顧客よりも下の層のこと)への住宅ローン商品のことをいう。信用が低い人に向けたローンであるために債務履行の信頼度は低いが，その分利率を高く設定している。

サブプライムローンは証券化され，世界中の金融商品に組み込まれていた。2000年前半までは住宅の価格が上昇していたので，これらを含む証券には高い評価が与えられていた。しかし，2007年頃から住宅価格が下落し，返済の延期を望む人が増加したこともあり，その金融商品の債務不履行の危険性が高まった。また，サブプライムローンによって事業を拡大したリーマンブラザーズ証券の損失処理に伴う株価低迷と倒産，それに付随したアメリカ政府の緊急経済安定化法(次項目参照)の否決によって世界中の投資家を失望させた。その結果，2008年世界各地で株価を暴落させ，世界的な金融危機を招いた(リーマンショック)。

☑ 緊急経済安定化法

サブプライムローン問題による金融不安に対処するために公的資金を投入し，金融機関の救済を定めたアメリカの連邦法のことをいう。2008年に制定された。

この法律では最大7000億ドルの税金を金融機関へ注入することが定められたが，自己責任の考え方が根付いているアメリカ国民の反感を買い，法案は下院で一旦否決された。だがこれにより，ニューヨーク証券取引所で平均株価が史上最大の下げ幅を記録し，同時に世界各国の株価暴落も招いたため，預金者保護策の拡大や企業や個人の減税実施などの追加修正を盛り込み，ようやく可決された。

☑ ボーダレス化

経済活動が国境(ボーダー)を越えて世界規模で広がり，企業活動の場が国際化している現象のことを指す言葉である。インターネットなどの情報技術や輸送手段の発達，企業の海外現地生産の拡大などにより，国際的な経済活動が従来よりも円滑に行えるようになったことが背景として存在する。

一方で，ボーダレス化が進むことにより，1つの国で発生した事案が他国へも波及する恐れがあるほか，巨大資本となった多国籍企業が自国に参入してくることによって，自国の産業が対抗できずに衰退に追い込まれる可能性もある。

☑ 内需振興策

国内需要を拡大するためにとられる方策のことをいう。

現在の日本経済を支えているものは，製造業による輸出であるが，この外需への依存体質は，海外の金融危機や不況に影響を受けやすいという欠点がある。一方で，対応策としての内需振興策が実施されてはいたが，公共投資などの官需への依存度が大きく，民間主導の自発的な経済成長とはならなかったこともあって，新たな需要を生み出すような内需の拡大には至らなかった。少子高齢化が進み，人口も頭打ちとなっている今日のわが国においては，新たな振興策が必須となっている。

☑ 外資規制

国内企業に対する外国資本の流入に関する規制のことをいう。

現在日本においては外為法(外国為替及び外国貿易法)に基づき，直接投資の条約などがない国からの投資や，通信・放送・航空機・旅客運送などの一部の産業分野において，**外国人による投資に対する規制**が設けられている。外国資本の流入により海外企業が経営権を獲得したり，外資系企業として新規参入したりする場合があるが，その場合，資本の増加による利益拡大や地域の活性化，あるいは新たな雇用の創出をもたらすことがある反面，所得や技術の海外流出や，厳しい雇用調整による雇用不安などを招く可能性がある。

☑ 保護政策

自国の産業を保護する目的で行う経済政策のことをいう。関税率を上げることで輸入を規制したり，国内企業を税制面で優遇するなどの方策をとることにより，**自国の産業の衰退を防止する**ことが目的である。

自国の産業を守ることで，国内の雇用環境の保護に寄与する反面，自由競争を阻むことにつながり，結果として生産効率の低下や，消費者が安価で良い品を手に入れにくくなるなどの欠点もある。

☑ 保護貿易

国家政策として，**自国の貿易を保護**することをいう。具体的には，国外からの輸入品には関税をかけることによって値段を高く設定させて，自国製品を保護することがおもな手法となる。自国内の産業保護と育成を目的とするが，**外交的な問題の報復措置**として行われる場合もある。

保護貿易には特徴があり，ゲーム理論の**ナッシュ均衡**という例で説明される場合がある。つまり，ある国で保護貿易を，他国で自由貿易を行った場合，ある国では輸入で他国の製品が制限され，輸出で自国の製品が促進されるために貿易収支が改善する。一方，他国では，輸出が阻害されるために貿易収支が悪化する。その結果，他国でも貿易収支を改善するために，保護貿易を行わざるを得なくなり，結果として自由競争を阻み，生産効率が下がるというものである。このようなことから，**行き過ぎた保護貿易は世界経済を停滞させる**ことが多く，国際的に非難を浴びやすい。

7 国際関係

答案例

問題 経済のグローバル化を推進すべきか，抑制すべきか。あなたの考えを述べよ。**600字以内**

模範回答 グローバル化とは，国や地域を越えて，地球規模で人の交流や移動，物・資本・情報のやり取りが行われることを指す。経済のグローバル化は企業活動の効率化を生み，富の再配分が世界規模で広まったり，国際的分業が進んだりするので経済の活性化につながる。しかし，私は経済のグローバル化は抑制すべきだと考える。（以上，第1段落）

なぜなら，グローバル化に伴って国際的な二極化が進む恐れがあるからだ。確かに，企業が労働力や資源が安価な国へ生産拠点を移してコストを削減しつつ，グローバル化によるスケールメリットを得られれば，その企業は優位に立てる。だが，価格面や市場の大きさで対抗できない企業は衰退するだろう。また，生産拠点を海外に移したり，安価な労働力を海外に求める企業が増えると，国内産業は空洞化し，失業者の増加や労働賃金の低下など，労働環境の悪化につながる。

（以上，第2段落）

しかしながら，グローバル化や経済の自由化の流れを止めることは非現実的だ。よって，我が国の産業や労働者を保護するために，労働者保護，国内企業の保護政策，保護貿易の推進など，セーフティネットを張る余地を残した政策をとる必要がある。ただし，こうした政策は企業の競争力を低下させる原因ともなるため，実施することが適切かどうかは慎重に検討すべきだと考える。（以上，第3段落）

解説 第１段落：意見の提示…経済のグローバル化によるメリットは理解しつつも，グローバル化を抑制する必要があることを主張している。

第２段落：理由説明…グローバル化に伴って国際的な二極化が進むことを理由に挙げて，グローバル化抑制の必要性を説明している。

第３段落：意見の再提示…グローバル化の流れを止めることは非現実的であるということを踏まえ，セーフティネットを張る余地を残した政策を取る必要性を述べている。

途上国の貧困問題

出題頻度 → 国際・学際 ★★★ 法・政 経済 商・経営 社・福祉 ★★

定義

貧困とは低所得のために生活必需品を手に入れられず，最低限の生活すら保てない状態のことを指す。ここでは，途上国の貧困に的を絞って論じることにする。

世界銀行によると，１日1.90米ドル未満で暮らす途上国の貧困層はおよそ７億3600万人(2015年，途上国の人口の10％相当)と推定されており，1990年の18億9500万人からは減少している。しかし，貧困ラインから脱したとされる人の大半は**最貧国基準**（１日1.90米ドル)を上回ったというだけにすぎず，途上国の人々はいまだに貧しい状態にあることには変わりがないといえる。2015年の国連サミットで採択されたSDGs（持続可能な開発目標)の１つとして，貧困をなくすことが掲げられている。

なお，世界銀行の貧困の基準は「人間が生きていくうえで必要な費用は，最低１日1.90米ドル」と，**これ以上少ないと人間生活が営めなくなるという絶対的な基準**を仮定して示しているものであり，実際にはこれ以上の人々が貧困状態にあるといわれている。また，貧困層には多くの18歳未満の子どもが含まれており，貧困下に暮らす子どもへの支援の必要性が高まっている。

問題点

貧困によって，主として

① **病気や栄養不足による体力の低下と短命化**

② **貧困層の固定化**

③ **治安の悪化**

が起こりやすくなることが問題視されている。

①については，生活必需品が入手できないこと，衛生状態がよくないことによる。例えば，食料が得られずに栄養不足になることがある。体力が

低下した状態では満足な労働ができず，低賃金の仕事にしか就けなかったり，失業したり，飢餓状態に陥ったりする恐れがある。また，経済状態が悪いため，インフラの整備ができず，清潔な水が簡単には手に入らないので，疫病やHIVなどの感染症が広まることもある。医薬品を入手したり，病院で診察や予防接種を受けたりすることも容易ではない。こうしたことにより，**病気になるリスクが高まり**，結果として短命化を引き起こすことになるのである。

②は，**教育への投資ができないこと**による。文字の読み書きや計算能力があることは，高い賃金を得るための必須条件である。しかし，教育が受けられない人々は低賃金で長時間労働を強いられたり，危険な労働をさせられたりする。家計を成り立たせるために，子どもすら労働者とならざるを得ない。こうした人々や子どもたちは貧困に陥り，さらに教育への投資が難しくなるという悪循環が生じ，**貧困層が固定化**される。時には，生活のために人身売買や売春を強要される者もいて，問題は深刻化している。

③は，**貧しい経済状態**によって起こる。生活維持を目的に金品や食料品を盗む者や詐欺を行う者，絶望から親殺し・子殺し・自殺を図る者，薬物利用や売買を行う者など，貧困により犯罪者が増加する。また，貧困層が形成したスラムやホームレスやストリートチルドレン(p.316参照)が定住する地域は，治安が悪化する。また，こうした現状に至らせた政府や社会への不満からテロリズム(p.327参照)の支持者が増加し，**テロ組織の温床**になるともいわれている。

問題点の背景

富が偏在しやすい環境が存在することが，貧困者が発生する背景にある。具体的なものとしては，**①南南問題**(p.314参照)，**②民族対立**，**③国家の腐敗**，**④小作農の存在**，**⑤労働力の需要と供給のアンバランス**などが挙げられる。

①は，**途上国間で生じている格差**のことを指す。**産油国**(原油による収入をもとに工業化を果たした国)や**中進国**(豊富な労働力と外国資本を導入して工業化を果たしたNIEsのような新興工業国)と**最貧国**(アフリカや南

アジアのように資源に恵まれず，工業化に失敗した途上国）の間には大きな経済格差が生じている。中進国に資本や雇用が集中する一方で，最貧国には外資が入ることもなく，新たな雇用も創出しにくい。雇用があっても，価格競争や搾取によって労働者に支払うための賃金が低くなりがちであり，結果として貧困者の収入は低下する。

②は，特にアフリカ諸国でよく見られる。植民地化されたアフリカ諸国の多くは第二次世界大戦後に独立を果たしたが，国内では**民族同士の対立**が起こった。独立の際に民族の部落や集落の実情を加味したものにせず，植民地の時のままの国境線をもとに国を形成した。そのため，**国内には複数の部族が存在する**ことになった。すると，それぞれの部族は，自らの部族の利益になるように政治を行おうとしたのである。**政権を得た部族は自らの立場が有利になるように政治を押し進め，ほかの部族の利益を軽視した**。こうして国益が損なわれる結果となった。

③は，**富裕層や権力者の権力濫用**が発生したことに起因する。②によって政権を握った権力者は，少数派の利益を追い求め，国民の生活や福祉を軽視した。例えば，莫大な国家の利益を搾取する者や，政治家や警察に守られながら搾取を続けて富裕層と化した者などが現れた。また，海外から援助を受けても富裕層や権力者だけに分配される結果となった。一方，国民の自由な経済活動を妨げたり，国家に逆らう者に対しては拉致・拷問を行ったりするなど，**国民の自由権を保障しなかった**。こうして国家が腐敗し，国全体が潤うことなく，貧困層の増加を引き起こした。

④は，**小作農は容易に近代農業に移行できない**ことが要因である。農村部では農業の近代化によって生産性が上げられる農家は少数の大地主のみで，多くの自作農は**焼畑農業**などの古くからの農法に頼らざるを得ない。こうした農法は自然災害の影響を受けやすく，生産性が低いため，収益を得ることは難しい。近代農業に転換したくても，生活費すら満足に得られない貧困層にとっては困難である。自らの農地を大地主に売って小作農になる農民もおり，大地主からの搾取を受けることになる。大地主は多くの収益を得られるが，自作農や小作農は収益を得にくい。こうして，**深刻な貧困状態**を引き起こしている。

⑤は，都市部における人口増加が要因といわれている。その結果，都市部では労働力の供給が需要を上回る事態が生じている。しかも富裕層の搾取なども相まって，低賃金でも働かざるを得ない。さらに，都市部へは生活費を得るために集中する農民や，戦争から逃れた難民が流入することもあり，事態はより深刻化する。こうして富は富裕層に流れる一方で，貧困状態から脱せない人々も数多く存在する結果となったのである。

対応策・解決策

富の偏在が貧困の原因と捉えるならば，貧困層に富をもたらすような仕組みを整えることが貧困問題の解決の糸口となる。

そのためにまずは，富裕層が持つ富を貧困層に分配する仕組み（富の再分配）が考えられる。例えば，富裕層から税を徴収して貧困層に対する行政サービスに充てること，社会保険の仕組みを整えたうえで富裕層により高い保険料負担を求めること，労働者の給与や福利厚生を保障することなどが挙げられる。ただし，こうした仕組みを整えるためには法制度の整備や行政改革，財政を適切に管理することが必要となる。

また，貧困層に対する直接支援も考えられる。例えば，農林水産業の近代化の推進を支援して生産性を高めること，無利子・低利子で融資が受けられる制度を整備すること，基礎教育が受けやすい環境を整えること，予防接種・健康診断・保健指導などを行って保健状態を改善すること，上下水道や住宅を整備することなどがある。

こうしたことを自国の力でできればよいが，国の経済状況が芳しくない場合は難しい。よって，貿易の促進や経済規制の緩和といった自国の経済を立て直す方策を推進すると同時に，国連や各国政府などから支援・融資を受けることが考えられる。その際，権力者や富裕層での搾取がなされないようにするとか，非貧困層よりも貧困層の方に大きな便益がもたらせるように配慮するなどの必要がある。また，貧しい国や貧困層が経済的に自立できるようになることが目的であることをつねに見据え，「支援慣れ（支援を受けることに慣れてしまい，被支援者が支援を受けることが当然だと捉えること）」の状態にならないようにする配慮も求められる。

小論文にする時のポイント

入試では，**貧困の解消方法**について論じさせる問題が多く出題される。その時，「貧困者を救うためには食料を支給したり，医療従事者を派遣したりすることが必要だ」と，貧困者の健康だけに着目して論じるのは好ましいとはいえない。貧困の原因は**「富の偏在」**にあることを認識し，富が偏在する原因を知ったうえで，貧困層に効果をもたらす方策を示す必要がある。その際には，最終的には**貧困層の自立**が目的であることを念頭に置きたい。つまり，**生命維持のための支援**（生活支援，社会保障制度・生活インフラの整備など）のみならず，**自らの力で生活できるようにするための支援**（融資制度の整備，教育訓練，農業の近代化支援，雇用政策など）も行う必要があることを理解したうえで論じるとよいだろう。

過去の入試問題例

例 世界が直面している不平等と貧困は，経済成長が公平に共有されていないことが原因の一つで，子どもたちの貧困も増加しており，看過できない問題であると述べた英文を読み，「child development」を促進させる政策として，望ましいと考えるものを1つ，理由と共に挙げよ。 （筑波大・社会学群，国際学群）

例 金融資本主義がもたらす世界への影響について述べた文章において，筆者は先進国と途上国との経済格差についても指摘している。この格差を解消するために，どのようなことを行っていくことが必要であるか，あなたの考えについて説明せよ。 （和光大・経済経営学部）

例 貧困のない世界について述べた文章を読み，貧困のない世界を実現するために，どのようなことが必要になると考えるか，記述せよ。 （東北文化学園大・総合政策学部）

例 他人から援助を受け，与えられることに慣れてしまうと，自分で問題を発見し解決する姿勢が失われ，依存心ばかりが強くなることを指した「援助慣れ」という言葉や現象，および発展途上国の人々への援助に対する考え方について述べた新聞記事を読み，参考にしながら，こうしたことをどう考えるか，あなたの考えをできるだけ具体的に述べよ。 （千葉商科大・政策情報学部）

例 世界の貧困削減のために，本来の目的を歪めることのない有効な政策対話が望まれると述べた文章を読み，本文で紹介された貧困削減計画を参考にして，自分の関心のある地域(あるいは国)を一つ取り上げ，そこでの対外援助のあり方を論じよ。
(関西学院大・総合政策学部)

関連キーワード

☑貧困率

ある国において，**全人口に対して貧困層が占める割合**のことをいう。単に貧困率という場合は，**絶対的貧困率**を指す場合が多い。世界銀行の定義では，絶対的貧困率とは1日1.90米ドル以下で生活している国民の割合を指す(2011年基準)。

一方，経済協力開発機構(OECD)によって**相対的貧困率**が定義されているが，それによると等価可処分所得が全国民の等価可処分所得の中央値の半分に満たない国民の割合を指す。厚生労働省の2016年の発表では，日本の相対的貧困率は15.7%であり，OECDの発表による2013年度の加盟国の平均値11.4%を大きく上回った。これは，近年の失業率や非正規雇用者の増大により，貧富の格差が広がったためだとされている。

☑飢　餓

食料が不足することによって，**生命を維持するための栄養すら不足する状態**のことをいう。飢餓は免疫力を弱めるため，はしか・下痢といった病気でも死亡することがある。なお，飢餓によって死亡することを**餓死**という。

2018年の飢餓人口は世界中で約8億2200万人，その多くは**開発途上国の農村部に住む貧困層**であり，残りも開発途上国の大都市周辺の貧困層が集まる地域に住む人であるといわれている(国連食糧農業機関による)。

飢餓は，自然災害・紛争・貧困・農業基盤の不整備・エイズ・環境破壊・経済危機など，さまざまな要因によって起こる。

☑世界銀行

国際連合に付随する専門機関の一つで，各国の中央政府または中央政府から債務保証を受けた機関に対して融資を行うことを目的として設立された機関をいう。**国際復興開発銀行**(IBRD)と**国際開発協会**(IDA)を総称して世界銀行と呼んでいる。

1944年のブレトンウッズ会議におい

て国際通貨基金(IMF)と共にIBRDが設立されることとなり，1946年より業務開始となった。IBRDは中所得国・貧困国・戦災国などに融資を行って復興や開発を支援している。一方，IDAは最貧国と呼ばれる厳しい条件下に置かれている開発途上国に融資を行っており，融資条件はIBRDよりも緩やかである。

☑ 経済協力開発機構(OECD)

ヨーロッパやアメリカ，日本などの36か国によって構成される，**国際経済の諸問題について協議を行う国際機関**をいう。活動目的は，持続可能な経済成長の支持，雇用の増大，生活水準の向上，金融安定化の維持，途上国の経済発展の支援，世界貿易の成長への貢献などとしている。

1961年，当初ヨーロッパと北米が自由経済のもとで相互発展するために設立されたが，その後対象枠がアジア，東欧諸国，新興工業国にも拡大された。その他，ロシアが**加盟申請国**として，またブラジルや中国，インドなどが加盟を視野に入れた**関係強化国**として指定されている。日本は1964年に加盟した。

☑ 開発途上国

経済面や開発面から見て先進国よりもその水準が下回り，発展段階にある国のことで，おもに経済協力開発機構(OECD)の「援助受取国・地域リスト」に掲載されている国や地域を指す。**発展途上国**とか単に**途上国**とも呼ばれ，アジア，アフリカ，ラテンアメリカ，東ヨーロッパの地域に多く存在する。

その開発状況によってさらに細かく分類されており，それぞれで取り巻く環境が大きく異なる。近年経済成長が著しい中国も分類としては開発途上国である。逆に，開発途上国のなかでも発展が遅れている国々を**後発開発途上国**と呼び，所得水準の低さや政治的・経済的脆弱さが目立つ国のうち，国連によって認定された国々が該当する。さらに，**小島嶼**（とうしょ）**開発途上国**とは国家が小規模な島々で成り立っている国を指し，太平洋やインド洋などに存在する。国連によって小島嶼開発途上国と認定された国と地域は52か所で，いずれも資源の乏しさ，自然災害の多さ，市場規模の小ささなどの共通の課題を抱えている。

☑ NIEs

正しくは**新興工業経済地域**といい，英語表記の頭文字を合わせてNIEsと呼ばれる。

1979年，経済協力開発機構(OECD)によって発表された報告書のなかで定義されており，開発途上国のなかで工業製品の輸出により経済的に成長を見せた韓国，台湾，メキシコなど10の国と地域が指定されることとなった。1990年代にはアジア以外のNIEs諸国は低成長期に転じ，なかには近年国家が財政破綻したギリシャのような例もある。

☑ BRICS

近年大きな経済成長を見せる，**ブラジル，ロシア，インド，中国，南アフリカ共和国**の５か国のことを指し，それぞれの国のアルファベットの頭文字を取ってこのように呼ばれる。もともとブラジル，ロシア，インド，中国の４か国でBRICs（sは小文字）と呼ばれていたが，そこに南アフリカ共和国が加わった。これらの国々の貿易額や国内総生産（GDP）は，躍進を見せる経済と同様に急成長しており，特に中国のGDPは2010年には日本を抜いて世界第２位となった。

５か国とも共通して**国土面積の広さ**，人口の多さによる**人材の豊富さ**と**潜在的市場の大きさ**，**天然資源の多さ**が特徴として挙げられ，今後もさらに発展を続けると見られている。

☑ 南北問題，南南問題

南北問題とは，**先進国と開発途上国との間にある大きな経済格差**のことをいう。先進国が北半球に集中する一方で，開発途上国が南半球に多いことからそのように名付けられた。要因として，先進国との第一次産業製品の価格競争に負けたことによる途上国の経済的困窮，先進国の工業化の成功に対して途上国の発展遅れなどがあるといわれている。

一方，工業化や産油などにより経済成長に成功した途上国と，経済発展が進まず，貧困が続いている後発開発途上国との間に生まれた格差を**南南問題**という。

☑ 政府開発援助（ODA）

政府または政府の実施機関によって行われる，**開発途上国への公的資金を用いた資金援助や技術提供**のことをいう。途上国の経済や社会の発展，さらには福祉の向上を支援することにより，世界の一員として国際貢献することが目的である。

援助方法には開発途上国に直接的に援助を行う**二国間援助**と，国際機関に資金を拠出して間接的に援助を行う**多国間援助**とがある。日本はそのどちらにおいても世界トップクラスの資金提供国となっている。

ODAの問題点として挙げられるのはその援助方法である。すなわち，インフラ整備のような間接的な支援や，政府間で行われる物資や資金援助が主体となるため，本当に援助が必要な貧困層に届かない現実がある。また，ひも付き援助と呼ばれるように，技術移転を伴わずに現物のみの援助が行われていたことにより，途上国が自立するための産業が育たず，貧困が改善されないという問題点も指摘されている。

☑ 国際通貨基金（IMF）

国際通貨協力，具体的には通貨と為替相場の安定と貿易拡大の促進を目的とした国連の専門機関をいう。加盟国の出資金を原資として基金を設立し，国際収支が悪化した加盟国に融資を行うことをおもな業務とするほか，為替相場や為替政策の監視，「世界経済見通し」を公表することにより，世界各国の経済状況についての報告などを行っている。

1944年のブレトンウッズ会議において世界銀行とともに設立された。2018年現在の加盟国は189か国にのぼる。日本は1952年に加盟国となった。

☑ グラミン銀行

バングラデシュの経営学者ムハンマド=ユヌスが設立した，農村部の貧困に苦しむ人々に無担保で少額融資を行い，自立を促す銀行。借り手が５人一組となりグループの連帯保証に基づいて融資を受け，毎週少額ずつ返済する。その返済率は非常に高く，このモデルの成功により，同様の少額融資（マイクロクレジット）の仕組みが全世界に広まっている。2006年，グラミン銀行と設立者のユヌスは，ノーベル平和賞を受賞した。

☑ 開発途上国の民主化

かつて欧米諸国の植民地とされていたアジア，アフリカ，ラテンアメリカなどの開発途上国が独立を果たしたことにより民主化が芽生え，国際的にもそれを支援する動きが活発化している。

民主化の度合いに関しては一様ではなく，天然資源の産出や産業の発達などで経済的に豊かになった途上国では近年急速に民主化が進んでいるのに対して，国内政治が混乱している国では民主化が進んでいない現状がある。民主化の支援は国際貢献や人権擁護にもつながることから，先進各国も法や司法整備のほか選挙制度の整備などの支援を行っている。日本もこれまでに政府開発援助（ODA）を通じてカンボジア，ベトナム，インドネシアなどの国に法整備支援や警察組織への技術指導などを実施してきている。

☑ 食料危機

人口の増加や天候不良による不作な

どの諸問題が単一，あるいは複合的に作用し，**食物資源が著しく不足することで価格高騰などの社会動乱を引き起こすことをいう**。深刻な食料危機は飢餓状態を引き起こす。

背景に存在する諸問題としては，開発途上国を中心とした**人口爆発**，地球温暖化による気候の変動や異常気象による**穀物の不作**，バイオ燃料への転換による**食料資源の減少**などがあり，供給不足から価格の高騰を招き，貧困層の食料入手をより一層困難にするなどの事態が発生している。生命維持には食料が不可欠であり，**長期にわたる食料危機は社会活動全般に悪影響を及ぼす**可能性が高い。

☑フィラデルフィア宣言

国際労働機関(ILO)の総会において採択された宣言のことをいう。1944年にフィラデルフィアで開催されたことから，**フィラデルフィア宣言**と呼ばれる。「労働は商品ではない」など，労働面における**平等・自由・人権尊重・貧困の危険性**の4つの原則を具体的に表現し，またILOの目的や考え方を文章化したものである。そのなかで，完全雇用や生活水準の向上を促進する義務がILOにはあること，また達成するためには労働者・雇用者・政府による継続的かつ協調的な国際努力が必要であることが述べられている。

☑スラム

貧民層と呼ばれる貧しい人々が集中して住む地域のうち，都市部にあるものを**スラム**と呼ぶ。特徴として，**高い失業率**，**犯罪の蔓延**，**行政サービスが行き届かないことによる不衛生な環境や無秩序な住居場所**が挙げられ，荒廃した環境となりがちである。職を求めて都市部に出てきた多くの農村出身者のうち，定職につけなかった者が安価な居住場所を求めて環境の悪い場所に集中したことが，スラムの始まりといわれている。

世界の大都市の多くにスラムが存在するが，特に開発途上国においては完全失業率が非常に高く，仕事があったとしてもゴミ拾いや靴磨きなどの不安定な職種のために生活の維持が難しく，子どもが**ストリートチルドレン**になるなどの問題も引き起こしている。

☑ストリートチルドレン

都市部において**路上生活を余儀なくされている子どもたちのことをいう**。開発途上国に多く見られ，各専門家によって意見が違うが，約1億5000万人もいるといわれている。

多くは生活苦や家庭の崩壊により親に捨てられた，あるいは自分から家を出たり，親の病死により生活の維持ができなくなったりした子どもたちで，なかには親自身が路上生活者のため，生まれてからずっとストリートチルドレンである子どももいる。生きるために路上で物売りや物乞いをするなど厳しい環境下に置かれており，教育も受けられない。また，伝染病やHIVに感染したり，犯罪に加担したり，逆に人身売買などの犯罪被害に遭いやすくなるなど，大きな問題となっている。

☑焼畑農法

森林を焼くことにより作られる焼灰を肥料として作物を育てる農法のことをいう。収穫後は再び森林が回復するまで畑地を休息させ，その後再び焼くという循環的なものであることが特徴で，熱帯から温帯地域を中心として行われる伝統的な農法である。

近年では，十分な休耕期間を置かず追焼することで起こる砂漠化や，未熟な新規農業参入者による予定外の大規模延焼が熱帯雨林を減少させるなど，問題視されている。

なお，かつては森林を焼く際の二酸化炭素が地球温暖化をもたらすとされたが，次なる森林が再生する過程で二酸化炭素は吸収されると考えられるので，持続可能な農法と定義づけられた。

☑放　牧

牛や馬などの**家畜を一定の管理下で放し飼いにすること**をいう。

自然草原に放牧する場合と，人工管理された草地を利用する場合とがある。また，森林を形成するうえで不要な下草を処理させる（食べさせる）目的で放牧をする**林間放牧**もある。近年では無秩序な放牧や，人口増に対応して家畜数を増やしたために起こる牧草の回復遅れがもたらす森林破壊や砂漠化が問題となっている。

☑資源ナショナリズム

資源生産国が自らの手で国内資源を生産・管理するという考え方のことをいう。植民地の独立や開発途上国の格差是正を求める動きの中で，おもに豊富な天然資源を持つ途上国によってこの考えが主張された。

1962年に国連が発表した**「天然資源に対する恒久主権の権利」宣言**によって，その指針は国際的にも支持・強化されることとなる。具体的な行動として，外資であった資源採掘会社の国有化や経営参加，産出量や輸出価格の決定を資源国自らが行うことなどが挙げられる。また，産出国が共同して利益を守る例もある。例えば，1960年には中東諸国により**石油輸出国機構（OPEC）**が設立され，原油の価格決定に大きな影響を与えている。1970年代の中東戦争時には原油価格を大幅に引き上げ，2度のオイルショックを引き起こした。

☑富の再分配理論

大企業や高所得者がより多くの税負担を行い，社会保障・医療・公共事業などを通して富を社会還元することで所得格差を少なくし，**利益を公平に配分するという考え方**のことをいう。所**得再分配**とも呼ぶ。貧富の差を緩やかにし，**階層の固定化による社会の硬直化を防止する**役割がある。

20世紀初頭の社会革命などによって生まれた考え方であり，自由主義経済下では，一国内だけでなく，先進国から開発途上国に向けた再分配も必要であるとして議論されている。

☑人口爆発

人口が急激に増加する現象をいう。世界の人口は19世紀末から急増し，西暦1年頃には約3億人であった人口が，1927年には20億人，現在では70億人を超えている。原因は，**保健や医療の改善による死亡率低下**のほか，**科学技術の発展による食料生産の増加**にあるといわれている。

☑フェアトレード

途上国で作られる農作物や製品を適**正な価格で取引できるようにする仕組み**のことをいう。

価格競争などを理由に，途上国の生産者は不当に安い価格で製品を買いたたかれることがあるが，そうしたことが貧困層を生む原因となっている。また，貧困から脱するために生産を増やそうとするあまり，生産者は乱開発を進め，それが環境破壊へと繋がっている。こうした問題に対し，**貧困の解消や環境の保護**，さらには**生産者の自立を支援すること**を目的に行われている。

☑感染症

病原体(**細菌・ウイルス・寄生虫**など)の感染により発症する病気のことをいう。**結核**(結核菌によって引き起こされる感染症)，**MRSA**(抗生物質メチシリンに対する薬剤耐性をもった黄色ブドウ球菌)**の院内感染**，**エイズ**(ヒト免疫不全ウイルス；HIVが免疫細胞に感染し，後天的に免疫不全を起こす免疫不全症)，**エボラ出血熱**(エボラウイルスを病原体とする急性ウイルス性感染症)，**SARS**，**MERS**(コロナウイルスによる感染症)などが代表例である。2020年には新型コロナウイルス(COVID-19)による感染症が全世界に広まった。人と物が世界的に行き交う現代においては，感染症も世界的な流行となりやすくなっている。

答案例

問題 途上国の貧困を解消するためには，どのような支援が必要か。あなたの考えを述べよ。**600字以内**

模範回答 貧困層が発生する背景には，富が偏在しやすい環境の存在がある。よってその環境を変え，貧困層に富をもたらすことが問題解決の糸口となる。

（以上，第1段落）

まず，南南問題を例に挙げたい。資金が豊富で工業化が進んだ中進国と，そうでない最貧国には大きな経済格差がある。中進国に資本や雇用が集中し，最貧国には外資も入らず，雇用も創出しにくいので低収入，もしくは失業者が増加する。

（以上，第2段落）

また，国家の腐敗も原因となる。貧困が発生している国では富裕層や権力者の権力濫用が多く見られ，政権を握った権力者は少数派の利益を追い求め，国民の生活や福祉を軽視した。さらに，国民の自由な経済活動を妨げたり，国家に逆らう者に拉致や拷問を行うなど，国民の自由権を保障しなかった。こうして国全体が潤うことなく，貧困層の増加を引き起こしたのである。（以上，第3段落）

よって，まずは富裕層が持つ富を貧困層に分配する仕組みが必要だ。そのためには法制度の整備や行政改革のほか，財政を適切に管理することが必要となる。一方，農業支援や融資制度，教育環境整備や保健活動，インフラ整備の推進などが挙げられる。その時，貧困層の方により利益をもたらす支援や，国や国民が経済的に自立できるような支援を行うことが求められる。（以上，第4段落）

解説

第1段落：意見の提示…貧困層発生の背景を「富の偏在」と捉え，その改善が貧困の解消につながることを示している。

第2・3段落：理由説明…南南問題や国家の腐敗を例に，富が偏在すると貧困層が増加することを説明している。

第4段落：意見の再提示…貧困解消を行うために富の再分配が必要であることを説明するとともに，システム構築やその支援の際の注意点を論じている。

武力紛争

出題頻度→ 法・政 国際・学際 ★★★ 経済 商・経営 社・福祉 ★★

定義

紛争とは，もめごとのことを指す。一方が利益を得ようとすると，他方が損失を被るような状況の際に生じる。紛争が起こるおもな背景には①侵略のため，②防衛のため，③宗教的理念を実現するためなどがある。特に，無政府状態(p.324参照)のもとで紛争が発生すると，国や互いの勢力を調停する機関が存在しないため，武力が行使されることが多くある。このように，**戦争**(国家が軍事力や武力を用いて組織的に戦闘を行うこと)や**内戦**(国内で対立する勢力が武力を用いて行う戦争のこと)など，敵対する者同士が戦力を用いる紛争のことを特に**武力紛争**という。なお，**国際紛争**とは，国家間で見られる紛争のことを指す。

問題点

武力紛争では，兵士だけでなく一般市民の命を奪う事態になることが多い。**第二次世界大戦**(p.324参照)では約6000〜8500万人が，**朝鮮戦争**(p.325参照)では約300万人が，**ベトナム戦争**(p.326参照)では約240万人が，**イラン・イラク戦争**(p.326参照)では約100万人が，それぞれ犠牲になったとされる。

確かに，武力紛争が軍事技術の発展をもたらせば，民生に転用されるというメリットはある。例えば，世界初の**原子炉**はマンハッタン計画(第二次大戦中にアメリカが行った爆弾の開発・製造計画。広島・長崎に投下された原子爆弾は，この計画によってつくられた)によってつくられたものである。他にも，**コンピューター**(もとは弾道計算のためにつくられたもの)，**電子レンジ**(レーダー開発の副産物)，**GPS**(軍用の衛星測位システムが転用されたもの)などがある。また，軍需景気により，当事国の軍事産業が盛んになり，国内経済が潤うこともある。さらに，わが国の**朝鮮特需**(p.326参照)のように，第三国が利益を得ることもある。

しかしこうした利益は，武力紛争によらなくても，平和的に得ることが可能である。つまり，積極的に武力紛争を起こそうという主張は認められないのである。むしろ，国どうしの関係破綻や，社会・経済・インフラ(p.324参照)の破壊，総力戦(国力を総動員して戦うこと)や核戦争(p.325参照)などによる国民や国内経済の消耗というデメリットを考慮すべきであるし，それ以上に人道的にも許されるべきことではない。

問題点の背景

紛争の原因は対立である。例えば，

① **国境をめぐる対立**(領土問題・国境問題・独立運動など。パレスチナ問題が代表的な例)

② **国内勢力の対立**(国内の民族対立・反政府運動など。ルワンダの内戦が代表的な例)

③ **軍事的優位性の誤認**(軍事力を持つ勢力が，すぐに武力で解決できると誤認して紛争を始める。朝鮮戦争が代表的な例)

④ **軍事的劣位性の認識**(軍事力が弱い勢力が，恐怖や焦りによって紛争を始める。太平洋戦争が代表的な例)

など，事情は多岐にわたる。

ただし，こうした指摘は紛争の原因を一つの側面から見ているにすぎない。その裏側には，法律・経済・社会・心理・文化的な要素が複雑に絡み合って存在するはずだ。紛争の原因は一つの要因のみで断片的に捉えるのではなく，**歴史的な経緯や種々の要因を広く捉える**必要がある。

対応策・解決策

紛争は利害関係の対立によって起こるものだから，対立を何らかの方法で解消することが紛争解決，すなわち平和への糸口となる。もちろん優先すべきは国際紛争を平和的に処理することである。

確かに，国際法(p.328参照)で武力紛争を禁止するなど，法的措置も手段として考えられる。事実，パリ不戦条約(1928年)によって，自衛戦争以外の侵略戦争は禁止されている。しかし，強い権力によって国際社会の秩序維持を図る機関がないため，国際法が適切に執行されるかどうかは不明である。例えば，**国際司法裁判所**や**国際海洋法裁判所**という国際司法機関はあるものの，当事国が訴訟に応じる旨を批准(条約を確認し，同意する手続き)しないかぎり，国際裁判は成立しない。つまり，**国際法で武力紛争を禁止することは有効な手段とはなり得ず，対立解消にはつながりにくい**のである。

このようなことから，外交努力による解決も重要である。そのため，

① **当事者双方の妥協点を探ること**

② **当事者一方の主張の妥当性を説得すること**

がまず考え得る手段であろう。しかし，①②とも何らかの妥協を強いられるため，当事者の要求が完全に実現するわけではなく，後の紛争の火種になる恐れは否定できない。

こうした限界を踏まえ，紛争研究の第一人者であるヨハン=ガルトゥング氏(ノルウェー)は**「超越法」**によって紛争解決を目指した。これは，当事者の目標や考えを聞き出した後，双方が受容・持続できる解決法を生みだすという方法である。当事者双方がともに目指すことができる新たな目標を，当事者双方が持つもともとの目標を超越する形で創り，敵対状態を変化させようとするのである。

いずれにせよ，こうした紛争解決を実践するには，**第三者による仲介が不可欠だ**。その方法としては，当事者と国交がある第三国や**紛争ワーカー**(第三者として仲裁する人)が話し合いを斡旋したり，両者の意見を調整・仲裁したりすることが考えられる。

小論文にする時のポイント

入試では①**国際紛争の原因**を尋ねるもの，②**紛争解決の方法**(国際平和をもたらすための方法)がおもに問われる。

①は，紛争の原因は**「対立」**であることを念頭に置きつつ，取り扱う紛争の事例によって対立の要因が異なることに注意したい。例えば，パレスチナ問題の原因を述べる時，宗教対立という視点だけでは足りない。イギリスの侵略戦略への

翻弄，第二次世界大戦中のユダヤ人迫害，国連によるイスラエル建国と後の領土問題など，さまざまな要因が複雑に絡み合っている。このように，もし①について論じるのであれば，**国際紛争にかかわる事例をいくつか把握しておく必要がある**。

一方，②を論じる時には，対立の解消を掲げるのは当然である。しかし，「国際紛争を解決するには，国際司法機関の権力を強化すべきだ」とか，「国際平和には，当事者どうしの対話が必要だ」などといった内容で終えることは，採点者に表面的だと捉えられる恐れがある。対立の要因は複雑であり，司法機関に委ねても対話を重ねても，結果としては当事者に妥協を強いる結果となることを認識すべきだ。よって，**双方に妥協をさせないようにする方法**を考えることが，思考を一段階上に高めるポイントとなる。本書ではヨハン=ガルトゥング氏の**「超越法」**を紹介しているが，こうした解決法を答案の中で表現できるとよいだろう。

過去の入試問題例

例 「国際平和」について君の考えを述べよ。

（東北福祉大・総合マネジメント学部，総合福祉学部）

例 合理主義についての説明とそれを実践する際の問題点について述べた文章を読み，人々が合理主義的思考を実践するときどのような点が問題となると筆者及びポパーが考えているかを述べよ。また，筆者は，この問題は社会生活のあらゆる場面におけるわれわれの態度に影響を与えると考えているが，そのことが引き金となって国家間の衝突や摩擦が生じる場合があるだろうか。あなたがどのように考えるか，具体例を挙げながら理由を明らかにしつつ論じよ。

（上智大・法学部）

例 ポスト冷戦下において，なぜ地域紛争は多発激化はしても，なくはならないのか。

（明治学院大・法学部）

例 世界中で紛争やテロが頻発している。平和な世界と社会はどのようにしたら実現できるのだろうか，この問題についてのあなたの考えを述べよ。

（千葉商科大・商経学部）

例 「世界の平和に私はどのように貢献できるか。」世界のどの国どの民族も，安全で平和に，そして幸福に暮らしていくために，あなたにできることは何か。具体的にわかりやすく記せ。

(山梨学院大・現代ビジネス学部，法学部，経営情報学部)

例 平和を維持し，戦争や紛争をなくすために我々はいかなる努力をするべきか。

(京都産業大・外国語学部)

例 世界平和は具体的にどのようにしたら実現可能か，自分の考えを述べよ。

(熊本大・法学部)

関連キーワード

☑無政府状態

国家の行政機能が麻痺し，社会秩序が大きく乱れている状態のことをいう。つまり，**無秩序状態**のことを意味する。アナーキーともいう。

革命や内戦などによって行政機関が崩壊し，新しい行政機関が成立していない時に起こりやすい。例えば，2011年のリビア内戦では，反体制派(リビア国民評議会)がカッザーフィー(カダフィ大佐)政権を打倒した後，無政府状態に陥った。部族対立や反体制派間で政権の主導権争いが発生するなど，混沌とした状況となった。

☑インフラ(インフラストラクチャー)

産業や生活の基盤となる施設や設備のことをいう。具体的には，上下水道・道路・鉄道・通信・送電網・公共施設などがある。

国民の福祉を向上させたり，経済を発展させたりする目的で，公共機関(国・地方公共団体・電力会社・水道局・ガス会社・医療機関・金融機関・交通機関・通信機関など)が整備する。インフラを整備することによって，企業や個人の経済活動を円滑に進めることができ，経済によい影響を与える。

しかし，維持するためのコストがかかるため，維持コストばかりが増え，新たなインフラ整備に予算が割けない事態が起こる恐れもある。また，インフラは一度整備すると，そのインフラをもとに産業が成り立つので，途中で削減したり放棄することが難しい。

☑第二次世界大戦(1939～1945年)

連合国(アメリカ・イギリス・フランス・ソビエト連邦など)と**枢軸国**(日本・ドイツ・イタリアなど，ファシズムの政治体制をとる国)との間で起こった戦争をいう。**人類史上最大の戦**

争といわれている。

ドイツがベルサイユ条約(第一次世界大戦の講和条約)において莫大な賠償金を課せられたことや，世界恐慌(1929年に始まった世界的な大不況)の危機から脱したくとも植民地や資源を多く持たない日本・ドイツ・イタリアにおいてファシズムが台頭したことが，第二次世界大戦勃発のおもな背景であるといわれている。1939年の英独戦争，1941年の独ソ戦争・太平洋戦争を経て，1945年にドイツと日本が降伏したことでようやく終結した。

☑ ファシズム

全体主義的(個人の自由や人権よりも，国家や民族の利害を優先させる思想)な独裁体制のことをいう。ドイツのナチス(ヒトラーを中心とした独裁政党)や日本の軍国主義などがこれにあたる。

☑ 核戦争

核兵器を用いた戦争のことをいう。原子爆弾(原子核が起こす核分裂反応を利用した爆弾)・水素爆弾(水素やその放射性同位体の核融合反応を利用した爆弾)・中性子爆弾(核爆発の際の中性子線の割合を高め，強力にした爆弾)などを用いる。

核兵器が実際に用いられた戦争は，第二次世界大戦における原子爆弾の日本への投下(広島・長崎)の2発のみである。ただし，キューバ危機など，核戦争寸前にまで至った事例はある。

☑ キューバ危機(1962年)

冷戦(アメリカを中心とした資本主義・自由主義陣営と，ソビエト連邦を中心とした共産主義・社会主義陣営との対立)末期の1962年に起こった，核戦争になる寸前まで至った危機のこと。

ソビエト連邦が攻撃用のミサイルをキューバに設置したため，アメリカ陣営が発射を阻止しようとしたことで，対立が激化した。最終的にはアメリカがソビエト連邦と交渉の末，ソビエト連邦はミサイルを撤去した。

☑ 朝鮮戦争(1950～53年停戦)

大韓民国(韓国)と朝鮮民主主義人民共和国(北朝鮮)との間で生じた戦争。

1950年に北朝鮮がアメリカ国務長官アチソンの発言を聞いた際，西側諸国が韓国を放棄したものと理解し，韓国へ侵攻したことがきっかけである。その後，アメリカ軍を中心とした国連軍が韓国を支援したのに対し，中国やソビエト連邦が北朝鮮を支援した。戦線は北緯38度線付近で膠着し，その状態で休戦協定が結ばれた。

なお，朝鮮戦争に伴い，アメリカ軍・

国連軍やそれに関連する機関から日本に多くの物資やサービスの発注がなされた(**朝鮮特需**)。この特需によって日本経済は潤い，その後の経済成長の足掛かりとなったといわれている。

☑ベトナム戦争(1960〜75年)

南北に分裂したベトナムで生じた戦争のことをいう。南ベトナムにおいて反政権を唱える**南ベトナム解放民族戦線**が，ベトナム統一国家を築こうとしていた**ベトナム民主共和国**(北ベトナム)の支援のもと，南ベトナム軍と戦った。北ベトナムはソビエト連邦や中国の支援，南ベトナムはアメリカの支援を受けていたことから，冷戦を背景とした**代理戦争**であったといわれている。

当初，アメリカは北ベトナムがすぐ降伏するものと思って軍事介入したが，戦争は長期化した。アメリカ軍はアメリカ内外の反対運動と大きな戦費の負担に耐えられず，撤収した。その後，北ベトナムがベトナムを統一し，**ベトナム社会主義共和国**が成立した。

☑イラン・イラク戦争(1980〜88年)

イランとイラクが国境線をめぐって行った戦争のことをいう。**第一次湾岸戦争**とも呼ばれる。

イランとイラクの石油輸出の際に重要なシャトルアラブ川の領土問題や航行権について，両者が対立していたことが戦争のきっかけである。当初，イラクがイランへ侵攻したが，82年には形勢が逆転し，イランがイラクへ侵攻した。1988年に国連安全保障理事会の停戦決議を受諾して，戦争は終了した。

イラン革命(反欧米主義とイスラム主義を掲げる勢力による革命)の拡大を恐れた周辺諸国や，アメリカをはじめとした多くの国々はイラクを支援したため，イラクの軍事力を強める結果となり，その後のイラクのクウェート侵略へとつながったといわれている。

☑湾岸戦争(1991年)

フセイン大統領が率いるイラク軍が，隣国であるクウェートを占領した際，アメリカを主体とする多国籍軍がクェートからイラクを撤退させるために起こした戦争のことをいう。**第二次湾岸戦争**ともいわれる。

もともとイラクとクウェートはイギリス領メソポタミアであり，独立の時期の違いで両者に分割されたという背景があった。そのため，イラクは湾岸戦争以前からクウェートは自らの領土であると主張していたが，国際社会の多くは侵略とみなした。最終的にはクウェートからイラク軍は撤退し，停戦した。その後も，フセイン政権は存続したが，2003年のイラク戦争によって崩壊した。

☑パレスチナ問題

中東のパレスチナ地方をめぐる，イスラム教徒・ユダヤ教徒・キリスト教徒の2000年にわたる確執のことをいう。三枚舌外交(第一次世界大戦中，イギリスはオスマン帝国の領土であったパレスチナを手に入れるため，フランス・アラブ人・ユダヤ人それぞれとパレスチナの共有に関する協定を結んだ)，国連によるイスラエル建国(第二次世界大戦で迫害を受けたユダヤ人のための国家をつくった)，中東戦争(イスラエル建国後にパレスチナを追い出されたアラブ人が，イスラエルに仕掛けた戦争。アメリカがイスラエルを支援し，イスラエルの勝利が続いた)で問題は深刻化した。

イスラエル建国後，国内のアラブ人勢力(パレスチナ解放機構)が独立を求める運動を行った。1993年にはオスロ合意のもと，イスラエル国内にパレスチナ自治区が作られたが，イスラエルとの和平に合意しない勢力によるテロ(次項参照)や武力行使が行われる事態に見舞われた。現在では，和平交渉が停止している。

☑テロリズム

政治的な目的を達成するために，敵対する者や一般市民に対して暴力を振るい，その脅威に訴える主義のことをいう。暗殺・殺害・破壊・監禁・拉致といった手段が用いられ，恐怖心をあおり，相手側に譲歩させたり，相手を抑圧したりする。

2001年に発生したアメリカ同時多発テロは，イスラム原理主義(古来のイスラム社会への復帰を求める思想)を掲げるアルカイダ(過激派国際ネットワーク)によるものである。以降も，ISILなどのイスラム過激派がアメリカを敵視し，テロ活動を行っている。

☑ルワンダの内戦(1990～1993年)

アフリカ中央部のルワンダで起こった武力衝突のことをいう。ルワンダは，ドイツ・ベルギーの植民地であった。植民地時代にはツチという部族が支配層となり，フツとトゥワという部族は差別されていた。しかし，ツチとベルギーとの関係が悪化したために，ツチは隣国のウガンダに脱出し，難民となった。

1962年に独立後，フツが政権を握ったが，ウガンダのツチ系難民がルワンダ愛国戦線を組織して，内戦が勃発した。この内戦ではルワンダ愛国戦線が勝利し，1993年に和平合意をした。しかし，1994年にフツによるツチの大量虐殺が行われた(ルワンダ虐殺)。ルワンダ愛国戦線が制圧するまでの間，ルワンダ国民の１～２割程度が犠牲になったといわれている。

☑ボスニア・ヘルツェゴビナ紛争（1992～95年）

ユーゴスラビアから独立したボスニア・ヘルツェゴビナで行われた内戦のことをいう。**第二次世界大戦後のヨーロッパにおいて最悪の紛争**といわれている。クロアチア人・ボシュニャク人（ムスリム人）勢力と，セルビア人勢力とが対立したことから紛争に発展した。

この紛争では，互いに異民族を排除し，自民族の勢力圏を拡大しようとする**民族浄化**が行われたといわれている。北大西洋条約機構（NATO；アメリカとヨーロッパによる軍事同盟）の介入によって1995年に停戦が実現し，和平合意がなされた。

今では，クロアチア人・ボシュニャク人が**ボスニア・ヘルツェゴビナ連邦**を，セルビア人が**スルプスカ共和国**をそれぞれ建国した。

☑国際法

国家間，および国際社会を規律する法のことであり，条約や国際慣習法は国際法の一種である。**国家間の合意に基づいて成立する**。

国際法の適用のためには裁判所が必要であるが，国連の国際司法裁判所は当事国の合意がなければ裁判できない。つまり，国際法にかかわる紛争であっても裁判を受けないケースが生じることもあり，場合によっては一方の主張が強引に押し通される可能性もある。

☑世界貿易機関（WTO）

自由貿易を促進するための国際機関のことをいう。

① **自由**（関税を低くする，数量制限を原則禁止する）
② **無差別**（関税など第三国に対する優遇措置と同じ措置をほかの加盟国にも約束する「最恵国待遇」，関税を除いて輸入品への待遇は国内産の製品と差別してはならないという「内国民待遇」）
③ **多角的貿易体制**

を原則として掲げ，**包括的に国際通商ルールを協議する**機能を有している。世界貿易機関は強力な紛争処理能力を持っているが，それは提訴に対して，全加盟国が反対しなければ採択される方式（**逆コンセンサス方式**）を採用しているからである。

☑ノーベル平和賞

ノーベル賞の一部門で，**平和の維持**に関する功績に対して与えられる世界で最も大きな権威の賞とされている。

ミャンマーのアウンサンスーチー氏(1991年受賞)や中国の劉暁波氏(2010年受賞)などのように，自国では政治犯として扱われているものの，彼らの人権活動や民主化運動の功績に対して授与されることもある。

☑ 平和主義(日本国憲法)

日本国憲法では，前文と第９条において平和主義が掲げられており，自衛隊は「戦力」にあたるか否か(自衛隊の存在を認めるべきか否か)，自衛権の行使が認められるか否かといったことが議論の対象となっている。

第９条では戦力の不保持が謳われているが，当初はこの条文を文字通りに捉え，武力による威嚇や交戦権を否定し，軍隊を持っていなかった。しかし，国際情勢の変化によって自衛の必要性が生じたためとして，現在では事実上の軍隊(自衛隊)を有している。政府は「(自衛隊が)憲法第９条第２項で保持が禁止されている『戦力』にあたるか否かは，わが国が保持する全体の実力についての問題であって，自衛隊の個々の兵器の保有の可否は，それを保有することで，わが国の保持する実力の全体がこの限度を超えることとなるか否かにより決められる」，また「自衛権の行使にあたっては，わが国を防衛するための必要最小限度の実力を行使することは当然のこととして認められており，たとえば，わが国が自衛権の行使として相手国兵力の殺傷と破壊を行う場合，外見上は同じ殺傷と破壊であっても，それは交戦権の行使とは別の観念のものである」という見解を示している。

☑ 集団的自衛権

自国と密接な関係にある外国に対する攻撃を，自国が攻撃されていないにもかかわらず，戦力を用いて阻止することができるという，国際法上で認められている権利のことをいう。従来の憲法解釈は集団的自衛権に否定的であったが，2014年に第２次安倍内閣において，集団的自衛権を限定的に行使できるように解釈を変える閣議決定がなされた。また，武力の行使の新三要件(①我が国または我が国と密接な関係のある他国に対する武力攻撃が発生し，我が国の存立が脅かされ，国民の生命，自由および幸福追求の権利が覆される明白な危険があること，②①を排除し，我が国の存立を全うし，国民を守るために他の適当な手段がないこと，③必要最小限度の実力行使にとどまるべきこと)も決定した。これに基づき，2015年には平和安全法制関連２法案(自衛隊法改正などの平和安全法制整備法と自衛隊の海外派遣を可能にする国際平和支援法)が成立した。

☑尖閣諸島

尖閣諸島とは，東シナ海の南西部(沖縄県の八重山諸島)にある島嶼(とうしょ)群(いずれも無人)のことである。中国および台湾では，**釣魚台列嶼**と呼ばれている。

日本は尖閣諸島の領有の状況を調査したうえで，1895年に日本の領土へ編入した。一方，中国や台湾は，1968年に行われた尖閣諸島付近の海底調査により，石油や天然ガスなどの資源が埋蔵されている可能性があることが確認されたころから，領有権を主張しはじめた。領有権を得ると，**排他的経済水域**(水産資源・非生物資源の探査・開発の権利が得られる水域。自国の沿岸から200海里の範囲内)による漁業権や海底資源採掘の権利を得ることができる。現在も日本の領有権の有効・無効につき，両国間で対立している。

なお，日本政府は「尖閣諸島をめぐる領土問題は存在しない」としている。また，こうした対立により，反日活動家の抗議船や中国船による領海侵犯がたびたび発生している。

☑竹　島

竹島とは，日本海の南西部(島根県隠岐郡)にある島のことである。韓国では**独島**と呼ばれている。正式に日本の領土となったのは1905年である。

第二次世界大戦後，韓国側は日本に竹島の領有権を放棄させるよう連合国へ要求したものの，拒否された。そのため，日本の竹島の領有権を決定したサンフランシスコ講和条約の発効直前に，韓国側は竹島を占領するに至った。この水域では海底資源は見つかっておらず，排他的経済水域を拡大して漁業権を獲得することが韓国側の目的の一つであるとされる。

日本は竹島の領有権について，国際司法裁判所に委ねるよう韓国側に申し入れているが，韓国側は「日本との領土問題は存在しない」として拒否している。

☑イマヌエル=カント著『永遠平和のために』

1795年に出版された，プロイセン王国(現ドイツ)出身の思想家イマヌエル=カントの著作。フランスとプロイセンとの間で結ばれた**バーゼル平和条約**が執筆の動機とされている。同条約は永遠なる平和を希求しているものではなく，秘密条項が含まれるなど，一時的な講和条約にすぎなかったからである。

永遠なる平和を確立するための条件として，**予備条項**(平和を準備する段階の条項)と**確定条項**(平和の条件)を示している。

答案例

問題 国際紛争を解決するために必要なことについて，あなたの考えを述べよ。

600字以内

模範回答 国際紛争の原因は対立であるが，国境問題や国内勢力の対立など，事情は多岐にわたる。また，その背景には法律・経済・社会・心理・文化的な要素が複雑に絡み合っているので，解決手段を考える際には，一つの要因だけを断片的に捉えるのではなく，歴史的経緯や諸要因を広く捉える必要がある。

(以上，第1段落)

イスラエル建国に関する顚末を例に挙げたい。パレスチナ地方には，イスラム教徒・ユダヤ教徒・キリスト教徒の間に長年の確執がある。それに加え，イギリスの侵略戦略への翻弄，第二次世界大戦中のユダヤ人迫害などの要因が問題を複雑化した。それにもかかわらず，国連はユダヤ人のためにイスラエルを建国することで解決を図ろうとした。この行動は対立の当事者であったアラブ人を難民化させ，後の紛争激化へとつながった。このように，断片的に捉えた要因だけで解決方法を選択すると，適切に対処できないのである。(以上，第2段落)

紛争を解決するには，対立の要因を時間軸・要素ごとに解きほぐし，対応を考えることが大事だ。その際，片方にだけ有利な結果や妥協点を見出すことは，当事者間に不満を残す。平和的に解決するためには，敵対状況を変える手段を講じることが必要だろう。例えば，ヨハン=ガルトゥング氏が提示する超越法のように，双方が受容し，持続できる解決法を新たに生みだすことなどが考えられる。

(以上，第3段落)

解説 第1段落：意見の提示…国際紛争の原因を踏まえたうえで，それを解決するためには要因を広い視野で捉える必要があると主張している。

第2段落：理由説明…パレスチナ問題を例にとって，要因を断片的に捉えては紛争解決につながらないことを説明している。

第3段落：意見の再提示…紛争解決には対立の要因を解きほぐすことが必要であるとともに，当事者間に不満を残さぬよう，敵対状況を変化させる方法を考えるべきだと述べている。

観光立国の推進

出題頻度 → 経済 商・経営 社・福祉 ★★★ 国際・学際 ★★ 法・政 ★

定義

観光とは娯楽を目的とする行為全般や旅行のことを指す。また，観光には，旅行斡旋業・交通運送業・宿泊業・飲食業・土産品業・クレジットカード会社・損害保険会社など，**さまざまな業種が関与している幅広い産業**である。

現在，日本では積極的に**観光立国**（観光をもとにして，国を発展・繁栄させること）を推進しようという機運が高まっているが，なかでも特に，**インバウンド**（外国人旅行者を自国へ誘致すること）に注目している。2007年に観光立国推進基本法（p.336参照）が施行されるとともに，**観光立国推進基本計画**が閣議決定された。また，2008年には**観光庁**が設立され，官民を挙げて観光立国を実現しようとしている。

必要性

観光による経済効果は大きい。観光庁によると，2017年における二次的な経済波及効果を含む観光による経済効果は55.2兆円（国内産業の産出額の5.4％）に達し，さらに雇用効果は472万人（総雇用人口の7.0％）に及ぶと推定されている。こうしたことから，**観光立国の推進は経済の活性化につながる**と期待されている。

観光産業が発展すると，所得や雇用の創出をはじめ，租税収入の増加，外貨の獲得など，大きな経済的効果をもたらす。観光産業は日本や地域に大きな経済効果をもたらす可能性を秘めており，国民経済の安定や向上に貢献するものといえる。また，地方分権（p.142参照）の促進，環境・文化の保全，異文化理解，交流人口（p.337参照）が拡大することによる地域活性化，わが国の歴史的・文化的価値の再認識が期待できるなど，**その波及効果は非常に大きい**。

必要性の背景

観光立国が求められる背景には，次の２つの要素がある。

① **国際旅行収支のアンバランス**

② **今後の経済衰退への懸念**

このうち①については，**日本を訪れる外国人観光客数が少ないことが**収支の不均衡に影響していると考えられていた。政府は，外国人旅行者の訪日促進を狙い(インバウンド)，アンバランスを是正した。2017年の国際旅行収支は３兆8137億円の収入に対し，２兆511億円の支出となっており，2015年からプラスに転じている。また，訪日外国人数が約2869万人であるのに対して，日本人の海外出国者数は約1789万人(このうちの約８割が観光目的といわれる)である。

また②については，日本は少子高齢化(p.25, 33参照)が進行し，生産年齢人口の減少に伴って，今後は経済成長が鈍化，あるいは停滞することが懸念されているからである。さらに経済産業省によると，日本のほとんどの地域で経済活動の縮小が生じるという予測もある。その一方で，**観光は発展性のある産業**として注目されている。国連世界観光機関(UNWTO)によると，全世界で外国旅行をした人の数は2017年に13億2600万人となり，前年同期より７％も増加した。これはグローバル化が進展したことのほかに，特に経済発展が目覚ましい**新興国からの旅行者が増加した**ことが要因となっている。今後も増加すると見込まれており，観光産業のさらなる発展の可能性を示唆しているものといえる。日本が観光立国を推進して観光産業の活性化を進めようとしているのは，**観光が経済活性化・地域活性化の切り札となり得る産業**だという認識があるからである。

対応策・解決策

観光には大きな経済効果が期待できる反面，**リスクの高い産業**でもある。なぜなら，旅行者たちの価値観や生活様式の変化，政治・経済・社会・気候・自然災害・テロ・紛争などといった**国内外の変化の影響を受けやすい**からである。よって，それらのリスクを最小限に抑えるためには，こうした状況の変化を予測したり把握したりするための**マーケティング**(p.337参照)が欠かせない。例えば，旅行企画であれば，個人型旅行，個々のニーズに合わせて選択できるメニュー作り，近年増加しているアジアからの旅行者向けの観光ルートの開発やツアー料金の設定など，**旅行者の層・価値観・ニーズに的確に対応する必要**がある。つまり，変化する需要に応える供給体制を築くことが重要となるのである。

一方で，国内外から選ばれるような，魅力ある観光地をつくることも求められる。そのためには**ホスピタリティマインド**(顧客を思いやる心や気持ちのこもった行動)の向上もさることながら，地域の**エリア・アイデンティティ**(地域の独自性を高め，内外に発信することにより，地域の存在を認知させること)を構築することも必要だ。また，地域資源や観光資源を活かして，地域のブランドイメージを構築し，確立することも重要となる。例えば，**地域特産ブランド**の開拓やイベントの企画がこうした取り組みに役立つことがある。こうしてその地域のイメージを向上させるとともに，他の地域とは異なる独自の価値を生みだすことが必要だ。さらに，こうした取り組みは地域内外の結び付きを強め，地域活性化にもつながるものとして期待されている。

また，**国際観光プロモーション**(宣伝)を積極的に行うことも必要だ。国別にマーケティングを行って観光客を誘致するための戦略を練ったり，企業と連携して現地で宣伝活動を行ったりすることなどが例として挙げられる。また，わが国で国際会議を誘致するための活動などといった**MICEの推進**(p.337参照)もいま以上に推し進める必要があるだろう。

小論文にする時のポイント

入試では主として，

① **訪日外国人旅行者を誘致する方法**

② **訪日外国人旅行者への対応**

③ **観光立国を推進するための方法**

といった内容で出題される。

①については，「**外国人旅行者のニーズに応えた観光商品の開発**」，「**観光プロ**

モーション の推進」,「魅力ある観光地づくり」という3方向から論じてみよう。なお,観光庁が実施した外国人観光客へのアンケートによると,訪日観光客が次回の日本観光に期待していることとして,**食事,温泉,ショッピング,自然,歴史・文化体験**を上位に挙げていることも,知っておくとよい。

②については,「外国人観光客を温かくおもてなしする心が大切だ」など,ホスピタリティマインドにかかわる主張に終始しただけの答案は好ましくない。ホスピタリティマインドを持って接するのは当然だと捉えたうえで,具体的な対応方法を考えてほしい。観光庁によると,訪日外国人旅行者が日本滞在中に感じた不便・不満として,**コミュニケーション,無料公衆無線LAN,観光案内板・地図**を上位に挙げている。これらを踏まえると,**外国語が堪能なスタッフの配置,無料公衆無線LANの整備,案内板の増設や地図への外国語表記の充実**などが考えられる。

③については,「魅力ある観光地にすることが必要だ」など,観光地の整備のみの言及だけで終わる答案を多く見かける。確かに,独自性を高めた観光地づくりは競争力を高めるうえでは効果的である。しかし実際には,**需要の変化に対応した旅行商品を提供する体制を整えることや,観光プロモーションによって外国人観光客を積極的に呼び込むこと**も必要である。こうした複合的な対策も考えたうえで論述したい。

過去の入試問題例

例 20世紀は日本人が海外を多く旅行する時代だったが,21世紀は外国人旅行者にたくさん日本に来てもらうような時代にしたいと思う。そのためにはどのようなことをしたらよいと思うか。あなたの考えを述べよ。

(東洋大・国際地域学部)

例 最近,外国人観光客が増加傾向にあるという。経済の振興になり,日本を理解してもらうことで国際親善にも役立つなど良いことだ。国土交通省をはじめ各自治体も誘致のための様々な施策を考えているようだ。こうした行政レベルの施策とは別に私たち国民としてなにかできることがあるのか,あなたの考えを述べよ。

(中京学院大・経営学部)

例 日本観光のさらなる振興を図るため新たに発足した，海外へのPRや対外交渉を担当する観光庁について述べた新聞記事を読み，実際に外国人観光客を受け入れる地方の観光地は，今後どのような工夫をしていくことが大事だと思うか。あなたの意見を自由に書け。 （京都産業大・法学部）

例 資料1「訪日外国人旅行者数の推移」，資料2「主な国・地域別訪日外国人旅行者数の推移」を読み，ここ数年の変化を述べたうえで，日本に来る外国人が楽しめるよう，あなたがすすめる数日分の観光プランを文章で説明せよ。説明にあたり以下のキーワードを参考にしてよい。

日本料理，郷土料理，買い物，ファッション，都市，田舎，寺社，庭園，歴史的名所，温泉，テーマパーク （広島経済大・経済学部）

関連キーワード

☑観光立国推進基本法

観光を日本の重要な政策の柱と位置付け，**観光立国の実現に関する基本理念と方針を定めた法律**のことをいう。2007年に施行。1963年に制定された観光基本法を全面改正したものである。

この法律では，施策の方針や目標などを定めるため，観光立国推進基本計画を取りまとめることとしている。

☑ビジット・ジャパン・キャンペーン

国土交通省が中心となり，関係省庁や民間団体・企業が参加して行っている**外国人旅行者向けの訪日促進活動**のことをいう。2003年に発足し，海外での広報活動や外国人旅行者に対するインフラ整備を行っている。このキャンペーンの現在のスローガンは「Japan. Endless Discovery.」である。

国土交通省は**「グローバル観光戦略」**を策定し，

① **外国人旅行者訪日促進戦略**（市場調査による重点市場，海外ニーズ，PR手法等の見極め，旅行査証取得の負担軽減など）

② **外国人旅行者受入れ戦略**（外国人旅行者受入れ素地の形成，国内における外国人旅行者への適切な情報提供など）

③ **観光産業高度化戦略**（観光関連産業の意識転換と高度化の促進など）

④ **推進戦略**（官民合同体制のもとでの戦略の推進など）

の4つの戦略を定めているが，ビジット・ジャパン・キャンペーンはこのうちの①の一環として行われている。

☑ナショナルトラスト運動

自然環境や資源を守るため，市民ボランティアや自治体が施設や土地を買い上げ，それらの環境保全をする活動のことをいう。日本では，1964年に神奈川県鎌倉市において，乱開発から景観を守るために住民らが該当する土地を購入したことが，ナショナルトラスト運動の始まりとされている。現在では，知床半島，釧路湿原，トトロの森(狭山丘陵)，柿田川，天神崎などで運動が行われている。

☑交流人口，定住人口

交流人口とは，通勤・通学や買い物，観光などのためにその地域を訪れる人の数のことである。一方，**定住人口**は，その地域に住んでいる(定住している)人の数のことを指す。

現在は，少子高齢化に伴って定住人口を増加させることは難しくなっていることもあって，地域の活性化のためには交流人口を増やすしかないという意識が高まっている。

☑マーケティング

企業が製品やサービスを顧客に流通させる際に，顧客のニーズを把握し，それに基づいて製品計画を立てたり，最も有利な販売方法を選択したりすることで**販売促進**を行う企業活動のことをいう。さらに，その過程を通して，**需要の増加を促す方策や新たな市場の開拓やさらなる新商品の開発**も探られる。

☑体験型観光

旅行者自身にさまざまな体験をしてもらうことを目的とした観光のあり方をいう。農業･漁業や自然体験，文化･芸能体験などがある。

観光資源の価値や，体験の希少性・固有性によって，観光客が誘致できるか否かが左右される。また，体験型観光事業だけで収益を得ることは困難なケースが多いが，その事業を通して地域の活性化や，集客による新ビジネス展開の可能性が生まれるなどといった効果が期待されている。

☑MICE

Meeting（会議・研修・セミナー）
Incentive（招待・優待・視察）
Convention（大会・学会・国際会議）
Exhibition（展示会）
の4つの頭文字を合わせて作った造語である。多くの集客が見込めるような**ビジネスイベント**の総称である。

MICEの推進は，訪日外国人を増やすだけでなく，経済効果や地域の国際化・活性化などの効果が期待できる。日本では2009年に「MICE推進アクションプラン」を取りまとめ，積極的にMICEの開催や誘致を推進していくとしている。

☑観光資源の破壊への懸念

観光開発や観光客の汚損行為などにより，観光資源が破壊されることは懸念材料の一つである。したがって，観光産業を推し進めるに際しては**資源の保全・維持**に向けた取り組みも必要となる。

これまでは国や地方公共団体が主体となって資源の保護活動を行ってきた。しかし，現在では政府の保護施策に民間の協力を求めるようになってきた。例えば，観光産業にかかわる企業，地元の住民，ナショナルトラスト(p.337参照)をはじめとしたボランティア団体が協力して観光資源の保護活動を行う地域が増えている。また一方では，**エコツーリズム**(次項参照)の推進も行われている。

☑エコツーリズム

地域の自然や文化の保全と活用によって，観光と産業を持続的に発展させようとする運動のことをいう。**環境保護と観光の共生を図る**目的で進められている。

観光客が訪問先の自然や人々に配慮せず，結果として環境破壊を進めていったという反省から，1980年代に欧米で生まれた考え方である。エコツーリズムの推進のためには，**地域の自然や文化を案内する人**の存在と，**自然や文化を保全・維持するためのルールづくり**が必要だといわれている。

日本でも環境の保全を前提とした観光や地域振興を行うべきだという機運が高まり，2008年に**エコツーリズム推進法**が施行された。この法律では，エコツーリズムに関する構想についての認定を受けた市町村に対し，国が実現に向けて便宜を図ることが定められている。また，認定を受けた市町村は「**特定自然観光資源**」を指定し，この資源を汚損・損傷することを禁止する権限を持つことができる。

☑観光ICT化促進プログラム

観光庁が取り組んでいる，観光にICT (p.244参照)を活用する取り組みのことをいう。**訪日外国人の受け入れ環境整備事業**の一環として行われているものである。

具体的な事業内容としては，国際空港や観光案内所の無線公衆LANの整備，ポータルサイトの立ち上げ，先駆的な取り組みへの支援，人材育成とその活用などがある。

☑通過する観光客の取り込み

近年では高速交通網が充実したこともあり，交通機関を用いて目的地を往復する時に，観光客が通過してしまう地域が多く発生するようになってきた。特に，インバウンド(p.332参照)は通過する地域を作りやすい。

目的地では観光産業が潤うが，通過する地域では機会損失が発生し，経済の活性化にはつながらないのである。その結果として地域間の経済的な格差が発生しやすいのである。よって，地域資源を利用して，**通過型観光客**(宿泊を伴わない観光客)を取り込む工夫を行うことが考えられる。例えば，食文化・歴史・自然などが体験できる体験型観光を普及させることによって滞在時間を延長し，消費を促す試みなどがある。さらには，施設の拡充などを行って**滞在型観光地**(宿泊を伴う観光地)を目指すことも手段の一つである。

☑オーバーツーリズム

観光客の過度な集中により観光地に悪影響が及ぶことをいう。多くの観光客による騒音や落書き，立ち入り禁止区域への立ち入りなどのマナー違反のほか，混雑などにより地域住民の生活に影響が出るなどしている。観光客の急激な増加にインフラの整備が追いついていないことが原因である。日本だけではなく海外でも問題となっており，観光施設に入場制限をかけたり，入場料を設定(値上げ)したりする対応をしている場所もある。

答案例

問題 観光立国の推進について，あなたの考えを述べよ。**600字以内**

模範回答 現在，日本では観光立国を推進しようという機運が高まっている。観光産業が発展すると，所得や雇用の創出をはじめ，租税収入の増加，外貨の獲得など，大きな経済的効果をもたらすほか，日本全体や地域に大きな経済効果をもたらす可能性を秘めているといえる。　　(以上，第1段落)

観光立国が求められる背景のひとつに，今後の経済衰退への懸念がある。日本は少子高齢化や生産年齢人口の減少に伴って，経済成長が鈍化・停滞することが懸念されているが，そんななかにあって観光は発展性のある産業として注目されている。日本が観光立国を目指すのは，観光が経済や地域の活性化につながる産業だという認識があるからである。訪日外国人観光客の数は，日本人旅行者より多くなり国際旅行収支は黒字となっている。その一方で，外国人観光客によるマナー違反や混雑など，観光客と地域住民のトラブルも起こるようになってしまった。　　(以上，第2段落)

観光立国として外国人観光客を呼び込むことに力を入れる一方で，地域住民の生活も守らなければならない。ホスピタリティマインドの向上や地域のエリア・アイデンティティの構築を促しつつ，観光客に対して守るべきマナーや禁止事項の啓発活動を行い地域住民とのトラブルを回避していく必要がある。観光地を持続的に活性化していく施策を打ち出さなければならない。　　(以上，第3段落)

解説
第1段落：意見の提示…観光産業の経済効果の大きさを根拠に，観光立国の推進は国民経済の安定や向上に貢献すると主張している。
第2段落：理由説明…観光立国が求められる背景を説明し，なぜ推進しなければならないのか，その理由を説明している。
第3段落：意見の再提示…今後は観光立国の推進だけでなく，持続的に活性化していく必要があると述べている。

8 経済・経営

日本は国内総生産(GDP)が世界第3位の経済大国である。第二次世界大戦後，経済の民主化と朝鮮特需をきっかけに高度に経済が成長したものの，その後のバブル崩壊やリーマンショック，さらには東日本大震災などの影響により，近年では経済的には不調である。こうした日本の経済状況の変化やその背景についての出題が，経済や経営関連の学部を中心に多く見られる。

ここでは，そのなかでも頻出の4テーマを取り扱い，解説を施す。特に経済については，メカニズムの理解(例えば景気循環の仕組みなど)が重要となるので，その流れをしっかりと理解しておいてほしい。

取り扱うテーマ

- 不　況
- わが国の食料自給率の低下
- 企業の不祥事
- 競争戦略

不　況

出題頻度 → 経済 商・経営 ★★★ 法・政 ★

定義

景気循環のうち，景気後退(景気が衰退・縮小すること)ののちに**経済活動が停滞する状態**を**不況(不景気)**という。つまり，物やサービスの売買が滞ること(消費が落ち込むこと)を指す。

景気の指標としてよく用いられるのは，**経済成長率**(p.346参照)である。1956〜73年度(**高度経済成長期**；p.347参照)の平均値は9.1％の増加であったが，1974〜90年度(**安定成長期とバブル期**；p.347参照)には4.2％へと鈍り，1991〜2010年度(**失われた20年**；p.348参照)に至っては0.9％の伸びしかなく，ほぼ停滞状態であった。ただしこの間，つねに安定的に伸びていたわけではなく，マイナス成長の年も存在している。2011年度以降も平均すると１％程度の伸びにとどまっている。

問題点

景気後退および不況が深刻化することによって，企業・労働者・政府それぞれに問題が生じる。

まず,企業には**収益の悪化**をもたらす。経済活動が停滞すると,物やサービスが売れなくなり，企業の収益が悪化する。すると，金融機関などへの融資の返済ができなくなったり，取引先への支払いが滞ったりすることによって，**負債を抱える**こともある。場合によっては，倒産する恐れすら出てくる。

労働者に対しては，**賃金低下や失業**をもたらす心配がある。企業は不況に陥ると，コスト削減を行おうとする。例えば，生産規模の縮小，生産設備への投資の見合わせなどといった対応に迫られる。そんななかでも**人件費**は，企業にとっては大きなコスト要因であり，削減の対象になりやすい。そのため，賃金の削減や非正規雇用者の活用，あるいは人員整理などのリストラが行われるようになる。その結果，失業者が生まれやすくなり，それは**労働者の購買力の低下**，引いては消費の落ち込みにつながる。また，親世代の失業は子どもの就学機会を，若年層の失業はスキル向上の機会をそれぞれ失わせることが多く，**格差社会**を生むことにもつながりかねない(格差社会；p.59参照)。

そして，政府の**税収が減少する**。労働者の賃金減少や失業によって，**所得税**や**市県民税**による税収が低下する。また，企業の収益悪化は**法人税**や**事業税**収入の減少をもたらす。さらに，経済活動の停滞は物やサービスの売買が滞ることを意味するので，当然のことながら**消費税**収入も減少する。このような税収入の減少は，社会保障・文教・科学振興・防衛・公共事業などへの支出や国債償還などに対する財源の捻出が難しくなり，社会に大きな影響をもたらす。

問題点の背景

経済活動の大小(規模)は，その国の**購買力**(有効需要)と**生産力**(供給)のいずれか小さい方を基準に定まるとされている。つまり，①**需要不足**，②**生産力不足**のいずれかが生じると不況になるといわれている。ただし，不況の原因は複合的であり，必ず①②のどちらかにその原因が絞られるというわけではない。

①については，需要の不足から不況の原因を捉えたものである。人々の購買力が不足すると，いくら生産力が高くても生産したものが売れないので，結果として**生産活動が縮小**する。例えば，経済の悪化予想がきっかけとなり，万が一の時に備えて貯蓄をしたり，消費や投資を控えたりすることで需要が減少することがある。また，自動車に代表される日本の輸出型産業のように，グローバル化に伴って国外からの影響を受け，需要が低下することもある。このように生産活動が縮小すると，多くの人々の賃金が低下したり，失業したりして，**社会全体が不況の状態**に陥りやすい。なお，こうした需要サイドからの経済学は，**ケインズ**(p.354参照)の理論を中心としたものである。

②は，**生産効率の悪化**を不況の原因として捉えたものである。いくら需要があっても，生産力が低ければ需要を満たせず，結果として経済活動は

縮小する。例えば，税制やインフレーション(p.349参照)が，資本や労働などの供給を妨げることがある。日本の農業・小売業・金融業のように，**参入規制**や**保護政策**によって生産力が低下していることもある。1970年代にアメリカで発生したスタグフレーション(p.350参照)も典型例である。なお，こうした供給サイドの経済学は，フェルドシュタインやラッファーに代表される学派(p.355参照)である。また，アメリカのレーガン大統領が行った**レーガノミクス**(減税や規制緩和による経済刺激と，金融政策による通貨供給量の伸びの抑制)は，供給サイドの経済学に基づいたものといわれている。

対応策・解決策

まず，不況がどのような状況で起こっているのかを正しく捉えることが重要だ。そのうえで，それぞれの原因に応じた対策を講じる必要がある。ただし，それぞれの対策には副作用があるゆえ，それらを緩和する方策も同時に考えておかなければならない。

例えば，**需要不足への対策**としては有効需要を生み出すことが重要となる。具体例としては，政府が**財政政策**(p.353参照)によって公共事業の推進や減税を行い，需要を喚起することが考えられる。また，金融政策によって金利を引き下げて(**金融緩和政策**)，民間の投資を増やす方法もある。こうした対応は，失業者や遊休設備の有効活用につながる。しかし，財政政策の推進は国債の増加や財政の圧迫といった弊害を引き起こし，次世代に負担を強いる結果となりやすい(**政府の失敗**)。また，ゼロ金利政策のような金融緩和政策を長く継続すると，それ以降はより一層の金融緩和策は困難となる(**流動性の罠**)。

一方で，少子高齢化と人口減少による需要減少により，**国内需要の拡大にも限界がある**。よって，インフレターゲット政策(p.352参照)によって，デフレスパイラル(p.352参照)からの脱却を目指すことも考えられる。また，海外での新規需要の開拓，新たな成長産業の創出，技術開発，産業の移転(生産性の低い産業から生産性の高い産業へ転換すること)など，**金融・財政政策以外の方法で需要を創出する**ことを考える必要も出てくるであろう。

供給不足への対策としては，資本や労働の供給を妨げる障壁を取り除くことがポイントとなる。例えば，民業の圧迫を防ぐ目的で財政政策を減少させたり(小さな政府；p.127参照)，**規制緩和**(p.132参照)を行うことで供給を増やして需要を喚起したり，企業減税や研究開発費の補助を行うなどして**民間企業を活性化**させたりすることが考えられる。これらは長期的な成長戦略となり得る。ただし，規制緩和などにより過度の競争原理を導入すると，生産性の低い産業や労働者が保護されなくなり，格差が発生しかねないという弊害もある。よって，低賃金に対する規制や解雇の防止など，**セーフティネット**(社会生活を送るうえで，最低限の生活を保障するための制度)を組み合わせることも視野に入れておく必要がある。

小論文にする時のポイント

出題では，**①景気停滞の影響**，**②景気停滞の原因**，**③今後の景気対策**という3点がよく問われる。このうち①については，家計・企業・政府という経済の三主体それぞれに対する影響を述べておきたい。②③については，よく「需要が落ちていることが原因だから，今後は金融政策・財政政策を通して通貨の流通量を増やすことで経済を刺激することが必要だ」という主張だけに留める答案が見られる。しかし，供給不足が原因となっていることもあるので，需要サイドのみで論じるのは好ましくない。そもそも不況の原因は複合的であるわけだから，**需要・供給の両面から原因・対策を考える**必要がある。

過去の入試問題例

例 「景気対策」について君の考えを述べよ。

(東北福祉大・総合マネジメント学部，総合福祉学部)

例 経済関係指標の動きに関する表と解説を読み，最近，物価の下落率が小さくなってきているのは何故だと考えられるか，考えを書け。

(高崎経済大・経済学部)

例 バブル経済の崩壊後約10年の間は，失われた10年とも呼ばれるように，長い厳しい平成不況期を経験した。このような経済の状況は，ここ10数年の日本における社会と企業のあり方に大きな変革を強いる重要な影響を与えた。このような環境が今日の社会生活(個人の生き方などを含む)および企業制度に与えた影響と変化について，あなたの知ることおよび考えることを整理して述べよ。影響のプラス面とマイナス面のいずれについても触れよ。

(青山学院大・経営学部)

例 最近，世界的な景気減速の波が日本にも押しよせている。景気の冷え込みは私たちの生活にどのような影響を及ぼすのだろうか。考えを述べよ。

(愛知工業大・経営学部)

例 世界的な不況の深刻化が予想される中で，日本も景気対策が重要な政策課題となっている。「景気問題が一般の人々の生活にどのような影響を与えるのか」身の回りの生活体験なども例に取り上げて説明せよ。(追手門学院大・経営学部)

関連キーワード

☑ 景気循環

経済活動によってもたらされる景気は，一定の周期で変動し，循環することがわかっており，その活動全般を**景気循環**と呼ぶ。それは，経済活動の拡張を示す**好況**，逆に収縮を示す**後退**，後退がさらに進んだ**不況**，そして不況状態から活動が再拡張する**回復**の4局面に分けられる。

一方，景気循環の種類は，おもに次の4種類に分類される。企業の在庫変動が要因であり，約40か月の循環サイクルを持つ**キチンの波**，企業の設備投資が要因であり，約10年の循環サイクルを持つ**ジュグラーの波**，建設需要が要因であり，約20年の循環サイクルを持つ**クズネッツの波**，そして技術革新が要因であり，約50年の循環サイクルを持つ**コンドラチェフの波**である。

☑ 経済成長率

一定期間における**経済活動全体の伸び率**をパーセントで表したものをいう。計測には実質国内総生産(GDP)が用いられるので，経済成長率とは実質的に**国内総生産の対前年比**となる。

前年よりも国内生産が拡大し，伸長率が高ければ**プラス成長**，逆に低ければマイナス成長である。近年の日本の経済成長率を高度経済成長期と比較すると，プラス成長とマイナス成長を繰り返しながら，長期的には下降傾向を示している。

☑ 国内総生産

ある一定期間における，**国内で新たに生産された商品やサービスの付加価値を合計したもの**で，略して**GDP**と呼ばれる。

単純に合計値だけを表した**名目GDP**と，物価の上昇や下落の影響を取り除いた**実質GDP**の2種類が存在する。海外における国内企業で生み出されたモノやサービスのほか，商品における原材料費も計上除外となる。なお，国連が定めた一定基準によって計測されるため，国際比較が可能である。

日本の実質国内総生産は高度経済成長期には順調に拡大したが，バブル経済崩壊により拡大幅が縮小し，2008年のリーマンショック後の2009年には2004年度実績よりも下回る結果となった。その後再び回復したが，東日本大震災の影響を受け，2011年度実績は再び前年実績を下回った。なお，2018年度の名目GDPは約549兆円であり，実質GDPは約534兆円である。

☑ 高度経済成長期

経済規模が継続して大幅に拡大する時期のことをいう。生産力増大のための設備投資の継続実施，新しい技術革新や，新たに生産されたものやサービスを消費するだけの十分な需要などが揃うことによって発生する。

日本における高度経済成長期は，第二次世界大戦後，それまでの国内総生産の最高値を記録した1955年からの約20年間がそれに当たる。フランスや西ドイツでも日本とほぼ同時期に高度経済成長期を迎えている。現在においては，中国が高度経済成長期を迎えていると言われている。

☑ 安定成長期とバブル経済

日本における，1973年から1985年6月までの12年間を**安定成長期**，1985年7月から1991年2月までの約6年間を**バブル経済**と呼ぶ。

オイルショックによるインフレーションの影響で1974年に高度経済成長期が終了し，その後は年率5％前後の経済成長率を見せた安定成長期へと移り変わった。1985年にアメリカの対日貿易赤字解消のためのプラザ合意が締結されると，円高不況が発生するとの懸念から**低金利政策**が実施された。その結果，不動産や株式への投資を増大させ，資産価値の上昇や好景気をもたらしてバブル経済へと発展していった経緯がある。

☑失われた20年

バブル経済崩壊後の1991年から約20年間にわたる**経済低迷期**のことをいう。

バブル経済後は景気や雇用状況が悪化した。特に落ち込みが激しかった金融市場の地位を向上させることを目的として，1996年より**大規模な金融改革**が実施されたが，これが戦後初の銀行倒産や相次ぐ金融機関の合併を生むことになり(**金融ビッグバン**)，経済状況の悪化を招いた。その後2001年に発足した小泉内閣が**聖域なき構造改革**を実施したことより，景気低迷は一旦収束した。バブル崩壊後からここまでを「失われた10年」と呼ぶことがある。

その後，低いながらも経済は成長を続けてきたが，2008年のサブプライムローン問題に端を発した**世界金融危機**により経済状況は再び悪化した。2010年にはギリシャ政権の粉飾決済が発覚したことで，ヨーロッパを中心とした**欧州ソブリン危機**を招き，その影響で円高が加速し，企業の海外流出が相次いだために国内成長は再びマイナスとなった。

☑リーマンショック以後の日本経済の状況

2008年の証券会社リーマン・ブラザースの経営破綻は，

① **国内需要の低下**
② **円高不況**
③ **輸入額の増大**

を招き，日本を深刻な不況に陥らせた。

日本は世界有数の貿易立国であり，**輸出の依存度が高い**という特徴がある。特にアメリカ向けの輸出が多いため，アメリカ国内での消費低迷による日本製品の販売不振など，景気悪化の影響を大きく受けることになった(輸出額の減少)。一方，輸出が急速に減少したため，企業が製品の生産量を減らすために設備や雇用を調整する必要に迫られた。その結果，個人の消費活動を鈍らせたり，設備投資を減少させたりするなど，**内需(国内需要)も悪化**させたのである。これが①の要因である。

一方で，アメリカドルはリーマンショックを機に信用が低下した。それに加えて，欧州危機(p.350参照)に見舞われた影響で欧州の通貨ユーロの信用も落ちた。それらの結果，相対的に日本円の信用が高まったため，**円高**(p.350参照)となった。それは輸出先での日本製品の価格上昇につながり，販売に不利となる。仮に現地での販売価格を据え置いた場合には，当然のことなから企業の利益は減少する。つまり，いずれにせよ**企業が輸出によって得られる利益は減少すること**になり，不況の原因の一端になった。これが②の要因である。

それに加え，昨今では原油価格の高騰，東日本大震災(p.234参照)による原子力発電所の稼働停止に伴う火力発電用のLNG（液化天然ガス）の輸入増加によって，2011年には**貿易収支が赤字**になった(輸入額が輸出額を超えること)。こうした事態によって国内総生産が縮小し，景気の悪化を招いた。これが③の要因である。

☑経済の三主体，経済の三要素

経済活動を行う単位である，**家計・企業・政府**のことを**経済の三主体**と呼ぶ。家計は消費行為の主体として，企業は生産・流通における主体として，そして政府は経済政策の主体として，それぞれ役割を担っている。

また,**労働(人)・商品(物)・資本(金)**のことを**経済の三要素**と呼び，いずれも経済活動には欠かすことのできない要素である。よって，それぞれを数値化した経済統計は，景気や経済動向を知る重要な手がかりとなる。

☑通　貨

おもに決済時に使用され，**等価値交換**を実施するために必要とされる媒体のことをいう。ほぼ**貨幣**と同様の意味で用いられており，中央銀行が発券を行い，その価値を保障している**現金通貨**のほかに，銀行預金などを意味する**預金通貨**も貨幣に含まれる。

現金通貨は一般的には金(かね)と呼ばれているが，情報技術の発達により出現した電子マネーは同じ金であっても現金通貨とは意味合いが異なり，電子マネーを提供する会社による**代用通貨**という位置づけになる。

☑デフレーションとインフレーション

デフレーションとは**需要よりも供給が上回った状態**のことで，持続的に**物価が下落する傾向にあること**をいう。略して**デフレ**と呼ばれる。

デフレーションはあくまでも**物価の下落**を指すので，株価や資産価値の下落はデフレーションには含まれない。なお，内閣府は2年以上の継続的物価下落をデフレーションと定義しているので，短期間の物価下落は除外される。需要と供給のバランスが崩れること以外に，市場に出回る**流通貨幣量の減少によっても起こる**。

一方，インフレーションとはその逆で，**供給よりも需要が上回った状態**のことで，持続的に**物価が上昇する傾向**にあることをいう。略して**インフレ**と

8 経済・経営

呼ばれる。当然のことながら，デフレーションが起こると貨幣価値は上昇し，インフレーションが起こると貨幣価値は下がる。

デフレーションのメリットは従来と同じ貨幣価値でより多くのものが購入できることのほかに，企業が価格競争に走る傾向があるため，より上質な商品が安価で手に入ったりすることである。しかし，**デフレ不況**と呼ばれることもあるように，商品そのものが売れない，あるいは物価を下げることにより利益幅が薄くなった企業が，リストラや非正規雇用者を拡大することにより消費者に金が回らず，結果としてさらにものが売れなくなるという現象も出てくる。また，インフレーションは好況時に起こることが多いとされるが，オイルショックの例のように，不況と物価上昇(インフレーション)が同時に発生する**スタグフレーション**もあり，一概にはいえない面もある。

デフレーションやインフレーションの対策として，政府や日銀の金融政策・財政政策(p.353参照)を通して，**市場の流通通貨量をコントロールすること**が行われる。

☑欧州危機

ヨーロッパ圏のおもに通貨ユーロを取り入れている国において，次々と発生している財政問題や金融危機のことをいう。

2009年に**ギリシャ**が深刻な財政赤字に陥っていることが発覚すると，ギリシャも加盟国である欧州連合(EU)の単一通貨ユーロの信用が大きく下落しただけでなく，ギリシャ同様に財政状況が苦しい**ポルトガル**，**イタリア**，**アイルランド**，**スペイン**などの国の経済に対する信用不安をもたらした。また，ギリシャ国債を大量に保有する欧州各国の銀行にも深刻な影響を与え，フランス・ベルギー系の大手銀行デクシアは経営破綻(はたん)した。

対応策としてEUは，2011年5月に国際通貨基金(IMF)と共同で**欧州金融安定基金**を設立，財政困難な加盟国への金融支援に乗り出した。ギリシャ，ポルトガル，アイルランドなどが支援を受けた。

現在も収束の目処が立たず，欧州危機は拡大を続けているという見方が強くなっている。

☑円　高

外貨と比較した場合において，**日本円の価値が外貨よりも高くなっている**状態をいう。円高になる背景として，世界各国の金利の引き上げや引き下げの影響で円買いが進んで円高となる場合のほか，各国の自然災害や経済動乱などにより，リスク回避のために円を買う動きが強まり，その結果として円高となることが挙げられる。

円高のメリットとしては，企業が従来よりも安価での海外進出が可能となることや，原材料購買コストの低下によって内需型企業の業績が良好となる傾向があること，さらには海外旅行や輸入品などが割安となることによる個人消費増加の可能性，外貨預金などの増大による金融市場の活性化などが挙げられる。逆に**円高のデメリット**としては，日本国内の輸出産業は輸出減とならざるを得ず，大きな損害となるほか，外国人旅行客の減少による旅行業界への打撃，日本株売却の動きが強くなることによる株価の下落などがある。

☑ 金融経済

貨幣を商品と捉え，金融市場において**貨幣を売買することにより利益や損失を生み出す経済**のことをいう。**マネー経済**ともいう。具体的には，株式を始めとした金融関連商品の売買のほか，不動産投資や預金などが該当する。

1980年代より次第に拡大しはじめ，現在における金融経済の規模は，**市場経済全体の9割**を占めるとされている。金融経済の拡大の背景として，金融派生商品(デリバティブ)が充実してきたことや，IT 技術の発展に伴う流通コストの低下，取引時間の自由化などが挙げられる。

☑ 売り手市場

売り手である**販売側に有利となるような市場状態**のことをいう。需要が供給を上回ることにより起こる現象である。買い手は商品やサービスを手に入れにくい状況となり，一方で売り手側にとっては好都合な条件や価格での取引が成立しやすくなる。

商品だけでなく雇用などの人材市場においても使用される言葉である。例えば，**人材における売り手市場**とは，求職者数に対して求人数が多く，求職者側が就職先を自由に選択できたり，求職者側に有利な条件で就職できたりする状況のことをいう。

☑ バブル崩壊

バブル経済後に見られた景気後退現象をいう。2001年に起こったIT 関連株の急落もIT バブル崩壊と呼ばれるが，日本において単にバブル崩壊という場合は，1991年頃より起こったバブル経済の崩壊のことを指す。

金融経済の盛り上がりによる土地を始めとした資産価値の急激な上昇と，その後の急落を，泡がはじける様子に例えてこのように呼ばれるようになった。バブル経済時に土地を担保にして行われていた融資は，バブル崩壊により担保割れとなり，また各企業の業績も悪化したこともあり，**多額の不良債権**が発生した。そのことが銀行経営を圧迫し，大手金融機関の倒産を招いたほか，**失われた10年**と呼ばれる深刻な不況，**失われた20年**と呼ばれる景気の低迷を生み出した。

☑ 流通通貨量

市場に流通している通貨量のことをいう。各国の流通通貨量はその国の中央銀行によってある程度コントロールされている。

流通通貨量を増やしたい場合は，中央銀行が金利を引き下げ，金融機関が借り入れ需要を引き出すことによって行われる。現在の日本のように金利がゼロに近く，これ以上の引き下げが困難な場合には，貸付基準を下げることにより借り入れ需要を引き出している。逆に，**流通通貨量を減らしたい場合**は，金利を上げることによって市場に出回る流通通貨量を抑えることができる。また，**国債発行**も流通貨幣量を増やす手段の一つである。

なお，流通通貨量が増大することにより過剰流動性が発生すると，インフレーションを引き起こす危険性があることが知られている。

☑ デフレスパイラル

デフレーションによる物価の下落が(デフレ)不況を招き，さらにデフレが起こるという**悪循環が止まることなく進行すること**をいう。

デフレーションが起こると，企業は需要を引き出すために価格の値下げを余儀なくされたり，商品が売れなくなったりすることで利益幅が落ち込む場合が多い。すると賃金カットや余剰人員をリストラしたり，あるいは非正規社員に切り替えたりすることで利益の確保に努めるが，そうしたことは結果として消費者に金が回らず，個人消費はさらに落ち込むので，企業はさらなる価格調整を行わざるを得ない。このような悪循環の状況が，**らせん(スパイラル)**を描いているように見えることから，デフレスパイラルと呼ばれるようになった。

☑ インフレターゲット

中央銀行が**物価上昇率の数値目標**を定め，**通貨の流通量を制御する金融政策**のことをいう。公開市場操作(中央銀行が国債や手形などの有価証券を売買し，通貨供給量や金利を調整する金融政策)などを通して緩やかなインフレーションを起こすことで，経済を安定化・成長させることを目的とする。

ただし，インフレターゲットを導入

すると物価上昇率を制御できなくなり，**ハイパーインフレ**(月率50%を超えるほどの急激なインフレーション)を引き起こす恐れがあるという批判もある。

2013年1月，日本も2%のインフレターゲットを導入した。

☑金融政策と財政政策

各国の中央銀行(日本の場合は日本銀行)**が行う経済政策**を**金融政策**と呼ぶ。主として物価を安定させることを目的として実施される。

具体的には，**公開市場操作**を実施し，中央銀行が金融市場に向けて国債や手形を売買して，市場に出回る流通通貨量を調節する方法や，中央銀行が民間金融機関に貸し出す貨幣量を調節する**支払準備金操作**を行うことで，間接的に流通通貨量を調節する方法がある。

なお，中央銀行による金利の上げ下げも金融政策の一つだが，日本では金融の自由化がなされた1996年以降，金利政策は流通通貨量に直接的な影響を与えなくなったこともあり，金融政策の一環としては実施されていない。

一方，**各国政府が行う経済政策を財政政策と呼ぶ**。主として経済成長のコントロールを目的として実施される。増税や減税を通して行われる**歳入面の政策**と，公共事業投資を通して行われる**歳出面の政策**がある。例えば，不景気時の財政政策として，減税によって消費を促すことや，公共事業投資を実施して国内総生産を上げるのと同時に潜在消費需要を引き出すといったことが，過去には実施されてきた。

☑有効需要の原理

有効需要の大きさにより，その国の生産活動や雇用量，国民所得の規模が決定されるという理論を，**有効需要の原理**という。イギリスの経済学者であるケインズによって提唱された。ケインズ以前の古典派経済学では供給が需要を生むと考えたが，これに反対の立場を取ったものである。

この場合の有効需要とは，**経済的に支出が裏付けられている需要のみ**を指し，単なる欲望は除外される。例えば，国家や企業などで購買が検討され，予算が組まれている場合は有効需要となるが，予算組みがなされない場合は有効需要とならずに，単なる欲望となる。また，有効需要の原理では，有効需要不足がリストラなどの非自発的失業をもたらすとしている。

☑不良債権

金融機関が企業や個人に融資した貸付金のうち，**相手先の経営状況の悪化**などによって回収が困難になったもの，あるいは困難になる可能性があるものをいう。

不良債権の増加は金融機関の経営を大きく圧迫するだけでなく，特に中小企業向けの融資の**貸し渋り**や**貸し剥がし**を発生させることで，企業の倒産を招くなど，社会的にも大きな問題を引き起こす。

日本においては，バブル経済崩壊後の不良債権の処理が現在も課題となっている。バブル経済下，金融機関は不動産などの資産を担保にとって融資を行っていたが，バブル崩壊後，企業の経営状況が悪化して返済が滞ると，担保を差し押さえた。しかし，それらの担保の資産価値は融資額以上に値下がりしたため，債権は回収できずに大規模な不良債権となった。

その後，金融機関に向けた**公的資金の注入**を柱とする不良債権処理によって，2002年をピークに減少しているが，金融庁によると，それでもなお2018年の不良債権残高は約13.4兆円と，依然多額である。

☑生産性

生産活動のために使用される労働や資本などの生産要素の**生産貢献度**や**効率の程度**のことをいう。「生産性が高い」状態とは，より少ない労力や資源でより大きな商品やサービスを生み出すことであり，「生産性が低い」状態とはその逆を意味する。

経済活動において生産性の高さは非常に重要であり，各企業は**生産性向上**のためにさまざまな改善を行っている。一般的に，製造工程において機械による大規模なオートメーションを実現している製造業は生産性が高いとされ，逆に人の手に委ねられる部分が多いサービス業は生産性が低いとされている。

生産性には，資本に対してどれだけ価値を生み出せたかを表す**資本生産性**，労働力に対してどれだけの価値を生み出せたかを表す**労働生産性**，必要とされる要素すべてに対してどれだけの価値を生み出せたかを表す**全要素生産性**，国内総生産を就労者数で割った数である**国民経済生産性**などがある。

☑ケインズ経済学

イギリスの経済学者**ケインズ**が，1936年に発表した論文**『雇用・利子および貨幣の一般理論』**を中心に展開した経済理論のことをいう。のちに**マクロ経済学**と呼ばれるようになった。有効需要の原理を提唱し，政府が積極的に公共事業投資を行って有効需要を作り出す必要性と，株式暴落を防止するために利子を政府の管理下に置くことの重要性を説いた。

ケインズ経済学は1929年の世界大恐慌がもたらしたその後の不況を分析し

た結果生まれたもので，これを反映して実施されたアメリカのニューディール政策など，**不況打破に一定の効果を発揮した**ことから，アメリカを中心に積極的に採用されることとなる。

一方，ケインズ経済学は**インフレーションを起こしやすい**という側面もあり，オイルショック時のスタグフレーションや1970年代のインフレーション時には批判の対象となった。また1970年代の赤字財政が逼迫するイギリスでも，ケインズ経済学が財政難を拡大させたと厳しく非難されたことがある。

☑新古典学派

市場の価格調整機能を重視する，自由主義経済理論を支持する経済学派のことをいう。1870年代に起こり，アメリカで体系化された学派である。1776年にアダム・スミスが提唱した**神の「見えざる手」**を引き継ぎ，政府は経済活動に関与せずに市場の自然な競争に任せるとする自由放任主義を打ち出し，財政・金融政策による政府の過度な介入は経済を不安定にするとした。

また，古典主義の考え方を引き継ぎ，供給要因が生産活動や国民所得を決定するとした。そこから**サプライサイド経済学**という学派も生まれ，ハーバード大学のフェルドシュタイン教授は，供給が税制やインフレーションによって阻害されているとし，減税が供給を刺激し，経済成長を促進させると主張した。ウォールストリートジャーナルの記者であったラッファーは，所得税率の引き上げは労働意欲を減退させ，結果として税収を減少させるとし，最適な税収を示すための**ラッファー曲線**を提唱した。サプライサイド経済学は1980年代のレーガン政権に取り入れられたが，インフレは改善したものの財政赤字は逆に拡大した。

☑破産・破綻(はたん)・倒産・廃業

破産とは，債務者が財産すべてをもってしても，債務を完済できないことをいう。そこから転じて，全財産を失うことも破産と呼ぶ。

破綻とは，物事がうまく立ち行かなくなったり，壊れてしまったりする状態をいう。財政破綻から人間関係の破綻まで，幅広く適用可能な語句である。

倒産とは，経営が破綻して操業不可能な状態，または法的に経営破綻を処理することをいう。

廃業とは，法人登記を抹消して経営そのものをやめることをいう。

破産・破綻・倒産は財政的に立ち行かなくなったとしても，経営をやめることには直接結びつかないが，廃業とは，理由はどうあれ会社をたたむ(消滅させる)ことを意味する。

答案例

問題 不況の原因とその対策について，あなたの意見を述べよ。**600字以内**

模範回答 景気後退後の経済活動の停滞を不況といい，企業に収益の悪化を，労働者に賃金の低下や失業を，政府に税収減少をもたらす。景気停滞は，需要不足か生産力不足のいずれかが生じると起こると考えられている。（以上，第1段落）

需要の不足で人々の購買力が不足すると，いくら生産力が高くても生産したものが売れず，生産活動が縮小する。例えば，経済の悪化予想を動機とした貯蓄や買い控えなどが要因となる。自動車などの日本の輸出型産業のように，グローバル化に伴う国外からの影響で需要が低下することもある。一方，生産力の低さで経済活動が縮小することがある。例えば，税制による資本や労働の供給妨害，参入規制や保護政策による生産力低下などである。いずれにせよ，需要と供給のアンバランスが経済停滞という問題を引き起こすのである。（以上，第2段落）

よって，それぞれの原因に応じた対策を講じる必要がある。例えば，需要不足には財政政策や金融政策を通して有効需要を生み出し，失業者や遊休設備の有効活用を行うことが重要だ。一方，供給不足への対策は，小さな政府の推進や規制緩和，企業減税など，供給を妨げる障壁を取り除くことが考えられる。ただし，前者には政府の失敗の恐れ，後者には格差の拡大などの危険性もあるので，不況の状況を正しく捉え，原因を特定することが必要である。（以上，第3段落）

解説 第1段落：意見の提示…不況は経済の三主体に影響を与えることを説明し，発生の原因を簡潔に説明している。

第2段落：理由説明…需要不足と供給不足というそれぞれの側面から，不況が発生する流れを説明している。

第3段落：意見の再提示…需要不足および供給不足それぞれへの対応が解決策となることを論じている。

わが国の食料自給率の低下

出題頻度→ 経済 商・経営 ★★★ 法・政 社・福祉 国際・学際 ★

定義

食料とは食べ物全般を指すのに対して，**食糧**とは主食を示す。また，**食料自給率**とは，国の食料供給量のうち，**国内で生産された食料が供給される割合**のことである。

2018年度における日本の食料自給率は37%（供給熱量ベース；「国民１人１日当たりの国内生産カロリー÷国民１人１日当たりの供給カロリー」で計算。以下も同様）であり，1990年代半ばごろより40%前後で推移しているが，**全体的には低下傾向にある**といえる。

品目別でみると，米（97%）・鶏卵（96%）はほぼ自給できており，きのこ類（88%）・野菜（77%）なども高めである。それに対して，魚介類は55%，肉類は51%，果実は38%であり，小麦12%，豆類７%などはそのほとんどを輸入に頼っている。

問題点

国際的な食料危機への懸念が最も問題視される点である。世界の人口は増加の一途にあり，特に途上国での人口増加が著しい。2019年現在，国連では世界人口を約77億人と推計しているが，2050年には97億人，2100年には110億人まで増加するといわれている。その増加分の多くは途上国で占められているが，人口増加分だけ食料の需要がさらに高まることになる。それに加え，バイオエタノール（p.361参照）を生産するための農作物需要が高まっており，**食用需要と競合する事態**が起こっている。

一方，農産物の供給を増加させることに対しては，世界各地での異常気象のほか，水資源の制約などの多くの不安要因があるといわれている。特に，食料の多くを輸入に頼っているわが国にとっては，将来的には農産物価格の高騰や在庫量の減少のほか，他国の輸出規制などといった**食料安全保障上のリスク**（p.361参照）をより一層多く抱えることになるのである。

問題点の背景

わが国における食糧自給率に関する問題点の一つは，**穀物の輸入依存体質**，具体的には**米以外の穀物は輸入に依存している**点である。例えば2018年の品目別自給率をみると，米(97%)はほぼ自給できているものの，小麦(12%)・大豆(6%)などの自給率は極めて低い。これは，洋食化の流れがあったにもかかわらず米の生産を増加させ，むしろ麦の生産抑制を促す価格政策を取った農政(**食糧管理制度**；p.362参照)により，輸入を促す結果となったことが一因である。また，アメリカの**小麦戦略**(p.362参照)によるという指摘もある。さらに，小麦・大豆は稲作に比べて大きな耕地面積が必要となる一方で，**連作障害**(p.362参照)のリスクを考えると，小麦・大豆の栽培は米よりも非効率だという判断もあっただろう。そのほかにも，兼業化の進行によって，二毛作から米の単作に移ったこと，飼料の自給率は30%未満と低いことも一因と考えられる。以上のような状況から，結果的に，米以外の穀物はその大部分を輸入に頼らざるを得ない状況となったのである。

もう一つは，**日本の農産物市場が外国に対して開放的であることだ**。日本の農産物の平均関税率は13%程度であり，アメリカ(4%程度)と比べると高いが，韓国(90%程度)・インド(50%程度)・タイ(40%程度)・EU(20%程度)などと比べてかなり低い。牛肉(38.5%)，バナナ(40〜50%)など一部の品目で関税の高いものはあるが，総対的に見ると**日本は市場開放度が高い国といえる**。つまり，**関税が低い(市場開放度が高い)と輸入農産物が日本の市場に出回りやすいため**，自給率が低下しやすいのである。

なお，EUやアメリカは**輸出補助金**(p.363参照)制度を採用して輸出を促進し，高い自給率を確保しているが，日本には輸出補助金制度がないという点も理由の一つとなっている。

対応策・解決策

食料自給率の低下は食料安全保障上のリスクが最も大きい事案だから，これを回避したり，軽減したりする取り組みが必要である。その際，

① **平時における取り組み**
② **不測時(不作，国際紛争による輸入の減少や途絶)への取り組み**

を分けて考える必要がある。

①については，まず**自給率を上げる**ことが考えられる。米以外の穀物の自給率の低さが問題なのだから，米から小麦・大豆への転換とともに，専業農家を育成して生産の効率化を図ることである。しかし，取り組みについては，必ずしも自給率向上にこだわる必要はない。**比較生産費説**(p.363参照)に代表される**国際分業の原理**をもとに考えると，「得意な分野に特化し，不得意な分野は他から仕入れる」といった体制を強化することも視野に入れるべきである。例えば，国際協調によって輸入ルートを確保してリスクを分散させる努力をすること，従来よりも多く収穫できる品種や農法の開発など新技術の導入によって得意分野を増やすことなどが考えられる。

一方，②は**備蓄の活用**，**代替品の輸入**，**緊急増産**，**生産転換の準備**(花き類用農地の食用への転用，高カロリー作物への転換)などを行うことである。また，他国の農地を取得して食料確保をするなども検討の余地がある。さらに，農産物輸出国と自由貿易協定や経済連携協定(p.363参照)を結び，不測時に優先的に輸入できる条項を入れることも一案である。

小論文にする時のポイント

入試では，食料自給率の低さを話題として取り上げ，今後の施策について問う出題が多い。その時，「食料自給率が低下しているから，日本の農業を活性化させるべきだ」という主張を安易に展開することは好ましくない。食料自給率の低下は，**穀物や飼料の輸入依存や開放的な日本の農産物市場の存在**が影響していることを踏まえたうえで論じるべきだ。また，食料自給率の向上は国際的な食料危機への対応を目指したものであるが，危機回避の方法は食料自給率向上だけでなくとも実現できることを念頭に置いた論述をしてほしい。

過去の入試問題例

例 食料自給率に関する図を読み，今後わが国が食料を継続的に自給するためにはどのような施策をするべきか。あなたが考えつく，主な施策を述べよ。

（高崎経済大・経済学部）

例 食料需給率および国内生産量と国内消費仕向量の推移に関する表を読み，表から読みとれる日本における食料の生産と消費の変化の特徴を指摘し，その変化の理由について述べよ。

（青山学院大・総合文化政策学部）

例 低下した日本の食料自給率を引き上げるための方策，食料の安定的輸入を実現していく努力，安全な食品の供給体制をいかに確立するかという課題について述べた文章を読み，このような現状において，安定的な食料供給と食の安全を実現していくために有効な方法はどのようなものであるか。あなたの意見を具体的に述べよ。

（亜細亜大・経済学部）

例 日本の食料自給率が40％程度（カロリーベース）であり，家畜飼料用の穀物をはじめ多くを輸入に頼っている現状がよくとりあげられる。あなたがこれまで学んだ日本の「食」と「農業」をめぐる議論や，政府・民間が実施している政策・試みを例に取り上げつつ，あなた自身のこの問題に対する考えをまとめよ。

（名古屋学院大・経済学部，商学部）

例 わが国の各種食料品自給率と各国からの輸入の割合に関する表を読み，この資料から読みとれることとあなた自身の知っている情報に基づいて，今日のわが国の食料事情の特徴を述べよ。また，前問を踏まえた上で，わが国の食の今後のあり方について，あなたの考えを述べよ。

（長崎県立大・経済学部）

例 食糧自給率の低い日本が，今後食糧問題に対してどのように対処していけばよいと思うか。自分の考えを述べよ。

（沖縄国際大・総合文化学部）

関連キーワード

☑食料自給率が抱える問題

日本では食料自給率を**供給熱量ベース**(食料をすべてカロリーに置き換えて計算)で表すが，こうした推計は諸外国では行われていない。供給熱量ベースの自給率は**生産ベース**(食料を生産額に置き換えて計算)よりも低くなる。例えば，2018年度の供給熱量ベースの自給率は37%だが，生産額ベースの自給率は66%である。

また，この計算によると，国内の生産量が変化せずに輸入量が減ると，自給率が上昇することになる。よって，食料自給率をもとにして食料不足か否かを判断することはできない。そうした場合は，本来であれば**栄養不足人口率**をみるべきである。

そして，計算で用いる「国民１人１日当たりの供給カロリー」は，ロス廃棄カロリー(店頭や食卓に並びながらも廃棄される可食部のカロリー)を引くことになっているため，**廃棄食材が増えるほど食料自給率が低くなる**。

こうしたことから，食料自給率が示すものは一面的にすぎず，日本の農業の現実を示しているとは言い難いという主張がある。

☑バイオエタノール

サトウキビ・トウモロコシ・小麦・てんさい・稲わら・廃木材といった**植物を発酵させて作られたエタノール**のこと。植物から作られるので，再生可能なエネルギーとして注目されている。さらに，植物は光合成によって二酸化炭素を吸収するため，バイオエタノールを燃焼させても炭素の収支ではプラスマイナスゼロとなる(**カーボンニュートラル**)。よって，地球温暖化防止にも役立つとされている。

しかし，原油の代替として用いられると，トウモロコシなどの穀物がエネルギーとして利用され，**食用需要と競合する**。また，耕地の拡大によって環境破壊が広がる可能性や，食料が投機の対象として扱われることによる価格高騰なども懸念されている。

☑日本の食料安全保障

食料安全保障とは，**生存に必要な最低限の食料を安定的に入手することを保障すること**をいう。

日本では食料の多くを輸入に頼っており，何らかの原因で海外から食料の輸入が困難になったり，価格が高騰したりすると，食料の供給に混乱が生じる恐れがある。農林水産省は，平時における取り組みとして食料自給率向上と備蓄を主体とする一方で，不測時(不作，国際紛争による輸入減少や途絶)には国内の農業生産の拡大やカロリーの高い作物への作柄転換などを行うことで対応するとしている。

☑ アメリカの小麦戦略

昭和20年代後半，アメリカは農産物の過剰生産や過剰在庫が深刻となっていたため，余った農産物を輸出するために余剰農産物処理法を制定した。また，アメリカは途上国への輸出を促進するため，小麦・大麦・トウモロコシ・綿花などの余剰農産物を輸出するために各国との間で余剰農産物協定を結んだ。日本は1955年と1956年に協定を結んでいる。

この協定で日本に小麦・家畜の飼料・大豆が大量に流入するきっかけとなり，パン・畜産物・油脂類を用いる欧米型の食生活に変化したといわれている。この時期，日本政府は栄養改善運動を推進しており，余剰農産物の流入はアメリカと日本との利害関係が一致した結果だという指摘がある。また，アメリカは長期に安定して大量の余剰農産物を提供するために，日本の食生活を欧米化しようという目論見があったという推測もなされている。

☑ 食糧管理制度

米や麦などの食糧を国で管理する制度のことをいう。1942年に定められた食糧管理法による。

国は価格を定めて(生産者価格)農家から米穀を買い上げ，消費者に過度の負担にならないような価格(消費者価格)で販売する。しかし，消費者価格よりも生産者価格を高く設定したため逆ザヤが生じ，農家は保護された一方で，国は大幅な赤字を抱えることとなった。また，米の価格が重点的に引き上げられたため，ほかの作物との収益の格差が生じた。

1995年に食糧法が成立し，農家の競争力を高めるため，農家は自由に作物の販売ができるようになった。2004年の食糧法の改正では，誰でも米を販売できるようになったり，米穀の販売が登録制から届け出制に変わった。また，1970年代から続いた減反政策(米の生産調整)も2018年に中止となった。

☑ 連作障害

同じ農地で同じ作物を繰り返し栽培することで生育不良を起こすことをいう。連作をすると，土壌中の微量な元素のバランスが崩れたり，塩害(作物の抵抗力を落とす)・病害(土壌中の細菌やウイルスが作物を病気にする)・虫害(土壌にすむ害虫が作物を食べる)

などを引き起こす。また，ある作物を育てると，ほかの植物の成長を妨げる物質を放出することがある。

稲作からほかの穀物へ転作する場合，連作障害への懸念から，稲以外の穀物を毎年植えることができない。よって，休耕や輪作を行う必要がある。

☑ 輸出補助金

輸出の時に国から交付される補助金のことをいう。製品を安く輸出できることから，輸出を促進する効果がある。1980年代に起こった世界経済の景気後退により，EC（ヨーロッパ共同体。EU の前身）域内で発生した余剰農産品を輸出するため，輸出補助金を増やしたことから，アメリカも輸出補助金を増やして対抗し，農産品の価格が急落したことで問題となった。

なお，日本の輸出補助金はゼロである。ただし，輸出戻し税（輸出企業に仕入れの時にかかった消費税が還付される制度。外国の付加価値税との二重取りを避けるためのもの）が実質的に補助金と同じ効果があるということで，批判の対象となっている。

☑ 比較生産費説

リカードが唱えた自由貿易と国際分業に関する説のことをいう。

他国より有利な条件で製品を作ることができる（比較優位）なら，お互いの得意分野に特化し，不得意分野の製品は輸入した方が互いの利益になるという内容である。つまり，各国が自由貿易で他国の製品を輸入した方が，保護貿易を行うよりも両者にメリットが生じるという主張である。

☑ 自由貿易協定（FTA）と経済連携協定（EPA）

自由貿易協定（Free Trade Agreement；略して FTA）とは，特定の国との経済活動の活性化を目的に，関税撤廃や規制緩和を定めた条約である。一方，経済連携協定（Economic Partnership Agreement；略して EPA）は関税撤廃や規制緩和のみならず，経済取引の円滑化・知的財産権の保護・投資・競争政策など，経済に関するさまざまな連携や協力を親密に行うことを定めた条約である。自由貿易の促進によりスケールメリット（生産規模が拡大するほど，生産性や経済効率が向上すること）を得たり，競争で国内経済を活性化させるために締結される。

日本は，ASEAN 諸国・メキシコ・スイスと EPA を締結している。TPP（環太平洋戦略的経済連携協定；p.300参照）も EPA の一つである。

答案例

問題 わが国の食料安全保障について，あなたの考えを述べよ。**600字以内**

模範回答 国際的な食料危機の背景には，人口増加による食料需要の増大に加え，バイオエタノール生産用の農作物需要との競合，異常気象，水資源の制約などの不安要因がある。食料の多くを輸入しているわが国は，将来的に食料安全保障上のリスクを回避することを考えるべきだ。（以上，第1段落）

わが国が食料を輸入に依存する背景には，米食からパン食への食の欧米化があった。にもかかわらず米の生産を増加させる政策を取り，小麦の輸入を促す結果となった。また，日本の農産物市場が外国に対して開放的であるために輸入が増え，自給率が低下しやすい。こうした状態が続けば，将来的には農産物価格の高騰・在庫量の減少・他国の輸出規制などといった問題が発生した場合に，食料の供給が危機に陥る恐れがある。（以上，第2段落）

よって，リスクを回避する試みが必要だが，平時と不測時の対応を分けて考えるべきだ。前者については必ずしも自給率向上にこだわる必要はない。国際分業の原理から，国際協調によって輸入を確保してリスクを分散させることが考えられる。一方，後者では，備蓄，代替品の輸入，緊急増産，生産転換などに加え，他国の農地取得による生産地の確保なども考えられる。（以上，第3段落）

解説

第1段落：意見の提示…国際的な食料危機への懸念を踏まえ，食料安全保障上のリスクを回避すべきだという主張を述べている。

第2段落：理由説明…わが国がリスクを抱えた理由を，食の欧米化とそれに対する対応をもとにして説明している。

第3段落：意見の再提示…リスクを回避する方法を，平時と不測時に分けて説明している。

企業の不祥事

出題頻度 → 経済 商・経営 ★★★ 法・政 社・福祉 ★★

定義

企業が社会の信頼を失墜させる出来事を企業の不祥事という。具体的なものには企業自体や従業員の犯罪行為，不正行為，商品の欠陥，不正表示，捏造などがある。例えば，エレベーターやシュレッダーの製品事故，自動車やガス機器の不具合による死亡事故，粉飾決算による不正融資や突然の計画倒産などの企業や組織が関与する事件以外にも，業務上横領，個人情報の持ち出しによる流出，痴漢行為，飲酒運転，スマートフォンを操作しながらの運転による事故，盗撮，セクシャルハラスメント，パワーハラスメントなどのように，行為者は社員個人であっても企業の不祥事として取り上げられることがある。

問題点

最も大きな問題点は，**企業に対する信頼が失墜する**ことである。いままで積み上げてきた消費者や取引先との信頼関係も，一度破綻すると顧客離れや取引停止につながる。不祥事によって売上の減少や新規の融資が停止されるなど，企業側はさまざまな損害をこうむることになる。それに伴い，責任をとる形での経営陣の交代や従業員の免職などの処分などが行われることもある。

さらに，企業の不祥事は**消費者や株主などへも深刻な影響を与える**。例えば，ある企業では，社員が顧客データベースを持ち出して名簿業者に売却し，数千万人の個人情報が流出するという事件が起こった。その企業のサービスを利用していた会員は，自分の個人情報が悪用されるのではないかという大きな不安を感じることになった。また，別の企業では，不正な方法での契約により消費者に不利な契約がなされていることが明らかになった。両者とも消費者に大きな影響を与えただけではなく，これらの企業は経済活動の停止やブランドイメージの低下を引き起こして収益が悪化し，株主にも影響を与えることになった。

問題点の背景

企業の不祥事が起こる背景としては，おもに次の2つが考えられる。

まず，企業外の利害関係者(株主・顧客・消費者など)を無視や軽視した行動を取ることで発生する。多くは歪んだ目的のもとに行われることが多い。例えば，粉飾決算(p.369参照)や含み損(p.369参照)を隠した経営を行って企業の価値をよく見せることなどである。また，経営者個人が利益を得るために，会社の資金を私的に流用したり，リスク分析をせずに不動産や証券に投資をしたりすることも挙げられる。さらに，利益や効率を重視し過ぎるあまり，機密費の流用・食品偽装・リコール隠し・カルテル(p.370参照)などを行ったりするケースも見られる。

もう一つは，経営者や従業員のモラル低下やミスによって発生する。企業が定めた目的が適切であっても，その過程で問題が起こるのである。例えば，社員が個人的に横領したり，医療ミスを隠ぺいしたり，請求額を水増ししたりすることがある。また，社員が社外で暴力行為や痴漢行為，薬物使用を行ったりすることも問題視される。さらに，担当者の単純ミスなどのヒューマンエラー(p.370参照)，故意あるいは過失による顧客データの流出などが起こることもある。

対応策・解決策

企業の不祥事は，経営者や従業員個人の問題(本人の不注意，善悪の判断ができない，周りからの威圧に屈してしまうなど)と，社内体制や組織の問題(経営陣による放漫経営を許す社内体質，長年の慣行による規則遵守精神の欠如，組織の目的意識の喪失，過度の協調性，社内の不正チェック体制の不備)が原因で発生する。そして，こうした事実を隠すことで，企業の評判が落ちることを防いだり，責任追及が回避できたりすると考えるため，不祥事は隠ぺいされやすい。

よって，不祥事への対策としては，

① 利害関係者を重視した活動が行える仕組みを整えること

② 従業員のモラル向上とミス防止策の徹底
③ 不祥事の隠ぺい防止策を講じること

が重要となる。

そのためには，まず企業の内部統制上の問題を解消することが考えられる。具体的には，利益最優先の姿勢や秘密主義，独裁的な経営などによって，企業の内部統制機能が効かない状態になることが不祥事の要因となるため，コーポレートガバナンス(p.371参照)を適切に行うことが必要である。例えば，独裁的な経営に対しては保守的な企業風土や長年の慣行をなくすこと(組織の体質改善)，社外取締役や社外監査役の招聘(第三者のチェック機能の充実)，他部門・他分野からのチェック体制の強化などが考えられる。一方，就業規則の整備や従業員のモラル向上への取り組みなども必要だが，従業員がミスや不正ができないような仕組みを整えたり，リスクマネジメント(p.370参照)を行ったりすること，内部告発者(p.372参照)を保護する仕組みを整えることも併せて行うべきだろう。

小論文にする時のポイント

入試では，①企業の不祥事が発生する原因と対応策を尋ねる出題が多い。また，不祥事と関連して，②企業の社会的責任とは何かを問うものも出題されやすい。

①については，よく「経営者や従業員のモラルが低いから不祥事が発生するのであるから，モラル向上が必要だ」などと述べた答案を見かけるが，その内容では不足する。利害関係者への配慮の不足や社内体制・組織が原因で発生することもあることを念頭において論じておきたい。

一方②は，「所有と経営の分離」のみで捉えると，株主や資本家への利益だけを重視すればよいという主張になり，好ましいとはいえない。企業が利益追求のみの姿勢に傾くとコンプライアンスや倫理観の欠如につながる恐れがあることを踏まえながら，企業はさまざまな利害関係者と共存していることも理解したうえで，できる限り社会に貢献できるような存在として立ち振る舞う必要があることを述べておきたい。

過去の入試問題例

例 食品偽装事件や事故米転売事件について，罪の意識が稀薄な企業経営者を批判した新聞記事を読み，近年の食品偽装や事故米転売事件は，誰に対してどんな結果をもたらすと思うか。考えられる影響先と結果を説明せよ。また，こうした事件が起こる要因ないし原因ないしメカニズムとして，他にどんなことがあげられると思うか。事件が起こらないようにするため，誰がどんなことをする必要があると思うか。考えを述べよ。 （東洋大・社会学部）

例 食肉偽装について述べた新聞記事を読み，企業が不祥事を起こす理由を述べたうえで，企業経営者の観点と消費者の観点から企業の社会的責任の重要性について意見を述べよ。 （駒澤大・経済学部）

例 最近の国や自治体によるアンケートでは，「食の安全性」に関して，何らかの不安を感じている，と答える人が8～9割にものぼっている。このような「食の安全性」に対する消費者の不安がなぜ生じているのか，また，そのような不安を軽減するためにどのような対策が考えられるか，論じよ。

（大東文化大・経済学部）

例 最近，わが国でも企業不祥事が続発している。①企業不祥事の実例を説明した上で，②企業の社会的責任についてあなたの考えを述べよ。

（愛知大・経済学部，経営学部）

例 大企業の不正会計や，マンション工事のデータ偽装などの「企業の不祥事」について，あなたはどう思うか。企業の社会的責任(CSR)の観点から説明せよ。

（中部大・経営情報学部）

例 企業の不祥事について述べた短文を読み，次の2つの論点について，論じよ。

論点：①最近の報道で関心を持った企業の不祥事において，社会にとって何が問題なのか。〈ただし，企業名を記さずに，具体的な例をあげて論じよ。〉

②そのような不祥事が起きないようにするため，企業が果たすべき社会的責任とは何か。 （甲南大・EBA総合コース）

例 わが国において，企業不祥事が後を絶たない理由について考えを述べよ。

（長崎大・経済学部）

関連キーワード

☑粉飾決算

会社の財務状態をよく見せるために，収支を偽装した決算報告のことをいう。金融機関から融資を受けるため，配当や株価を維持するため，経営者の地位保全など，動機はさまざまである。

粉飾決算を行った場合，金融商品取引法による有価証券報告書虚偽記載として，経営者には懲役や罰金刑が，法人には罰金と金融庁長官による課徴金がそれぞれ科される。

☑含み損

企業が所有する株式や土地などの財産について，簿価(貸借対照表に表されている購入や取得した時の金額)と時価(現在の実勢価格)との間に差が生じることがある。時価が簿価よりも小さい場合を含み損という。所有している有価証券の含み損などの企業の損失は，2000年度から厳格に計上することが求められている。

☑機密費

国の予算のうち，用途を明確にしない予算のことで，正しくは報償費と呼ぶ。具体的なものとしては，内閣官房報償費(内閣官房長官の判断で支出)，外務省報償費(外交政策において支出)，捜査報償費(警察の捜査活動において支出)などがある。

しかし，これらが不正に流用されたことが問題視されている。例えば，内閣官房報償費を国会対策のために国会議員に配ったり，マスコミ対策のために言論人に渡したりしていたことや，議員の自宅建設費に流用していたことなどが問題となった。また，外務省報償費を内閣官房報償費に充てていたり，全国各地の県警で裏金を作ったりしているということが話題になった。

☑食品偽装

食料品や飲食店で提供される食品について，本来とは異なる表示を行って消費者の手に渡ることをいう。例えば，産地や原材料の偽表示，消費期限や賞味期限の改ざん，食用でないものを食用であるなどと偽装すること，別の客が食べ残したものの再提供などがある。

食品偽装は，不正競争防止法の虚偽表示(経済産業省)，JAS法の品質表示の適正化(農林水産省)，食品衛生法の虚偽・誇大表示・広告の禁止(厚生労働省)，景品表示法の優良誤認表示(公正取引委員会)，刑法の詐欺罪(警察)などに該当する。

☑食の安全

食品の生産・流通・消費などの過程において問題が発生すると，食の安全が損なわれる。

おもなものとしては，薬物や化学物質による食中毒(重金属・PCB・ダイオキシン・放射性物質など)，細菌性食中毒菌による食中毒(O－157など)，食品による窒息(餅・こんにゃくゼリー・ピーナッツなどによる窒息)，伝染病(BSEなど)，毒キノコやフグの毒による食中毒，食品の偽装表示，残留農薬，違法な食品添加物の使用など，食の安全を脅かす要因は多種多様である。現在，食品安全基本法に基づいて食品安全委員会(内閣府)が設置され，食品安全行政を行っている。

☑リコール隠し

製品に欠陥があるとき，製造者がその内容を公表して回収したり，修理することをリコールという。また，企業がリコールを届け出ないで隠蔽(いんぺい)する悪質な行為をリコール隠しという。例えば，自動車のハブの欠陥を企業側は認知していたにもかかわらずそれを隠蔽したため，車輪の脱落や歩行者が死亡する事故につながった。

☑カルテル

同業種の企業の間で，価格や生産する数量について協定を結ぶことをいう。カルテルは正当な自由競争を妨げるため，独占禁止法によって原則的に禁止されている。

カルテルには，価格カルテル(企業同士で価格を決め，不当に利益を上げる)，数量制限カルテル(数量を制限して，価格を引き上げる)，販路カルテル(販売地域や取引先を予め決めて，競争を避ける)などが代表例である。

談合(公共事業での競争入札の時，入札に参加する者が落札価格や落札者を内密に決めること)もカルテルとして扱われる。

☑ヒューマンエラー

人為的なミスのことをいう。計画段階での勘違いや思い込みで起こるもの，計画自体に問題はないが正しく実行しなかったことによって起こるもの，物忘れや不注意によって起こるもの，目標を途中で見失って起こるものなどが挙げられる。

☑リスクマネジメント

組織のなかで発生する可能性があるリスクを管理し，リスクによって起こる損失を回避したり，リスクを減らしたりすることをいう。まずは，リスクの原因となるものを想定し，リスクの大きさを評価する。そのうえで，どの要因を優先して対処すべきかを決定して，対策を講じる。

☑コーポレートガバナンス（企業統治）

株主が企業の経営を監視する仕組みのことをいう。もともとは所有と経営の分離（株主が会社を所有するが，経営は株主総会で選ばれた取締役が行うこと）により，企業は株主のために企業価値を高めることが求められていた。しかし，実際には株主以外にも投資家・従業員・消費者・金融機関・取引先・地域・行政などの利害関係者（ステークホルダー）が存在する。こうした利害関係者にも不利益が生じないようにする必要がある。よって，経営上の意思決定が株主の利益の最大化という経営者の責務を果たしているか，企業の価値創造につながっているかを統制することが重要視されている。コーポレートガバナンスは，経営陣の独断・暴走・組織の企業倫理の逸脱を防止する役割を担う。

しかし，日本の企業はこうした経営のチェック機能が弱いといわれている。株主が経営陣の法的責任を追及することは難しいため，株主のチェック機能は弱くなりがちである。すると，経営陣の都合で企業を運営したり，コンプライアンス意識の低下につながったりする恐れがある。一方，こうしたチェック機能を担うべき監査役が経営陣の関係者になることが多く，機能不全に陥っている企業もある。

こうしたことから最近では，社外からの取締役や監査役の招聘，委員会制度や執行役員制度の導入，行動規範や倫理憲章の導入などを行う企業もある。なお，2006年より東京証券取引所に上場する企業は「コーポレートガバナンスに関する報告書」の提出が義務付けられている。

☑内部統制

企業内部の監査システムのことをいう。企業は社の目的を達成するために，組織を整備し，運用するのであるが，まず何よりも必要なことは，違法行為・不正・ヒューマンエラーを起こさぬよう，組織が健全かつ効率的に機能するための基準や手続きを定めることである。また，それらを監視する仕組みも必要となる。さらに，企業会計だけでなく，コンプライアンス（次項目参照）や経営方針，業務上のルール，リスクマネジメントなどの整備を含めて，内部統制が行われる必要がある。

☑コンプライアンス

コンプライアンスとは，法律はもちろんのこと，企業内の規則や社会的規範，さらには企業倫理に反しないように企業活動を行うことである。株式会社では商法に定められ，取締役や執行役の義務として定められている。

大企業においては，内部統制システムを構築する義務が課されている。コンプライアンス違反は企業犯罪であり，不祥事として取り扱われることもある。その場合，企業は損害賠償訴訟または株主代表訴訟などによる法的責任を負わなければならない。

一方，コンプライアンスは法令遵守(順守)のことであるから，モラルに反していても法令に反しなければよいという考えも成立する(法律の抜け穴)。しかし，そうした行為は社会的信用の失墜につながる原因になる。なぜなら，企業が一定の社会的責任(Corporate Social Responsibility，略してCSR)を負っているからである。企業は，さまざまな利害関係者や社会全体へ与える影響に対して責任を持つ。

いかに効率よく収益を上げるかということを考えることは企業活動にとって重要であるが，自社の利益さえ追求できればよいという考えに陥ると，コンプライアンスや倫理観を無視することにもなりかねない。

☑内部告発

企業や組織内の人間が，所属する企業や組織の不正行為や法令違反を監督省庁や報道機関へ通報することをいう。欧米では内部告発者を保護する法律が定められているところがある。例えば，イギリスの公益開示法，アメリカのホイッスルブロアー法などである。日本では2006年に公益通報者保護法が成立した。一方，企業・組織では内部告発を制度化するところもある。

しかし，内部告発者に対して企業や組織が制裁や報復を加える例が後を絶たない。また，監督省庁や部署が内部告発を放置することで，企業や組織の不正摘発が遅れ，利害関係者に大きな被害が及ぶことも起こり得る。

答案例

問題 企業の不祥事が発生する原因と対応策について，あなたの考えを述べよ。

600字以内

模範回答 企業の不祥事は社会の信頼失墜につながるほか，消費者に深刻な影響を与えがちだ。不祥事の原因は，経営者や従業員のモラル低下やミスによるものもあるが，株主や顧客，消費者などを無視したり軽視した行動にもある。

（以上，第1段落）

不祥事の多くは歪んだ目的で行われる。例えば，会社を維持するために，粉飾決算を行うことで対外的な企業価値をよく見せたり，不正に金融機関から融資を得たりすることなどがある。また，経営者が利益を得るために会社の資金を私的に流用したり，リスク分析をせずに不動産や証券に投資をしたりすることもある。また，利益や効率を重視し過ぎるあまり，不正を行うこともある。こうした行為は企業の社会的責任を果たすことにはならず，株主や顧客だけでなく，消費者など広く社会に悪影響を及ぼす。

（以上，第2段落）

よって，不祥事への対応のためには株主や資本家だけでなく，社会への影響を重視した企業活動をするための仕組みの整備や，従業員のモラル向上やミス防止策，不祥事の隠ぺい防止策を講じるべきだ。具体的には，コーポレートガバナンスの徹底，従業員のモラル教育，リスクマネジメント，内部告発者を保護する仕組みの整備などを併せて行う必要がある。

（以上，第3段落）

解説

第1段落：意見の提示…企業の不祥事が社会に与える影響を示すとともに，その原因を述べている。

第2段落：理由説明…不祥事が発生する原因を説明し，歪んだ目的の設定が発生の根源であることを説明している。

第3段落：意見の再提示…不祥事防止のためには，社会への影響を考慮して対策を講じる必要があることを論じている。

競争戦略

出題頻度 → 経済 商・経営 ★★★ 国際・学際 ★★ 社・福祉 ★

定義

競争戦略とは，ある市場でどのように優位に立ち，その立場を維持するかを方針として定めることをいう。アメリカの経営学者のマイケル=E=ポーターによると，

① **コスト優位戦略**　同じものであれば他社よりも安ければ優位に立てる

② **差別化戦略**　その商品には代替性がなく，競合する製品やサービスよりも優れていれば優位に立てる

③ **集中戦略**　業界の特定のセグメント（部分）に集中すると優位に立てる

の３つを**競争戦略における３つの基本戦略**として論じている。つまり，競争に勝つためには，いかにコストを下げ，差別化するかを決め，特定のセグメントに集中する必要があるということだ。

必要性

競争戦略を取ることによって，特定の市場において利益を最大限に得る可能性が高まる。例えば，**コスト優位戦略**を取ることで，業界のなかで最大のシェアを獲得するチャンスを得ることができるとされる。規模の経済の理論（p.378参照）や経験曲線効果の原理（p.378参照）をもとにして，競合他社に先駆けて安い価格を設定し，資本を大量生産システムの導入のために投入することができれば，圧倒的な低コストを実現でき，**価格での他社の追撃を許さないだろう**。この戦略は，大企業向けの戦略といえる。

また，**差別化戦略**を行うことでも競争で優位に立てるとされる。同じカテゴリーの製品であっても，多機能化・付加価値・ネームバリューなどの面でその製品の優位性が強調できれば，同じ市場内でのシェアを拡大することができる。

他方，**集中戦略**を取ると，特定のターゲットに絞り込むことになるので，競合他社よりも効率よく，効果的に競争できる。その後にコスト優位戦略

を取るか，差別化戦略を取るか，あるいは双方を達成することによって，競争で優位に立つことができる。これは，主として中小企業やベンチャー企業向けの戦略といえる。

必要性の背景

昔は経営目標をもとに，経営計画を立てていた。しかし，経営の環境はより複雑化するとともに，短期間で変化するようになった。例えば，技術革新のスピードが速まる一方で，グローバル化によって国際競争が激化している。それに伴って顧客ニーズも多様化し，流行の移り変わりも速くなったために製品のライフサイクル(p.379参照)も短くなってきた。こうした変化の激しい状況においては，簡単に計画を変更することは容易ではない。一方で，今まで通りの方法をそのまま維持することは，企業にとって命取りになることもあり得る。したがって，**経営計画の迅速な立案は，経営戦略にとっては非常に重要なもの**となっている。

対応策・解決策

コスト優位戦略を採用するならば，生産性を高くする方法を考えることが必要になる。例えば，生産能力が高い人を採用すること，組織を効率よく運営すること，製品のコスト削減に努めることなどが考えられる。ただし，この戦略において勝てる企業は最もコストが安い企業一社のみであるということのほかに，技術革新や市場の変化によって商品を低コストで作れなくなることもあるといったリスクがある。

一方，**差別化戦略**を採用するならば，他社よりも優位に立つ方法を考えることが求められる。それには，独創性のある人を採用すること，柔軟な組織にすること，他社が真似できない製品を作ることなどが必要であろう。また，差別化を図る時には，

① **商品やサービスによる差別化**(速さ，便利さ，高品質，高性能化)
② **提供方法による差別化**(速さ，便利さ)
③ **顧客への対応力による差別化**(信頼，情報提供)

などの手段を取る必要がある。つまり，差別化への戦略では，競合他社よ

りも優れた価値をどのようにして顧客に提供するかを考えるべきだ。ただし，競合他社による模倣で差別化が打ち消されてしまうリスクを負う。

他方，**集中戦略**を採用するならば，市場を適切に細分化することが必要だ。経営学者のフィリップ=コトラーによると，市場を細分化する際には，

① **測定可能性**（市場の規模や顧客の反応が測定できること）

② **到達可能性**（市場の顧客に商品を届けられること）

③ **利益可能性**（市場で利益を確保できること）

④ **実行可能性**（マーケティング戦略が機能して販売戦術が実行できること）

という4つを満たすことを提唱している。ただし，市場を細分化しても，競合他社がその市場のなかにさらなる小さな市場（ニッチ市場）を見つけて集中戦略を取る可能性があるというリスクを伴う。

小論文にする時のポイント

入試では，

① **特定の市場のなかでどのような戦略を取るべきか**

② **ある戦略に対してどのような対抗策が取れるか**

がおもに問われる。

①については，**企業の規模によって優先して考えたい戦略があることに注意したい**。例えば，大企業にはコスト優位戦略，中小企業には集中戦略が挙げられる。

②については，**相手がどのような戦略を取っているのか**を把握し，その対抗策を考えたい。例えば，相手が大企業でコスト優位戦略を取っているのならば，技術革新をもたらして競争相手の投資や習熟を無駄にさせるといったことが考えられる。一方，相手が差別化戦略を取っているのであれば，同質化戦略（p.378参照）によって差別化を打ち消せばよい。

過去の入試問題例

例　世界の家電市場で韓国企業が快進撃を続ける一方で，日本メーカーの存在感が低下している理由について述べた新聞記事を読み，日本企業が事業で勝った

めの戦略として，どのようなことが必要であると考えるか，本文を参考にして各自自由に所見を述べよ。（中央大・商学部）

例 経営とはどのようなものなのかについて述べた文章を読み，著者が主張したマネジメントの役割について，あなた自身は，たとえばどのようなことが大切だと思うかを述べ，根拠を論ぜよ。また，あなたの意見に反対の考えを持つ人もいると思われるが，想定される反対意見を１つとりあげ，なぜその反対意見ではだめなのか，論ぜよ。（国士舘大・経営学部）

例 ブランドマネジメントの課題について述べた文章を読み，「企業はよい品質の製品を提供していけば，自然にブランドを育成することができる。」という意見に対して，著者はどのように反論するとあなたは考えるか，述べよ。（新潟大・経済学部）

例 システムの目的やマネジメントについて述べた英文を読み，英文に示されるようなシステムについての具体例を１つ挙げ，その目的や要因を示しながら必要と思われるマネジメントについて説明せよ。（兵庫県立大・経営学部）

例 本土や海外から沖縄に進出してくる大企業に対して，地元企業が生き残るために，どのような経営をおこなえばいいのか。どのような強みを持っていて，それをどう活かすことができるかを書け。対象は，例えばホテル，スーパーマーケット，レストランなどの具体的なビジネスをあげてもよいし，企業・産業一般としてもよい。（沖縄国際大・産業情報学部）

関連キーワード

☑マネジメント

組織を管理するための技法のことをいう。ジョン=P=コッターによると，企業におけるマネジメントとは，**計画と予算を立て，目標達成への手順を組み立てて経営資源を配分すること**だと説明している。また，マネジメントは階層とシステムを通して機能するため，組織の編成や統制，権力・権限に依存すると指摘している。

また，マネジメントの技法を研究する学問のことを**経営管理論**と呼ぶ。20世紀初めごろに行われたフレデリック=テイラー，アンリ=ファヨール，マックス=ウェーバーという３人の研究が経営管理論の基礎になったとされている。テイラーは管理についての客観的な基準をつくり(科学的管理法), 経営学の父と呼ばれている。また, 管理原則の父であるファヨールは経営管理を「計画・組織・指揮・調整・統制」の5要素だと定義した。一方, ウェーバーは, 組織の支配の形態やその機能性・合理性に注目し, 組織構造という概念を生み出した。

☑ 規模の経済

生産量が増加すると利益率が高くなることをいう。原材料は生産する規模にかかわらず一定のコストが必要だが, 労働力は規模の経済が成立するといわれている。よって, 規模の経済を成立させるためには, 十分な資本(元手)が必要となる。

市場が成長期(p.379参照)の場合, できるかぎり資本を増やして(借金をして)生産規模を拡大すれば, より多くの利益が得られる。一方, 成熟期(p.379参照)の場合, 選択と集中の戦略を取ることが重要だ。すなわち, なるべく早い段階で資本を償却して(借金を返済して), 新たな分野に集中的に投資することを検討すべきだ。

☑ 経験曲線

今まで生産した製品の量(累積生産量)が増加すればするほど, コストが一定の割合で減少することは経験的に知られている。それを示した曲線のことを経験曲線という。学習によって能率が上がることがコスト減少の要因であるといわれている。

経験曲線によって将来かかるコストを予測したうえで, 極限まで低い価格を設定すれば, 市場において高いシェアを確保できる可能性が高まる。しかし, 技術革新などがみられた場合, 製品や生産設備の刷新のたびに新たな経験曲線ができるため, 見込み違いが生じたり, 大量に在庫を抱えたりするリスクもある。

☑ 同質化戦略

同質化戦略とは, 競合他社の製品を模倣したものを売る戦略のことである。そのことにより, 競合他社が築いた差別化を無効にすることも可能であるとされる。

豊富な資本や経営資源を持つ企業が同質化戦略を取り, コスト優位戦略に持ち込めば, シェア拡大による利益増につながる。同質化戦略は, 差別化戦略に対抗する戦略である。

☑ 市場細分化戦略

差別化戦略に対抗する戦略の一つである。例えば性別や年齢, 地理的条件, パーソナリティ, 購買頻度などで市場を細かく分割し(セグメント)，それぞれに合った製品を販売する戦略のことをいう。

それぞれの需要の大きさ・成長性・収益性の予測をし，最も有利な市場を選んで経営資源を集中的に投入すれば，効率的な販売ができ，競争において優位に立てる(**集中戦略**)。また，細分化したすべての市場に投資することができれば，それぞれの市場で優位に立つことができる(**総合主義戦略**)。価値観や消費の多様化が進む現代における一般的なマーケティング戦略といわれている。

☑ライフサイクル

ライフサイクルには，**ミクロのライフサイクル**と**マクロのライフサイクル**の２種類がある。

ミクロのライフサイクルとは，製品を企画し，設計・製造し，販売・使用をしたあと，再生に至るまでの周期のことを指す。例えば，コピー機のように販売時だけでなく，使用時のサポートでも利益が上がるようにするなど，こうしたサイクルの各段階において収益が得られるように工夫することが必要だ。また，環境への配慮をするために，生産・販売の各段階ごとに環境への負荷を軽減する仕組みを考えることもできる。

なお，こうしたいくつかの過程のなかで製品の情報を一括して管理し，企業の収益を上げるための取り組みを**プロダクトライフサイクルマネジメント(PLM)**という。

一方，マクロのライフサイクルとは，製品の販売が始まり，終了するまでの周期のことをいう。**導入期**(認知度が低く，需要は少ない時期)，**成長期**(一度認知され，需要が急増する時期)，**成熟期**(需要は伸びないが，新規参入者の増加により競争が激化する時期)，**衰退期**(需要が減少し，市場からの撤退者が発生する時期)の４つに分類されている。

なお，1962年にロジャースによって提唱された**イノベーター理論**(ものごとが流行する時，人々はどういう行動をとるのかを説明した理論)と関連が深い。すなわち，導入期には**イノベーター**(革新者。新しいものを進んで採用する)と**アーリーアダプター**(初期採用者。流行に敏感なタイプ)に，成長期は**アーリーアダプター**と**アーリーマジョリティ**(前期追随者。流行に慎重なタイプ)に，成熟期は**レイトマジョリティ**(後期追随者。流行に懐疑的なタイプ)と**ラガード**(遅滞者。流行に関心が薄いタイプ)に，それぞれ分類される。

☑マーケティング

商品やサービスなどを売るための仕掛けづくりのことをいう。言い換えれば，製品を生み，流通させ，販売・広告をする一連の活動のことを指す。

マーケティングについては一般的に，

① **ベネフィット**　顧客は商品が欲しいのではなく，商品が顧客にもたらす利益を欲しがっている。

② **差別化と強み**　競合商品との違いを商品の強みとして顧客に訴える。

③ **セグメンテーションとターゲティング**　市場を細分化し，商品を売り込むターゲットを絞り込む。

④ **4P**　Product：製品，Price：価格，Promotion：販売促進活動，Placement：流通の4つの切り口で顧客を絞り込むといった考え方が基本的だといわれている。

☑経営者に必要な能力

経営者に求められる能力は，企業の成長段階(創業期・成長期・安定期・再成長期)によって異なるだろう。

創業期には創造性，**成長期**にはそれに加え管理能力，**安定期**にはリーダーシップ能力，**再成長期**には再び創造性が重視されるという。

また，忍耐力や使命感，謙虚さ，決断力，先見性，行動力，戦略策定能力，リスク対応能力をもつ経営者が優秀であるといわれている。ただし，経営者に求められるものは多種多様であり，主張する人によっても挙げる項目が異なるのも事実である。

☑イノベーション

従来とは異なるものを創造することによって，**経済や社会に新しい価値を生み出すこと**をいう。「技術革新」と訳されることもあるが，新たな技術を開発することだけにとどまらず，従来の仕組みの刷新や組織の改革，新しい市場の開拓など広範な意味を表す概念である。

☑モノ消費・コト消費

商品を所有することに価値を感じる消費傾向を「モノ消費」，**商品やサービスによって得られる経験・体験に価値を感じる消費傾向**を「コト消費」という。市場が成熟している現代では，モノ消費だけでは経済を活性化することが難しくなってきており，その商品やサービスによってどんなことを経験・体験するかというコト消費と組み合わせて，経済の活性化を考えるように変化してきている。

答案例

問題 地方の温泉旅館が生き残るための戦略について，あなたの考えを述べよ。

600字以内

模範回答 競争戦略とは，ある市場でどのように優位に立ち，それを維持するかを方針として定めることをいう。地方の中小企業の場合，多額の資金を投入する必要があるコスト優位戦略を進めることは現実的ではないので，集中戦略と差別化戦略を組み合わせた戦略を行うことを提案する。（以上，第1段落）

業界の特定のセグメントに集中する集中戦略が取れれば，特定のターゲットに絞り込み，競合他社よりも効率よく効果的に競争できる。一方，差別化戦略を行うことで，競争に優位に立てる。例えば，温泉地は全国各地にあるが，何らかの付加価値を強調できれば，国内観光市場でのシェアを拡大できる。つまり，サービスや宿泊設備を充実させ，競合する温泉旅館よりも優れていることをアピールする必要がある。（以上，第2段落）

そのためには，まず市場を適切に細分化することが重要となる。地方の温泉旅館であれば，年齢層・ライフスタイル・所得などで細分化し，それに合わせた改装と集客を行い，そのうえで差別化戦略を推進したい。例えば，所得が中程度以上の30代夫婦をターゲットにするのなら，高品質な設備や食事，泉質へのこだわりといった面で差別化するのである。つまり，差別化への戦略では，競合他社よりもいかに優れた価値をどのように顧客に提供するかを考えたい。

（以上，第3段落）

解説

第１段落：意見の提示…地方の温泉旅館は中小企業が運営していることを踏まえて，集中戦略と差別化戦略を行う必要性を述べている。

第２段落：理由説明…なぜ集中戦略と差別化戦略を重視すべきなのか，その理由を説明している。

第３段落：意見の再提示…集中戦略と差別化戦略を行うにはどうすべきか，具体的に述べている。

さくいん

あ行

ⓢ行

(た)行

(な)行

(は)行

ま行

㋳行

㋶行

㋻行

● 著者紹介

神﨑　史彦（かんざき　ふみひこ）

カンザキメソッド代表。法政大学法学部法律学科卒業後，大手通信教育会社にて国語・小論文の問題作成を担当するかたわら，大学受験予備校や学習塾で指導する。東進ハイスクール・東進衛星予備校を経て，現在，リクルート・スタディサプリで講師を務めるほか，全国各地の高校・大学において小論文関連の講演や講義を行い，受講者数は10万人を超える。小論文指導のスペシャリスト。また，21世紀型教育を推進する私学の団体21世紀型教育機構（21stCEO）にてリサーチ・フェローを務める。総合型・学校推薦型選抜対策塾「カンザキジュク」を運営。多数の早慶上智 ICU・GMARCH・国公立の合格者を輩出している。

『大学入試　小論文の完全攻略本』『大学入試　小論文の完全ネタ本改訂版（医歯薬系／看護・医療系編）』『同（社会科学系編）』『同（人文・教育系編）』『同（自然科学系編）』『志望理由書のルール（文系編）』『同（理系編）』『看護医療系の志望理由書・面接』（以上，文英堂），『特化型小論文チャレンジノート　看護・福祉・医療編』『志望理由書・自己PR 文完成ノート』（以上，第一学習社），『改訂版 ゼロから１カ月で受かる大学入試面接のルールブック』『改訂版 ゼロから１カ月で受かる大学入試小論文のルールブック』『ゼロから１カ月で受かる大学入試志望理由書のルールブック』『ゼロから１カ月で受かる大学入試プレゼンテーション・グループディスカッションのルールブック』（以上，KADOKAWA）など著書多数。

［連絡先］　カンザキジュク

https://kanzaki-juku.com

https://kanzaki-method.com

E-mail：info@kanzaki-method.com

□ 執筆協力　大久保智弘（カンザキメソッド）　畑地加奈子（カンザキメソッド）

□ 編集協力　株式会社エディット

□ デザイン　CONNECT

シグマベスト
大学入試
小論文の完全ネタ本 改訂版
［社会科学系］編

著　者　神﨑史彦

発行者　益井英郎

印刷所　中村印刷株式会社

発行所　株式会社文英堂

〒601-8121　京都市南区上鳥羽大物町28

〒162-0832　東京都新宿区岩戸町17

（代表）03-3269-4231

●落丁・乱丁はおとりかえします。